suhrkamp taschenbuch 2840

»Hör mir zu, Paula, ich erzähle dir eine Geschichte, damit du nicht so verloren bist, wenn du wieder aufwachst.« Das Unfaßbare geschah im Dezember 1991, als Isabel Allendes Tochter Paula plötzlich schwer erkrankte und kurz darauf ins Koma fiel. Eine heimtückische Stoffwechselkrankheit hatte die lebensfrohe junge Frau jäh niedergeworfen, im Herbst 1992 starb sie. Das Schicksal ihrer Tochter wurde für Isabel Allende zur schwersten Prüfung ihres Lebens. Um die Hoffnung nicht zu verlieren, schrieb sie, der Tochter zur Erinnerung und sich selbst zur Tröstung, »das Buch ihres Lebens – in doppelter Hinsicht« (*Bayerischer Rundfunk*), ihr persönlichstes und intimstes Buch, »eine Hymne auf das Leben« (*stern*).

»Sie ist die erfolgreichste Schriftstellerin der Welt: Isabel Allende, Nichte des beim Militärputsch 1973 getöteten chilenischen Präsidenten Salvador Allende«, urteilt die Presse. Dem Welterfolg ihres ersten Buches *Das Geisterhaus* (1984, st 1676) schlossen sich die ebenfalls erfolgreichen Romane *Von Liebe und Schatten* (1986, st 1735) und *Eva Luna* (1988, st 1897) an. 1990 erschienen die *Geschichten der Eva Luna* (st 2193), 1995 ihr Roman *Paula* und 1998 *Aphrodite. Eine Feier der Sinne*. Isabel Allende, geboren 1942, arbeitete lange Zeit als Journalistin und verließ Chile nach dem Militärputsch 1973. Seit 1988 lebt sie in den USA.

Isabel Allende
Paula

Aus dem Spanischen von
Lieselotte Kolanoske

Suhrkamp

Die Originalausgabe erschien 1994 unter dem Titel
Paula bei Plaza & Janés, Barcelona.
© Isabel Allende, 1994
Umschlagfoto: Isolde Ohlbaum

suhrkamp taschenbuch 2840
Erste Auflage 1998
© der deutschen Ausgabe
Suhrkamp Verlag Frankfurt am Main 1995
Suhrkamp Taschenbuch Verlag
Alle Rechte vorbehalten, insbesondere das
des öffentlichen Vortrags, der Übertragung
durch Rundfunk und Fernsehen
sowie der Übersetzung, auch einzelner Teile.
Druck: Ebner Ulm
Printed in Germany
Umschlag nach Entwürfen von
Willy Fleckhaus und Rolf Staudt

3 4 5 6 – 03 02 01 00 99 98

Im Dezember 1991 wurde meine Tochter Paula
schwerkrank und fiel kurz darauf ins Koma.
Diese Seiten wurden geschrieben während end-
loser Stunden auf den Fluren eines Madrider
Krankenhauses und in einem Hotelzimmer, in
dem ich mehrere Monate lang wohnte. Und
auch neben ihrem Bett in unserem Haus
in Kalifornien im Sommer und
Herbst 1992.

ERSTER TEIL

Dezember 1991 – Mai 1992

Hör mir zu, Paula, ich werde dir eine Geschichte erzählen, damit du, wenn du erwachst, nicht gar so verloren bist.

Die Familienlegende beginnt im Anfang des vorigen Jahrhunderts, als ein stämmiger baskischer Seemann an der Küste Chiles an Land ging, den Kopf voller hochfliegender Pläne, um den Hals das schützende Medaillon seiner Mutter – aber wozu so weit zurückgehen, es genügt zu wissen, daß er der Stammvater wurde eines Geschlechtes von kraftvollen Frauen und Männern mit festen Armen für die Arbeit und gefühlvollem Herzen. Einige Zornmütige darunter starben mit Schaum vor dem Mund, aber vielleicht war der Grund dafür nicht Wut, wie böse Zungen behaupteten, sondern eine umlaufende Seuche. Sie kauften fruchtbares Land in der Umgebung der Hauptstadt, das mit der Zeit an Wert gewann, sie wurden kultiviert, bauten Herrenhäuser mit Parks und Alleen, verheirateten ihre Töchter mit reichen alteingesessenen Spanierabkömmlingen, ließen ihre Kinder auf strengen Klosterschulen erziehen, und so wuchsen sie im Lauf der Jahre in eine stolze Gutsbesitzeraristokratie hinein, die über ein Jahrhundert im Lande tonangebend war, bis im Sturmwind der neuen Zeit Technokraten und Geschäftsleute die Führungsrolle übernahmen. Einer dieser Grundherren war mein Großvater.

Er stammte aus vornehmer Familie, aber sein Vater starb früh durch einen nie aufgeklärten Gewehrschuß. Die Einzelheiten dessen, was in dieser unseligen Nacht geschah, wurden vertuscht, vielleicht war es ein Duell, ein Racheakt oder ein Unfall aus Liebe, jedenfalls blieb seine Familie mittellos zurück, und weil mein Großvater der Älteste war, mußte er die Schule aufgeben und sich eine Stellung suchen, um für seine Mutter sorgen und seine jüngeren

Geschwister auf Schulen schicken zu können. Lange Zeit später, als er ein vermögender Mann geworden war, vor dem die anderen den Hut zogen, bekannte er mir, die schlimmste Armut sei die, die man hinter Kragen und Krawatte verstecken müsse.

Er trat immer makellos gekleidet auf, in den Sachen seines Vaters, die für ihn passend gemacht worden waren, mit engen Kragen und die Anzüge wohlgebügelt, um den fadenscheinigen Stoff zu kaschieren. Diese Zeit der Entbehrungen festigte seinen Charakter, er glaubte, das Dasein sei nur Mühe und Arbeit und ein ehrbarer Mann könne nicht durch diese Welt gehen, ohne seinem Nächsten zu helfen. Schon damals hatte er diesen Ausdruck von Sammlung und Redlichkeit, die ihn kennzeichneten, er war aus dem gleichen felsharten Stoff wie seine Vorfahren, und wie viele von ihnen stand er mit den Füßen auf festem Boden, aber ein Teil seiner Seele entwischte immer wieder in den Abgrund seiner Träume.

Deshalb verliebte er sich auch in meine Großmutter, die Jüngste in einer Familie mit zwölf Geschwistern, alles exzentrische, köstliche Verrückte – wie Teresa, der am Ende ihres Lebens Heiligenflügel zu wachsen begannen, und als sie starb, vertrockneten in einer Nacht alle Rosensträucher im Japanischen Garten, oder wie Ambrosio, dieser fabelhafte Teufelskerl und Weiberheld, der sich in seinen großmütigen Augenblicken auf der Straße die Kleider auszog, um sie den Armen zu schenken. In meiner Kindheit hörte ich ständig Reden über die Gabe meiner Großmutter, die Zukunft vorherzusagen, Gedanken zu lesen, mit den Tieren zu sprechen und Gegenstände mit dem Blick zu bewegen. Es wurde erzählt, sie hätte einmal einen Billardtisch durch den Salon rutschen lassen, aber in Wirklichkeit war das einzige, was ich in ihrer Gegenwart sich bewegen sah, eine unbedeutende Zuckerdose, die zur Teestunde über den Tisch zu wandern pflegte. Diese Fähigkeiten weckten ein gewisses Mißtrauen, und so bezaubernd das Mädchen auch war – die möglichen Bewerber verloren in ihrer Gegenwart den Mut. Aber für meinen Großvater waren Telepathie und Telekinese unschuldiger Zeitvertreib und auf keinen Fall ernsthafte Hindernisse für die Ehe. Das konnte schon eher der Altersunterschied sein, denn sie war sehr viel jünger, und als er sie kennenlernte, spielte sie noch mit Puppen und schleppte gern ein schäbiges kleines Kissen mit sich herum.

Weil er sie so ständig wie ein kleines Mädchen sah, wurde ihm seine Leidenschaft nicht bewußt, bis sie eines Tages im langen Kleid und mit aufgestecktem Haar erschien, und da stürzte ihn die Erkenntnis einer über Jahre verborgen herangereiften Liebe in eine solche Krise der Schüchternheit, daß er sie nicht mehr besuchte. Sie erriet seinen Seelenzustand, noch bevor er selbst das Knäuel seiner Gefühle zu entwirren vermochte, und schrieb ihm einen Brief, den ersten von vielen, die sie ihm in den entscheidenden Augenblicken ihres und seines Lebens schreiben sollte. Es war kein parfümiertes, vorsichtig sondierendes Billett, sondern ein paar Bleistiftzeilen auf einer Heftseite, mit denen sie ihn ohne Umschweife fragte, ob er ihr Mann werden wolle und, falls ja, wann. Ein paar Monate später fand die Hochzeit statt. Die Braut trat vor den Altar wie eine Erscheinung aus einer anderen Zeit, in elfenbeinfarbener Spitze und mit einem Gewirr von wächsernen, mit dem Haarknoten verflochtenen Orangenblüten, und als er sie sah, beschloß er, sie beharrlich und unverdrossen zu lieben bis an sein Lebensende.

Für mich war dieses Paar immer der Tata und die Memé. Von ihren Kindern interessiert in dieser Geschichte nur meine Mutter, denn wenn ich anfange, von der übrigen Sippe zu erzählen, dann werden wir nie fertig, ohnedies sind die, die noch leben, in weiter Ferne; so ist das Exil, es schleudert die Menschen in alle vier Winde, und später wird es dann sehr schwierig, die Verstreuten wieder zu vereinen. Meine Mutter wurde in den zwanziger Jahren an einem Frühlingstag geboren. Sie war ein empfindsames kleines Mädchen und brachte es niemals über sich, bei dem wilden Toben ihrer Brüder mitzutun, die auf dem Dachboden hinter den Ratten herjagten, um sie dann in Gläsern mit Formol aufzubewahren. Sie wuchs behütet im Schutz des Elternhauses und der Schule auf, beschäftigte sich mit romantischer Lektüre und guten Werken und galt als die Schönste, die man in dieser Familie voll rätselhafter Frauen je gesehen hatte. Von der Pubertät an wurde sie von Verliebten wie von Schmeißfliegen umschwärmt, aber ihr Vater hielt alle auf Distanz, und ihre Mutter nahm die Kandidaten mit Hilfe ihrer Tarotkarten auseinander, bis die unschuldigen Anbandeleien ein Ende fanden, weil ein ebenso begabter wie zwielichtiger Mann in ihr Leben trat, mühelos die übrigen Bewerber beiseite schob und ihr Herz mit Unruhe erfüllte. Das war dein Großvater Tomás, der später wieder im Nebel verschwand, und ich erwähne ihn nur, weil du etwas von seinem Blut in dir trägst, Paula, aus keinem anderen Grund. Dieser Mann mit dem raschen Verstand und der schonungslosen Zunge erwies sich als allzu intelligent und vorurteilsfrei für diese provinzielle Gesellschaft, ein seltener Vogel im damaligen Santiago. Sie sagten ihm eine dunkle Vergangenheit nach, Gerüchte gingen um, daß er zu den Freimaurern gehöre, folglich ein Feind der Kirche sei und außerdem irgendwo einen unehelichen Sohn versteckt halte, aber nichts davon konnte der Tata anführen, um seiner Tochter den Mann auszureden, denn er hatte keine Beweise und er war nicht der Mensch, leichtfertig den Ruf eines andern zu beschmutzen. Zu jener Zeit war Chile wie eine Schichttorte – und ist es in gewisser Weise noch immer –, es gab mehr Kasten als in Indien und genug abschätzige Beiwörter, um jeden auf seinen Platz zu verweisen: armer Teufel, Fatzke, Parvenu, Protz und viele mehr, bis die angemessene Plattform der Ebenbürtigkeit erreicht war. Die Geburt entschied über die Menschen; es war leicht, auf der gesellschaftlichen Stufenleiter abzusteigen, aber um aufzusteigen, genügten weder Geld noch Ruhm, noch Talent, das erforderte die fortdauernde Anstrengung mehrerer Generationen. Zu Tomás' Gunsten sprach seine ehrenhafte Abstammung, wenn es auch in den Augen vom Tata verdächtige politische Umstände gab. Schon damals klang der Name eines gewissen Salvador Allende auf, Gründers der Sozialistischen Partei, der gegen das Privateigentum, die konventionelle Moral und die Macht der Arbeitgeber predigte. Tomás war der Vetter des jungen Abgeordneten.

Schau, Paula, hier habe ich ein Bild vom Tata. Dieser Mann mit den strengen Zügen und dem klaren Blick, mit der randlosen Brille und der schwarzen Baskenmütze ist dein Urgroßvater. Auf dem Foto sitzt er, die Hand auf den Spazierstock gestützt, und neben ihm, an sein rechtes Knie gelehnt, steht ein kleines dreijähriges Mädchen, festlich angezogen, anmutig wie eine winzige Ballerina, und schaut schmachtend in die Kamera. Das bist du, dahinter stehen meine Mutter und ich, der Sessel verbirgt meinen Bauch, ich war mit deinem Bruder Nicolás schwanger. Man sieht den alten Herrn von vorn und erkennt seine stolze Miene, die ungekünstelte Würde eines Menschen, der sich selbst erzogen hat, er ist seinen geraden Weg gegangen und erwartet nun nichts mehr vom Leben. In der Erinnerung sehe ich ihn immer als Greis, wenn auch sein Gesicht fast faltenlos war, abgesehen von zwei tiefen Furchen hinab zu den Mundwinkeln, sein Haar war eine weiße Löwenmähne, und sein rasches Lachen entblößte zwei Reihen gelber Zähne. Gegen Ende seines Lebens fiel ihm jede Bewegung schwer, aber er erhob sich, wenn auch mühsam, um die Frauen zu begrüßen und zu verabschieden, und begleitete, auf seinen Stock gestützt, die Besucher zur Gartentür. Ich mochte seine Hände, kräftig und knotig wie gekrümmte Eichenäste, sein unumgängliches seidenes Halstuch und seinen Geruch nach englischer Lavendelseife und Desinfektionsmittel. Großmütig erteilte er seiner Nachkommenschaft Gratislektionen seiner stoischen Philosophie; Unbequemlichkeit fand er gesund und Heizung schädlich, er verlangte einfache Speisen – ja keine ausgefallenen Soßen oder Würzen –, und Vergnügungen hielt er für vulgär. Morgens ließ er eine kalte Dusche über sich ergehen, eine Gewohnheit, die keiner aus der Familie nachahmte und an der er bis an sein Lebensende festhielt, wenn er, nun ein winziger Greis, unerschrocken auf einem Stuhl unter dem eisigen Schauer hockte. Er liebte überzeugende Spruchweisheiten, und hartnäckige Fragen beantwortete er mit Gegenfragen, so daß ich nicht viel über seine Gedankenwelt weiß, aber seinen Charakter lernte ich bis auf den Grund kennen. Schau meine Mutter an, auf diesem Foto ist sie ein wenig über vierzig und auf ihrem strahlenden Höhepunkt; gekleidet ist sie nach der Mode mit kurzem Rock, das Haar wie ein Bienenkorb hochgenommen. Sie lacht, und ihre großen grünen Augen sind wie Strahlen, gerahmt von den Halbbögen der schwarzen Brauen. Dies war die glücklichste Zeit ihres Lebens, als sie ihre Kinder großgezogen hatte, verliebt war und ihre Welt noch sicher schien.

Ich würde dir gern ein Foto von meinem Vater zeigen, aber sie wurden vor über vierzig Jahren alle verbrannt.

Wohin gehst du, Paula? Wie wirst du sein, wenn du erwachst? Wirst du dieselbe Frau sein, oder werden wir wie zwei Fremde uns neu kennenlernen müssen? Wirst du dich erinnern können, oder werde ich dir geduldig die achtundzwanzig Jahre deines und die neunundvierzig Jahre meines Lebens erzählen müssen?

»Gott beschütze Ihr Kind«, flüstert mir mühsam Don Manuel zu, der Kranke in dem Bett neben dir. Er ist ein alter Bauer, schon mehrmals am Magen operiert, der noch immer gegen den Zerfall und den Tod kämpft. »Gott beschütze Ihr Kind«, sagte gestern auch eine junge Frau mit einem Baby in den Armen zu mir, sie hatte von deinem Fall gehört und war ins Krankenhaus gekommen, um mir Hoffnung zu geben. Sie hat vor zwei Jahren Porphyrie gehabt und über einen Monat im Koma gelegen, ein Jahr hat sie gebraucht, um wieder normal zu werden, und sie muß sich für den Rest ihres Lebens schonen, aber sie arbeitet schon wieder, hat geheiratet und ein Kind geboren. Sie hat mir versichert, ein Koma ist wie traumlos schlafen, eine geheimnisvolle Parenthese. »Weinen Sie nicht mehr, Señora«, sagte sie, »Ihre Tochter spürt nichts, sie wird hier auf eigenen Füßen hinausgehen und sich später gar nicht mehr erinnern, was ihr zugestoßen ist.« Jeden Morgen laufe ich durch die Flure des sechsten Stockwerks auf der Suche nach dem Spezialisten, um neue Einzelheiten aus ihm herauszuholen. Dieser Mann hat dein Leben in seinen Händen, und ich traue ihm nicht, er weht vorbei wie ein Luftzug, zerstreut und eilig, und gibt mir verwickelte Erklärungen über Enzyme und Kopien von Artikeln über deine Krankheit, die ich zu lesen versuche, aber nicht verstehe. Er scheint mehr interessiert an den Statistiken seines Computers und den Formeln in seinem Labor als an deinem auf dieses Bett gekreuzigten Körper. »So ist eben dieser Zustand, die einen erholen sich in kurzer Zeit von der Krise, und andere bringen Wochen in der Intensivtherapie zu, früher starben die Patienten einfach, aber heute können wir sie am Leben erhalten, bis der Metabolismus wieder funktioniert«, sagt er, ohne mir in die Augen zu sehen.

Na schön, wenn es so ist, können wir nur hoffen. Wenn du widerstehst, Paula, tue ich es auch.

Wenn du erwachst, werden wir Monate, vielleicht Jahre brauchen, um die Bruchstücke deiner Vergangenheit wieder zusammenzufügen, oder besser noch, wir können deine Erinnerungen ganz nach deinen Vorstellungen erfinden; fürs erste werde ich dir von mir und anderen Mitgliedern dieser Familie erzählen, zu der wir beide gehören, aber verlange keine Genauigkeit von mir, denn mir werden Fehler unterlaufen, vieles habe ich vergessen oder verwechselt, ich behalte weder Orte noch Daten, noch Namen, aber dafür wird mir niemals eine gute Geschichte entgehen. Ich sitze an deiner Seite, beobachte auf einem Monitor die Leuchtlinien, die die Schläge deines Herzens anzeigen, und versuche dich mit den magischen Mitteln meiner Großmutter zu erreichen. Wenn sie hier wäre, würde sie dir meine Botschaft übermitteln können und mir helfen, dich in dieser Welt festzuhalten. Du hast eine seltsame Reise durch die Dünen der Bewußtlosigkeit angetreten. Wozu so viel Gerede, wenn du mich doch nicht hören kannst? Wozu all diese Seiten, wenn du sie vielleicht nie lesen wirst? Mein Leben rollt ab, wenn ich es erzähle, und meine Erinnerung festigt sich beim Schreiben; was ich nicht auf Papier in Worte fasse, das verwischt die Zeit.

Heute ist der 8. Januar 1992. An einem Tag wie heute vor elf Jahren fing ich in Caracas einen Brief an, um mich von meinem Großvater zu verabschieden, der im Sterben lag mit einem Jahrhundert Kampf auf dem Buckel. Seine festen Knochen widerstanden noch, obwohl er sich seit langem darauf vorbereitete, der Memé zu folgen, die ihm von der Türschwelle aus winkte. Ich konnte nicht nach Chile zurück, aber es kam nicht in Frage, ihn mit dem Telefon zu nerven, das er so verabscheute, und ich wollte ihm doch sagen, er solle ganz beruhigt sein, nichts würde verlorengehen von dem Schatz an Geschichten, die er mir im Laufe unserer Freundschaft erzählt hatte, ich hätte nichts vergessen. Bald danach starb der alte Mann, aber das Erzählen hatte mich erwischt, und ich konnte mich nicht mehr stoppen, andere Stimmen sprachen durch mich, ich schrieb in Trance, mit dem Gefühl, ein Wollknäuel zu entwirren, und mit derselben Dringlichkeit, mit der ich auch heute schreibe. Am Ende des Jahres waren fünfhundert Seiten in einer Leinentasche zusammengekommen, und ich begriff, daß das mehr als ein Brief war, also verkündete ich der Familie schüchtern, ich hätte ein Buch geschrieben. »Wie ist der Titel?« fragte meine Mutter. Wir stellten eine Liste auf, aber wir konnten uns auf keinen Titel einigen, und schließlich hast du, Paula, eine Münze geworfen, um die Sache zu entscheiden. So wurde mein erster Roman, *Das Geisterhaus*, geboren und getauft, und so machte ich mich vertraut mit dem unheilbaren Laster des Geschichtenerzählens. Dieses Buch rettete mir das Leben. Das Schreiben ist eine tiefgehende Innenschau, es ist eine Reise bis in die dunkelsten Winkel des Bewußtseins, es ist eine gemächliche Meditation. Ich schreibe aufs Geratewohl in der Stille, und unterwegs entdecke ich Teilchen der Wahrheit, kleine Kristalle, die in die Mulde einer Hand passen und meinen Weg durch diese Welt rechtfertigen. An einem 8. Januar fing ich auch meinen zweiten Roman an, und danach wagte ich es schon nicht mehr, dieses glückbringende Datum zu wechseln, zum Teil aus Aberglauben, aber auch aus Disziplin; ich habe alle meine Bücher an einem 8. Januar begonnen.

Vor einigen Monaten habe ich den *Unendlichen Plan* beendet, meinen letzten Roman, und seither bereite ich mich auf diesen Tag vor. Ich hatte alles bereit: Thema, Titel, erster Satz, dennoch werde ich diese Geschichte noch nicht schreiben, denn seit du krank geworden bist, reicht meine Kraft nur noch aus, bei dir zu sein, Paula. Seit einem Monat schläfst du, ich weiß nicht, wie ich dich erreichen kann, ich rufe dich und rufe dich, aber dein Name verliert sich in den verwinkelten Fluren dieses Krankenhauses. Mein Herz erstickt in Sand, die Traurigkeit ist eine dürre Wüste. Ich kann nicht beten, ich kann keine zwei Gedanken miteinander verknüpfen, um so weniger könnte ich mich in das Erschaffen eines neuen Buches vertiefen. Ich stürze mich in diese Seiten in einem irrationalen Versuch, mein Entsetzen zu besiegen, mir kommt der Gedanke, wenn ich dieser Verwüstung eine Form gebe, könnte ich dir helfen und mir helfen, die peinlich genaue Ausübung des Schreibens kann unsere Rettung sein. Vor elf Jahren schrieb ich einen Brief an meinen Großvater, um ihn in den Tod zu verabschieden, an diesem 8. Januar schreibe ich an dich, Paula, um dich zurück ins Leben zu holen.

Meine Mutter war ein strahlendes junges Mädchen von achtzehn Jahren, als der Tata die Familie nach Europa mitnahm auf eine strapaziöse Reise, die man damals nur einmal im Leben unternahm, Chile liegt eben am Ende der Welt. Er hatte vor, seine Tochter in ein englisches Internat zu geben, damit sie sich Bildung aneignete und nebenbei ihre Liebelei mit Tomás vergaß, aber Hitler machte seine Pläne zunichte, und der Zweite Weltkrieg brach mit urgewaltigem Getöse herein und überraschte sie an der Côte d'Azur. Unter unglaublichen Schwierigkeiten, auf verstopften Straßen gegen den Strom von Menschen ankämpfend, die zu Fuß, zu Pferde oder in welchem verfügbaren Gefährt auch immer flohen, gelang es ihnen, bis Antwerpen zu kommen und das letzte chilenische Schiff zu besteigen, das von der Pier ablegte. Die Decks und die Rettungsboote wurden von Dutzenden jüdischer Familien eingenommen, die bei ihrer Flucht alle Habe – und in manchen Fällen ganze Vermögen – in den Händen skrupelloser Konsuln gelassen hatten, um von ihnen Visa zum Goldpreis zu kaufen. Weil die Kabinen nicht ausreichten, reisten sie wie Schlachtvieh, schliefen im Freien und litten

Hunger, weil die Verpflegung rationiert war. Während dieser leidvollen Überfahrt tröstete die Memé die Frauen, die über ihre verlorenen Heimstätten und die Unsicherheit der Zukunft weinten, und der Tata handelte in der Küche Essen aus und bei den Seeleuten wollene Decken und verteilte alles unter den Flüchtlingen. Einer von ihnen, ein Kürschner von Beruf, schenkte der Memé zum Dank einen prachtvollen Mantel aus grauem Astrachan. Das Schiff fuhr wochenlang durch das von feindlichen Unterseebooten verseuchte Meer, mit gelöschten Lichtern bei Nacht und mit betender Menschenfracht bei Tage, bis es endlich den Atlantik hinter sich ließ und heil in Chile ankam. Als die Familie im Hafen von Valparaíso von Bord ging, war das erste, was sie sahen, die unverwechselbare Gestalt von Tomás in weißem Leinenanzug und Panamahut, und da begriff der Tata, daß es sinnlos war, sich den geheimnisvollen Weisungen des Schicksals entgegenzustellen, und gab – in sehr schlechter Laune – seine Einwilligung in die Heirat. Die Hochzeitsfeier fand in seinem Hause statt, im Beisein des Apostolischen Nuntius und anderer Persönlichkeiten des öffentlichen Lebens. Die Braut erschien in einem schmucklosen Atlasgewand und trotziger Haltung; wie sich der Bräutigam zeigte, weiß ich nicht, denn das Foto ist beschnitten, von ihm ist uns nur ein Arm geblieben. Als der Tata seine Tochter in den Salon führte, wo ein mit Rosenkaskaden geschmückter Altar aufgebaut worden war, blieb er am Fuß der Treppe stehen.

»Noch ist Zeit, sich zu besinnen. Heirate nicht, Kind, bitte überleg es dir noch einmal. Gib mir ein Zeichen, und ich setze diesen ganzen Haufen Leute vor die Tür und schicke das Festessen den Armen...« Sie antwortete nur mit einem eisigen Blick.

Wie meiner Großmutter in einer spiritistischen Séance angekündigt, war die Ehe meiner Eltern ein Desaster von allem Anfang an. Meine Mutter ging abermals an Bord eines Schiffes, diesmal in Richtung Peru, wo Tomás zum Sekretär der chilenischen Botschaft ernannt worden war. Sie reiste mit einer Kollektion schwerer Koffer, die ihre Aussteuer enthielten sowie eine ganze Fracht von Geschenken, so viele Dinge aus Porzellan, Kristall und Silber, daß wir noch ein halbes Jahrhundert später in den merkwürdigsten Winkeln unversehens darauf stoßen. Fünfzig Jahre diplomatischer Dienst in verschiedenen Himmelsstrichen, Scheidungen und lange Exile haben es nicht vermocht, die Familie von diesem Ballast zu befreien; ich fürchte sehr, Paula, du wirst unter anderen haarsträubenden Gegenständen eine Lampe mit wild herumhüpfenden Nymphen und dickbäuchigen Faunen erben, die meine Mutter immer noch aufbewahrt. Deine Wohnung ist von einer nonnenhaften Kargheit, und in deinem wackligen Kleiderschrank hängen gerade vier Blusen und zwei Hosen, ich frage mich, was du mit den Sachen anfängst, die ich dir unentwegt schenke, du bist wie die Memé – als sie gerade vom Schiff heruntergekommen war und wieder festen Boden betrat, zog sie den Astrachanpelz aus und hängte ihn einer Bettlerin über.

Meine Mutter litt die beiden ersten Tage ihrer Flitterwochen schwer unter den Sprüngen und Launen des Pazifischen Ozeans und war so seekrank, daß sie die Kabine nicht verlassen konnte, und kaum fühlte sie sich etwas besser und ging hinaus, um aus tiefster Brust Atem zu schöpfen, da legte sich ihr Mann mit Zahnschmerzen nieder.

Während sie über die Decks spazierte, gleichgültig gegen die begehrlichen Blicke der Offiziere und Matrosen, wimmerte er in seiner Koje. Die untergehende Sonne malte den riesigen Horizont orangenfarben an, und in den Nächten luden die unglaublichen Sterne zur Liebe ein, aber das Leiden war stärker als die Romanze. Drei endlose Tage mußten vergehen, ehe der Patient dem Bordarzt gestattete, mit einer Zange einzugreifen, um ihn von der Folter zu erlösen, dann erst klang die Schwellung ab und die Gatten konnten ihr Eheleben beginnen. Am Abend darauf erschienen sie gemeinsam im Speisesaal, wo sie an den Tisch des Kapitäns eingeladen waren. Nach einem formellen Toast auf die Neuvermählten kam die Vorspeise, Langustenschwänze auf Eis in hochstieligen Gläsern. Mit einer Geste koketter Vertraulichkeit fischte meine Mutter mit der Gabel einen Langustenschwanz aus dem Glas ihres Mannes, hatte dabei aber das Pech, daß ein winziger Spritzer Sauce américaine auf seiner Krawatte landete. Tomás ergriff ein Messer, um das Übel abzukratzen, vergrößerte damit den Fleck aber nur. Und da, zur Verblüffung der Tischgenossen und vor den Augen seiner beschämten Frau, griff der Diplomat mit den Fingern in das Glas, packte die Schalentiere, rieb sie sich über die Brust, wobei er sein Hemd, das Jackett und die Krawatte vollends beschmierte, dann fuhr er sich mit den Händen durch das pomadisierte Haar, stand auf, grüßte mit einer kurzen Verbeugung und ging in seine Kabine, wo er den Rest der Fahrt verblieb, in störrisches Schweigen gehüllt. Trotz all dieser Widrigkeiten wurde ich auf hoher See gezeugt.

Meine Mutter war nicht auf das Muttersein vorbereitet worden, zu jener Zeit wurden diese Dinge vor unverheirateten Mädchen nur im Flüsterton behandelt, und auf den Gedanken, sie über die unanständigen Gelüste der Bienen und der Blumen zu unterrichten, kam die Memé nicht, denn ihre Seele schwebte in anderen Höhen und war mehr gefesselt von der durchsichtigen Natur der Geister als von den groben Realitäten dieser Welt, dennoch wußte ihre Tochter, als sie kaum ihre Schwangerschaft spürte, daß es ein Mädchen würde, sie nannte es Isabel und begann mit ihm ein ununterbrochenes Zwiegespräch, das bis heute fortdauert. An das kleine Wesen geklammert, das in ihrem Leib heranwuchs, suchte sie sich für ihre Einsamkeit, die Einsamkeit einer unglücklich verheirateten Frau, zu entschädigen; sie sprach laut mit mir, was jeden erschreckte, der sie wie eine Träumende sich gebärden sah, und ich nehme an, daß ich sie hörte und ihr antwortete, aber ich erinnere mich nicht an diese intrauterine Periode.

Mein Vater hatte eine Vorliebe für einen aufwendigen Lebensstil. Zurschaustellung war von jeher schlecht angesehen in Chile, wo Zurückhaltung ein Zeichen von Feinheit ist, in Lima dagegen, der Stadt der Vizekönige, gilt Prachtentfaltung als guter Ton. Er bezog ein Haus, das seiner Stellung als zweiter Botschaftssekretär durchaus nicht angemessen war, umgab sich mit Indiobediensteten, ließ aus Detroit ein kostspieliges Auto kommen und warf auf Festen, im Spielkasino und für Segelfahrten mit dem Geld um sich, ohne daß sich jemand hätte erklären können, wie er seine Extravaganzen finanzierte. In kurzer Zeit hatte er es verstanden, zur politischen und gesellschaftlichen Creme der Stadt Beziehungen zu knüpfen, so kam er hinter die Schwächen jedes einzelnen und vermochte mit Hilfe seiner Kontakte vertrauliche Mitteilungen und sogar einige Staatsgeheimnisse in Erfahrung zu bringen. Er wurde der unerläßliche Gast auf Limas Festivitäten; mitten im Krieg bekam er den besten Whisky, das reinste Kokain und die gefälligsten Mädchen, alle Türen öffneten sich vor ihm. Während er so die Leitersprossen seiner Karriere emporstieg, fühlte sich seine Frau in einer ausweglosen Situation gefangen, mit zwanzig Jahren an einen aalglatten Mann gebunden, von dem sie völlig abhängig war. Sie fühlte sich matt und kraftlos in der feuchten Hitze des Sommers und schrieb endlose Seiten an ihre Mutter, die sich mit deren Briefen auf dem Meer kreuzten und sich in den Postsäcken verloren wie eine Konversation von Taubstummen.

Diese trübseligen Briefe, die sich auf ihrem Schreibtisch stapelten, überzeugten die Memé von der Enttäuschung ihrer Tochter, und so schob sie ihre spiritistischen Séancen mit ihren drei esoterischen Freundinnen von der Weißen Schwesternschaft für eine Weile auf, packte die seherischen Karten in einen Koffer und flog ab nach Lima in einem altersschwachen zweimotorigen Flugzeug, einem der wenigen, die Passagiere beförderten, denn in dieser Phase des Krieges waren Flugzeuge militärischen Zwecken vorbehalten. Sie kam gerade rechtzeitig zu meiner Geburt. Da sie ihre Kinder mit der Hilfe ihres Mannes und einer Hebamme zu Hause zur Welt gebracht hatte, brachten die modernen Methoden der Klinik sie ganz aus der Fassung. Sie betäubten die Gebärende mit einem einzigen Stich, ohne ihr die Möglichkeit zu geben, an dem Geschehen teilzuhaben, und kaum war das Kind geboren, wurde es in eine aseptische Abteilung verfrachtet. Sehr viel später, als die Nebel der Anästhesie verflogen, wurde der Mutter mitgeteilt, daß sie ein kleines Mädchen zur Welt gebracht habe, das sie jedoch entsprechend der Klinikordnung nur zu den Stillzeiten bei sich haben dürfe.

»Es ist eine Mißgeburt, deshalb lassen sie es mich nicht sehen!«

»Es ist ein wunderhübsches kleines Mädchen«, erwiderte meine Großmutter und bemühte sich sehr, einen überzeugenden Ton in ihre Stimme zu legen, obwohl sie in Wirklichkeit noch keine Gelegenheit gehabt hatte, mich genau zu besehen. Durch ein Fenster hatten sie ihr ein in eine Decke gehülltes Bündel gezeigt, das in ihren Augen nicht unbedingt menschlich ausgesehen hatte.

Während ich in einem anderen Stockwerk vor Hunger brüllte, machte meine Mutter wütende Anstrengungen, sich ihre Tochter nötigenfalls mit Gewalt zurückzuerobern. Ein Arzt lief herbei, diagnostizierte eine hysterische Krise, verpaßte ihr abermals eine Injektion und ließ sie weitere zwölf Stunden schlafen. Inzwischen war meine Großmutter überzeugt, daß sie sich hier im Vorraum zur Hölle befanden, und kaum hatte ihre Tochter sich ein bißchen ermuntert, half sie ihr, sich mit kaltem Wasser das Gesicht zu waschen und ihr Kleid anzuziehen.

»Wir müssen hier weg. Zieh dich an, und dann marschieren wir Arm in Arm hinaus wie zwei Damen, die hier jemanden besucht haben.«

»Aber wir können nicht ohne die Kleine gehen, Mama, ich bitte dich!«

»Natürlich«, erwiderte meine Großmutter, die an dieses Detail offenbar nicht gedacht hatte.

Sie betraten in entschlossener Haltung den Saal, wo die Neugeborenen verwahrt wurden, packten ein Baby und entführten es eiligst, ohne Verdacht zu erregen. Sie konnten das Geschlecht ausmachen, weil das Kleine ein rosa Bändchen um das Handgelenk trug, aber sie hatten nicht die Zeit, festzustellen, ob es überhaupt das ihre war, und im übrigen war die Sache nicht lebenswichtig, alle Kinder sind in diesem Alter mehr oder weniger gleich. Es ist möglich, daß sie mich in der Eile verwechselten und daß irgendwo eine Frau mit hellseherischen Fähigkeiten und spinatgrünen Augen meinen Platz einnimmt. In Sicherheit zu Hause zogen sie mich aus, um zu sehen, ob ich vollständig war, und entdeckten ein Muttermal auf meinem verlängerten Rücken. »Dieser Fleck ist ein gutes Zeichen«, versicherte die Memé, »wir brauchen uns ihretwegen keine Sorgen zu machen, sie wird gesund und glücklich aufwachsen.« Ich bin im August geboren, im Zeichen des Löwen, Geschlecht weiblich, und wenn sie mich im Krankenhaus nicht verwechselt haben, habe ich spanisch-baskisches Blut, dazu ein Viertel französisches und eine gewisse Dosis araukanisches oder Mapucheblut wie alle in meinem Land. Obwohl ich in Lima zur Welt gekommen bin, bin ich Chilenin; ich komme von »einem langen Blütenblatt aus Meer, Wein und Schnee«, wie Pablo Neruda mein Land genannt hat, und von da kommst auch du, Paula, wenn du auch den unverwischbaren Stempel der Karibik trägst, wo du aufgewachsen bist. Du hast ein wenig Mühe, unsere südliche Mentalität zu verstehen. Wir in Chile werden geprägt durch die ewige Gegenwart der Berge, die uns vom übrigen Kontinent trennen, und durch das Gefühl der Unsicherheit, wie es in einer Region geologischer und politischer Katastrophen gar nicht zu vermeiden ist. Alles bebt unter unseren Füßen, wir kennen keine Sicherheit; wenn wir gefragt werden, wie es uns geht, ist die Antwort »nichts Neues« oder »teils, teils«; wir wandern von einer Ungewißheit zur nächsten, wir bewegen uns vorsichtig in einer Region des Hell-Dunkel, nichts ist klar umrissen, wir mögen keine Zusammenstöße, wir ziehen Verhandeln vor. Wenn die Umstände uns zum Äußersten treiben, erwachen unsere schlimmsten Instinkte, und die Geschichte nimmt eine tragische Wendung, denn dieselben Menschen, die im täglichen Leben sanft und freundlich erscheinen, verwandeln sich in blutgierige Bestien, wenn sie sich auf einen guten Vorwand und auf Straffreiheit verlassen können. Aber in normalen Zeiten sind die Chilenen zurückhaltend, besonnen, gewissenhaft und haben panische Angst davor, die Aufmerksamkeit auf sich zu lenken, was für sie dasselbe bedeutet wie sich zum Narren zu machen. Weshalb ich auch eine Schande für die Familie gewesen bin.

Und wo war Tomás, während seine Frau niederkam und seine Schwiegermutter den heimlichen Raub seiner Erstgeborenen beging? Ich weiß es nicht, mein Vater ist eine große Lücke in meinem Leben, er ging so früh und so gründlich fort, daß ich keine Erinnerung an ihn bewahre. Meine Mutter lebte vier Jahre mit ihm zusammen, mit zwei langen Trennungen dazwischen, und die Zeit reichte ihr, drei Kinder zur Welt zu bringen. Sie war dermaßen fruchtbar, daß es genügte, in einem Umkreis von einem halben Kilometer mit einer Unterhose zu winken, damit sie schwanger wurde, eine Veranlagung, die ich geerbt habe, aber ich hatte das Glück, gerade in die Zeit der Pille hineinzuwachsen. Bei jeder Geburt verschwand ihr Ehemann, genauso wie er jedem wichtigen Problem aus dem Wege ging, und kehrte fröhlich mit einem extravaganten Geschenk für seine Frau zurück, wenn der Notfall erst einmal überstanden war. Sie sah, wie die Bilder an den Wänden und das Porzellan in den Vitrinen sich vermehrten, ohne zu begreifen, woher diese Verschwendung rührte; unmöglich war dieser Luxus mit einem Gehalt zu erklären, das anderen Beamten kaum ausreichte, aber wenn sie die Sache zu ergründen versuchte, antwortete er mit Ausflüchten, wie er es auch tat, wenn sie nach seinen nächtlichen Abwesenheiten, seinen mysteriösen Reisen und seinen zwielichtigen Bekanntschaften fragte.

Sie hatte schon zwei Kinder und stand kurz vor der Geburt des dritten, als das Kartenhaus ihrer Arglosigkeit einstürzte. Eines Morgens wurde Lima von dem Gerücht eines Skandals erschüttert, der, ohne in den Zeitungen öffentlich gemacht zu werden, sich durch alle Salons ausbreitete. Es handelte sich um einen alten Millionär, der Freunden für heimliche Liebesabenteuer seine Wohnung zur Verfügung stellte. Im Schlafzimmer hing zwischen wertvollen alten Möbeln und persischen Wandteppichen in einem Barockrahmen ein falscher Spiegel, der in Wirklichkeit ein Fenster war. Auf der anderen Seite ließ sich, wohlversehen mit Alkoholika und Drogen, der Hausherr mit auserlesenen Gästen nieder, um sich an den Spielen des jeweiligen Paares zu erfreuen, das für gewöhnlich ahnungslos war. An diesem Abend war unter den Zuschauern ein hochstehender Regierungsbeamter. Als der Vorhang aufging und die ahnungslosen Liebenden enthüllte, war die erste Überraschung, daß es sich um zwei Männer handelte, und die zweite, daß der eine von ihnen, mit Spitzenkorsett und Strapsen herausgeputzt, der älteste Sohn besagten Politikers war, ein junger Anwalt, dem man eine brillante Karriere voraussagte. Über der Demütigung verlor der Vater den Kopf, mit Fußtritten zertrümmerte er den Spiegel, stürzte sich auf seinen Sohn, um ihm die Weiberfetzen herunterzureißen, und hätten sie ihn nicht festgehalten, hätte er ihn womöglich umgebracht. Wenige Stunden später hechelten die Klatschmäuler der Stadt den Vorfall schon in allen Einzelheiten durch und fügten immer schlüpfrigere Details hinzu. Es wurde vermutet, daß das Geschehene kein Zufall war, daß jemand die Szene aus purer Bosheit geplant hatte. Der erschrockene Tomás verschwand, ohne Erklärungen abzugeben.

Meine Mutter erfuhr von dem Skandal erst mehrere Tage später; infolge der Beschwerden aus ihren fortgesetzten Schwangerschaften und auch, um den Gläubigern aus dem Weg zu gehen, die unbezahlte Rechnungen vorlegten, lebte sie sehr zurückgezogen. Die Dienstboten, des Wartens auf ihren Lohn müde, hatten sie verlassen, geblieben war nur Margara, eine chilenische Hausangestellte mit verschlossenem Gesicht und einem Herzen aus Stein, die der Familie seit undenklichen Zeiten diente. Unter diesen Umständen mehrten sich die Anzeichen der nahenden Geburt; meine Mutter biß die Zähne zusammen und machte sich bereit, auf primitivste Art niederzukommen. Ich war ungefähr drei Jahre, und mein Bruder Pancho konnte gerade laufen. In dieser Nacht kauerten wir auf dem Flur und hörten das Stöhnen meiner Mutter und sahen Margara mit Handtüchern und Kesseln voll heißem Wasser laufen. Juan kam um Mitternacht zur Welt, klein und runzlig, eine kümmerliche Maus ohne Haare, die kaum atmete. Bald sah man, daß er nicht schlucken konnte, er hatte einen Knoten in der Kehle, und die Nahrung konnte nicht hindurch, er war zum Verhungern bestimmt, während die Brüste seiner Mutter vor Milch barsten, aber ihn rettete Margaras Hartnäckigkeit. Sie versteifte sich darauf, ihn am Leben zu erhalten, zuerst mit in Milch eingeweichter Watte, die sie Tropfen für Tropfen ausdrückte, und dann mit einem dickflüssigen Brei, den sie ihm gewaltsam mit einem Holzlöffel einhalf.

Jahrelang drehten sich in meinem Kopf die fragwürdigsten Gründe, die das Verschwinden meines Vaters rechtfertigen sollten, ich wurde es satt, die halbe Welt zu befragen, denn um ihn herrscht verschworenes Stillschweigen. Wer ihn gekannt hat und noch am Leben ist, bezeichnet ihn als hochintelligenten Menschen, und das war's dann schon. In meiner Kindheit stellte ich ihn mir als Verbrecher vor, und später, als ich von sexuellen Perversionen hörte, schrieb ich sie ihm alle zu, aber offenbar hat nichts so Romanhaftes seine Vergangenheit verziert, er war weiter nichts als ein feiger Kerl; eines Tages sah er sich von seinen Lügen eingeholt, verlor die Kontrolle über die Situation und machte sich davon. Er ließ sein Amt in der Botschaft fahren, sah weder seine Mutter noch seine Familie, noch seine Freunde wieder und löste sich einfach in Luft auf. Ich sah ihn vor mir – ein wenig im Scherz natürlich –, wie er mit falschen Zöpfen und mehreren bunten Röcken als peruanische India verkleidet gen Machu Picchu floh. »Sag das nie wieder! Woher nimmst du all diese Dummheiten?« fiel mir meine Mutter ins Wort, als ich ihr die Möglichkeit vorstellte. Wie dem auch sei, er verschwand spurlos, aber er begab sich nicht in die durchsichtigen Höhen der Anden, um sich in einem Indiodorf unter die Aymaras zu mischen, wie ich vermutete, er stieg nur einfach eine Stufe hinab auf der unbarmherzigen Leiter der gesellschaftlichen Klassen Chiles und wurde unsichtbar. Er kehrte zurück nach Santiago und ging wie zuvor durch die Straßen im Stadtinnern, aber da er nicht mehr im selben gesellschaftlichen Milieu verkehrte, war es, als wäre er gestorben. Diese Großmutter war mir verloren wie seine ganze Familie außer Salvador Allende, der aus einem unerschütterlichen Gefühl der Loyalität zu uns hielt. Ich sah meinen Vater nie wieder, hörte nie seinen Namen nennen und weiß nichts über sein

Äußeres; um so grotesker war es, daß ich eines Tages gerufen wurde, um im Leichenschauhaus seinen Leichnam zu identifizieren, aber das war sehr viel später. Tut mir leid, Paula, daß diese Figur hier nun verschwindet, wo doch die Bösewichter den pikantesten Teil der Geschichten liefern.

Meine Mutter, die in einer privilegierten Umgebung erzogen worden war, wo die Frauen mit ökonomischen Dingen nichts zu schaffen hatten, verschanzte sich in ihrem verschlossenen Haus, wischte sich die Tränen der verlassenen Frau ab und überlegte sich, daß sie wenigstens für einige Zeit nicht Hungers sterben werde, denn sie baute auf den Schatz der silbernen Kredenzteller, die sie nach und nach zu Geld machen konnte, um die Rechnungen zu bezahlen. Sie saß allein da mit drei kleinen Kindern in einem fremden Land, umgeben von unbegreiflichem Prunk und ohne einen Centavo in der Tasche, aber sie war zu stolz, als daß sie um Hilfe gebeten hätte. In der Botschaft jedoch war man aufmerksam geworden und erfuhr sehr schnell, daß Tomás verschwunden war und die Seinen mittellos zurückgelassen hatte. Die Ehre des Vaterlandes stand auf dem Spiel, man konnte nicht zulassen, daß der Name eines chilenischen Beamten durch den Schmutz gezogen wurde, und schon gar nicht, daß seine Frau und seine Kinder von den Gläubigern auf die Straße gesetzt wurden. Der Konsul bot sich an, die Familie aufzusuchen; er erhielt die Weisung, sie mit der größtmöglichen Diskretion nach Chile zurückzuschicken. Du hast es erraten, Paula, es war Onkel Ramón, dein fürstlicher Großvater und Nachkomme Jesu Christi. Er versichert selbst, daß er einer der häßlichsten Männer seiner Generation war, aber ich glaube, da übertreibt er; wir wollen ja nicht behaupten, daß er hübsch ist, aber was ihm an Stattlichkeit abgeht, ersetzt er überreichlich durch Klugheit und Charme, zudem haben die Jahre ihm ein Air großer Würde gegeben. Zu der Zeit, da er uns zur Hilfe gesandt wurde, war er ein leibarmer kleiner Herr mit grünlichem Teint, einem Walroßschnauzer und mephistophelischen Augenbrauen, Vater von vier Kindern und strenger Katholik, er war nicht einmal der Schatten der mythischen Persönlichkeit, die er später wurde, als er die Haut wechselte wie eine Schlange. Margara öffnete dem Besucher die Tür und führte ihn in das Zimmer der Señora, die ihn im Bett empfing, von ihren Kindern umgeben, noch mitgenommen von der Entbindung, aber in dem ganzen dramatischen Glanz und der siedenden Kraft ihrer Jugend. Der Herr Konsul, der die Frau seines Kollegen kaum kannte – er hatte sie nur immer schwanger gesehen und mit verschlossener Miene, die nicht zum Nähertreten einlud –, blieb neben der Tür stehen, in einen Wirrwarr der Gefühle verstrickt. Während er sie nach den Einzelheiten ihrer Situation befragte und ihr den Plan für ihre Heimreise erklärte, tobte in seiner Brust eine wütende Stampede wilder Stiere. Bei dem Gedanken, daß es keine bezauberndere Frau auf der Welt gab, und ohne zu begreifen, wie ihr Mann sie hatte verlassen können, denn er selbst würde sein Leben für sie hingeben, seufzte er tief, niedergeschlagen von der ungeheuren Ungerechtigkeit, daß er sie zu spät kennengelernt hatte. Sie sah ihn lange an.

»Also gut, ich werde in das Haus meines Vaters zurückkehren«, willigte sie schließlich ein.

»In ein paar Tagen geht ein Schiff von Callao nach Valparaíso, ich werde versuchen, Plätze zu bekommen«, stotterte er.

»Ich reise mit meinen drei Kindern, Margara und dem Hund. Ich weiß nicht, ob das Kleinste die Fahrt überstehen wird, es war sehr schwach bei der Geburt«, und obwohl in ihren Augen Tränen schimmerten, gestattete sie sich nicht, zu weinen.

In rascher Folge zogen vor Ramóns geistigem Auge seine Frau, seine Kinder und sein Vater vorbei, der mit einem anklagenden Zeigefinger auf ihn deutete, dazu sein Onkel, der Bischof mit einem Kruzifix in der Hand, das Strahlen der Verdammnis schleuderte, er sah sich von der Kirche exkommuniziert und vor der Botschaft entehrt, aber er konnte sich nicht lösen von dem vollendet schönen Gesicht dieser Frau und fühlte, wie ein Orkan ihn vom Boden hob. Er tat zwei Schritte in Richtung auf das Bett. Mit diesen zwei Schritten entschied er über seine Zukunft.

»Von jetzt an übernehme ich die Sorge für dich und deine Kinder, für immer.«

Für immer . . . Was ist das, Paula? Ich habe das Maß für die Zeit verloren in diesem weißen Gebäude, wo das Echo regiert und es niemals Nacht wird. Die Grenzen der Wirklichkeit haben sich aufgelöst, das Leben ist ein Labyrinth aus versetzten Spiegeln und verzerrten Bildern. Vor einem Monat, genau um diese Stunde, war ich eine andere Frau. Es gibt dazu eine Fotografie von der Feier zur Vorstellung meines letzten Buches in Spanien, ich trage darauf ein weit ausgeschnittenes auberginefarbenes Kleid und ein Collier und Armbänder aus Silber, habe lange Fingernägel und ein zuversichtliches Lächeln – ein Jahrhundert jünger als heute. Ich erkenne diese Frau nicht wieder, in vier Wochen hat der Schmerz mich verwandelt. Während ich über ein Mikrophon die Umstände erläuterte, die mich dazu anregten, den *Unendlichen Plan* zu schreiben, drängte sich meine Agentin durch die Menge und flüsterte mir ins Ohr, daß du ins Krankenhaus gebracht worden warst. Mich überkam die grausame Ahnung, daß ein tiefgreifendes Unheil unser Leben aus der Bahn geworfen hatte. Als ich zwei Tage vorher nach Madrid gekommen war, hattest du dich schon schlecht gefühlt. Ich wunderte mich, daß du nicht am Flughafen warst, um mich zu begrüßen, wie du es sonst immer getan hattest, ich ließ das Gepäck im Hotel, und erschöpft von dem anstrengenden Flug von Kalifornien hierher, fuhr ich zu deiner Wohnung, wo ich dich in Brech-krämpfen und vom Fieber geschüttelt vorfand. Du warst gerade von religiösen Exerzitien mit den Nonnen der Schule zurückgekommen, in der du vierzig Stunden die Woche als freiwillige Helferin für Kinder aus sozial schwa-chen Familien arbeitest, und erzähltest mir, es sei eine starke und traurige Erfahrung gewesen, Zweifel belasteten dich, dein Glaube war schwach geworden.

»Ich suche Gott, und er entzieht sich mir, Mama...«

»Gott wartet immer, aber jetzt ist es nötiger, einen Arzt zu holen. Was fehlt dir, Tochter?«

»Porphyrie«, antwortetest du, ohne zu zögern.

Seit du vor einigen Jahren erfahren hattest, daß du diese Veranlagung geerbt hast, hast du sehr auf dich geachtet und dich ständig von einem der wenigen Spezialisten in Spanien kontrollieren lassen. Als dein Mann dich so schwach sah, brachte er dich zu einem Notdienst, dort diagnostizierten sie Grippe und schickten dich wieder nach Hause. In dieser Nacht erzählte mir Ernesto, daß du seit Wochen, sogar Monaten sehr nervös und müde warst. Während wir über eine vermeintliche Depression diskutierten, littest du hin-ter der geschlossenen Tür deines Zimmers; die Porphyrie vergiftete dich rasch, und keiner von uns hatte den Blick dafür, es zu begreifen. Ich weiß nicht, wie ich mit meiner Arbeit fertigwurde, ich war überhaupt nicht bei der Sache, und zwischen zwei Presseinterviews rannte ich zum Tele-fon, um dich anzurufen. Kaum hatte ich erfahren, daß es dir schlechter ging, sagte ich den Rest der Tournee ab und fuhr mit der Taxe zum Krankenhaus, raste die sechs Stock-werke hoch und machte deinen Saal in diesem monströsen Bau ausfindig. Ich fand dich im Bett, bleich, mit einem verlorenen Ausdruck im Gesicht, und ein Blick genügte mir, um zu sehen, wie schwerkrank du warst.

»Warum weinst du?« fragtest du mich mit einer fremden Stimme.

»Weil ich Angst habe. Ich liebe dich, Paula.«

»Ich liebe dich auch, Mama...«

Das war das letzte, was du zu mir sagtest, Tochter. Ein paar Augenblicke später fingst du an zu delirieren, sagtest Zahlen auf, die Augen starr an die Decke gerichtet. Ernesto und ich blieben die ganze Nacht bei dir, aufs tiefste verstört, wir saßen abwechselnd auf dem einzigen verfügbaren Stuhl, während in anderen Betten im Saal eine alte Frau starb, eine Wahnsinnige kreischte und eine ausgemergelte und von Schlägen gezeichnete Zigeunerin zu schlafen versuchte. In der Frühe überredete ich deinen Mann, schlafen zu gehen, er hatte mehrere Nächte gewacht und war völlig erledigt. Er verabschiedete sich von dir mit einem Kuß auf den Mund. Eine Stunde später brach der Horror los, ein Schüttelfrost, du brachst Blut, bekamst Zuckungen; dein angespannter, zurückgebogener Körper wand sich in schweren Krämpfen, die dich im Bett hochschleuderten, die Arme zitterten, und die Hände waren verkrümmt, als wolltest du dich an etwas anklammern, das Gesicht war hochrot, aus dem Mund floß Speichel. Ich warf mich über dich, um dich festzuhalten, ich schrie und schrie um Hilfe, der Saal füllte sich mit weißgekleideten Leuten, die mich gewaltsam hinausschoben. Ich erinnere mich, auf dem Fußboden gekniet zu haben, dann an eine kräftige Ohrfeige. »Ruhig, Señora, beruhigen Sie sich, oder Sie müssen gehen«, ein Krankenpfleger schüttelte mich. »Ihrer Tochter geht es besser, Sie können hinein und bei ihr bleiben.« Ich versuchte aufzustehen, aber meine Knie gaben nach; sie halfen mir zu deinem Bett und gingen dann hinaus, ich blieb allein mit dir und mit den Patientinnen in den anderen Betten, die schweigend beobachteten, jede in ihr eigenes Leiden versunken. Du hattest die aschgraue Farbe der Gespenster, die Augen nach oben verdreht, ein Faden trockenes Blut neben dem Mund, du warst kalt. Ich hoffte dich rufen zu können mit den Namen, die ich dir gab, seit du ein Kind warst, aber du entferntest dich in eine andere Welt; ich wollte dir Wasser zu trinken geben, ich schüttelte dich, du starrtest mich aus geweiteten, gläsernen Pupillen an, sahst durch mich hindurch zu einem fernen Horizont, und plötzlich bliebst du regungslos, leblos, atmetest nicht mehr. Es gelang mir, zu schreien, dann wollte ich dir Mund-zu-Mund-Beatmung geben, aber die Angst hatte mich blockiert, ich machte alles falsch, blies dir ohne Rhythmus und Zusammenhang Luft zu, irgendwie, fünf- oder sechsmal, und dann merkte ich, daß auch dein Herz nicht mehr schlug, und fing an, deine Brust mit Fäusten zu bearbeiten. Augenblicke später kam Hilfe, und das letzte, was ich sah, war dein Bett, das sich in schnellem Lauf durch den Flur zum Aufzug bewegte. Von diesem Augenblick an blieb das Leben für dich und auch für mich stehen, wir beide überschritten eine geheimnisvolle Schwelle und traten ein in den Bereich der tiefsten Finsternis.

»Ihr Zustand ist kritisch«, teilte mir der wachhabende Arzt auf der Intensivstation mit.

»Soll ich ihren Vater in Chile benachrichtigen? Er wird über zwanzig Stunden brauchen, um herzukommen«, fragte ich.

»Ja.«

Die Schreckensbotschaft hatte die Runde gemacht, und nach und nach kamen Verwandte von Ernesto, Freunde und Nonnen von deiner Schule; jemand hatte telefonisch die Familie benachrichtigt, die über Chile, Venezuela und die Vereinigten Staaten verstreut war. Sehr bald erschien dein Mann, gefaßt und ruhig, mehr mit den Gefühlen der anderen beschäftigt als mit den eigenen, er sah sehr müde aus. Ihm wurde erlaubt, dich ein paar Minuten zu sehen, und als er wieder herauskam, erzählte er uns, daß du an ein

Beatmungsgerät angeschlossen seist und eine Blutübertragung bekämst. »Es geht ihr nicht so schlecht, wie sie sagen, ich fühle Paulas Herz ganz nahe an dem meinen schlagen«, sagte er, ein Satz, der mir im Augenblick unsinnig erschien, aber heute, wo ich Ernesto besser kenne, kann ich ihn besser verstehen. Beide verbrachten wir diesen Tag und die folgende Nacht im Warteraum, von Zeit zu Zeit schlief ich erschöpft ein, und wenn ich die Augen wieder öffnete, sah ich ihn unbeweglich sitzen, immer in derselben Haltung, wartend.

»Ich bin völlig zermürbt, Ernesto«, gestand ich, als der Morgen dämmerte.

»Wir können nichts tun, Paula ist in Gottes Hand.«

»Für dich muß es einfacher sein, es zu akzeptieren, du baust auf deine Religion.«

»Mir tut es genauso weh wie dir, aber ich habe weniger Angst vor dem Tode und mehr Hoffnung auf das Leben«, erwiderte er und umarmte mich. Von einem atavistischen Grauen geschüttelt, drückte ich das Gesicht in sein Jackett, atmete seinen Jungmännergeruch.

Am frühen Morgen kamen meine Mutter und Michael aus Chile und Willie aus Kalifornien. Dein Vater war sehr blaß; als er in Santiago ins Flugzeug stieg, war er überzeugt gewesen, daß er dich tot vorfinden würde, die Reise muß für ihn ewig gedauert haben. Schmerzerfüllt umarmte ich meine Mutter und stellte fest, wenn sie auch mit den Jahren an Statur eingebüßt hat, ist sie als beschützende Größe doch immer noch unübertroffen. Neben ihr sieht Willie wie ein Riese aus, aber wenn ich eine Brust suche, an die ich den Kopf lehnen kann, kommt mir die ihre breiter und sicherer vor als die meines Mannes. Wir betraten den Saal der Intensivstation und konnten sehen, daß du bei Bewußtsein warst und dein Zustand sich etwas gebessert hatte, die Ärzte hatten angefangen, dir das Natrium wieder zuzuführen, das du ununterbrochen verlorst, und das frische Blut hatte dich neu belebt. Doch die Illusion hielt nur ein paar Stunden an, plötzlich fielst du in eine Angstkrise, und sie verabreichten dir eine massive Dosis Beruhigungsmittel, die dich in ein tiefes Koma stürzte, aus dem du bis heute noch nicht erwacht bist.

»Ihre arme Kleine, so ein Schicksal hat sie nicht verdient. Warum sterbe ich nicht, alt wie ich bin, an ihrer Stelle?« sagt manchmal Don Manuel, der Kranke im Nebenbett, mit seiner kraftlosen Stimme eines Sterbenden zu mir.

Es ist sehr schwer, diese Seiten zu schreiben, Paula, von neuem alle Stationen dieser schmerzensreichen Reise zu durchwandern, die Einzelheiten zu klären, sich vorzustellen, wie es gewesen wäre, wenn du in bessere Hände gefallen wärst, wenn sie dich nicht mit Medikamenten betäubt hätten, wenn... Wie kann ich die Schuld von mir weisen? Als du »Porphyrie« sagtest, dachte ich, du übertreibst, und statt mich nach mehr Hilfe umzusehen, vertraute ich diesen Weißkitteln, überantwortete ihnen vorbehaltlos meine Tochter. Es ist nicht mehr ungeschehen zu machen, ich sollte nicht zurückblicken, dennoch kann ich es nicht lassen, es ist eine Besessenheit. Hier aber gibt es nur die unausweichliche Gewißheit dieses Madrider Krankenhauses, der Rest meiner Existenz hat sich in lauter Nebel aufgelöst.

Willie, der nach wenigen Tagen zu seiner Arbeit in Kalifornien zurückkehren mußte, ruft mich jeden Morgen und jeden Abend an, um mir Kraft zu geben, mich zu erinnern, daß wir uns lieben und jenseits des Meeres ein glückliches Leben führen. Seine Stimme kommt von sehr weit her zu mir, und mir ist, als träumte ich sie, als gäbe es in Wirklichkeit kein Holzhaus, das über der Bucht von San Francisco hängt, und auch nicht den feurigen Liebhaber, der jetzt ein ferner Ehemann ist. Mir scheint auch, ich habe meinen Sohn Nicolás geträumt und Celia, meine Schwiegertochter, und den kleinen Alejandro mit seinen Giraffenwimpern. Carmen Balcells, meine Agentin, kommt von Zeit zu Zeit, um mir Bekundungen der Anteilnahme von meinen Verlegern zu übermitteln oder Nachrichten über meine Bücher, und ich weiß nicht, wovon sie spricht, nur du existierst, meine Tochter, und der zeitlose Raum, in dem wir beide uns eingerichtet haben.

In den langen Stunden des Schweigens überstürzen sich die Erinnerungen, alles ist mir im gleichen Augenblick geschehen, als wäre mein Leben ein einziges unverständliches Bild. Das Kind und das junge Mädchen, das ich war, die Frau, die ich bin, die Greisin, die ich sein werde, alle Etappen sind Wasser aus derselben ungestümen Quelle. Mein Gedächtnis ist wie ein mexikanisches Wandbild, wo sich alles gleichzeitig begibt: die Schiffe der Konquistadoren auf der einen Seite, während auf der anderen die Inquisition die Indios foltert, die Befreier galoppierend mit blutgetränkten Fahnen und die Gefiederte Schlange gegenüber einem leidenden Christus zwischen den rauchenden Schloten des Industriezeitalters. So ist mein Leben, ein vielfältiges und wandelbares Fresko, das nur ich deuten kann und das mir gehört wie ein Geheimnis. Das Bewußtsein wählt aus, übertreibt, verrät, die Ereignisse verflüchtigen sich, die Personen werden vergessen, und zum Schluß bleibt nur die Bahn der Seele, diese seltenen Augenblicke, wenn der Geist sich offenbart. Nicht was mir geschieht, ist interessant, sondern die Narben, die mich zeichnen und kennzeichnen. Meine Vergangenheit hat wenig Bedeutung, ich sehe weder Ordnung noch Klarheit, weder Pläne noch Wege, nur eine Reise aufs Geratewohl, geleitet vom Instinkt und unkontrollierbaren Ereignissen, die den Lauf meines Schicksals ablenkten. Es gab keine Berechnung, nur gute Vorsätze und den vagen Verdacht, daß ein höheres Muster existiert, das meine Schritte bestimmt. Bis heute habe ich meine Vergangenheit mit niemandem geteilt, es ist mein letzter Garten, in dem sich auch nicht der zudringlichste Liebhaber hat sehen lassen. Nimm sie hin, Paula, vielleicht ist sie dir zu etwas gut, denn ich glaube, die deine gibt es nicht mehr, sie ist dir in diesem langen Schlaf verlorengegangen, und ohne Erinnerungen kann man nicht leben.

Meine Mutter kehrte nach Santiago in das Haus ihrer Eltern zurück. Eine gescheiterte Ehe wurde damals als das größte Unglück für eine Frau betrachtet, aber sie wußte das noch nicht und trug den Kopf hoch. Ramón, der betörte Konsul, brachte sie zum Schiff mit ihren Kindern, der furchteinflößenden Margara, dem Hund, den Koffern und den Kisten mit den silbernen Kredenztellern. Beim Abschied hielt er ihre Hände fest und wiederholte sein Versprechen, für immer für sie zu sorgen, aber sie, in Gedanken schon dabei, sich in dem engen Raum der Kabine einzurichten, belohnte ihn nur mit einem schwachen Lächeln. Sie war es gewohnt, Artigkeiten entgegenzunehmen, und hatte keinen Grund, zu vermuten, daß dieser Beamte mit dem fragwürdigen Äußeren eine grundlegende Rolle in ihrer Zukunft spielen würde, sie vergaß auch, daß dieser Mann eine Frau und vier Kinder hatte, außerdem bedrängten sie wichtigere Dinge: Das Neugeborene atmete stoßweise wie ein Fisch auf dem Trockenen, die beiden anderen Kinder weinten verängstigt, und Margara hatte sich in ihr mürrisches, mißbilligendes Schweigen zurückgezogen.

Als meine Mutter hörte, wie die Maschinen zu arbeiten begannen und die heisere Sirene die Abfahrt des Schiffes verkündete, kam ihr eine erste Ahnung von dem Orkan, der sie umgeworfen hatte. Sie konnte sich darauf verlassen, daß sie im Elternhaus aufgenommen würde, aber sie war kein unverheiratetes junges Mädchen mehr und mußte für ihre Kinder sorgen, als wäre sie eine Witwe. Sie begann sich zu fragen, wie sie mit ihrer Lage fertigwerden sollte, als der hohe Wellengang die Erinnerung an die Langustenschwänze ihrer Flitterwochen zurückbrachte, und da lächelte sie erleichtert, denn wenigstens war sie weit weg von ihrem merkwürdigen Ehemann. Sie war gerade vierundzwanzig Jahre alt geworden und hatte keine Ahnung, wie sie sich ihren Lebensunterhalt verdienen sollte, aber durch ihre Adern floß nicht umsonst das Abenteurerblut jenes fernen baskischen Seemanns.

So kam es also, daß ich im Haus meiner Großeltern aufwuchs. Na ja, das ist so eine Redensart, in Wirklichkeit wuchs ich nicht viel, mit beträchtlicher Mühe erreichte ich eineinhalb Meter, eine Größe, die ich bis vor einem Monat einhielt, als ich feststellte, daß der Spiegel im Bad nach oben wanderte. »Unsinn, du schrumpfst doch nicht, das kommt nur, weil du Gewicht verloren hast und keine hochhackigen Schuhe trägst«, versichert meine Mutter, aber ich spüre, daß sie mich heimlich besorgt mustert. Wenn ich sage, daß ich unter Mühen wuchs, meine ich das nicht metaphorisch, es wurde tatsächlich alles mögliche getan, um mich zu strecken, außer daß mir Hormone verabreicht wurden, denn die waren zu der Zeit noch im Versuchsstadium, und Benjamín Viel, der Arzt der Familie und ewiger platonischer Anbeter meiner Mutter, befürchtete, mir könnte ein Schnurrbart wachsen. Das wäre nicht so schlimm gewesen, so etwas rasiert man ab. Jahrelang ging ich in ein Gymnastikinstitut, wo sie mich vermittels eines Systems von Seilen und Flaschenzügen an die Decke hängten, damit die Schwerkraft mein Knochengerüst langzog. In meinen Albträumen sehe ich mich kopfunter an den gefesselten Fußknöcheln hängen, aber meine Mutter versichert, das sei ganz und gar falsch, etwas so Grausames hätte ich nie aushalten müssen, sie hängten mich am Hals auf mit einem modernen Apparat, der den sofortigen Tod durch Ersticken verhinderte. Dieses extreme Mittel war völlig nutzlos, nur mein Hals wurde länger.

Meine erste Schule wurde von deutschen Nonnen geführt, aber ich blieb da nicht lange, mit sechs Jahren wurde ich als pervers hinausgeworfen: ich hatte einen Wettbewerb veranstaltet, wer die hübschesten Höschen zeigen konnte, aber der wahre Grund für den Hinauswurf lag vielleicht darin, daß die prüde Gesellschaft Santiagos sich über meine Mutter entrüstete, weil sie keinen Ehemann hatte. Ich kam dann auf eine etwas lässigere englische Schule, wo solche Zurschaustellungen keine größeren Konsequenzen nach sich zogen, sofern sie nur diskret vor sich gingen.

Ich bin sicher, daß meine Kindheit ganz anders verlaufen wäre, wenn die Memé länger gelebt hätte. Meine Großmutter erzog mich zur Erleuchteten, die ersten Wörter, die sie mich lehrte, waren Esperanto, ein lachhaft klingendes Konstrukt, das sie für die Universalsprache der Zukunft hielt, und ich trug noch Windeln, als sie mich schon an den Tisch der Geister setzte, aber diese herrlichen Möglichkeiten endeten mit ihrem Hingang. Das große Familienhaus, das soviel Zauber hatte, als sie ihm vorstand, mit seinen Abendgesellschaften von Intellektuellen, Bohemiens und Verrückten, verwandelte sich mit ihrem Tod in einen traurigen, von Zugwind durchwehten Ort. Der Duft von damals dauert in meiner Erinnerung fort: Paraffinöfen im Winter und verbrannter Zucker im Sommer, wenn im Patio ein offenes Feuer entzündet wurde, auf dem in einem riesigen Kupfertopf Brombeerkompott kochte. Mit dem Tod meiner Großmutter leerten sich die Vogelkäfige, verstummten die Klaviersonaten, vertrockneten die Pflanzen und Blumen in den Krügen, entwischten die Katzen auf die Dächer, wo sie sich zu wilden Bestien wandelten, und nach und nach mußten alle übrigen Haustiere dran glauben, die Kaninchen und Hühner endeten in den Pfannen der Köchin, und die Ziege lief eines Tages auf die Straße und wurde vom Milchwagen überfahren. Nur die Hündin Pelvina López-Pun blieb übrig und döste neben dem Vorhang, der den Saal vom Eßzimmer trennte. Ich wanderte, nach meiner Großmutter rufend, vorbei an schweren spanischen Möbeln, Marmorstatuen, bukolischen Gemälden und Stapeln von Büchern, die sich in den Ecken häuften und sich des Nachts vervielfältigten wie eine unkontrollierbare Fauna bedruckten Papiers. Es gab eine unsichtbare Grenze zwischen den von der Familie bewohnten Räumen des Hauses und der Küche, den Patios und den Zimmern der Angestellten, wo sich der größte Teil meines Lebens abspielte. Das war eine Schattenwelt von schlecht belüfteten, dunklen Stuben mit einem elenden Bett, einem Stuhl und einer wackligen alten Kommode als einzigem Mobiliar, als Schmuck ein Kalender und ein paar Heiligenbildchen. Es war die einzige Zuflucht dieser Frauen, die von morgens bis abends arbeiteten, als erste in aller Frühe aufstanden und erst zu Bett gingen, nachdem sie der Familie das Abendessen serviert und die Küche geputzt hatten. Jeden zweiten Sonntag hatten sie Ausgang, ich erinnere mich nicht, ob sie Urlaub machten oder ob sie Familie hatten, sie wurden dienend alt und starben im Haus. Einmal im Monat erschien ein riesiger halbblöder Bursche, um die Fußböden zu bohnern. Er befestigte kleine Kissen aus Stahlspänen unter den Füßen und tanzte, das Parkett abziehend, eine groteske Samba, dann trug er, auf allen vieren kriechend, mit einem Lappen das Wachs auf, und schließlich brachte er es mit einer schweren Bürste zum Glänzen. Jede Woche kam auch die Wäscherin, eine Winzigkeit von einer Frau, nur Haut und Knochen und immer mit zwei, drei Kindern am Rockzipfel, und trug einen Berg schmutziger Wäsche fort, den sie geschickt auf dem Kopf balancierte. Die Wäsche wurde ihr abgezählt übergeben, damit nichts fehlte, wenn sie sie sauber und gebügelt zurückbrachte. Jedesmal wenn ich zufällig den demütigenden Vorgang mitansah, wie Hemden, Servietten und Laken gezählt wurden, versteckte ich mich hinterher zwischen den Plüschfalten des Salonvorhangs, um meine Großmutter zu umarmen. Ich wußte nicht, weshalb ich weinte, heute weiß ich es: ich weinte vor Scham. In dem Vorhang herrschte der

Geist der Memé, und ich vermute, daß die Hündin sich deshalb nicht von diesem Platz fortrührte. Die Dienstmädchen dagegen glaubten, sie ginge im Keller um, aus dem Geräusche und schwacher Lichtschein drangen, deshalb vermieden sie es, auch nur in die Nähe der Kellertür zu kommen. Ich kannte sehr gut den Grund für diese Erscheinungen, aber mir lag nicht das geringste daran, ihn aufzudecken. In den Theatervorhängen des Salons suchte ich das durchscheinende Antlitz meiner Großmutter; ich schrieb Botschaften auf Papierzettel, faltete sie sorgfältig und steckte sie mit einer Nadel an den dicken Stoff, damit sie sie fand und wußte, daß ich sie nicht vergessen hatte.

Die Memé hatte mit großer Schlichtheit Abschied vom Leben genommen, niemand bemerkte ihre Vorbereitungen zur Reise ins Jenseits bis zur letzten Stunde, als es schon zu spät war, einzugreifen. In dem Bewußtsein, daß es großer Leichtigkeit bedarf, um sich vom Boden zu lösen, warf sie alles über Bord, entledigte sich ihrer irdischen Güter und trennte sich von überflüssigen Gefühlen und Wünschen und behielt nur das Wesentliche, schrieb einige Briefe und legte sich schließlich in ihr Bett, um nicht wieder aufzustehen. Eine Woche lag sie im Sterben, nur ihr Mann wußte davon und stand ihr zur Seite und nutzte alle ihm zur Verfügung stehenden Heilmittel, um ihr Leiden zu ersparen, während das Leben aus ihr floh und in ihrer Brust eine dumpfe Trommel klang. Als es soweit war, blieb keine Zeit, jemanden zu verständigen, dennoch benachrichtigten ihre Freundinnen von der Weißen Schwesternschaft sich telepathisch und erschienen im letzten Augenblick, um ihr Botschaften an die wohlwollenden Seelen aufzutragen, die ihnen jahrelang in den Donnerstagsséancen um den dreibeinigen Tisch erschienen waren. Diese außerordentliche Frau hinterließ keine materielle Spur ihres Erdenweges außer einem silbernen Spiegel, einem Gebetbuch mit Perlmutteinband und einer Handvoll Orangenblüten aus Wachs, Überbleibsel von ihrem Brautkranz. Auch mir hinterließ sie nicht viele Erinnerungen, und die, die ich habe, müssen durch meine damalige kindliche Sicht und die verflossene Zeit verzerrt sein, aber das macht nichts, denn ihre Gegenwart hat mich immer begleitet. Wenn das Asthma oder die Unruhe ihr den Atem benahmen, schmiegte ich mich an sie, um ihr mit meiner Wärme Erleichterung zu schenken, und das ist das genaueste Bild, das ich von ihr bewahre: ihre Haut wie Reispapier, ihre sanften Finger, die in ihrer Kehle pfeifende Luft, die feste Umarmung, der Duft von Kölnisch Wasser und hin und wieder ein Hauch von dem Mandelöl, das sie zwischen den Händen verrieb. Ich habe zugehört, wenn von ihr gesprochen wurde, ich bewahre in einer Blechbüchse die einzigen Reliquien von ihr, die überdauert haben, und den Rest habe ich erfunden, weil wir alle eine Großmutter brauchen. Sie hat diese Rolle nicht nur zur Vollendung ausgefüllt, trotz ihres unangebrachten Todes, sie hat mich auch zu der Gestalt inspiriert, die ich von allen, die in meinen Büchern erscheinen, am meisten liebe: Clara, Clarissima, Klarblickende im *Geisterhaus*.

Mein Großvater konnte den Verlust seiner Frau nicht hinnehmen. Ich glaube, sie lebten in Welten, die nicht miteinander zu versöhnen waren, und liebten sich in flüchtigen Begegnungen mit schmerzlicher Zärtlichkeit und heimlicher Leidenschaft. Der Tata besaß die Vitalität eines praktischen, gesunden, sportlichen und unternehmenden Mannes, sie dagegen war fremd auf dieser Erde, eine ätherische und unerreichbare Erscheinung. Ihr Mann mußte sich damit zufriedengeben, unter demselben Dach mit ihr zu leben, aber in einer anderen Dimension, ohne sie je zu besitzen. Nur bei einigen feierlichen Gelegenheiten, wie bei der Geburt der Kinder, die er in seinen Händen empfing, oder als er sie in der Stunde des Todes in den Armen hielt, hatte er das Gefühl, daß sie wirklich existierte. Tausendmal versuchte er, diesen flüchtigen Geist zu fassen, der vor seinen Augen vorbeizog wie ein Komet und eine fortdauernde Spur aus Sternenstaub hinterließ, aber er blieb immer mit dem Eindruck zurück, daß sie sich ihm entzog. Am Ende seiner Tage, als nur wenig fehlte, und er hätte ein Jahrhundert Lebenszeit vollendet, und als von dem energischen Patriarchen nur noch ein von der Einsamkeit und von der erbarmungslosen Korrosion der Jahre zerfressener Schatten übrig war, gab er den Gedanken auf, sein absoluter eigener Herr zu sein, wie er es in der Jugend für sich beansprucht hatte, und da erst vermochte er sie unter den Bedingungen der Gleichheit zu umarmen. Der Schatten der Memé gewann deutliche Konturen und verwandelte sich in ein berührbares Geschöpf, das ihm bei der genauen Wiederherstellung der Erinnerungen und in den Beschwerden des Alters beistand. Als er Witwer geworden war, hatte er sich verraten gefühlt, hatte sie beschuldigt, ihn auf der Hälfte des Weges verlassen zu haben, hatte sich von oben bis unten in Trauer gekleidet wie ein Rabe, hatte seine Möbel schwarz angemalt, und um nicht noch mehr zu leiden, hatte er versucht, andere Gefühlsbindungen seines Lebens auszumerzen, aber das war ihm nie ganz gelungen, er war ein Mann, den sein liebevolles Herz besiegte. Er bewohnte ein großes Zimmer im ersten Stock des Hauses, durch das jede Stunde die traurigen Glockenschläge einer Turmuhr hallten. Die Tür blieb immer verschlossen, und nur selten getraute ich mich anzuklopfen, aber morgens ging ich ihn begrüßen, bevor ich mich auf den Weg zur Schule machte, und manchmal erlaubte er mir, das Zimmer nach Schokolade zu durchsuchen, die er für mich versteckt hatte. Nie hörte ich ihn klagen, er bezwang sich stoisch, aber oft wurden ihm die Augen feucht, und wenn er sich allein glaubte, sprach er mit dem Erinnerungsbild seiner Frau. Mit den Jahren und mit den Beschwerden konnte er das Weinen nicht mehr beherrschen, er wischte sich mit der

Faust die Tränen ab, wütend über seine Schwäche, »ich werde alt, verdammt«, knurrte er. Als Witwer schaffte er die Blumen, die Süßigkeiten, die Musik und jeden Grund zur Freude ab; das Schweigen drang ein ins Haus und in seine Seele.

Die Situation meiner Eltern war zweideutig, denn in Chile gibt es keine Scheidung, aber es war nicht schwierig, Tomás zu überreden, die Ehe annullieren zu lassen, und so wurden meine Brüder und ich Kinder einer alleinstehenden Mutter. Mein Vater, dem wahrscheinlich nicht daran gelegen war, zu Unterhaltszahlungen verpflichtet zu werden, trat auch die Vormundschaft für seine Kinder ab und entschwand geräuschlos, während der gesellschaftliche Kreis um meine Mutter sich undurchdringlich abschloß, um den Skandal zum Schweigen zu bringen. Das einzige, was er beim Abschluß der Eheannullierung verlangte, war die Rückgabe seines Wappenschildes, drei spindeldürre Hunde in blauem Feld, den er augenblicklich erhielt, denn meine Mutter und der Rest der Familie lachten schallend über seine adlige Abkunft. Mit dem Scheiden dieses lächerlichen Schildes verschwand jeder Anspruch auf edle Abstammung, mit einem Federstrich waren wir ohne Stammbaum. Tomás' Bild löste sich im Vergessen auf. Mein Großvater wünschte nicht, daß vor ihm über seinen verflossenen Schwiegersohn gesprochen wurde, und er gestattete auch keine Klagen in seiner Gegenwart, schließlich hatte er seine Tochter vor der Heirat gewarnt. Sie fand eine bescheidene Anstellung in einer Bank, deren Hauptanziehungspunkt die Möglichkeit war, nach fünfunddreißig Jahren aufopferungsvoller Arbeit mit vollem Gehalt pensioniert zu werden, und die größte Unannehmlichkeit waren die Triebe des Direktors, der sie bis in die Ecken verfolgte. Im Familienhaus lebten auch ein paar unverheiratete Onkel, die es übernahmen, meine Kindheit mit schreckeinjagenden Überraschungen zu füllen. Mein Liebling war Onkel Pablo, ein ungeselliger, einsiedlerischer junger Mann, dunkelhäutig, leidenschaftliche Augen, weiße Zähne, schwarzes, mit Brillantine straff zurückgekämmtes Haar, Rodolfo Valentino recht ähnlich, immer in einem Mantel mit großen Taschen, in denen er die Bücher versteckte, die er in den öffentlichen Bibliotheken und in den Häusern seiner Freunde stahl. Ich bat ihn mehrmals flehentlich, doch meine Mama zu heiraten, aber er überzeugte mich, daß aus inzestuösen Verbindungen siamesische Zwillinge geboren würden, also wechselte ich das Ziel und richtete dasselbe Ansuchen an Benjamín Viel, für den ich eine bedingungslose Bewunderung empfand. Onkel Pablo war ein großer Verbündeter seiner Schwester, steckte ihr Geldscheine in die Handtasche, half ihr, die Kinder durchzubringen, und verteidigte sie gegen bösartigen Klatsch und sonstige Angriffe. Als Feind von Rührseligkeiten ließ er nicht zu, daß man ihn anfaßte oder anatmete, Telefon und Post betrachtete er als Eindringen in seine Privatsphäre, zu Tisch setzte er sich mit einem aufgeschlagenen Buch neben dem Teller, um jeden Versuch einer Unterhaltung zu entmutigen, kurz, er trachtete danach, seinen Nächsten mit ungezogenen Manieren einzuschüchtern, aber wir wußten alle, daß er eine mitfühlende Seele war und daß er heimlich, damit niemand etwas von seinem Laster ahnte, ein ganzes Heer von Bedürftigen unterstützte. Er war Tatas rechter Arm, sein bester Freund und Teilhaber seines Unternehmens: Schafzucht und Wollausfuhr nach Schottland. Die Hausangestellten vergötterten ihn, und trotz seines mürrischen Schweigens, seiner Tricks und derben Späße hatte er viele Freunde. Etliche Jahre später verliebte sich dieser von seiner Lesegier geplagte Exzentriker in eine bezaubernde Cousine, die auf dem Lande aufgewachsen war und das Leben in Begriffen von Arbeit und Religion verstand. Dieser Zweig der Familie, sehr konservative und ernsthafte Leute, mußte stoisch die seltsamen Eigenheiten des Bewerbers ertragen. Eines Tages kaufte mein Onkel auf dem Markt einen Ochsenkopf, brachte zwei Tage damit zu, ihn auszuschaben und von innen zu säubern, was uns beträchtlich anekelte, die wir nie etwas so Übelriechendes und Scheußliches von nahem gesehen hatten, und nachdem er diese Leistung vollbracht hatte, stellte er sich am Sonntag nach der Messe im Haus seiner Braut vor, korrekt gekleidet und mit dem Riesenkopf auf den Schultern wie eine Maske. »Treten Sie ein, Don Pablito«, begrüßte ihn sofort und unerschüttert das Dienstmädchen, das ihm die Tür öffnete.

Im Schlafzimmer meines Onkels standen Regale voller Bücher vom Boden bis zur Decke und in der Mitte eine Einsiedlerlagerstatt, auf der er den größten Teil der Nacht lesend verbrachte. Er hatte mich überzeugt, daß im Dunkeln die Gestalten aus den Büchern die Seiten verlassen und durch das Haus wandern; ich versteckte den Kopf unter dem Bettzeug aus Angst vor dem Teufel in den Spiegeln und vor dieser Menge Gestalten, die durch die Zimmer wandelten und ihre Abenteuer und Leidenschaften neu belebten: Piraten, Kurtisanen, Banditen, Hexen und Jungfrauen. Um halb neun mußte ich das Licht löschen und einschlafen, aber Onkel Pablo schenkte mir eine Taschenlampe, um unter der Bettdecke zu lesen; seitdem habe ich eine abartige Neigung zu heimlicher Lektüre.

Es war unmöglich, sich in diesem Haus voller Bücher und wunderlicher Verwandter zu langweilen, noch dazu mit einem verbotenen Keller, immer neuen Würfen junger Kätzchen – die Margara in einem Eimer Wasser ertränkte – und dem Radio in der Küche, hinter dem Rücken meines Großvaters angestellt, aus dem Schlager, Nachrichten von schrecklichen Verbrechen und ergreifende Fortsetzungsgeschichten tönten. Meine Onkel erfanden die *derben*

Spiele, einen grausamen Zeitvertreib, der hauptsächlich darin bestand, die Kinder zu plagen und zu ängstigen, bis sie weinten. Die Mittel waren immer frisch erfunden, so klebten sie etwa den Zehnpesoschein, den sie uns als monatliches Taschengeld gaben, an die Decke, wo wir ihn wohl sehen, aber nicht erreichen konnten, oder sie boten uns Bonbons an, aus denen sie mit einer Spritze die Schokoladenfüllung entfernt und durch ein scharfes Gewürz ersetzt hatten. Sie setzten uns in eine Kiste und ließen sie die ganze Treppe hinunterpoltern, sie hängten uns kopfunter über das Toilettenbecken und drohten, sie würden die Spülung ziehen, sie füllten das Waschbecken mit Alkohol, zündeten ihn an und versprachen uns eine Belohnung, wenn wir die Hand hineinhielten, sie stapelten alte Gummireifen vom Auto meines Großvaters aufeinander und steckten uns hinein, wo wir kreischten vor Angst in der Dunkelheit, halb erstickt von dem Geruch nach modrigem Gummi. Als der alte Gasherd durch einen elektrischen ersetzt wurde, stellten sie uns auf die Herdplatten, schalteten sie auf niedrige Temperatur und fingen an, uns ein Märchen zu erzählen, sie wollten mal sehen, ob die Hitze unter den Schuhsohlen stärker war als der Reiz der Geschichte, während wir von einem Fuß auf den andern hüpften. Meine Mutter verteidigte uns mit dem Ingrimm einer Löwin, aber sie war nicht immer in der Nähe, um uns zu beschützen, der Tata dagegen hatte die Vorstellung, daß die *derben Spiele* den Charakter stärkten, sie waren eine Form der Erziehung. Die Theorie, daß die Kindheit ein Zeitraum friedlicher Unschuld sein soll, gab es damals noch nicht, das war eine Erfindung der Nordamerikaner, die erst später zu uns drang, vorher erwartete man, daß das Leben hart sein werde, und deshalb wurden unsere Nerven gestählt. Die didaktischen Methoden gründeten sich auf die Widerstandskraft: je mehr unmenschliche Prüfungen ein Kind überstand, um so besser war es auf die Fehlschläge des Erwachsenenalters vorbereitet. Ich gebe zu, in meinem Fall war die Methode erfolgreich, und wenn ich konsequent wäre, hätte ich meine Kinder mit diesem Brauch gequält und würde es heute mit meinem Enkel tun, aber wer möchte in diesen Dingen konsequent sein?

An manchen Sommersonntagen zogen wir mit der Familie auf den Cerro San Cristóbal, einen Hügel mitten in der Hauptstadt, der damals noch Wildnis war und heute ein Park ist. Bisweilen begleiteten uns Salvador und Tencha Allende mit ihren drei Töchtern und ihren Hunden. Allende war bereits ein bekannter Politiker, der kämpferischste Abgeordnete der Linken und Zielscheibe des Hasses der Rechten, aber für uns war er nur ein Onkel mehr. Wir kletterten unter beträchtlichen Mühen den Hügel hinauf über halb zugewachsene Wege durch Gestrüpp und Unkraut und trugen Körbe mit Essen und Wolldecken. Oben suchten wir einen freien Platz mit Blick auf die zu unseren Füßen ausgebreitete Stadt, so wie ich es zwanzig Jahre später während des Militärputsches aus ganz und gar anderen Gründen tat, und kümmerten uns ums Picknick, verteidigten die Brathähnchen, die gekochten Eier und die Pasteten gegen die Hunde und die unbesiegbar vorrückenden Ameisen. Die Erwachsenen ruhten sich aus, während wir Cousins und Cousinen uns im Gebüsch versteckten, um Doktor zu spielen. Hin und wieder hörte man das ferne rauhe Brüllen eines Löwen, das von der anderen Seite des Hügels zu uns drang, wo der Zoologische Garten lag. Einmal in der Woche wurden die Bestien mit lebenden Tieren gefüttert, damit die Erregung der Jagd und der Ausstoß von Adrenalin sie gesund erhielten; die großen Katzen verschlangen einen alten Esel, die Boas schluckten Mäuse, die Hyänen fraßen Kaninchen; es wurde erzählt, daß hier die vom Hundefänger erwischten Straßenhunde und streunenden Katzen endeten und daß es immer Listen von Leuten gab, die auf eine Einladung warteten, um dem grausigen Schauspiel zuzusehen. Ich träumte von den armen, in den Käfigen der großen Fleischfresser gefangenen Tieren und krümmte mich vor Höllenangst, wenn ich an die ersten Christen im Colosseum zu Rom dachte, denn im Grunde meiner Seele war ich sicher: hätten sie mich wählen lassen, ob ich dem Glauben abschwören oder mich in ein Frühstück des Bengaltigers verwandeln wollte, ich hätte nicht gezögert und das erstere gewählt. Nach dem Essen stiegen wir wieder hinab, rennend, schubsend, rutschend an der steilsten Stelle des Hügels; Salvador Allende voneweg mit den Hunden, seine Tochter Carmen Paz und ich immer als letzte. Wir kamen unten an, Knie und Hände voller Schrammen und Schürfwunden, wenn die andern es schon müde waren, auf uns zu warten. Abgesehen von diesen Sonntagen und den Sommerferien, bestand das Leben aus lauter Mühsal. Diese Jahre waren für meine Mutter sehr schwer, sie mußte dem Mangel, dem Klatsch und der Kränkung durch Leute die Stirn bieten, die einst ihre Freunde waren, ihr Gehalt in der Bank war nicht viel mehr als ein Taschengeld, das sie mit Hütenähen aufrundete. Mir ist, als sähe ich sie noch am Eßtisch sitzen – demselben Tisch aus spanischer Eiche, der mir heute in Kalifornien als Schreibtisch dient –, wie sie Samt, Bänder und Seidenblumen ausprobiert. Die Hüte schickte sie per Schiff in runden Schachteln nach Lima, wo sie auf die Köpfe der stolzesten Damen der Gesellschaft gelangten. Auch so konnte sie sich ohne die Hilfe vom Tata und von Onkel Pablo nicht durchbringen. In der Schule bekam ich ein Stipendium auf Grund meiner Noten, ich weiß nicht, wie sie das erreicht hat, aber ich denke mir, es muß sie mehr als eine Demütigung gekostet haben. Sie verbrachte Stunden damit, in Krankenhäusern mit meinem jüngsten Bruder Juan Schlange zu stehen, der mit einem Holzlöffel essen lernte, aber unter den schlimmsten Verdauungsstörungen litt und allmählich zu einem Studienfall für die Ärzte wurde, bis Margara entdeckte, daß er die Zahnpasta verschlang, und ihn mit dem Riemen von dem Laster heilte. Meine Mutter wurde mehr und mehr von Verantwortung überlastet und litt oft unter unerträglichen Kopfschmerzen, die sie zwei, drei Tage niederwarfen und dann kraftlos zurückließen. Sie arbeitete viel und hatte wenig Kontrolle über ihr Leben und ihre Kinder, und Margara, die sich mit der Zeit so verhärtete, daß sie eine richtige Tyrannin wurde, versuchte mit allen Mitteln sie von uns fernzuhalten; wenn sie abends von der Bank heimkam, waren wir bereits gebadet, gefüttert und zu Bett gebracht. »Scheuchen Sie mir ja nicht die Kinder hoch«, knurrte sie. »Belästigt eure Mama nicht, sie hat Migräne«, befahl sie uns. Meine Mutter klammerte sich mit der Kraft der Einsamkeit an ihre Kinder, sie versuchte uns für die Stunden ihrer Abwesenheit und die Schäbigkeit des Lebens mit Ausflügen in die Poesie zu entschädigen. Wir drei schliefen mit ihr im selben Zimmer, und nachts, in den einzigen Stunden, da wir beisammen waren, erzählte sie uns Anekdoten von ihren Vorfahren und phantastische, mit schwarzem Humor gewürzte Geschichten und sprach zu uns von einer Traumwelt, in der wir alle glücklich waren und wo weder die Schandtaten der Menschen noch die erbarmungslosen Gesetze der Natur herrschten. Diese halblaut geführten Gespräche, wir alle im selben Zimmer, jeder in seinem Bett, aber so nah, daß wir uns berühren konnten, waren das Beste in dieser Zeit. Hier wurde meine Leidenschaft für Geschichten geboren, auf diese Erinnerung greife ich zurück, wenn ich mich zum Schreiben hinsetze.

Pancho, der Widerstandsfähigste von uns dreien bei den gefürchteten *derben Spielen*, war ein blonder, stämmiger und phlegmatischer kleiner Junge, der aber manchmal die Geduld verlor und sich in eine Wildkatze verwandelte und imstande war, jeden zu kratzen und zu beißen. Margara betete ihn an und nannte ihn den *König*, und er war verloren, sobald diese Frau aus dem Haus ging. Im Jugendalter verließ er uns, von einer seltsamen Sekte angezogen, um in einer Kommune mitten in der Wüste im Norden zu leben. Wir hörten Gerüchte, daß sie mit Hilfe halluzinogener Pilze zu anderen Welten flogen, sich schändlichen Orgien hingaben und daß die Jungen und Mädchen durch eine Gehirnwäsche zu Sklaven der Führer gemacht wurden; die Wahrheit habe ich nie erfahren, diejenigen, die diese Erfahrung durchgemacht haben, reden nicht darüber, aber sie bleiben gezeichnet. Mein Bruder verließ die Familie, löste alle Gefühlsbande und versteckte sich hinter einem Panzer, der ihn dennoch nicht vor Not und Zweifeln schützte. Später heiratete er, ließ sich scheiden, heiratete dieselbe Frau wieder und ließ sich von neuem scheiden, er hatte Kinder, hat fast immer außerhalb Chiles gelebt, und ich glaube nicht, daß er je zurückkehrt. Ich kann nur wenig über ihn sagen, weil ich ihn nicht kenne; er ist für mich ein Rätsel genau wie mein Vater.

Juan kam mit der seltenen Gabe auf die Welt, Zuneigung zu wecken; noch heute, da er ein gesetzter Gelehrter in der Reife seines Lebens ist, wird er geliebt, ohne sich darum bemühen zu müssen. Als Kind war er ein wahrer Cherub mit Grübchen in den Wangen und einem Anschein von Hilflosigkeit, der selbst die gefühllosesten Herzen rühren konnte, er war gescheit und durchtrieben, und er war klein, seine vielen Krankheiten verzögerten sein Wachstum und verurteilten ihn zu einer höchst anfälligen Gesundheit. Für uns war er der Intellektuelle der Familie, ein wahrer Gelehrter. Mit fünf Jahren sagte er lange Gedichte auf und konnte im Nu ausrechnen, wieviel er herausbekommen mußte, wenn er mit einem Peso drei Bonbons zu acht Centavos kaufte. Er erlangte zwei Magistertitel und einen Doktor an Universitäten der Vereinigten Staaten und studiert gegenwärtig auf ein theologisches Diplom hin. Er war Dozent der Politologie, ein Agnostiker und Marxist, aber als Folge einer geistigen Krise entschloß er sich, in Gott die Antwort auf die Probleme der Menschheit zu suchen, gab seinen Beruf auf und wechselte über zu geistlichen Studien. Er ist verheiratet, deshalb kann er kein katholischer Geistlicher werden, wie es ihm traditionsgemäß zugestanden hätte, und so beschloß er, Methodist zu werden, zur anfänglichen Verwirrung meiner Mutter, die wenig von dieser Kirche wußte und sich vorstellte, das Genie der Familie wäre so weit heruntergekommen, daß er zu den Klängen einer Gitarre auf öffentlichen Plätzen Erweckungslieder sang. Diese Glaubenswechsel sind in meiner mütterlichen Sippe nicht selten, ich habe viele mystische Verwandte. Ich sehe meinen Bruder nicht von einer Kanzel herab predigen, denn niemand würde seine gelehrten Predigten verstehen, schon gar nicht auf englisch, aber er wird ein ausgezeichneter Theologiedozent werden. Als er erfuhr, daß du krank bist, ließ er alles stehen und liegen, nahm das erste Flugzeug und kam nach Madrid, um mir beizustehen. »Wir müssen die Hoffnung haben, daß Paula wieder gesund wird«, wiederholt er bis zur Ermüdung.

Wirst du gesund werden, Kind? Ich sehe dich in diesem Bett, angeschlossen an ein halbes Dutzend Schläuche und Sonden, unfähig, ohne Hilfe auch nur zu atmen. Ich erkenne dich kaum wieder, dein Körper hat sich verändert, und dein Gehirn ist umnachtet. Was geht in deinem Kopf vor? Erzähl mir von deiner Einsamkeit und deiner Angst, von den verzerrten Traumgesichten, vom Schmerz in deinen Gliedern, die schwer sind wie Steine, von den bedrohlichen Schattenbildern, die sich über dein Bett beugen, Stimmen, Murmeln, Lichter, nichts sollst du angeblich empfinden können; ich weiß, daß du hörst, denn beim Klang eines metallischen Instruments zuckst du zusammen, aber ich weiß nicht, ob du verstehst. Willst du leben, Paula? Du hast dein Leben lang versucht, dich mit Gott zu vereinen. Willst du sterben? Vielleicht hast du schon begonnen zu sterben. Welchen Sinn haben deine Tage jetzt? Du bist zurückgekehrt an den Ort der vollkommenen Unschuld, zurück in die Wasser meines Leibes wie der Fisch, der du warst, bevor du geboren wurdest. Ich zähle die Tage, und es sind schon zu viele. Wach auf, Tochter, bitte wach auf!

Ich lege eine Hand auf mein Herz, schließe die Augen und konzentriere mich. Dort drin ist etwas Dunkles. Anfangs ist es wie die Luft in der Nacht, durchsichtiges Dunkel, aber bald verwandelt es sich in undurchdringliches Blei. Ich suche mich zu beruhigen und die Schwärze zu akzeptieren, die mich ganz und gar ausfüllt, während Bilder aus der Vergangenheit auf mich einstürmen. Ich sehe mich vor einem großen Spiegel, mache einen Schritt rückwärts, noch einen, und bei jedem Schritt schwinden Jahrzehnte dahin, und ich werde immer jünger, bis das Spiegelglas mir die Gestalt eines Mädchens von sieben Jahren zurückwirft, mich selbst.

Es hat seit Tagen geregnet, ich springe über Pfützen, in einen zu großen blauen Mantel gehüllt, eine lederne Schulmappe auf dem Rücken, einen Filzhut bis über die Ohren heruntergezogen, die Schuhe durchweicht. Das Holztor ist vom Wasser gequollen, es klemmt, und ich muß mein ganzes Gewicht dagegenlehnen, um es zu bewegen. Im Garten vor meines Großvaters Haus steht eine riesige Pappel, ein hagerer Wächter über das Grundstück, das verlassen scheint, aus den Scharnieren gerutschte Jalousien, abblätternder Putz. Draußen fängt es eben an zu dunkeln, aber drinnen ist schon tiefe Nacht, keine Lampe brennt außer der in der Küche. Durch die Garage gehe ich hinein. Die Küche ist ein großer Raum, an den mit Fett bespritzten Wänden hängen an Haken schwärzliche Kasserollen und Schöpflöffel. Zwei mit Fliegen gesprenkelte Glühbirnen beleuchten die Szene; in einem Topf kocht es, der Wasserkessel pfeift, es riecht nach Zwiebeln, und ein riesiger Kühlschrank brummt unaufhörlich. Margara, eine stämmige Frau mit den festen Gesichtszügen der Eingeborenen, einen dürftigen Zopf um den Kopf gelegt, hört den Fortsetzungsroman im Radio. Meine Brüder sitzen am Tisch vor ihren Tassen mit heißem Kakao und ihren Butterbroten. Die Frau hebt nicht die Augen. »Geh zu deiner Mutter, sie ist wieder im Bett«, knurrt sie. Ich nehme meinen Hut ab und ziehe den Mantel aus. »Laß deine Sachen nicht rumliegen, ich bin nicht dein Dienstmädchen, ich hab es nicht nötig, sie wegzuräumen«, kommandiert sie und übertrifft an Lautstärke das Radio. Ich verlasse die Küche und gehe hinein in das Dunkel des Hauses. Tastend finde ich den Schalter, und ein bleiches Licht erhellt nur schwach eine geräumige Diele, von der mehrere Türen abgehen. Ein Möbel mit Löwenfüßen trägt die Marmorbüste eines nachdenklichen Mädchens; es gibt einen Spiegel in einem dicken Holzrahmen, aber ich sehe nicht hin, weil der Teufel in seinem Glas erscheinen könnte. Ich steige fröstelnd die Treppen hoch, durch irgendein unauffindbares Loch in dieser merkwürdigen Architektur schleicht sich immer ein Zugwind ein, ich gelange, ans Geländer geklammert, in den zweiten Stock, das Hinaufsteigen kommt mir endlos vor, ich bin mir des Schweigens und der Schatten bewußt, ich nähere mich der geschlossenen Tür im Hintergrund und trete sacht, ohne zu klopfen, auf den Zehenspitzen ein. Die einzige Helligkeit kommt von einem Ofen, seit Jahren hat sich der feine lästige Staub von dem verbrannten Paraffin an der Zimmerdecke angesammelt. Es gibt zwei Betten, ein Etagenbett, einen Diwan, Stühle und Tische, man kann sich zwischen den vielen Möbeln kaum bewegen. Meine Mutter, die Hündin Pelvina López-Pun schlafend zu ihren Füßen, liegt unter einem Berg von Deckbetten, ich kann ihr Gesicht zur Hälfte auf dem Kopfkissen ausmachen: die schön gezeichneten Brauen über den geschlossenen Augen, die gerade Nase, die hohen Wangenknochen, die sehr bleiche Haut.

»Bist du's?« und eine kalte Hand kommt zum Vorschein und sucht die meine.

»Hast du große Schmerzen, Mama?«

»Mir zerspringt der Kopf.«

»Ich werde dir ein Glas heiße Milch holen und den beiden andern sagen, sie sollen keinen Lärm machen.«

»Geh nicht fort, bleib bei mir, leg mir die Hand auf die Stirn, das tut mir gut.«

Ich setze mich auf das Bett und tue, worum sie mich bittet, ich zittere vor Mitleid und weiß doch nicht, wie ich sie von diesem verdammten Schmerz heilen kann, Heilige Maria, Mutter Gottes, bitte für uns arme Sünder jetzt und in der Stunde unseres Todes, Amen. Wenn sie stirbt, sind meine Brüder und ich verloren, sie werden uns zu meinem Vater schicken, diese Vorstellung entsetzt mich. Margara sagt mir oft, wenn ich mich nicht anständig benehme, muß ich zu ihm ziehen. Ob das wahr ist? Ich muß das herausfinden, aber ich traue mich nicht, meine Mutter zu fragen, das würde ihre Migräne noch verschlimmern, ich darf ihr nicht noch mehr Sorgen machen, denn dann wächst der Schmerz, bis er ihr den Kopf zersprengt, aber ich kann dieses Thema auch nicht mit dem Tata bereden, den Namen meines Vaters darf man in seiner Gegenwart nicht aussprechen, Papa ist ein verbotenes Wort, wer es ausspricht, läßt alle Teufel los. Ich habe Hunger, ich möchte in die Küche gehen und meinen Kakao trinken, aber ich darf meine Mutter nicht verlassen, und mein Mut reicht auch nicht aus, Margara entgegenzutreten. Ich habe nasse Schuhe und eiskalte Füße. Ich streichle die Stirn der Kranken und konzentriere mich, jetzt hängt alles von mir ab, wenn ich mich nicht bewege und bete, ohne mich ablenken zu lassen, kann ich den Schmerz besiegen.

Ich bin neunundvierzig Jahre, ich lege eine Hand auf mein Herz und sage mit der Stimme eines Kindes: Ich will nicht sein wie meine Mutter, ich werde sein wie mein Großvater, stark, unabhängig, gesund und meiner Kraft bewußt, ich werde nicht hinnehmen, daß mir jemand befiehlt, und ich werde niemandem etwas schuldig sein; ich will sein wie mein Großvater und meine Mutter beschützen.

Ich glaube, der Tata hat oft beklagt, daß ich kein Junge geworden bin, denn dann hätte er mir beigebracht, baskische Pelota zu spielen, seine Werkzeuge zu benutzen und auf die Jagd zu gehen, er hätte mich zu seinem Gefährten gemacht auf diesen Reisen, die er jedes Jahr während der Schafschur nach Patagonien unternahm. Zu jener Zeit fuhr man mit der Bahn nach Süden, oder man fuhr mit dem Auto über kurvenreiche unbefestigte Straßen, die sich in Schlammpfützen zu verwandeln pflegten, in denen die Räder durchdrehten, so daß zwei Ochsen nötig waren, um den Wagen frei zu bekommen. Seen wurden in Kähnen überquert, die an Seilen gezogen wurden, die Kordilleren wurden mit Maultieren bezwungen; es waren Gewaltexpeditionen. Mein Großvater schlief unter den Sternen, in eine schwere Moltondecke gewickelt, er badete in tobenden Flüssen, die das Schmelzwasser von den Gipfeln nährte, und er aß Kichererbsen und Dosensardinen, bis er auf die argentinische Seite kam, wo ihn ein Trupp rauher Männer mit einem Lieferwagen und einem auf langsamem Feuer bratenden Lamm erwartete. Sie setzten sich schweigend um das Feuer, sie waren keine mitteilungsfreudigen Leute, sie lebten in einer unermeßlich weiten, gottverlassenen Natur, dort reißt der Wind die Worte fort, ohne eine Spur zu hinterlassen. Mit ihren Gauchomessern schnitten sie sich große Stücke Fleisch herunter und verschlangen sie, aber keiner sah den andern an, alle starrten in die Glut. Manchmal spielte einer schwermütige Lieder auf der Gitarre, während die Matebecher von Hand zu Hand gingen mit diesem aromatischen Aufguß aus den grünen, bitteren Blättern des Matestrauches, den sie dort als Tee trinken. Ich bewahre unauslöschliche Bilder von der einzigen Reise in den Süden auf, die ich mit meinem Großvater machte, obwohl die Übelkeit im Auto mich fast umbrachte, das Maultier mich mehrmals abwarf und es mir später die Sprache verschlug, als ich die Art und Weise sah, wie sie die Schafe schoren – ich habe nicht ein Wort mehr gesagt, bis wir wieder in der Zivilisation waren. Die Scherer, die pro gestutztes Tier bezahlt wurden, konnten ein Schaf in weniger als einer Minute scheren, aber trotz ihrer Sachkenntnis schnitten sie auch oft tief in die Haut, und ich mußte mehr als ein unglückliches aufgeschlitztes Tier sehen, dem sie die Eingeweide irgendwie wieder in den Bauch stopften, es mit einer Polsterernadel zunähten und zurück zur Herde brachten, damit es, falls es überlebte, weiterhin Wolle produzierte.

Von dieser Reise ist mir meine Liebe zu großen Höhen und meine Beziehung zu Bäumen geblieben. Ich bin mehrmals wieder in den Süden Chiles gefahren, und immer empfinde ich dieselbe unbeschreibliche Ergriffenheit vor der Landschaft, das Überschreiten der Andenkordillere ist in meine Seele eingegraben als ein Augenblick der Offenbarung meines Seins. Jetzt und in anderen Zeiten voll Verzweiflung, wenn ich versuche, mich an Gebete zu erinnern, und weder Worte noch Riten finde, liegt die einzige tröstliche Vision, in die ich mich flüchten kann, in den hellen Pfaden durch den kalten Wald, zwischen riesigen Farnen und himmelhohen Stämmen, in den schroffen Pässen des Gebirges und in dem scharfen Umriß der schneebedeckten Vulkane, die sich in dem smaragdgrünen Wasser der Seen spiegeln. In Gott sein ist vielleicht wie in dieser außerordentlichen Natur sein. Aus meiner Erinnerung daran sind mein Großvater, der Bergführer, die Maultiere verschwunden, ich wandere allein durch das feierliche Schweigen dieses Tempels aus Felsen und Pflanzen. Ich atme die reine Luft, die eisig und regenfeucht ist, meine Füße versinken in einem Teppich aus Schlamm und vermoderten Blättern, der Geruch der Erde durchdringt mich wie ein Degen, bis auf die Knochen. Ich fühle, daß ich gehe und gehe, mit leichtem Schritt durch Hohlwege aus Nebel, aber ich werde immer wieder festgehalten an diesem unerforschten Ort, umgeben von jahrhundertealten Bäumen, umgestürzten Stämmen, aromatisch duftenden Streifen Rinde und Wurzeln, die aus der Erde ragen wie verstümmelte Pflanzenhände. Starke Spinngewebe streifen mein Gesicht, wahre Spitzendecken, die von einer Seite zur andern den Weg überspannen, mit Tautropfenperlen und flimmernden Insektenflügeln besetzt.

Hier und dort bricht das rote und weiße Leuchten von Copihues und anderen Blumen durch, die in den großen Höhen leben und sich wie schimmernde Glasperlenketten um die Bäume schlingen. Man spürt den Atem der Götter, pulsende, absolute Gegenwart in dieser herrlichen Umgebung von jähen Abstürzen und hohen schwarzen Felswänden, die der Schnee zu der sinnlichen Vollkommenheit des Marmors poliert hat. Wasser und immer mehr Wasser. Es gleitet wie schlanke, kristallene Schlangen durch die Risse in den Steinen und das tiefverborgene Innere der Berge, vereint sich zu kleinen Bächen, zu donnernden Kaskaden. Plötzlich schreckt mich der Schrei eines nahen Vogels auf oder der Aufschlag eines von oben herabstürzenden Steins, dann kehrt der tiefe Frieden dieser weiten Räume zurück, und ich merke, daß ich weine vor Glück. Diese Reise voller Hindernisse, dunkler Gefahren, ersehnter Einsamkeit und unbeschreiblicher Schönheit ist wie die Reise meines eigenen Lebens. Für mich ist diese Erinnerung heilig, ist diese

Erinnerung auch mein Vaterland, wenn ich Chile sage, meine ich sie. Im Laufe meines Lebens habe ich hin und wieder die Gemütsbewegung gesucht, die der Wald in mir erregt, stärker als der perfekteste Orgasmus oder der längste Applaus.

Jedes Jahr, wenn die Catchersaison anfing, nahm mein Großvater mich mit ins Teatro Caupolicán. Sie zogen mir meinen Sonntagsstaat an, mit schwarzen Lackschuhen und weißen Handschuhen, der einen rechten Gegensatz zu dem rüden Aussehen des Publikums bildete. Derart aufgeputzt und von dem alten Grobian fest an die Hand genommen, drängte ich mich durch die brüllende Zuschauermenge. Wir setzten uns immer in die vorderste Reihe, *um das Blut zu sehen*, wie der von einer grausamen Vorausschau angeregte Tata sagte. Einmal landete einer der Gladiatoren direkt auf uns, eine wilde Masse schwitzendes Fleisch, das uns wie Küchenschaben zusammenquetschte. Mein Großvater hatte sich so lange auf diesen Augenblick vorbereitet, daß er jetzt, wo er gekommen war, nicht wußte, wie er reagieren sollte, und statt den Mann gründlich durchzuprügeln, wie er immer angekündigt hatte, begrüßte er ihn mit einem herzlichen Händedruck, den der andere, ebenfalls verwirrt, mit einem schüchternen Lächeln erwiderte. Das war einer der großen Schocks meiner Kindheit, der Tata stieg von seinem barbarischen Olymp herab, wo er bislang den einzigen Thron eingenommen hatte, und schrumpfte auf menschliches Maß; ich glaube, in diesem Augenblick begann meine Aufsässigkeit. Der Favorit war Der Engel, ein gutgewachsener Bursche mit einer langen blonden Mähne, der sich in einen blauen Umhang mit silbernen Sternen hüllte und weiße Stiefel und ein lächerliches Höschen trug, das kaum seine edleren Teile bedeckte. Jeden Samstag wettete er seine prachtvollen gelben Locken gegen den furchtbaren Kuramoto, einen Mapuche-Indianer, der den Japaner mimte und Kimono und hölzerne Sandalen trug. Sie rangen miteinander in einem schreckenerregenden Kampf, sie bissen sich, verdrehten einander den Nacken, traten sich in die Genitalien und bohrten einander die Finger in die Augen, während mein Großvater, seine Baskenmütze in der einen Hand und mit der andern seinen Stock schwenkend, schrie »Bring ihn um! bring ihn um!«, ganz unparteiisch, denn ihm war es völlig gleichgültig, wer wen tötete. In zwei von drei Kämpfen besiegte Kuramoto den Engel, worauf der Ringrichter eine blitzende Schere hervorzog und der falsche japanische Krieger unter dem respektvollen Schweigen des Publikums sich daran machte, seinem Rivalen die Locken abzuschneiden. Das Wunder, daß eine Woche später der Engel wieder in der Pracht seiner schulterlangen Haare auftrat, war ein unwiderlegbarer Beweis seiner göttlichen Wesensart. Aber das Beste von dem ganzen Spektakel war Die Mumie, die jahrelang meine Nächte mit Grausen erfüllte. Das Licht in der Halle wurde gedämpft, ein Trauermarsch erklang von einer Schallplatte, und zwei Ägypter erschienen, die seitwärts gedreht gingen und brennende Fackeln trugen, ihnen folgten vier weitere Ägypter, die auf einem Gestell einen stümperhaft bemalten Sarkophag trugen. Die Prozession stieg in den Ring, die Träger stellten die Kiste ab, und alle zogen sich ein paar Schritte zurück, während sie in irgendeiner unbekannten Sprache sangen. Mit Eis im Herzen sahen wir, wie sich der Sargdeckel hob und ihm ein menschenähnliches Wesen entstieg, das ganz und gar mit Binden umwickelt war, aber in hervorragendem Gesundheitszustand, seinem Gebrüll und den Schlägen auf die Brust nach zu urteilen. Er war nicht so beweglich wie die anderen Catcher, er beschränkte sich darauf, fürchterliche Fußtritte auszuteilen und mit den steifen Armen tödliche Keulenschläge, wobei er seine Gegner gegen die

Seile schleuderte und den Ringrichter zu Boden schickte. Einmal landete er einen seiner Hiebe auf Tarzans Kopf, und endlich konnte mein Großvater zu Hause ein paar rote Flecke auf seinem Hemd vorweisen. »Das ist kein Blut, sieht ja nicht mal ähnlich aus, das ist Tomatensauce«, brummte Margara, während sie das Hemd in Chlor einweichte.

Diese Gestalten haben eine feine Spur in meinem Gedächtnis hinterlassen, und vierzig Jahre später versuchte ich sie in einer Geschichte wiederaufleben zu lassen, aber der einzige, der mir einen wirklich unvergeßlichen Eindruck machte, war Der Witwer. Das war ein armer Mann in den Vierzigern seines unglücklichen Daseins, die Antithese eines Helden, der in einem uralten Badeanzug in den Ring stieg, so einem, wie ihn die Herren zu Beginn des Jahrhunderts trugen, ein schwarzes Trikot, das bis zu den Knien reichte, den Oberkörper bedeckte und von Trägern gehalten wurde. Außerdem trug er eine Badekappe, was seinem Anblick das Pathos unendlicher Jämmerlichkeit gab. Ein Ungewitter von Pfiffen, Beleidigungen, Drohungen und sogar Wurfgeschossen empfing ihn, aber mit seiner Trillerpfeife und kräftigen Schlägen auf die Glocke brachte der Ringrichter die wildgewordene Menagerie endlich zur Ruhe. Der Witwer erhob nun ein schwaches Schreiberstimmchen, um zu erklären, dies sei sein letzter Kampf, denn er habe ein Rückenleiden und fühle sich sehr niedergedrückt seit dem Hinscheiden seiner seligen Frau, die in Frieden ruhen möge. Die gute Frau sei gen Himmel gefahren und habe ihn mit der Sorge für zwei Kinder im zarten Alter alleingelassen. Als die Pfiffe den Lärmpegel einer Feldschlacht erreichten, kletterten zwei kleine Wesen mit betrübten Gesichtern zwischen die Seile, umklammerten die Knie ihres Vaters und baten ihn, nicht zu kämpfen, er würde bestimmt getötet werden. Eine plötzliche Stille fiel über die Menge, während ich flüsternd mein Lieblingsgedicht aufsagte: *Zwei zarte kleine Waisen gehn zur Familiengruft / sie halten sich bei der Hand im gleichen Schmerz / am Grab des Vaters knien beide nieder / und richten ihr Gebet an Gott.* »Sei doch still!«, der Tata war ganz blaß geworden und stieß mich mit dem Ellbogen an. Mit einem Schluchzer in der Kehle erklärte Der Witwer, er müsse sein Brot verdienen, deshalb trete er gegen den Killer von Texas an. In der riesigen Halle hätte man einen Floh hüpfen hören, in einem Augenblick hatte sich der Durst dieser rohen Menge nach Schlägen und nach Blut in weinerliches Mitleid verwandelt, und ein barmherziger Regen von Münzen und Scheinen ging im Ring nieder. Die Waisen sammelten die Beute in Windeseile auf und verzogen sich im Laufschritt, während sich der dicke Wanst des Killers von Texas, der sich aus unerfindlichen Gründen als römischer Galeerensträfling gekleidet hatte und mit einer Peitsche in die Luft hieb, zum Ring durchschob. Natürlich kriegte der Witwer immer ganz ungeheure Prügel, aber der Sieger mußte sich unter Polizeischutz zurückziehen, damit das Publikum nicht Hackfleisch aus ihm machte, während der durchgebleute Witwer und seine Kinderchen von freundlichen Händen hinausgetragen wurden, die ihnen auch noch Süßigkeiten, Geld und Segnungen spendeten.

»Armer Teufel, Witwer sein ist hart«, stellte mein Großvater ganz gerührt fest.

Ende der sechziger Jahre, ich arbeitete damals als Journalistin, sollte ich eine Reportage über das »Cachascán« machen, wie der Tata diesen außerordentlichen Sport nannte. Mit achtundzwanzig Jahren glaubte ich noch an die Objektivität der Presse, und so blieb mir nichts anderes übrig, als über das elende Leben dieser armen Kämpfer zu schreiben, die Sache mit dem Tomatenblut ebenso aufzudecken wie die mit den Glasaugen, die in den Krallen Kuramotos erschienen, während der »blinde« Verlierer heulend und das Gesicht mit den rotgefärbten Händen bedeckend davontorkelte, und auch das mit der mottenzerfressenen Perücke des Engels, die schon so alt war, daß sie bestimmt bereits für García Márquez' beste Geschichte, *Ein sehr alter Herr mit riesigen Flügeln,* gedient hatte. Mein Großvater las meine Reportage mit zusammengebissenen Zähnen und war so entrüstet, daß er eine ganze Woche nicht mit mir sprach.

Die Sommer meiner Kindheit spielten sich am Meer ab, wo die Familie ein großes, verwahrlostes Haus besaß. Wir fuhren vor Weihnachten hin und kehrten Ende Februar zurück, braungebrannt von der Sonne und übersättigt von Obst und Fisch. Die Reise, die heute auf der Autobahn eine Stunde dauert, war damals eine Odyssee, die einen ganzen Tag in Anspruch nahm. Die Vorbereitungen begannen eine Woche im voraus, Kisten und Körbe füllten sich mit Lebensmitteln, Bettzeug und Handtüchern, Taschen und Koffer mit Kleidung, das Bauer mit dem Papagei, ein Biest von einem Vogel, der imstande war, jeden, der ihn zu berühren wagte, mit einem Schnabelhieb um einen Finger ärmer zu machen, und natürlich kam auch Pelvina López-Pun mit. Im Stadthaus blieben nur die Köchin und die Katzen zurück, halbwilde Tiere, die sich von Mäusen und Tauben ernährten. Mein Großvater fuhr einen schwarzen englischen Wagen, schwer wie ein Panzer und mit einem Gitteraufsatz auf dem Dach, wo der Gepäckberg festgeschnallt wurde. Im offenen Kofferraum reiste Pelvina neben den Körben mit Essen, die sie jedoch nicht anrührte, denn kaum hatte sie die Koffer gesehen, war sie in tiefe Hundemelancholie versunken. Margara saß da mit Gefäßen, Tüchern, Salmiakgeist und einer Flasche Kamillenelixier, einer widerwärtigen süßen Flüssigkeit häuslicher Fabrikation, dem die etwas unbestimmte Fähigkeit zugeschrieben wurde, den Magen wieder zusammenzuziehen, aber keine dieser Vorsichtsmaßnahmen verhinderte die Übelkeit. Meine Mutter, wir drei Kinder und der Hund fühlten uns schon elend, ehe wir aus Santiago hinaus waren, wir fingen an vor Jammer zu stöhnen, als wir auf die Landstraße fuhren, und als wir in das Gebiet der Kurven in den Bergen anlangten, sanken wir in Dämmerzustand. Der Tata, der häufig anhalten mußte, damit wir halb ohnmächtig aussteigen konnten, um frische Luft zu schöpfen und die Beine zu strecken, fluchte am Steuer der alten Klapperkiste über den Einfall, uns in die Sommerfrische zu fahren. Er hielt auch unterwegs bei den Äckern der Landleute an, um Ziegenkäse, Melonen und Gläser mit Honig zu kaufen. Einmal erstand er einen lebenden Truthahn, um ihn zu mästen; er kaufte ihn von einer Bauersfrau mit einem enormen Bauch, die offenbar kurz vor der Niederkunft stand, und mein Großvater bot sich mit seiner gewohnten Ritterlichkeit an, den Vogel einzufangen. Trotz unserer Reisekrankheit hatten wir eine gute Weile doch Spaß an dem unvergeßlichen Schauspiel, wie der hinkende alte Mann die Verfolgungsjagd betrieb. Endlich gelang es ihm, den Puter mit dem Stockgriff am Hals zu erwischen, und er packte ihn inmitten eines unbeschreiblichen Wirbels von Staub und Federn. Wir sahen ihn kotbedeckt zum Auto zurückkommen, seine Trophäe mit gut verschnürten Beinen unterm Arm. Keiner hätte gedacht, daß der Hund seine Trübsal für ein paar Minuten würde abschütteln können, um dem Vogel mit einem Biß den Kopf abzureißen, bevor wir am Ziel ankamen. Es gab keine Möglichkeit, die Blutflecke zu entfernen, die dem Auto eingeprägt blieben zur ewigen Erinnerung an diese Jammerfahrten.

Dieser Badeort war im Sommer eine Welt der Frauen und Kinder. Die Playa Grande war ein Paradies, bis sich die Erdölraffinerie hier niederließ und für immer die Transparenz des Meeres zerstörte und die Sirenen verscheuchte, die an diesen Ufern niemals wieder gehört wurden. Um zehn Uhr morgens kamen die ersten Kindermädchen mit ihren Schützlingen. Sie setzten sich zum Stricken immer an dieselben Stellen und überwachten die Kleinen aus dem Augwinkel. In der Mitte des Strandes versammelten sich unter Zelten und Sonnenschirmen die älteren Familien, denen die großen Häuser gehörten, zur Linken die Neureichen, die Touristen und die Mittelklasse, die die Häuser in den Hügeln gemietet hatten, und zur äußersten Rechten bescheidene Besucher, die für einen Tag in klapprigen Kleinbussen aus der Hauptstadt kamen. Im Badeanzug sehen alle Leute mehr oder weniger gleich aus, dennoch erriet jeder sofort, wo sein Platz war. In Chile hat die Oberklasse im allgemeinen ein europäisches Äußeres, aber wenn man die gesellschaftliche und ökonomische Skala hinabsteigt, treten die indianischen Züge immer mehr zutage. Das Klassenbewußtsein ist so stark, daß ich niemals jemanden die Grenzen seines Lagerplatzes überschreiten sah. Mittags kamen die Mütter mit großen Strohhüten und Flaschen mit Möhrensaft, mit dem man sich damals einrieb, um rasch Bronzebräune zu erzielen. Gegen zwei, wenn die Sonne ihren höchsten Stand erreicht hatte, verzogen sich alle, um zu essen und Siesta zu halten, und da erst erschienen die jungen Leute, mit gelangweilten Mienen, appetitliche junge Mädchen und dreiste Jungen, die sich in den Sand warfen, um zu rauchen und sich aneinander zu reiben, bis die Erregung sie nötigte, im Meer Erleichterung zu suchen. Freitagabend kamen die Ehemänner aus der Stadt nachgereist, und am Samstag und Sonntag zeigte der Strand ein anderes Gesicht. Die Mütter schickten ihre Kinder zum Spazierengehen mit den Nanas und setzten sich in Gruppen zusammen, angetan mit den besten Badeanzügen und Strohhüten, im Wettstreit um die Aufmerksamkeit der fremden Ehemänner, eine nutzlose Mühe, denn die sahen sie kaum an und waren viel mehr daran interessiert, über Politik zu reden – einziges Thema in Chile – und abzuschätzen, wann es an der Zeit war, nach Hause zu gehen und zu essen und zu trinken wie ein Kosak. Meine Mutter, die königlich in der Mitte der Strandmitte saß, sonnte sich vormittags, und nachmittags ging sie im Casino spielen; sie hatte einen Trick entdeckt, der ihr erlaubte, jeden Tag soviel zu gewinnen, daß es für ihre Ausgaben reichte. Um zu verhüten, daß wir von den Wellen des trügerischen Meeres fortgerissen und ertränkt würden, band Margara uns an Leinen, die sie sich, am Strande sitzend, um die Taille schlang, worauf sie unzählige Pullover für den Winter strickte; spürte sie einen Ruck, hob sie kurz den Blick, um zu sehen, wer in Bedrängnis war, und zog die Leine so weit ein, bis sie den Zappelnden wieder aufs feste Land gezerrt hatte. Täglich erlitten wir diese Demütigung, aber kaum tauchten wir ins Wasser, vergaßen wir das Spottgelächter der anderen Kinder. Wir badeten, bis wir vor Kälte blau waren, sammelten Muscheln und Schnecken, aßen süßes Brot mit Sand und halb zerflossenes Zitroneneis, die ein Taubstummer mit einem Karren voller Eis mit Salz verkaufte. Abends ging ich an der Hand meiner Mutter zu den Klippen, um den Sonnenuntergang zu sehen. Wir warteten immer gespannt auf den letzten grünen Streif, der wie ein Flämmchen über den Horizont zuckte genau in dem Augenblick, in dem die Sonne darunter verschwand, weil man sich dann etwas wünschen kann. Ich wünschte mir immer, daß meine Mama nie einen Mann finden sollte, und ich vermute, sie bat um genau das Gegenteil. Sie erzählte mir von Ramón, den ich mir nach ihrer Schilderung wie einen verzauberten Prinzen vorstellte, dessen wichtigster Vorzug darin bestand, daß er weit weg war. Der Tata ließ uns im Badeort allein und kehrte fast sofort nach Santiago zurück, das waren die einzigen Wochen, in denen er einigen Frieden genießen konnte, er war glücklich über die Leere seines Hauses und ging im Club de la Unión Golf und Briska spielen. Wenn er mal am Wochenende an der Küste

auftauchte, dann nicht, um an den Ferienamüsements teilzuhaben, sondern um seine Kräfte zu erproben, indem er
stundenlang in dem eisigen Meer mit den hochgehenden
Wellen schwamm, zum Fischen hinausfuhr und die zahllosen Schäden dieses von der Feuchtigkeit geschlagenen
Hauses behob. Er pflegte uns in einen nahen Stall zu führen, um frische Milch zu Füßen der Kuh zu trinken; das
war ein düsterer, stinkender Schuppen, wo ein Knecht mit
schmutzigen Fingernägeln die Milch gleich in Blechbecher
molk. Wir tranken eine cremige, lauwarme Milch, in deren
Schaum Fliegen schwammen. Mein Großvater, der nicht
an Hygiene glaubte und dafür eintrat, daß man Kinder
durch enge Berührung mit den Infektionsquellen immun
macht, freute sich unter brüllendem Gelächter, daß wir die
lebenden Fliegen runterschluckten.

Die Dorfbewohner sahen die Invasion der Sommergäste
mit einer Mischung aus Groll und Begeisterung hereinbrechen. Es waren bescheidene Leute, fast alle Fischer und
kleine Kaufleute oder Besitzer von einem Stück Land am
Fluß, wo sie ein paar Tomaten und Kopfsalat zogen. Sie
brüsteten sich damit, daß hier nie etwas passierte, es war
ein sehr ruhiger Ort, dennoch fanden sie eines Wintermor-
gens einen bekannten Maler an die Masten eines Segelboo-
tes gekreuzigt. Ich hörte nur geflüsterte Kommentare, die
Nachricht war nicht für Kinder geeignet, aber Jahre später
bekam ich einige Einzelheiten heraus. Das ganze Dorf
hatte es übernommen, Spuren zu verwischen, Tatsachen
zu verschleiern und Beweise verschwinden zu lassen, und
die Polizei war nicht allzu sorgfältig darum bemüht gewesen, das finstere Verbrechen aufzuklären, denn alle wußten, wer sie waren, die den Leichnam an die Masten
genagelt hatten. Der Maler lebte das ganze Jahr in seinem
Haus am Meer, widmete sich seiner Kunst, hörte seinen
Schallplatten mit klassischer Musik zu und unternahm
lange Spaziergänge mit seinem Maskottchen, einem rein-

rassigen Afghanen, der so mager war, daß die Leute ihn für ein Wesen hielten, das nicht aus Fleisch und Blut sein konnte. Die stattlicheren Fischer standen ihm Modell für seine Bilder und wurden bald seine Saufkumpane. Nachts drang das Echo der Musik bis ins Dorf, und manchmal kamen die jungen Leute tagelang weder nach Hause noch an ihre Arbeit. Mütter und Bräute versuchten vergeblich, ihre Männer zurückzugewinnen, bis sie schließlich die Geduld verloren und heimlich ein Komplott schmiedeten. Ich stelle sie mir vor, wie sie beim Netzeflicken miteinander flüsterten, wie sie im Treiben des Wochenmarktes einander zublinzelten und wie sie einander die Losungen zum Hexensabbat weitergaben. In jener Nacht glitten sie wie Schatten über den Strand, näherten sich dem großen Haus, traten geräuschlos ein, ohne ihre Männer aufzustören, die ihren Rausch ausschliefen, und vollbrachten, wozu sie gekommen waren, ohne daß die Hämmer in ihren Händen gezittert hätten. Es wird erzählt, daß der dürre Afghane das gleiche Schicksal erlitt.

Ein paarmal ergab es sich, daß ich die armseligen Hütten der Fischer besuchte mit ihrem Geruch nach Kohlenfeuer und Fisch, und ich empfand die gleiche Bedrückung, die mich in den Zimmern der Hausangestellten in Santiago überkam. Im Strandhaus meines Großvaters, das langgezogen war wie ein Eisenbahnzug, waren die Wände aus Pappmaché und so dünn, daß sich des Nachts die Träume der Schläfer vermischten, die Rohrleitungen und Metallgegenstände erlagen bald dem Rost, die salzige Luft zerfraß alles wie bösartiger Aussatz. Einmal im Jahr mußte der ganze Anstrich erneuert werden, die Matratzen hatten eine Öffnung, aus der man die Wolle, die durch die Feuchtigkeit zu faulen begann, herauszog, um sie zu waschen und in der Sonne zu trocknen. Das Haus war an einen Hügel gebaut worden, den mein Großvater einschneiden ließ wie eine Torte, ohne an die Erosion zu denken, und von dort ergoß sich ein ständiger Wasserstrahl und nährte gigantische rosa und blaue Hortensiensträucher, die immer in Blüte standen. Oben auf dem Hügel, wohin man über eine endlose Treppe hinaufstieg, lebte eine Fischerfamilie. Einer der Söhne, ein junger Mann, dessen Hände durch die mühselige Beschäftigung, Muscheln von den Klippen zu reißen, schwielig geworden waren, nahm mich mit in den Wald. Ich war acht Jahre alt. Es war am Weihnachtstag.

Kehren wir zu Ramón zurück, dem einzigen Verehrer meiner Mutter, der uns etwas angeht, denn um die übrigen machte sie nie viel Aufhebens, und sie zogen vorbei, ohne eine Spur zu hinterlassen. Er hatte sich von seiner Frau getrennt, die mit den Kindern nach Santiago zurückgekehrt war, arbeitete jetzt in der Bolivianischen Botschaft und sparte jeden Céntimo, um die Annullierung seiner Ehe zu erreichen, ein übliches Verfahren in Chile, wo man in Ermangelung eines Scheidungsgesetzes zu Tricks, Lügen, falschen Zeugen und Meineid greift. Die Jahre aufgeschobener Liebe dienten ihm, seine Persönlichkeit zu ändern, er löste sich von dem Schuldgefühl, das ein despotischer Vater ihm eingeredet hatte, und entfernte sich von der Religion, die ihn wie ein Panzerhemd drückte. Mit leidenschaftlichen Briefen und langen Telefonanrufen aus der Ferne war es ihm gelungen, so mächtige Rivalen aus dem Felde zu schlagen wie einen Zahnarzt, der sich in seinen freien Stunden als Zauberkünstler betätigte und ein lebendes Kaninchen aus einer Pfanne mit siedendem Öl ziehen konnte; ferner den König der Schnellkochtöpfe, der diese Geräte im Land einführte und damit die vernünftige Mäßigkeit der heimischen Küche für immer verdarb; sowie manchen anderen Verehrer, der vielleicht unser Stiefvater hätte werden können, darunter meinen Liebling, Benjamín Viel, hochgewachsen und aufrecht wie eine Lanze, mit einem ansteckenden Lachen, ein ständiger Gast in Großvaters Haus zu jener Zeit. Meine Mutter versichert, die einzige Liebe ihres Lebens sei Ramón, und da beide noch leben, gedenke ich nicht, ihr zu widersprechen. Zwei Jahre waren vergangen, seit wir Lima verlassen hatten, als sie ein Treffen in Nordchile planten. Für meine Mutter war das Wagnis dieser heimlichen Verabredung ungeheuer, es war ein endgültiger Schritt in eine verbotene Richtung, es bedeutete den Verzicht auf das ehrbare Leben einer Bankangestellten und die Tugenden einer entsagungsvollen Witwe im Haus ihres Vaters, aber der Drang des lange hinausgeschobenen Verlangens und die Kraft der Jugend besiegten ihre Skrupel. Die Vorbereitungen zu diesem Abenteuer dauerten Monate, und der einzige Komplize war Onkel Pablo, der weder etwas über die Person des Liebhabers wissen noch über die Einzelheiten aufgeklärt werden wollte, der aber für seine Schwester das teuerste Reisekostüm kaufte und ihr ein Bündel Scheine in die Handtasche steckte – »falls sie es auf halbem Wege bereut und beschließt umzukehren«, wie er sagte –, und dann fuhr er sie schweigend zum Flughafen. Sie verschwand sehr elegant, ohne meinem Großvater Erklärungen abzugeben, denn sie vermutete, daß er niemals die überwältigenden Regungen der Liebe verstehen würde. Eine Woche später kehrte sie zurück, verwandelt durch die Erfahrung der erfüllten Leidenschaft, und als sie aus dem Flugzeug stieg, traf sie auf den schwarzgekleideten und todernsten Tata, der sie mit offenen Armen empfing und an seine Brust drückte und ihr stillschweigend verzieh.

Ich denke, in diesen rasch verflogenen Tagen hatte Ramón die feurigen Versprechungen seiner Briefe überreichlich erfüllt, das würde die Entschlossenheit meiner Mutter erklären, jahrelang zu warten in der Hoffnung, daß er sich von seinen ehelichen Banden befreien könne. Jenes Stelldichein und seine Konsequenzen schienen sich mit den Wochen zu verwischen. Mein Großvater, der nicht an Liebe aus der Entfernung glaubte, sprach nie über das Thema, und da auch sie es nicht anschnitt, nahm er schließlich an, die unerbittliche Abnutzung durch die Zeit habe dieser Leidenschaft ein Ende gesetzt, daher erlebte er eine gewaltige Überraschung, als er von der plötzlichen Ankunft des Liebhabers in Santiago erfuhr. Ich aber, sobald ich argwöhnte, daß der verzauberte Prinz keine Märchengestalt war, sondern ein wirklicher Mensch, geriet in Panik; die Vorstellung, meine Mutter könnte so hingerissen von ihm sein, daß sie uns verließ, verursachte mir Angstkrämpfe. Ramón hatte erfahren, daß ein geheimnisvoller Bewerber mit mehr Chancen als er sich am Horizont abzeichnete – ich möchte denken, daß es Benjamín Viel war –, und ohne große Formalitäten gab er seinen Posten in La Paz auf und stieg in das erste Flugzeug nach Chile, das er erwischen konnte. Während er im Ausland gewesen war, war die Trennung von seiner Frau nicht so bekannt geworden, aber als er nach Santiago kam und sich nicht unter dem ehelichen Dach niederließ, explodierte die Situation; Verwandte, Freunde und Bekannte taten sich zu einem hartnäckigen Kreuzzug zusammen, um ihn in den Schoß seines legitimen Heims zurückzuholen. In jenen Tagen ging ich einmal mit meinen Brüdern an der Hand Margaras über die Straße, als eine gutgekleidete Dame uns aus vollem Halse schreiend »Hurenkinder« nannte. Angesichts der Starrköpfigkeit des verstockten Ehemanns erschien der Onkel Bischof bei meinem Großvater, um sein Einschreiten zu verlangen. Von christlichem Kampfesmut hingerissen und in den Geruch der Heiligkeit gehüllt – er hatte seit fünfzehn Jahren kein Bad mehr genommen –, klärte er ihn auf über die Sünden seiner Tochter, einer Bathseba, vom Leibhaftigen gesandt, um die Sterblichen zu verderben. Mein Großvater war nicht der Mann, diese auf ein Mitglied seiner Familie bezogene Rhetorik hinzunehmen noch sich von einem Priester ducken zu lassen, mochte er auch noch so sehr im Ruf eines Heiligen stehen, aber er begriff, daß er dem Skandal entgegenwirken mußte, ehe es zu spät war. Er verabredete ein Treffen mit Ramón in seinem Arbeitszimmer, um das Problem von Grund auf zu lösen, aber er sah sich einem Willen gegenüber, der so eisern war wie sein eigener.

»Wir lieben uns«, erklärte Ramón in aller Ehrerbietung, aber mit fester Stimme und im Plural, obwohl die letzten Briefe bei ihm Zweifel über die Gegenseitigkeit dieser Liebe hatten aufkommen lassen. »Gestatten Sie mir zu beweisen, daß ich ein Ehrenmann bin und daß ich Ihre Tochter glücklich machen kann.«

Mein Großvater ließ ihn nicht aus den Augen, bemüht, seine geheimsten Absichten zu erforschen, und der Blick seines Gegenübers muß ihm gefallen haben.

»Gut«, entschied er schließlich. »Wenn die Dinge so stehen, werden Sie in meinem Hause wohnen, denn ich möchte nicht, daß meine Tochter in wer weiß was für Gegenden alleine herumläuft. Nebenbei rate ich Ihnen, behüten Sie sie mir gut. Beim ersten bösen Streich werden Sie es mit mir aufnehmen müssen, haben wir uns verstanden?«

»Vollkommen«, erwiderte der improvisierte Bräutigam ein wenig zittrig, aber ohne den Blick zu senken.

Das war der Beginn einer bedingungslosen Freundschaft zwischen diesem unwahrscheinlichen Schwiegervater und diesem illegitimen Schwiegersohn, die länger als dreißig Jahre andauerte. Kurz nach besagter Unterredung fuhr ein Lastwagen vor und entlud in unserem Patio eine riesige Kiste, aus eine Unmenge Krimskrams ans Licht kam. Als ich Onkel Ramón zum erstenmal sah, dachte ich, es handle sich um einen Scherz meiner Mutter. Das war der Prinz, nach dem sie soviel geseufzt hatte? Noch niemals hatte ich einen häßlicheren Kerl gesehen. Bis jetzt hatten meine

Brüder und ich mit in ihrem Zimmer geschlafen, an diesem Abend stellten sie mein Bett in das Bügelzimmer, in dem ringsum teuflische Spiegel hingen, und Pancho und Juan wurden mit Margara in ein anderes Zimmer verlegt. Ich war mir nicht bewußt, daß etwas Grundlegendes die Familienordnung verändert hatte, obwohl Ramón, als Tante Carmelita zu Besuch kam, schleunigst durch ein Fenster verschwand. Die Wahrheit enthüllte sich mir etwas später, an einem Tag, als ich zu ungewohnter Zeit aus der Schule kam, ohne anzuklopfen ins Zimmer meiner Mutter trat, wie ich es immer getan hatte, und sie in inniger Siesta fand zusammen mit jenem Unbekannten, den wir Onkel Ramón nennen mußten. Die Eifersucht ließ mich erst zehn Jahre später los, als ich ihn endlich akzeptieren konnte. Er nahm sich unser an, wie er es an jenem denkwürdigen Tag in Lima versprochen hatte, erzog uns mit fester Hand und freundlichem Humor, setzte uns Grenzen und gab uns klare Weisungen, vermied gefühlsselige Bekundungen und machte uns niemals Konzessionen, ertrug meine Tricks geduldig, versuchte nie, meine Zuneigung zu erkaufen, und gab nie auch nur eine Spanne Boden auf, bis er mich ganz gewonnen hatte. Er ist der einzige Vater, den ich gehabt habe, und heute finde ich ihn ausgesprochen gutaussehend.

Das Leben meiner Mutter ist ein Roman, den zu schreiben sie mir verboten hat, ich darf seine Rätsel und Geheimnisse erst fünfzig Jahre nach ihrem Tode enthüllen, aber dann werde ich Futter für die Fische sein, falls meine Nachkommen der Anweisung folgen, meine Asche ins Meer zu streuen. Obwohl wir es selten schaffen, in einer Frage übereinzustimmen, ist unsere Liebe die längste meines Lebens, denn die begann am ersten Tag ihrer Schwangerschaft und dauert schon ein halbes Jahrhundert, außerdem ist es die einzige bedingungslose Liebe, weder die Kinder noch die feurigsten Liebhaber lieben so. Jetzt ist sie hier bei mir in Madrid. Sie hat silbernes Haar und die Falten einer Siebzigjährigen, aber noch immer strahlen ihre grünen Augen mit der gleichen Leidenschaft, trotz der Bitterkeit dieser Monate, die alles düster macht. Wir teilen zwei Zimmer in einem wenige Häuserblocks vom Krankenhaus entfernten Hotel, wo wir über ein Heizöfchen und einen Kühlschrank verfügen können. Wir ernähren uns von heißer Schokolade und Ölkringeln, die wir im Vorübergehen kaufen, manchmal essen wir auch umwerfende Linsensuppen mit Wurst, die wir in unserer Kochecke zubereiten und die Lazarus hätten wiedererwecken können. Wir wachen in aller Frühe auf, wenn es noch dunkel ist, und während sie sich dehnt und streckt, ziehe ich mich rasch an und mache Kaffee. Ich gehe als erste, durch Straßen, die mit schmutzigem Schnee und Eis gepflastert sind, und zwei Stunden später kommt sie mir nach. Der Tag vergeht für uns im Korridor der verlorenen Schritte neben der Tür zur Intensivstation, bis zum Abend sind wir allein, dann kommt Ernesto von seiner Arbeit, und nach und nach treffen die Freunde und die Nonnen ein. Nach der Hausordnung dürfen wir nur zweimal am Tag durch diese unheilvolle Tür gehen, dann bin-

den wir uns die grünen Schürzen vor, streifen die Plastikhüllen über die Schuhe und gehen einundzwanzig endlose
Schritte mit dem Herzen in der Hand bis zu deinem Saal,
Paula. Dein Bett ist das erste links, es stehen zwölf in diesem Raum, einige leer, andere belegt: Herzpatienten,
Frischoperierte, Opfer von Unfällen, Drogen oder Selbst-
mordversuchen, die ein paar Tage hier verbringen und
dann verschwinden, einige kehren ins Leben zurück, andere werden mit einem Laken bedeckt fortgefahren. Neben dir liegt Don Manuel, der langsam stirbt. Bisweilen
richtet er sich ein wenig auf, um dich mit Augen, die der
Schmerz trübt, anzusehen. »Wie hübsch Ihre Kleine ist«,
sagt er zu mir. Er fragt mich immer wieder, was dir zugestoßen ist, aber er ist im Elend seiner eigenen Krankheit
versunken, und kaum habe ich es ihm erklärt, vergißt er es
schon wieder. Gestern habe ich ihm eine Geschichte erzählt, und zum erstenmal hörte er mir aufmerksam zu: »Es
war einmal eine Prinzessin, die ihre Patenfeen zur Taufe
mit Gaben überhäuften, aber ein böser Zauberer versteckte eine Zeitbombe in ihrem Leib, ehe ihre Mutter ihn
daran hindern konnte. Bis zu der Zeit, als die junge Frau
achtundzwanzig glückliche Jahre vollendete, hatten alle
den Zauberer vergessen, aber die Uhr zählte unerbittlich
die Minuten, und eines unheilvollen Tages explodierte die
Bombe geräuschlos. Die Enzyme verirrten sich im Labyrinth der Venen, und das Mädchen fiel in einen Schlaf, der
so tief war wie der Tod.« – »Gott beschütze Ihre Prinzessin«, seufzte Don Manuel.

Dir erzähle ich andere Geschichten, Tochter.

Meine Kindheit war eine Zeit heimlicher Ängste: Angst
vor Margara, die mich haßte, Angst, daß mein Vater kommen und uns für sich beanspruchen würde, daß meine
Mutter sterben oder heiraten könnte, Angst vorm Teufel,
vor den *derben Spielen*, vor den Dingen, die die bösen
Männer manchmal mit kleinen Mädchen machen: Laß dir

ja nicht einfallen, zu einem Fremden ins Auto zu steigen, sprich auf der Straße mit niemandem, den du nicht kennst, laß dich nicht anfassen, geh nicht in die Nähe von Zigeunern. Ich habe mich immer als anders empfunden; so weit ich zurückdenken kann, habe ich immer am Rand gestanden, ich gehörte nicht wirklich zu meiner Familie, meinem gesellschaftlichen Umfeld, einer Gruppe. Ich nehme an, aus diesem Gefühl der Einsamkeit erwachsen die Fragen, die einen zum Schreiben drängen, in der Suche nach Antworten werden die Bücher gezeugt und ausgetragen. Mein Trost in den Augenblicken der Panik war der unwandelbare Geist der Memé, der sich aus den Vorhangfalten löste, um mich zu begleiten. Der Keller war der finstere Bauch des Hauses, ein versiegelter, verbotener Ort, in den ich mich durch ein Ventilationsfensterchen hinabgleiten ließ. Ich fühlte mich wohl in dieser modrig riechenden Höhle, hier spielte ich, wobei ich die Dunkelheit mit einer Kerze verjagte oder mit der Taschenlampe, die ich auch nachts zum Lesen unter dem Deckbett benutzte. Ich verbrachte Stunden mit verschwiegenen Spielen, heimlicher Lektüre und den verwickelten Zeremonien, die sich einzelgängerische Kinder ausdenken. Ich hatte einen ordentlichen Vorrat an Kerzen gespeichert, die ich in der Küche gestohlen hatte, und in einer Büchse hatte ich Brotreste und Kekse, um die Mäuse zu füttern. Niemand ahnte etwas von meinen Ausflügen in die Tiefe der Erde, die Hausangestellten schrieben die Geräusche und die Lichter dem Gespenst meiner Großmutter zu und wagten sich nie in die Nähe. Das Kellergeschoß bestand aus zwei großen Räumen mit niedriger Decke und festgestampftem Fußboden, in denen die Knochen des Hauses bloßlagen, seine Eingeweide aus Rohrleitungen, seine Haare aus elektrischen Kabeln; hier häuften sich zerbrochene Möbel, aufgerissene Matratzen, schwere alte Koffer für Schiffsreisen, an die sich niemand mehr erinnerte. In einem metallenen Koffer, der die Initialen meines Vaters trug, fand ich eine Sammlung Bücher, eine märchenhafte Erbschaft, die diese Jahre meiner Kindheit überstrahlte: *Der Schatz der Jugend,* Salgari, Shaw, Verne, Twain, Wilde, London und andere. Ich hielt sie für verboten, weil sie diesem T. A. mit dem unaussprechbaren Namen gehörten, und traute mich nicht, sie ans Tageslicht hinaufzubringen, und so verschlang ich sie, von Kerzen beleuchtet, mit der Gier, die durch verbotene Dinge geweckt wird, genauso, wie ich Jahre später *Tausendundeine Nacht* im Versteck las, obwohl es in diesem Haus in Wirklichkeit gar keine zensierten Bücher gab, niemand hatte Zeit, die Kinder zu überwachen und schon gar nicht ihre Lektüre. Mit neun Jahren stürzte ich mich in Shakespeares Gesammelte Werke, das erste Geschenk von Onkel Ramón, eine schöne Ausgabe, die ich unzählige Male las, ohne seinen literarischen Wert zu beachten, aus dem einfachen Vergnügen an den Klatschgeschichten und an der Tragödie, aus demselben Grund also, aus dem ich früher den Hintertreppenromanen im Radio lauschte und heute Erdichtetes schreibe. Ich lebte in jeder Geschichte, als wäre es mein eigenes Leben, ich war jede einzelne der Gestalten, vor allem die bösen, die viel anziehender waren als die tugendhaften Helden. Die Phantasie ging unweigerlich mit mir durch bis zur Schauergeschichte. Wenn ich über die Rothäute las, die ihren Feinden den Skalp nahmen, setzte ich voraus, daß die Opfer am Leben blieben und ihren Kampf mit Mützen aus Büffelfell fortsetzten, die fest angedrückt wurden, um das zwischen den Rissen im abgehäuteten Schädel vorquellende Hirn zu bändigen, und von da bis zu der Vorstellung, daß ihnen auch die Gedanken da hindurch entschlüpften, war es nur noch ein Schritt. Ich zeichnete die Romangestalten auf feinen Karton, schnitt sie aus und stützte sie mit Stäbchen, das war der Beginn meiner ersten dramatischen Versuche. Meinen arglosen Brüdern erzählte ich fürchterliche Geschichten voller

Spannung, die ihre Tage mit Ängsten erfüllten und ihre Nächte mit Albträumen, wie ich es später mit meinen Kindern machte und mit einigen Männern in der Intimität des Bettes, wo eine gut erzählte Geschichte eine mächtige aphrodisische Wirkung zu haben pflegt.

Onkel Ramón hatte einen maßgeblichen Einfluß auf viele Seiten meines Charakters, wenn es mich auch in einigen Fällen vierzig Jahre gekostet hat, seine Lehren mit meinen Reaktionen in Einklang zu bringen. Er besaß einen klapprigen Ford, den er sich zur Hälfte mit einem Freund teilte, er benutzte ihn Montag, Mittwoch, Freitag und den halben Sonntag, während der andere den Rest der Zeit darüber verfügte. An einem dieser halben Autosonntage fuhr er uns zum *Open Door*, einem Landgut in der Umgebung von Santiago, wo die harmlosen Geisteskranken untergebracht waren. Er kannte den Ort gut, weil er in seiner Jugend die Ferien hier verbracht hatte, auf Einladung von Verwandten, die den landwirtschaftlichen Teil des Sanatoriums betrieben. Wir rumpelten einen von großen Platanen gesäumten holprigen Weg entlang unter dem grünen Gewölbe, das die Bäume über unseren Köpfen bildeten. Auf der einen Seite waren Viehgehege, auf der anderen die Gebäude, von einem Obstgarten umgeben, wo einige friedliche Geisteskranke in ausgebleichten Kitteln umherschlenderten, die uns nun entgegengelaufen kamen und unter Begrüßungsgeschrei Gesichter und Hände gegen die Wagenfenster preßten. Wir kauerten uns verängstigt auf unseren Sitzen zusammen, während Onkel Ramón jeden mit seinem Namen begrüßte – einige waren schon viele Jahre hier, und in den Sommern seiner Jugend hatte er mit ihnen gespielt. Für einen vernünftigen Preis handelte er mit dem Pfleger aus, daß wir den Garten betreten durften.

»Steigt aus, die Irren sind brave Leute«, sagte er. »Ihr könnt auf die Bäume klettern, alles essen, was ihr mögt, und diesen Korb vollpflücken. *Wir sind ungeheuer reich!*«

Ich weiß nicht, wie er es anstellte, daß die Insassen des Sanatoriums uns halfen. Wir hatten schnell die Angst vor ihnen verloren, und schließlich saßen wir alle in den Bäumen und verschlangen Aprikosen, während uns der Saft vom Kinn tropfte, pflückten sie mit beiden Händen von den Zweigen, um sie in den Korb zu tun. Wir bissen hinein, und wenn sie uns nicht süß genug waren, warfen wir sie fort und nahmen die nächste, wir bewarfen uns mit den reifen Aprikosen, die beim Auftreffen zerplatzten in einer wahren Orgie von Früchten und Gelächter. Wir aßen, bis nichts mehr hineinging, dann verabschiedeten wir uns mit lauten Schmatzern von den Verrückten und machten uns auf die Heimfahrt in dem alten Ford und mit dem vollen Korb, aus dem wir immer noch weiter futterten, bis Magenkrämpfe die Oberhand gewannen. An diesem Tag wurde mir zum erstenmal bewußt, daß das Leben sehr großzügig sein kann. Nie hatte ich etwas Derartiges mit meinem Großvater oder einem anderen Mitglied meiner Familie erlebt, die Mangel für einen Segen und Geiz für eine Tugend ansahen. Von Zeit zu Zeit erschien der Tata mit einem Tablett Kuchen, die immer genau bemessen waren, für jeden ein Stück, keins zu wenig und keins zuviel; Geld war etwas Ehrenwertes, und uns Kindern wurde schon sehr früh beigebracht, wieviel Mühe es kostete, es zu verdienen. Mein Großvater hatte Vermögen, aber das wurde mir erst sehr viel später klar. Onkel Ramón war arm wie eine Kirchenmaus, und auch das wußte ich damals nicht, denn er wurde damit fertig und brachte uns bei, das wenige zu genießen, was man hatte. In den schwersten Augenblicken meines Lebens, wenn mir scheint, daß sich alle Türen vor mir schließen, kommt mir der Geschmack jener Aprikosen in den Mund, um mich mit dem Gedanken zu trösten, daß der Überfluß in Reichweite ist, man muß ihn nur zu finden wissen.

Die Erinnerungen an meine Kindheit sind dramatisch wie die aller Menschen, vermutlich weil die Nichtigkeiten sich im Vergessen verlieren, aber es kann auch an meiner Neigung zur Tragödie liegen. Es heißt, die geographische Umgebung bestimmt den Charakter. Ich komme aus einem sehr schönen Land, das aber von Katastrophen heimgesucht wird: Dürren im Sommer, Überschwemmungen im Winter, wenn die Bewässerungskanäle verstopft sind und die Häuser unter Wasser stehen; Flüsse, die über die Ufer treten, wenn der Schnee in den Bergen schmilzt, und Seebeben, die mit einer einzigen Woge Schiffe landeinwärts tragen und mitten in der Stadt absetzen; Brände und Vulkanausbrüche; Plagen von Blauen Fliegen, Schnecken und Ameisen; apokalyptische Erdbeben und ein ganzer Rosenkranz von kleineren Beben, die schon niemand mehr beachtet; und wenn wir zur Armut, unter der die Hälfte der Bevölkerung leidet, die Vereinsamung hinzurechnen, haben wir übergenug Material für ein Melodrama.

Pelvina López-Pun, die Hündin, die sie mir vom ersten Tag meines Lebens an in die Wiege legten mit der Vorstellung, mich gegen Seuchen und Allergien immun zu machen, war ein geiles Viech geworden, das alle sechs Monate von einem Straßenhund gedeckt wurde, trotz aller erfinderischen Hilfsmittel, die meine Mutter sich einfallen ließ, wie etwa ihr Gummihöschen anzuziehen. Wenn sie läufig war, drückte sie ihr Hinterteil gegen das Gartengitter, während auf der Straße eine ungeduldige Meute darauf wartete, an die Reihe zu kommen und sie zwischen den Gitterstäben zu lieben. Manchmal, wenn ich aus der Schule kam, traf ich auf einen festgeklemmten Hund und die jaulende Pelvina und meine Onkel auf der andern Seite, die sich totlachen wollten und den Schlauch auf die beiden richteten, um sie mit kaltem Wasser zu trennen. Später ertränkte Margara die neugeborenen Welpen, wie sie es auch mit den Kätzchen machte. Einmal waren wir im Begriff, in die Sommerferien zu fahren, aber wir mußten die Reise verschieben, weil die Hündin läufig war und weil es einfach unmöglich war, sie in diesem Zustand mitzunehmen, am Strand konnte man sie nirgends einsperren, und es hatte sich bereits erwiesen, daß Gummihöschen nutzlos sind gegen das Ungestüm einer echten Leidenschaft. Der Tata nörgelte so lange, bis meine Mutter beschloß, Pelvina vermittels einer Zeitungsanzeige zu verkaufen: »Hübsche Bulldoghündin, ausländische Herkunft, guter Charakter, sucht liebevolle neue Besitzer, die sie zu schätzen wissen.« Sie erklärte uns ihre Gründe, aber wir fanden das eine Gemeinheit und schlossen daraus, wenn sie imstande war, sich von Pelvina zu trennen, dann würde sie das mit jedem ihrer Kinder auch fertigbringen. Wir bettelten vergebens, am Samstag erschien ein Ehepaar, das interessiert war, die Hündin zu adoptieren. Unter der Treppe versteckt, sahen wir das erwartungsvolle Grinsen Margaras, als sie die Leute ins Wohnzimmer führte, diese Frau haßte das Tier genau so wie mich. Kurz darauf wollte meine Mutter Pelvina holen, um sie den möglichen Käufern vorzuführen. Sie durchsuchte das ganze Haus von oben bis unten, bis sie sie im Bad fand, wo wir Kinder sie eingeschlossen hatten, nachdem wir sie rasiert und Teile des Rückens mit leuchtendrotem Mercurochrom eingepinselt hatten. Unter Drohungen und mit großer Kraftanstrengung bekam sie die Tür auf, das Tier sauste wie unsinnig die Treppe hinunter und sprang mit einem Satz auf das Sofa, auf dem die Kunden saßen; als die die Schwären sahen, schrien sie laut auf, fuhren hoch und fielen fast übereinander in dem Drang, schnell aus der Tür zu kommen, bevor sie sich ansteckten. Gut zwei Monate später mußte Margara ein halbes Dutzend Bastardhündchen beseitigen, während wir an allem schuld waren. Bald danach fand Pelvina einen rätselhaften Tod, und ich vermute, daß Margara etwas damit zu tun hatte.

Im selben Jahr erfuhr ich in der Schule, daß die Neugeborenen nicht von einem Storch gebracht werden, sondern im Bauch der Mütter wachsen wie Melonen, und daß es nie einen Weihnachtsmann gegeben hat, daß die Eltern die Weihnachtsgeschenke kaufen. Der erste Teil dieser Enthüllung berührte mich nicht sonderlich, denn ich hatte noch nicht die Absicht, Kinder zu bekommen, aber der zweite erschütterte mich tief. Ich beschloß, die Heilige Nacht hindurch wachzubleiben, um die Wahrheit zu entdecken, aber so sehr ich mich auch bemühte, übermannte mich doch der Schlaf. Von Zweifeln geplagt, hatte ich einen schlauen Brief geschrieben, auf dem ich mir das Unmögliche wünschte: einen neuen Hund, eine Menge Freunde und mehrere Spielsachen. Als ich am Morgen aufwachte, fand ich einen Kasten mit Temperafarben und Pinseln und eine schlaue Karte von dem elenden Weihnachtsmann – dessen Schrift verdächtig der meiner Mutter glich –, auf der er erklärte, er hätte mir das Gewünschte nicht gebracht, um mich zu lehren, weniger habgierig zu sein, aber dafür bot er mir die Wände meines Zimmers an, auf die ich den Hund, die Freunde und die Spielsachen malen könne. Ich sah mich um und stellte fest, daß die strengen alten Bilder und das todtraurige Heilige Herz Jesu verschwunden waren, und an der kahlen Wand gegenüber meinem Bett entdeckte ich eine farbige Reproduktion, die aus einem Kunstbuch ausgeschnitten war. Mehrere Minuten war ich ganz starr vor Enttäuschung, aber schließlich raffte ich mich doch so weit auf, daß ich mir dieses Bild näher ansah, das, wie darunter stand, von dem Maler Marc Chagall stammte. Anfangs schienen mir nur ungeordnete Flecke darauf zu sein, aber bald enthüllte sich mir auf dem kleinen Papierausschnitt ein verblüffendes Universum: ein Durcheinander kopfüber fliegender blauer Bräute, ein bleicher Musikant, der zwischen einem siebenarmigen Kerzenleuchter, einer roten Ziege und anderen eigenwilligen Figuren schwebte. Es gab so viele Farben und verschiedene Dinge, daß ich eine gute Weile brauchte, um mich in dem wundervollen Irrgarten der Komposition zurechtzufinden. Dieses Bild hatte Musik: Uhrenticken, Geigensingen, Ziegengemekker, Flügelrauschen, ein unaufhörliches Wortegemurmel. Es hatte auch Gerüche: Duft nach brennenden Kerzen, nach Wildblumen, nach läufigem Tier, nach Frauencremes. Alles schien eingehüllt in die Nebelwolke eines glücklichen Traums, auf der einen Seite war die Luft heiß wie an einem Siestanachmittag, und auf der andern spürte man die Kühle einer Nacht im Freien. Ich war zu jung, um die Malerei beurteilen zu können, aber ich erinnere mich an meine Überraschung und meine Neugier, dieses Bild war eine Einladung zum Spiel. Ich fragte mich verzaubert, wie es möglich war, so zu malen, ohne jeden Respekt für die Regeln von Komposition und Perspektive, die mir die Zeichenlehrerin in der Schule einzuprägen suchte. Wenn dieser Chagall tun kann, was ihm Spaß macht, kann ich das auch, folgerte ich und öffnete die erste Temperatube. Jahre hindurch malte ich unbefangen und glücklich an einem Wandbild, auf dem die Wünsche, die Ängste, die Wutausbrüche, die Fragen der Kindheit und die Schmerzen des Erwachsenwerdens verzeichnet waren. Auf einen Ehrenplatz mitten zwischen einer unmöglichen Flora und einer verrückten Fauna malte ich die Silhouette eines Jungen mit dem Rücken zum Beschauer, als betrachte er das Wandbild. Das war das Porträt von Marc Chagall, in den ich mich verliebt hatte, wie nur Kinder sich verlieben können. In der Zeit, in der ich wild die Wände meines Zimmers in Santiago bemalte, war der Gegenstand meiner Liebe über fünfzig Jahre älter als ich, war weltberühmt, hatte gerade seine lange Witwerschaft beendet und ein zweites Mal geheiratet und lebte im Herzen von Paris, aber Entfernung und Zeit sind zerbrechliche Konventionen, ich glaubte, er wäre ein Kind meines Alters, und viele Jahrzehnte später, im April 1985, als Marc Chagall mit siebenundneunzig Jahren ewiger Jugend starb, begriff ich, daß er das wirklich gewesen war. Er war immer der Junge gewesen, den ich mir vorgestellt hatte. Als wir aus diesem Haus fortzogen und ich von dem Wandgemälde Abschied nahm, gab meine Mutter mir ein Heft, damit ich darin eintrug, was ich vorher gemalt hatte: ein Heft, um das Leben aufzuzeichnen. »Nimm's und mach dir mit Schreiben Luft«, sagte sie. Das tat ich, und so tue ich es jetzt auf diesen Seiten. Was sonst könnte ich tun? Ich habe Zeit genug. Mir bleibt die ganze Zukunft. Ich will sie dir geben, Tochter, denn du hast die deine verloren.

Hier nennen dich alle ›die Kleine‹, sicherlich wegen deines Schulmädchengesichtes und deines langen Haars, das die Schwestern flechten. Sie haben Ernesto um Erlaubnis gebeten, es abzuschneiden, weil es ziemlich mühsam zu waschen und zu kämmen ist, aber noch haben sie es nicht getan, es tut ihnen leid darum, sie betrachten es als dein bestes Schönheitsmerkmal, weil sie deine Augen noch nicht offen gesehen haben. Ich glaube, sie sind ein bißchen verliebt in deinen Mann, so viel Liebe rührt sie; sie sehen ihn über dein Bett gebeugt, wie er flüsternd mit dir spricht, als könntest du ihn hören, und sie wünschen, selbst so geliebt zu werden. Ernesto zieht den Pullover aus und legt ihn dir über die leblosen Hände, »faß an, Paula, ich bin's«, sagt er, »das ist dein Lieblingspullover, erkennst du ihn?« Er hat geheime Botschaften aufgenommen und hat dir Kopfhörer angelegt, damit du seine Stimme hörst, wenn du allein bist, und er hat einen Wattebausch mit seinem Eau de Cologne getränkt und dir unters Kopfkissen gelegt, damit sein Duft dich begleitet. Zu den Frauen unserer Familie kommt die Liebe wie ein Sturmwind, so geschah es meiner Mutter mit Onkel Ramón, dir mit Ernesto, mir mit Willie, und ich vermute, so wird es den Enkelinnen und künftigen Urenkelinnen auch gehen. Eines Neujahrstages, als ich mit Willie in Kalifornien lebte, rief ich dich an, um dir aus der Ferne einen Kuß zu geben, das alte Jahr durchzuhecheln und dich zu fragen, was dein Wunsch für dieses beginnende 1988 sei.

»Ich wünsche mir einen Gefährten, eine Liebe, wie du sie jetzt hast«, hast du mir prompt geantwortet. Es waren kaum achtundvierzig Stunden vergangen, als du zurückriefst, in Hochstimmung.

»Ich hab ihn schon, Mama! Heute abend hab ich auf einer Party den Mann kennengelernt, den ich heiraten werde«, und du erzähltest mir und überstürztest dich schier dabei, daß es vom ersten Augenblick an wie ein Freudenfeuer war, sie sahen sich an, sie erkannten sich und waren sich sicher, daß sie füreinander bestimmt waren.

»Sei nicht albern, Paula, wie kannst du so sicher sein?«

»Weil mir schlecht wurde und ich nach Hause gehen mußte. Zum Glück ging er hinter mir her.«

Eine normale Mutter hätte dich vor solchen leidenschaftlichen Geschichten gewarnt, aber ich habe nicht die moralische Autorität, Ratschläge zur Mäßigung zu geben, also folgte eines unserer typischen Gespräche.

»Großartig, Paula. Wirst du mit ihm zusammenleben?«

»Erst muß ich mein Studium zu Ende bringen.«

»Du willst weiterstudieren?«

»Ich kann doch nicht alles hinschmeißen!«

»Na ja, wenn es der Mann deines Lebens ist...«

»Nur ruhig, altes Mütterchen, ich habe ihn gerade erst kennengelernt.«

»Ich habe Willie auch gerade erst kennengelernt, und du siehst, wo ich bin. Das Leben ist kurz, Tochter.«

»In deinem Alter kürzer als in meinem. Also gut, ich werde den Doktor nicht machen, aber ich will wenigstens mit dem Magister abschließen.«

Und so geschah es. Du beendetest dein Studium mit allen Ehren, und danach gingst du mit Ernesto nach Madrid, wo ihr beide eine Anstellung fandet, er als Elektronikingenieur und du als volontierende Psychologin in einer Schule, und kurz darauf habt ihr geheiratet. Am ersten Jahrestag der Hochzeit lagst du im Koma, und dein Mann brachte dir als Geschenk eine Liebesgeschichte, die er dir, neben dir kniend, ins Ohr flüsterte, während die Krankenschwestern ergriffen zusahen und Don Manuel im Nachbarbett weinte.

Ah, die sinnliche Liebe! Als ich das erste Mal einen dahin gehenden fulminanten Anfall erlitt, war ich elf. Onkel Ramón war wieder nach Bolivien berufen worden, aber diesmal nahm er meine Mutter und ihre drei Kinder mit. Sie hatten nicht heiraten können, und die Regierung zahlte nicht die Kosten für diese illegale Familie, aber die beiden stellten sich taub gegen übelwollenden Klatsch und bestanden hartnäckig darauf, diese schwierige Beziehung voranzubringen trotz der ungeheuren Hindernisse, die sie überwinden mußten. Es gelang ihnen vollauf, und heute, mehr als vierzig Jahre später, sind sie ein legendäres Paar. La Paz ist eine außergewöhnliche Stadt, dem Himmel so nah und die Luft so dünn, daß man bei Tagesanbruch die Engel sehen kann, das Herz ist ständig drauf und dran zu zerspringen, und der Blick verliert sich in der überwältigenden Reinheit der Landschaft. Ketten von Bergen und dunkelvioletten Hügeln, von Felsen und hingepinselten Erdstreifen in Tönen von Safrangelb, Purpur und Zinnober umgeben den hochgelegenen Talkessel, in dem sich diese Stadt der Kontraste erstreckt. Ich erinnere mich an enge Straßen, die auf und ab führen wie Luftschlangen, klägliche Geschäfte, altersschwache Busse, in vielfarbige Wolle gekleidete Indios mit grünen Zähnen, die unentwegt eine Kugel aus Cocablättern von einer Backentasche in die andere schieben. Hunderte Kirchen mit ihren Glockentürmen und ihren Patios, wo sich die Indiofrauen niederlassen, um gedörrten Maniok und violetten Mais zu verkaufen neben getrockneten Föten von Lamas für Gesundheitspflaster, während sie die Fliegen verscheuchen und ihre Kinder stillen. Der Geruch und die Farben von La Paz haben sich mir ins Gedächtnis gegraben als ein Teil des langsamen und schmerzvollen Hineinwachsens ins Jugendalter. Das Unentschiedene der Kindheit endete genau in dem Augenblick, als wir das Haus meines Großvaters verließen. In der Nacht vor der Abreise stand ich heimlich auf, ging die Treppe hinunter, ganz vorsichtig, damit die Stufen nicht knarrten, lief im Dunkeln durch das untere Stockwerk, bis ich bei dem Vorhang im Salon ankam, wo die Memé mich schon erwartete, um mir zu sagen, ich sollte aufhören zu jammern, denn sie sei bereit, mit mir auf die Reise zu gehen, sie habe in diesem Haus nichts mehr zu schaffen, ich solle nur ihren silbernen Spiegel aus dem Schreibtisch des Tata holen und mitnehmen. Darin werde ich von jetzt an sein, immer bei dir, fügte sie hinzu. Zum erstenmal wagte ich es, die geschlossene Tür zum Zimmer meines Großvaters zu öffnen. Das Licht von der Straße zwängte sich durch die Spalten der Rolladen, und meine Augen hatten sich auch schon an die Dunkelheit gewöhnt; ich sah seinen regungslosen Umriß und sein strenges Profil, er lag auf dem Rücken zwischen den Laken, starr und unbeweglich wie ein Leichnam in diesem Raum mit den düsteren Möbeln, wo die Turmuhr drei Uhr früh anzeigte. Genauso sollte ich ihn dreißig Jahre später sehen, als er mir im Traum erschien, um mir den Schluß meines ersten Romans zu enthüllen. Geräuschlos durchquerte ich den Raum bis zu seinem Schreibtisch, ging so nahe an seinem Bett vorbei, daß ich seine Witwereinsamkeit spürte, und öffnete die Schubladen eine nach der anderen, voller

Angst, er könnte aufwachen und mich beim Stehlen ertappen. Ich fand den Spiegel mit dem getriebenen Griff neben einer Blechbüchse, die ich nicht zu berühren wagte, umfaßte ihn mit beiden Händen und zog mich auf Fußspitzen zurück. In der Sicherheit meines Bettes betrachtete ich den schimmernden Kristall, in dem, wie sie mir oft und oft erzählt hatten, nachts die Teufel erscheinen, und ich nehme an, er spiegelte mein rundes, blasses zehnjähriges Gesicht wider, aber in meiner Einbildung sah ich das sanfte Antlitz der Memé, die mir eine gute Nacht wünschte. Früh am Morgen malte ich das letzte Mal an meiner Wand, ich malte eine Hand, die das Wort »adiós« schrieb.

Der Tag war dann ein einziger Wirrwarr, einander widersprechende Anordnungen, überstürzte Abschiede und hastige Anstrengungen, alles Gepäck auf den Dächern der Autos unterzubringen, die uns zum Hafen bringen sollten, wo wir uns gen Norden einschiffen würden. Der Rest der Reise würde in einem Kleinbahnzug vor sich gehen, der mit der Langsamkeit einer tausendjährigen Schnecke zu den bolivianischen Höhen hinaufkroch. Mein Großvater in Trauerkleidung, mit seinem Stock und seiner Baskenmütze neben der Tür des Hauses stehend, in dem ich aufgewachsen war, verabschiedete meine Kindheit.

Die Abende von La Paz sind wie ein einziger Himmelsbrand, und in den mondlosen Nächten kann man alle Sterne sehen, auch jene, die vor Millionen Jahren erloschen sind. Manchmal legte ich mich im Garten auf den Rücken, um diesen ungeheuren Himmel anzusehen, und fühlte einen tödlichen Schwindel, ich fiel und fiel in die Tiefen eines unendlichen Abgrundes. Wir wohnten in einem von drei Häusern, die zum selben Grundstück gehörten und einen gemeinsamen Garten hatten, uns gegenüber wohnte ein berühmter Augenarzt und weiter hinten ein uruguayischer Diplomat, von dem im Flüsterton behauptet wurde, er sei homosexuell. Wir Kinder glaubten, es handle sich um eine unheilbare Krankheit, grüßten ihn voll Mitgefühl, und einmal trauten wir uns, ihn zu fragen, ob ihm die Homosexualität sehr wehtäte. Wenn ich von der Schule heimkam, suchte ich Alleinsein und Stille auf den Wegen des großen Gartens, wo ich Verstecke für mein Heft zum Lebenaufzeichnen fand und verborgene Winkel, in denen ich fern vom Getriebe lesen konnte. Wir gingen in eine gemischte Schule; bis jetzt hatte ich keinen Kontakt mit Jungen gehabt außer mit meinen Brüdern, aber die zählten nicht, noch heute denke ich, daß Pancho und Juan geschlechtslos sind wie Bakterien. In der ersten Geschichtsklasse sprach die Lehrerin über die Kriege Chiles gegen Peru und Bolivien im neunzehnten Jahrhundert. In meinem Land hatte ich gelernt, daß die Chilenen die Kriege durch ihren verwegenen Mut und den Patriotismus ihrer Anführer gewannen, aber in dieser Klasse wurden uns die Grausamkeiten enthüllt, die meine Landsleute gegen die Zivilbevölkerung begangen hatten. Die chilenischen Soldaten, von einer Mischung aus Schnaps und Pulverdampf aufgeputscht, fielen wie tollwütige Horden in die eingenommenen Städte ein. Mit aufgepflanzten Bajonetten und mit Schlächtermessern spießten sie Kinder auf, schlitzten den Frauen den Bauch auf und verstümmelten die Genitalien der Männer. Ich hob die Hand, entschlossen, die Ehre unserer Streitkräfte zu verteidigen, ohne damals zu ahnen, wozu sie fähig sind, und fing mir einen Hagel von Wurfgeschossen ein. Die Lehrerin schickte mich aus der Klasse, und ich ging unter einem wilden Pfeifkonzert, um zur Strafe auf dem Flur mit dem Gesicht zur Wand zu stehen. Ich unterdrückte die Tränen, damit niemand mich für gedemütigt hielt, und brütete eine Dreiviertelstunde über meiner Wut. In diesen Minuten explodierten meine Hormone, von deren Existenz ich bislang nichts gewußt hatte, mit der Kraft eines Vulkanausbruchs; ich übertreibe nicht, an eben diesem Tag hatte ich meine erste Menstruation. In der Flurecke gegen-

über stand noch einer zur Strafe, ein Junge, groß und dünn
wie ein Besenstiel, mit langem Hals, schwarzem Haar und
riesigen abstehenden Ohren, mit denen er von hinten aussah wie eine griechische Amphore. Ich habe nie wieder
sinnlichere Ohren gesehen. Es war Liebe auf den ersten
Blick, ich verliebte mich in seine Ohren, ehe ich sein Gesicht gesehen hatte, und mit solchem Ungestüm, daß in
den folgenden Monaten mein Appetit verlorenging und ich
vom vielen Fasten und Seufzen anämisch wurde. Diese romantische Verzückung war gänzlich frei von sexuellen Vorstellungen; das, was mir in meiner Kindheit in einem
Pinienwald am Meer von einem Fischer mit heißen Händen
geschehen war, verband ich nicht mit den unverbildeten
Gefühlen, die mir diese außergewöhnlichen Anhängsel
einflößten. Ich war von einer keuschen Verliebtheit heimgesucht, die um so verheerender war, als sie zwei Jahre
andauerte. Diese Zeit in La Paz ist mir im Gedächtnis geblieben als eine unendliche Kette von Phantastereien in
dem schattigen Garten des Hauses, von glühenden Seiten
in meinen Heften und von überschwenglichen Träumen, in
denen mein großohriger Jüngling mich aus den Klauen eines Drachen rettete. Zu allem Überfluß wußte inzwischen
die ganze Schule Bescheid, und dieser Liebe und meiner
unverkennbaren chilenischen Herkunft wegen machten sie
mich zum Opfer von schrecklich verletzenden Streichen.
Es war eine zum Scheitern bestimmte Romanze, der Gegenstand meiner Leidenschaft behandelte mich immer mit
solcher Gleichgültigkeit, daß ich schließlich dachte, ich
würde unsichtbar in seiner Gegenwart. Kurz bevor wir
Bolivien endgültig verließen, brach in der Pause eine Prü-
gelei aus, und eh' ich mich versah, war ich plötzlich mit
meinem Angebeteten im Clinch, und wir rollten unter
Schlägen, Haareziehen und Fußtritten durch den Staub. Er
war viel größer als ich, und obwohl ich alles anbrachte, was
ich mit meinem Großvater an den Catcherabenden im Tea-

tro Caupolicán gelernt hatte, blieb ich doch verbleut und mit Nasenbluten zurück, aber in einem Augenblick blinder Wut kam eins seiner Ohren in Reichweite meiner Zähne, und ich konnte ihm einen leidenschaftlichen Biß verpassen. Wochenlang wandelte ich auf Wolken. Es ist die erotischste Begegnung meines Lebens, eine Mischung aus intensiver Freude an der Umarmung und dem nicht weniger scharfen Schmerz der Prügel. Mit diesem masochistischen Erwachen zur Lust wäre eine weniger vom Glück begünstigte Frau heute das willfährige Opfer der Peitschenhiebe eines Sadisten, aber wie sich die Dinge für mich entwickelten, habe ich nie wieder die Gelegenheit gehabt, diesen Typ Umarmung zu praktizieren.

Bald danach verabschiedeten wir uns von Bolivien, und ich sah diese Ohren nicht wieder. Onkel Ramón flog direkt nach Paris und von da in den Libanon, während meine Mutter und wir Kinder einen Zug zu einem Hafen im Norden Chiles bestiegen, wo wir uns auf einem italienischen Schiff nach Genua einschiffen sollten, von dort würde es im Autobus nach Rom und dann im Flugzeug nach Beirut gehen. Die Reise dauerte fast zwei Monate, und ich glaube, meine Mutter überlebte sie nur durch ein Wunder. Wir saßen im letzten Abteil in Gesellschaft eines rätselhaften Indios, der nicht ein Wort sprach und die ganze Zeit auf dem Boden neben einem Ofen hockte, Coca kaute und sich die Läuse kratzte, im übrigen war er mit einer altertümlichen Büchse bewaffnet. Tag und Nacht beobachteten uns seine schrägen Augen mit unerforschlichem Ausdruck, schlafen sahen wir ihn niemals; meine Mutter fürchtete, daß er uns in einem unachtsamen Augenblick töten könnte, obwohl ihr versichert worden war, daß er angestellt sei, um uns zu beschützen. Der Zug fuhr so langsam durch die Wüste, zwischen Dünen und Salzminen hin, daß meine Brüder absprangen und nebenher liefen. Um meine Mutter zu plagen, blieben sie zurück, taten, als wären sie erschöpft, und schrien erbärmlich um Hilfe, weil der Zug sie bestimmt zurücklassen würde. Auf dem Schiff quetschte Pancho sich so oft die Finger an den schweren Eisentüren, daß sein Geheul schließlich niemanden mehr rührte, und Juan ging eines Tages mehrere Stunden verloren. Beim Versteckspielen war er in einer unbenutzten Kabine eingeschlafen, und keiner fand ihn, bis die Schiffssirenen ihn weckten und der Kapitän schon drauf und dran war, das Schiff zu stoppen und Boote auszusetzen, um ihn zu suchen, während zwei kräftige Bootsleute meine Mutter festhielten, damit sie sich nicht in den Atlantik stürzte. Ich verliebte mich in alle Matrosen mit fast der gleichen feurigen Leidenschaft, wie sie mir der junge Bolivianer eingeflößt hatte, aber ich vermute, sie verliebten sich eher in meine Mutter. Diese schlanken jungen Italiener erregten meine Einbildungskraft, aber sie vermochten doch mein peinliches Laster, mit Puppen zu spielen, nicht abzuschwächen. In der Kabine eingeschlossen, wiegte ich sie, badete sie, gab ihnen die Flasche und sang ihnen etwas vor, ganz leise, um nicht ertappt zu werden, während meine gräßlichen Brüder drohten, sie öffentlich auszustellen. Aber als wir endlich in Genua von Bord gingen, trugen Pancho und Juan brav in bewährter Loyalität jeder ein verdächtiges Handtuchbündel unter dem Arm, während ich mich seufzend von den Matrosen meiner zagen Liebe verabschiedete.

Wir lebten drei surrealistische Jahre im Libanon, die mir dazu verhalfen, ein bißchen Französisch zu lernen und ein Gutteil der Nachbarstaaten zu besuchen, eingeschlossen die heiligen Orte und Israel, das in den fünfziger Jahren genau wie heute in ständigem Krieg gegen die Araber lebte. Die Grenze im Auto zu überqueren, wie wir es mehrmals taten, stellte ein gefährliches Abenteuer dar. In Beirut bezogen wir eine moderne, geräumige und häßliche Wohnung. Von der Terrasse aus konnten wir auf einen Markt und auf die Gendarmerie sehen, die später, als die Gewalttätigkeiten begannen, wichtige Rollen spielten. Onkel Ramón bestimmte ein Zimmer zum Konsulat und hängte Wappen und Fahne Chiles an der Vorderfront des Gebäudes auf. Keiner unter meinen neuen Bekannten hatte je von diesem Land gehört, sie dachten, ich käme wohl aus China. Zu jener Zeit und in diesem Teil der Welt blieben die Mädchen im allgemeinen zu Hause und in der Schule eingesperrt bis zum Tag ihrer Hochzeit, falls sie das Unglück hatten zu heiraten, denn das war der Augenblick, in dem sie das väterliche Gefängnis gegen das des Ehemanns eintauschten. Ich war schüchtern und kapselte mich gern nach außen ab, meinen ersten Film mit Elvis Presley sah ich, als er schon dick geworden war. Unser Familienleben wurde ziemlich schwierig, meine Mutter konnte sich nicht auf die arabische Kultur, das heiße Klima und schon gar nicht auf Onkel Ramóns autoritären Charakter einstellen, sie litt unter Migräne, Allergien und plötzlichen nervösen Krisen mit Halluzinationen; einmal mußten wir die Koffer packen, um in meines Großvaters Haus in Santiago zurückzukehren, weil sie schwor, ein orthodoxer Priester mit all seinen liturgischen Paramenten belauere sie durch das Fensterchen im Bad. Mein Stiefvater vermißte seine eigenen Kinder und konnte nur spärlichen Kontakt mit ihnen halten, denn die Nachrichtenverbindungen mit Chile krankten an monatelangen Verspätungen, was noch zu dem Gefühl beitrug, am Ende der Welt zu leben. Die finanzielle Lage war sehr bedrängt, das Geld wurde nach mühsamen wöchentlichen Berechnungen gestreckt, und wenn etwas übrigblieb, gingen wir ins Kino oder auf einer Kunsteisbahn Schlittschuh laufen, der einzige Luxus, den wir uns erlaubten. Wir lebten mit Anstand, aber auf einem anderen Niveau als die übrigen Mitglieder des Diplomatischen

Corps und des Kreises, in dem wir uns bewegten; für die waren Privatclubs, Wintersport, Theater und Urlaub in der Schweiz völlig normal. Meine Mutter nähte sich ein langes Seidenkleid für die Galaempfänge und verwandelte es aufs erstaunlichste mit einer Brokatschleppe, Spitzenärmeln und einem Samtband um die Taille, aber ich vermute, ohnehin beachtete niemand ihren Aufputz, wenn er ihr Gesicht sah. Sie wurde eine Expertin in der hohen Kunst, ohne Geld den Anschein zu wahren, sie bereitete billige Gerichte zu, verschleierte sie durch raffinierte Soßen ihrer eigenen Erfindung und servierte sie auf ihren berühmten silbernen Kredenztellern; sie brachte es fertig, daß Saal und Speisezimmer Vornehmheit ausstrahlten mit den aus dem Haus meines Großvaters mitgebrachten Bildern und den am Hafen von Beirut auf Kredit gekauften Teppichen, aber alles übrige war von großer Bescheidenheit. Onkel Ramón bewahrte seinen unbeugsamen Optimismus. Mit meiner Mutter hatte er sehr viele Probleme, ich habe mich oft gefragt, was sie eigentlich in jener Zeit zusammenhielt, und die einzige Antwort, die mir einfiel, ist die Reißfestigkeit einer Leidenschaft, die in der Entfernung geboren, mit romantischen Briefen genährt und durch einen wahren Berg von Hindernissen gefestigt wurde. Sie sind zwei ganz verschiedene Persönlichkeiten, es kam nicht selten vor, daß sie bis zur Erschöpfung stritten; einige ihrer Wortgefechte waren von solchem Ausmaß, daß sie einen Eigennamen erhielten und in den Anekdotenschatz der Familie aufgenommen wurden. Ich gebe zu, daß ich in jener Zeit nichts getan habe, um ihnen das Zusammenleben zu erleichtern; als ich begriffen hatte, daß dieser Stiefvater in unser Leben eingezogen war, um zu bleiben, hatte ich ihm innerlich einen Krieg ohne Schonung erklärt. Heute fällt es mir schwer, mich an die Zeiten zu erinnern, in denen ich grausame Möglichkeiten plante, ihn umzubringen. Seine Rolle war nicht leicht, ich weiß nicht, wie er es schaffte, diese drei Allende-Kinder aufzuziehen, die in sein Leben geraten waren. Wir nannten ihn nie Papa, denn hinter diesem Wort standen schlechte Erinnerungen, aber er gewann den Titel Onkel Ramón als Symbol für Bewunderung und Vertrauen. Heute nennen Hunderte von Menschen, auf fünf Kontinente verteilt, eingeschlossen einige Regierungsbeamte und Mitglieder der Diplomatischen Akademie in Chile, den Fünfundsiebzigjährigen Onkel Ramón, und zwar mit den gleichen Gefühlen.

Mit dem Gedanken, eine gewisse Stetigkeit in meine Erziehung zu bringen, wurde ich in eine englische Mädchenschule gesteckt, die ihre Aufgabe darin sah, den Charakter durch Erproben von Härte und Disziplin zu festigen, was mir wenig Eindruck machte, denn nicht umsonst hatte ich die *derben Spiele* heil überstanden. Das Ziel dieses Unterrichts bestand darin, daß die Schülerinnen die Bibel auswendig wußten: Deuteronomium Kapitel fünf, Vers elf, verlangte Miss Saint John, und wir mußten ihn ohne Zögern aufsagen. So lernte ich ein bißchen Englisch und bosselte bis zur Lächerlichkeit an dem stoischen Verhältnis zum Leben, dessen Grundstock mein Großvater in dem großen Haus der Zugwinde gelegt hatte. Die englische Sprache und die Resistenzfähigkeit gegen die Widrigkeiten sind mir sehr nützlich gewesen, und den größten Teil der Kunstgriffe, die ich mein eigen nenne, lehrte mich Onkel Ramón durch sein Beispiel und mit didaktischen Methoden, die die moderne Psychologie als brutal einstufen würde. Er war Generalkonsul in verschiedenen arabischen Ländern mit Sitz in Beirut, dieser glanzvollen Stadt, die sich damals als das Paris des Mittleren Ostens betrachtete, wo die Kamele und die Cadillacs der Scheichs mit den goldenen Stoßstangen den Verkehr zum Stocken brachten und die Moslemfrauen, in schwarze Mäntel gehüllt mit einem Guckloch in Höhe der Augen, Ellbogen an Ellbogen mit den dekolletierten Ausländerinnen auf dem Markt einkauften. An den

Samstagen wuschen einige Hausfrauen der nordamerikanischen Kolonie ihre Autos in Shorts und in Blusen, die einen Streifen nackten Bauch freigaben. Die arabischen Männer, die selten unverschleierte Frauen sahen, unternahmen auf ihrem Esel beschwerliche Reisen von weit entfernten Dörfern, um dem Schauspiel der halbnackten Fremden zuzusehen. Sie mieteten sich Stühle und saßen in Reihen auf der anderen Straßenseite, wo ihnen Kaffee und in Honig eingemachte Früchte serviert wurden.

Im Sommer mußten wir die feuchte Hitze eines türkischen Bades aushalten, aber meine Schule wurde nach den Regeln geführt, die einst Queen Victoria im nebligen London am Ende des vorigen Jahrhunderts aufgestellt hatte. Die Uniform war ein mittelalterliches Büßergewand aus dickem Stoff, das Bänder statt Knöpfe hatte, denn die wurden als frivol angesehen, dazu gehörten derbe, orthopädisch aussehende Schuhe und ein bis auf die Brauen herabgezogener Pfadfinderhut, der auch der Arrogantesten den Stolz brechen konnte. Das Essen stellte didaktisches Material dar, um unseren Charakter zu mäßigen: jeden Tag gab es weißen Reis ohne Salz, und zweimal die Woche tischten sie ihn verbrannt auf; Montag, Mittwoch und Freitag gab es Gemüse dazu, Dienstag Joghurt und Donnerstag gekochte Leber. Es hat mich Monate gekostet, den Brechreiz zu überwinden, der mich vor diesen grauen, in heißem Wasser schwimmenden Fleischstücken überkam, aber schließlich fand ich sie köstlich und erwartete das Donnerstagsessen jedesmal begierig. Seither bin ich imstande, jegliche Nahrung zu verdauen, inklusive englische Mahlzeiten.

Die Schülerinnen kamen aus verschiedenen Weltgegenden, und fast alle waren Interne. Shirley war das hübscheste Mädchen der Schule, selbst mit dem Uniformhut sah sie noch gut aus; sie kam aus Indien, hatte blauschwarzes Haar, schminkte sich die Augen mit einem perlmuttfarbenen Puder und ging mit der Leichtigkeit einer Gazelle, die dem Gesetz der Schwerkraft trotzte. Im Bad eingeschlossen, lehrte sie mich den Bauchtanz, der mir bis heute zu nichts nütze war, weil ich nie Schneid genug hatte, einen Mann mit dieser Schüttelei zu verführen. Eines Tages, als sie gerade fünfzehn Jahre alt geworden war, nahmen ihre Eltern sie von der Schule und holten sie zurück nach Indien, um sie mit einem fünfzigjährigen Kaufmann zu verheiraten, den sie für sie ausgesucht hatten und den sie selbst noch nie gesehen hatte. Elizabeth, meine beste Freundin, war eine Gestalt aus einem Roman: Waise, aufgewachsen als Dienstmädchen für ihre Schwestern, die ihr ihren Teil der elterlichen Erbschaft stahlen, sang wie ein Engel und machte Pläne, um nach Amerika auszureißen. Fünfunddreißig Jahre später trafen wir uns in Kanada. Sie hat sich ihre Träume von Unabhängigkeit erfüllt, leitet ein eigenes Unternehmen, besitzt ein aufwendig eingerichtetes Haus, Auto mit Telefon, vier Pelzmäntel und zwei verhätschelte Hunde, aber ihr kommen immer noch die Tränen, wenn sie sich an ihre Jugend in Beirut erinnert. Während Elizabeth Centavos sparte, um in die Neue Welt zu fliehen, und die schöne Shirley ihr Schicksal als Braut auf Bestellung erfüllte, studierten wir übrigen die Bibel und unterhielten uns flüsternd über einen gewissen Elvis Presley, den keine von uns gesehen oder singen gehört hatte, aber alle sagten, er richte Verheerungen an mit seiner Elektrogitarre und seinem Hüftschwung. Mein Bewegungsmittel war der Schulbus, ich war die erste, die er morgens einsammelte, und die letzte, die er abends entließ, er brauchte Stunden, um kreuz und quer durch die Stadt zu fahren, eine Regelung, die mir sehr zusagte, denn ich verspürte wenig Sehnsucht, nach Hause zu gehen. Auf jeden Fall kam ich ja früher oder später dort an. Oft traf ich auf Onkel Ramón, der im Unterhemd unter einem Ventilator saß, sich mit der Zeitung fächelte und Boleros hörte.

»Was haben die Nonnen dir heute beigebracht?« fragte er zur Begrüßung.

»Es sind keine Nonnen, es sind protestantische Señoritas. Wir haben über Hiob gesprochen«, antwortete ich, zwar schwitzend, aber kaltblütig und würdevoll in meiner Büßeruniform.

»Hiob? Dieser Schwachkopf, dem Gott jede Menge Unheil schickte, um ihn auf die Probe zu stellen?«

»Er war kein Schwachkopf, Onkel Ramón, er war ein herzensguter Mann, der dem Herrn niemals abtrünnig wurde trotz all seinen Leiden.«

»Findest du das in Ordnung? Gott wettet mit Satan, kasteit den armen Mann und verlangt auch noch, daß er ihn anbetet. Das ist ein grausamer, ungerechter, leichtfertiger Gott. Ein Herr, der so seine Sklaven behandelt, verdient weder Treue noch Achtung und schon gar keine Anbetung.«

Onkel Ramón, von den Jesuiten erzogen, verwandte ein kalkuliertes Pathos und eine unerbittliche Logik – die er auch in den Scharmützeln mit meiner Mutter gebrauchte – darauf, mir die Dummheit des biblischen Helden zu beweisen; sein Verhalten, keineswegs ein lobenswertes Beispiel, war ein Persönlichkeitsproblem. In weniger als zehn Minuten Redekunst machte er die tugendhaften Lehren Miss Saint Johns zunichte.

»Bist du überzeugt, daß Hiob ein Blödmann war?«

»Ja, Onkel Ramón.«

»Würdest du mir das schriftlich geben?«

»Ja.«

Der Herr Konsul durchquerte die paar Meter, die uns von seinem Büro trennten, und setzte auf Stempelpapier ein Dokument mit drei Kopien auf, das besagte, daß ich, Isabel Allende Llona, vierzehn Jahre, chilenische Staatsangehörige, bescheinigte, daß Hiob, der aus dem Alten Testament, ein Trottel war. Er ließ es mich unterschreiben, nachdem ich es aufmerksam gelesen hatte, weil man nie etwas blind unterschreiben soll, faltete die Bögen und legte sie in den Tresor des Konsulats. Dann kehrte er wieder zu seinem Stuhl unter dem Ventilator zurück und sagte mit einem tiefen Seufzer des Überdrusses zu mir:

»Schön, Tochter, jetzt werde ich dir beweisen, daß du recht hattest, Hiob war ein grundgütiger Mann Gottes. Ich werde dir die Argumente geben, die du hättest gebrauchen sollen, wenn du zu denken verstündest. Damit du Bescheid weißt, ich mache mir diese Arbeit nur, um dir das Diskutieren beizubringen, das ist einem immer nützlich im Leben.« Und dann zerlegte er seine eigene vorherige Beweisführung, um mich von dem zu überzeugen, was ich anfangs fest geglaubt hatte. Nach kurzer Zeit hatte er mich von neuem geschlagen, diesmal bis an den Rand der Tränen.

»Erkennst du an, daß Hiob das Richtige tat, als er seinem Herrn treu blieb trotz all seinem Unglück?«

»Ja, Onkel Ramón.«

»Bist du absolut sicher?«

»Ja!«

»Bist du bereit, mir ein Dokument zu unterschreiben?«

Und er verfaßte ein weiteres demütigendes Schreiben, in dem bescheinigt wurde, daß ich, Isabel Allende Llona, vierzehn Jahre alt, chilenische Staatsangehörige, mich lossagte von der vorherigen Erklärung und versicherte, daß Hiob ein gerechter Mann war. Er reichte mir seinen Halter, und als ich gerade meinen Namen an den Fuß der Seite setzen wollte, hielt er mich mit einem Schrei zurück.

»Nein! Wie oft habe ich dir schon gesagt, du sollst nicht immer gleich nachgeben? Das Wichtigste, um eine Diskussion zu gewinnen, ist festbleiben ohne zu schwanken, auch wenn du Zweifel hast und schon gar, wenn du im Irrtum bist.«

So lernte ich mich zu verteidigen, und Jahre später nahm ich in Chile an einer Redekunstdebatte zwischen meiner und der San-Ignacio-Schule teil, die von fünf Jungen mit dem Gehabe von Strafverteidigern vertreten war und von zwei jesuitischen Geistlichen, die ihnen Weisungen einbliesen. Die Jungenmannschaft erschien mit einer Wagenladung Bücher, die sie zitierten, um ihre Darlegungen zu stützen und ihre Gegner zu verschrecken. Ich hatte als einzige Stütze die Erinnerung an jene Abende im Libanon mit Hiob und Onkel Ramón. Ich verlor natürlich, aber zum Schluß feierten meine Mitschülerinnen mich begeistert, während die starken Männer von der Gegenseite sich hochmütig mit ihrem Karren voller Argumente zurückzogen.

Ich weiß nicht, wie viele Dokumente mit drei Kopien ich in meiner Jungmädchenzeit über die verschiedensten Themen unterschrieben habe, vom Nägelkauen bis zu den von der Ausrottung bedrohten Walen. Ich glaube, Onkel Ramón bewahrte einige dieser Zeugnisse jahrelang auf, wie zum Beispiel eines, auf dem ich schwöre, daß ich durch seine Schuld keine Männer kennenlernen und eine alte Jungfer bleiben werde. Das war in Bolivien, als ich elf war und vor Wut mit den Füßen trampelte, weil er mich nicht auf ein Fest gehen ließ, auf dem ich meinem angebeteten Langohr zu begegnen hoffte. Drei Jahre später, diesmal in Beirut, wurde ich zu einem anderen Fest eingeladen, das in der Botschaft der Vereinigten Staaten stattfinden sollte, und ich wollte nicht gehen, aus reiner Vorsicht, denn in diesem Alter spielten wir Mädchen die Rolle des passiven Herdenviehs, ich war also sicher, daß kein Junge, der seinen Verstand beisammen hatte, mich zum Tanzen auffordern würde, und man kann sich kaum eine schlimmere Demütigung vorstellen, als auf einem Fest *sitzenzubleiben*. Diesmal zwang mich mein Stiefvater hinzugehen, denn wenn ich meine Komplexe nicht überwand, sagte er, würde ich nie Erfolg im Leben haben. Am Nachmittag vor dem Fest schloß er das Konsulat und machte sich daran, mir das Tanzen beizubringen. Mit unbeugsamer Hartnäckigkeit zwang er mich, die Glieder im Rhythmus der Musik zu bewegen, zuerst auf eine Stuhllehne gestützt, dann mit einem Besen und schließlich mit ihm. In diesen Stunden lernte ich alles vom Charleston bis zur Samba, danach trocknete er mir die Tränen ab und nahm mich mit, ein Kleid zu kaufen. Als er mich auf das Fest entließ, gab er mir einen unvergeßlichen Rat, den ich oft in den kritischen Augenblicken meines Lebens angewandt habe: *Denk immer daran, daß die andern mehr Angst haben als du.* Er fügte noch hinzu, ich solle mich nicht einen Augenblick hinsetzen, immer neben dem Plattenspieler stehen und nichts essen, denn die Jungen brauchen viel Mut, um den Saal zu durchqueren und auf ein Mädchen zuzugehen, das sich wie eine Fregatte auf einem Stuhl verankert hat, noch dazu mit einem Tortenteller in der Hand. Außerdem sind die wenigen Jungen, die tanzen können, auch diejenigen, die sich um die Musik kümmern, deshalb ist es klug, in der Nähe der Schallplatten zu bleiben.

Am Eingang der Botschaft, einer Zementfestung im schlimmsten Stil der fünfziger Jahre, gab es einen Käfig mit abstoßenden schwarzen Vögeln, die englisch mit jamaikanischem Akzent sprachen. Die Frau des Botschafters empfing uns – als Admiral gekleidet und mit einer um den Hals hängenden Pfeife, um den Gästen Anweisungen zu geben – und führte uns in einen riesigen Saal, in dem eine Menge junger Leute herumstanden, groß und häßlich und mit Pickeln im Gesicht, die Kaugummi kauten, Pommes frites aßen und Coca-Cola tranken. Die Jungen trugen karierte Jacken und Fliegen, die Mädchen weite Röcke und fusselige Angorapullover, die beneidenswerte Vorsprünge offenbarten. Ich hatte nichts, das man in einen Büstenhalter hätte stecken können. Alle waren in Strümpfen. Ich fühlte mich völlig fremd, mein Kleid war eine Vogelscheuche aus Taft und Samt, und im übrigen kannte ich niemanden. Niedergeschmettert beschäftigte ich mich damit, die schwarzen Vögel mit Kuchenkrümeln zu füttern, bis ich mich auf Onkel Ramóns Anweisungen besann, zitternd die Schuhe auszog und mich dem Plattenspieler näherte. Plötzlich sah ich, wie sich eine männliche Hand nach mir ausstreckte, und ohne an ein solches Glück glauben zu können, tanzte ich auch schon zu einer süßlichen Melodie mit einem Jungen, der Zahnspangen trug und Plattfüße hatte und nicht halb soviel Anmut besaß wie mein Stiefvater. Man tanzte Wange an Wange – *cheek-to-cheek* nannte man das glaube ich –, aber für mich war das eine nicht zu erbringende Leistung, denn mein Gesicht reicht im allgemeinen bis zum Brustbein eines normalen Mannes, und auf diesem Fest, wo ich knapp vierzehn war und dazu ohne Schuhe, gelangte es nur bis an den Bauchnabel meines Tänzers.

Auf diesen Schlager folgte eine ganze Platte Rock 'n' Roll, von dem Onkel Ramón noch nicht einmal reden gehört hatte, aber es genügte, die andern ein paar Minuten zu beobachten und das am Tag zuvor Gelernte umzusetzen. Endlich einmal waren mein spärlicher Wuchs und meine lockeren Gelenke zu etwas gut, ohne die geringste Schwierigkeit warfen meine Tänzer mich bis zur Decke, gaben mir in der Luft eine akrobatische Drehung und fingen mich kurz vorm Fußboden auf, just bevor ich mir das Genick brach. Ich fand mich ornamentale Saltos drehend, hochgehoben, geschleift, geprügelt und geschüttelt von verschiedenen Jungen, die sich inzwischen von ihren karierten Jacken und ihren Fliegen getrennt hatten. Ich kann mich nicht beklagen, in dieser Nacht mußte ich nicht *sitzenbleiben*, wie ich so sehr gefürchtet hatte, sondern ich tanzte, bis ich Blasen an den Füßen hatte und so die Sicherheit gewann, daß Männer kennenzulernen letztlich nicht sehr schwer ist und daß ich gewiß keine alte Jungfer bleiben würde, aber ich unterschrieb diesbezüglich kein neues Dokument. Nachgeben und nachgeben ist zweierlei.

Onkel Ramón besaß einen in drei Teile zerlegbaren Schrank, den er auf seinen Reisen mitnahm und in dem er unter Verschluß seine Kleidung und seine Schätze aufbewahrte: eine Sammlung erotischer Zeitschriften, Zigarettenstangen, Schokoladenpackungen und Alkoholika. Mein Bruder Juan entdeckte den Trick, ihn mit einem spiralig gebogenen Draht zu öffnen, und so wurden wir zu sachkundigen Dieben. Wenn wir einige wenige Bonbons oder Zigaretten genommen hätten, würde er es gemerkt haben, aber wir sammelten aus einer Packung eine ganze Schicht Pralinen ab und verschlossen sie wieder so tadellos, daß sie aussah wie unangebrochen, und Zigaretten stahlen wir in ganzen Stangen, nie einzeln oder in Schachteln. Onkel Ramón hatte den ersten Verdacht in La Paz. Er rief uns einzeln zu sich und versuchte uns zu einem Geständnis oder zum Preisgeben des Schuldigen zu bewegen, aber ihm nützten weder süße Worte noch Strafen, die Untat zuzugeben fanden wir einfach dumm, und ein Verrat unter Geschwistern war nach unserem Moralkodex unverzeihlich. Eines Freitagnachmittags, als wir aus der Schule kamen, trafen wir Onkel Ramón und einen unbekannten Mann an, die im Wohnzimmer auf uns warteten.

»Ich habe den Mangel an Anstand satt, der in dieser Familie herrscht, ich kann ja wohl wenigstens verlangen, daß man mich nicht in meinem eigenen Hause bestiehlt. Dieser Herr ist ein Polizeidetektiv. Er wird von euch dreien die Fingerabdrücke nehmen, sie mit denen in meinem Schrank vergleichen, und dann werden wir wissen, wer der Dieb ist. Dies ist die letzte Möglichkeit, die Wahrheit zu gestehen...«

Bleich vor Schreck blickten meine Brüder und ich zu Boden und bissen die Zähne zusammen.

»Wißt ihr, was den Verbrechern passiert? Sie verfaulen im Gefängnis«, fügte Onkel Ramón hinzu.

Der Detektiv zog eine Blechschachtel aus der Tasche. Als er sie öffnete, sahen wir, daß sie ein mit schwarzer Tinte getränktes kleines Kissen enthielt. Langsam und mit viel Getue ging er daran, unsere Finger einen nach dem andern erst darauf und dann auf einen Bogen dünnen Karton zu drücken.

»Keine Sorge, Herr Konsul, am Montag haben Sie die Ergebnisse meiner Untersuchung«, damit verabschiedete sich der Mann.

Samstag und Sonntag waren Tage moralischer Folter für uns, wir versteckten uns im Bad und in den verborgensten Winkeln des Gartens und stellten flüsternd Betrachtungen über unsere tiefschwarze Zukunft an. Keiner war frei von Schuld, alle würden wir in einem unterirdischen Kerker schmachten müssen, wo sie uns schmutziges Wasser und Stücke trockenes Brot zu essen geben würden wie dem Grafen von Monte Christo. Am folgenden Montag zitierte der unglaubliche Onkel Ramón uns in sein Arbeitszimmer.

»Ich weiß genau, wer der Räuber ist«, verkündete er und ließ seine dichten satanischen Brauen tanzen. »Trotzdem, aus Rücksicht auf seine Mutter, die sich für ihn verwendet hat, will ich ihn diesmal noch nicht verhaften lassen. Der Verbrecher weiß, daß ich weiß, wer er ist. Das bleibt unter uns beiden. Ich warne ihn, daß ich beim nächsten Mal nicht so großzügig sein werde, haben wir uns verstanden?«

Wir stolperten hinaus, dankbar und erlöst, und konnten an so viel Edelmut kaum glauben. Lange Zeit haben wir nichts mehr gestohlen, aber etwa zwei Jahre später, als wir schon in Beirut waren, überdachte ich die Angelegenheit nochmal genauer, und mir kam der Verdacht, daß der vermeintliche Detektiv ein Fahrer der Botschaft gewesen sein könnte, Onkel Ramón war durchaus imstande, uns einen derartigen Streich zu spielen. Ich benutzte einen anderen gebogenen Draht und öffnete den Schrank von neuem, und diesmal fand ich außer den vorhergesehenen Schätzen vier in rotes Leder gebundene Bände: *Geschichten aus tausendundeiner Nacht*. Ich folgerte, daß es zweifellos einen Grund geben mußte, weswegen diese Bücher unter Verschluß waren, deshalb interessierten sie mich viel mehr als die Pralinen, die Zigaretten oder die Frauen mit Strapsen in den erotischen Zeitschriften. In den folgenden drei Jahren las ich sie im Schrank im Licht meiner alten Taschenlampe, wenn Onkel Ramón und meine Mutter zu Cocktails oder Abendessen gingen. Obwohl Diplomaten pflichtgemäß einem regen gesellschaftlichen Leben ausgesetzt sind, reichte mir nie die Zeit, diese märchenhaften Geschichten zu Ende zu lesen. Wenn ich die beiden kommen hörte, mußte ich in aller Eile den Schrank abschließen, in mein Bett sausen und mich schlafend stellen. Ich konnte unmöglich Lesezeichen zwischen den Seiten lassen, ich konnte mich aber auch nicht erinnern, wo ich letztes Mal stehengeblieben war, und da ich außerdem Teile übersprang auf der Suche nach den anrüchigen Stellen, gerieten mir die Personen durcheinander, verhedderten sich die Abenteuer, und so schuf ich unzählige Fassungen der Geschichten in einer Orgie von exotischen Wörtern, Erotik und Phantasie. Der Kontrast zwischen dem Puritanertum der Schule, die die Arbeit verherrlichte und weder die grundlegenden Bedürfnisse des Körpers noch den Blitzstrahl der Einbildungskraft anerkannte, und dem schöpferischen Müßiggang und der überwältigenden Sinnlichkeit dieser Bücher hat mich endgültig geprägt. Jahrzehnte hindurch schwankte ich zwischen diesen beiden Richtungen, innerlich gespalten und in einem Meer verworrener Begehren und Sünden verloren, bis ich mich endlich in der Hitze

Venezuelas, als nur noch wenig fehlte bis zu meinem vierzigsten Geburtstag, freimachen konnte von den strengen Geboten Miss Saint Johns. So wie ich die schönsten Bücher meiner Kinderzeit versteckt im Keller von Tatas Haus verschlungen hatte, so las ich heimlich *Tausendundeine Nacht* mitten in der Pubertät, als Körper und Geist zu den Geheimnissen des Geschlechts erwachten. Dort im Schrank verlor ich mich in zauberhaften Märchen von Prinzen, die sich auf fliegenden Teppichen fortbewegten, von Geistern, die in Öllampen eingeschlossen waren, von sympathischen Räubern, die sich als alte Frauen verkleidet in den Harem des Sultans einschlichen, um unermüdlich mit den Frauen ihre Spiele zu treiben, den verbotenen Frauen mit den Haaren schwarz wie die Nacht, den ausladenden Hüften und den Brüsten wie Äpfel, nach Moschus duftend und sanft und immer zur Lust bereit. Auf diesen Seiten hatten die Liebe, das Leben und der Tod spielerischen Charakter; die Beschreibungen von Mahlzeiten, Landschaften, Palästen, Märkten, Gerüchen, Geschmäcken und Stoffen waren von solchem Reichtum, daß für mich die Welt niemals wieder dieselbe wurde.

Ich habe geträumt, du warst zwölf Jahre alt, Paula. Du hattest einen karierten Mantel an, trugst das Haar zur Hälfte in einem Pferdeschwanz, der mit einem weißen Band gehalten wurde, das übrige Haar fiel dir locker auf die Schultern. Du standest mitten in einem leeren Turm, der war wie ein Silo, in dem man Getreide aufbewahrt, und Hunderte Tauben umflogen dich. Die Stimme der Memé sagte zu mir: *Paula ist gestorben.* Ich rannte, um dich am Mantelgürtel festzuhalten, aber du begannst dich vom Boden zu heben, mich mitziehend, und wir schwebten frei, in Kreisen aufwärtssteigend; ich gehe mit dir, halt mich, Tochter, flehte ich. Abermals hallte die Stimme meiner

Großmutter in dem Turm wider: *Niemand kann mit ihr gehen, sie hat die Arznei des Todes getrunken*. Wir stiegen und stiegen, du beflügelt und ich entschlossen, dich zurückzuhalten, nichts sollte mich von dir trennen. Über uns gab es eine kleine Öffnung, durch die man einen blauen Himmel mit einer weißen, vollkommenen Wolke sah, wie ein Gemälde von Magritte, und da begriff ich entsetzt, daß du hindurchkonntest, aber für mich war dieses Fensterchen zu eng. Ich versuchte dich am Kleid festzuhalten, ich rief dich, und meine Stimme versagte. Vage lächelnd entflohst du und winktest mir zum Abschied mit der Hand. Einige kostbare Augenblicke konnte ich sehen, wie du dich immer höher hinauf entferntest, dann sank ich im Turm hinab in einem Wirbel flügelschlagender Tauben.

Deinen Namen schreiend, erwachte ich, und ich brauchte einige Minuten, um mich zu erinnern, daß ich in Madrid war, und das Hotelzimmer zu erkennen. Ich zog mich hastig an, ließ meiner Mutter keine Zeit, mich aufzuhalten, und rannte zum Krankenhaus. Unterwegs erwischte ich ein Taxi, und kurz darauf klopfte ich wild an die Tür zur Intensivstation. Eine Schwester versicherte mir, daß dir nichts geschehen sei, alles sei wie immer, aber ich bettelte so sehr und sah so verängstigt aus, daß sie mir erlaubte, dich für einen Augenblick zu sehen. Ich stellte fest, daß das Gerät dir nach wie vor Luft in die Lungen blies und daß du nicht kalt warst, ich küßte dich auf die Stirn und ging hinaus, um die Morgendämmerung zu erwarten. Es heißt, die Träume lügen nicht. Mit dem ersten Frühlicht kam meine Mutter. Sie brachte eine Thermosflasche mit frisch gebrühtem Kaffee mit und ein paar noch warme Aniskringel, die sie unterwegs gekauft hatte.

»Beruhige dich, das ist kein schlechtes Vorzeichen, das hat mit Paula nichts zu tun. Du selbst warst alle Personen des Traums«, erklärte sie mir. »Du warst das zwölfjährige Kind, das noch frei fliegen kann. In dem Alter endete deine

Unschuld, das Kind, das du gewesen warst, starb, du nahmst die Arznei des Todes, die wir Frauen alle früher oder später trinken. Hast du bemerkt, daß in der Pubertät unsere Amazonen-Energie schwindet, die uns von der Wiege an begleitet hat, und wir uns in kastrierte Geschöpfe voller Zweifel verwandeln? Die Frau, die in dem Silo gefangen bleibt, warst auch du, gefangen in den Beschränkungen des Erwachsenenlebens. Die weibliche Natur ist ein Unglück, Tochter, es ist, als wären uns Steine an die Knöchel gebunden, wir können nicht fliegen.«

»Und was bedeuten die Tauben, Mama?«

»Den aufgescheuchten Geist, nehme ich an...«

Jede Nacht erwarten mich die Träume, sie kauern unter dem Bett mit ihrer Fracht von Schreckensvisionen, Glockentürmen, Blut, Totenklagen, aber auch mit einer immer frischen Ernte verstohlener und glücklicher Bilder. Ich habe zwei Leben, ein waches und ein schlafendes. In der Welt der Träume gibt es Landschaften und Personen, die ich bereits kenne, dort erforsche ich Höllen und Paradiese, fliege durch den schwarzen Himmel des Universums und steige hinab auf den Grund des Meeres, wo das grüne Schweigen herrscht, ich begegne Dutzenden von Kindern aus allen Schichten, auch unmöglichen Tieren und den zarten Geistern der am meisten geliebten Toten. Im Lauf der Jahre habe ich gelernt, den Code zu entziffern und die Schlüssel zu den Träumen zu erkennen, heute sind die Botschaften viel deutlicher und helfen mir, die geheimnisvollen Zonen des Alltagsdaseins und des Schreibens zu erhellen.

Kehren wir zurück zu Hiob, an den ich in diesen Tagen viel gedacht habe. Mir kommt der Gedanke, daß deine Krankheit eine Prüfung ist wie diejenigen, die jener Unglückliche ertragen mußte. Es steckt viel Hochmut darin, mir einzubilden, du liegst in diesem Bett, damit wir, die auf dem Korridor der verlorenen Schritte warten, ein paar

Lektionen lernen, aber die Wahrheit ist, daß ich es bisweilen glaube. Was willst du uns lehren, Paula? Ich habe mich in diesen endlosen Wochen sehr verändert, wir alle, die wir diese Erfahrung durchleben, haben uns verändert, vor allem Ernesto, der um ein Jahrhundert gealtert scheint. Wie kann ich ihn trösten, wenn ich selber verzweifelt bin?

Ich frage mich, ob ich je wieder von Herzen lachen, eine Sache anpacken, mit Vergnügen essen oder Romane schreiben kann. »Natürlich wirst du das, bald wirst du mit deiner Tochter feiern und dich nicht mehr an diesen Albtraum erinnern«, verspricht mir meine Mutter, gestützt auf den Spezialisten für Porphyrie, der versichert, wenn die Krise erst einmal überstanden ist, werden die Patienten wieder völlig gesund, aber ich habe ein schlechtes Vorgefühl, Tochter, ich kann es nicht leugnen, das dauert nun schon zu lange, und ich sehe nicht, daß es dir besser geht, mir scheint eher, du siehst schlechter aus. Deine Großmutter gibt sich nicht geschlagen, sie hält an ihren Gewohnheiten fest, liest gern die Zeitung und geht sogar Einkäufe machen. »Das einzige, dem ich im Leben nachtrauere, ist das, was ich nicht gekauft habe«, sagt diese Sünderin. Wir sind schon eine lange Zeit hier, ich möchte nach Hause. Madrid birgt schlechte Erinnerungen für mich, hier habe ich unter Liebeskummer gelitten, den ich gern vergessen möchte, aber in diesem deinem Unglück habe ich mich mit der Stadt und ihren Einwohnern versöhnt, ich habe gelernt, mich durch ihre breiten herrschaftlichen Alleen und durch die krummen Gäßchen der Altstadt zu bewegen, ich habe die spanische Sitte akzeptiert, unentwegt zu rauchen und Kaffee und Alkohol zu trinken, sich im Morgengrauen schlafen zu legen, verheerende Mengen Fett zu verdauen, nichts zu tun, um sich fit zu halten, und über Cholesterin Witze zu reißen. Dennoch leben die Leute hier genau wie die Kalifornier, nur viel zufriedener. Bisweilen essen wir in einem einfachen Restaurant hier im Viertel, immer in demselben, weil meine Mutter sich in den Gastwirt verliebt hat, sie mag häßliche Männer, und dieser könnte einen Wettbewerb gewinnen: obenherum ist er massig, bucklig mit langen Armen wie ein Orang-Utan und untenherum ein Zwerg mit dünnen Puppenbeinen. Sie verfolgt ihn mit hingerissenen Blicken, beobachtet ihn oft mit offenem Mund, den Löffel in der Luft. Siebzig Jahre lang hat sie den Ruf der verwöhnten Frau kultiviert, wir haben uns daran gewöhnt, ihr starke Gemütsbewegungen fernzuhalten, weil wir annehmen, sie könnte sie nicht ertragen, aber in unserer jetzigen Situation hat sich gezeigt, daß sie den Charakter eines Kampfstiers hat.

Am Kosmos und am Lauf der Geschichte gemessen, sind wir unbedeutend, nach unserem Tode geht alles weiter seinen Gang, als hätten wir nie existiert, aber angesichts unseres heiklen Menschseins bist du, Paula, für mich wichtiger als mein eigenes Leben und als die Summe fast aller fremden Leben. Jeden Tag sterben Hunderttausende Menschen und noch mehr werden geboren, dennoch bist allein du geboren, kannst allein du sterben. Deine Großmutter betet für dich zu ihrem Christengott, und ich bete manchmal zu einer heidnischen lächelnden Göttin, die Schätze austeilt, einer Göttin, die keine Strafen, sondern nur Verzeihen kennt, und ich spreche zu ihr in der Hoffnung, daß sie mich hört aus der Tiefe der Zeiten und dir hilft. Weder deine Großmutter noch ich haben eine Antwort bekommen, wir sind verloren in diesem abgrundtiefen Schweigen. Ich denke an meine Urgroßmutter, an meine seherische Großmutter, an meine Mutter, an dich und an meine Enkelin, deine Nichte, die im Mai geboren wird, eine feste weibliche Kette, die zurückreicht bis zur ersten Frau, der Urmutter. Ich muß diese nährenden Kräfte zu deiner Rettung aufbieten. Ich weiß nicht, wie ich dich erreichen soll, ich rufe dich, doch du hörst mich nicht, deshalb schreibe ich dir. Der Gedanke, diese Seiten zu füllen, kam nicht von

mir, wochenlang fehlte mir jeder Unternehmungsgeist.
Kaum hatte meine Agentin von deiner Krankheit gehört,
kam sie mir zu helfen. Als erstes schleppte sie meine Mutter und mich in ein Wirtshaus, wo sie uns zu einem gebrate-
nen Spanferkel und einer Flasche Rioja verführte, die uns
schwer im Magen lagen, aber auch das Gute hatten, daß sie
uns zum Lachen brachten, später überraschte sie uns im
Hotel mit Dutzenden roter Rosen, Nougat aus Alicante
und einer obszön aussehenden Hartwurst – dieselbe, die
uns noch immer die Linsensuppe würzt – und legte mir
einen Block liniertes gelbes Schreibpapier auf die Knie.

»Nimm's, schreib und erleichtere dich, wenn du's nicht
tust, stirbst du vor Angst, mein Armes.«

»Ich kann nicht, Carmen, in mir ist irgend etwas kaputt
gegangen, vielleicht werde ich nie wieder schreiben.«

»Schreib einen Brief an Paula... Es wird ihr helfen,
wenn sie erfährt, was in der Zeit passiert ist, während sie
schlief.«

Und so vertreibe ich mir die Zeit in den leeren Stunden
dieses Albtraums.

Wirst du wissen, daß ich deine Mutter bin, wenn du aufwachst, Paula? Die Familie und die Freunde versagen nicht, nachmittags kommen so viele Besucher, daß wir aussehen wie ein Indianerstamm, einige kommen von sehr weit her, verbringen hier ein paar Tage und kehren dann in ihr normales Leben zurück, auch dein Vater, der ein halbfertiges Haus in Chile stehen hat und zurück muß. In diesen Wochen, in denen wir im Korridor der verlorenen Schritte den Schmerz geteilt haben, habe ich mich wieder an die guten Augenblicke unserer Jugend erinnert, die kleinen Feindseligkeiten sind ausgelöscht, und ich habe gelernt, Michael als einen treuen alten Freund zu schätzen, ich empfinde für ihn Achtung ohne Getue, ich kann mir kaum noch vorstellen, daß wir einmal miteinander geschlafen haben oder daß ich ihn am Ende unserer Beziehung regelrecht haßte. Zwei Freundinnen und mein Bruder Juan kamen aus den Vereinigten Staaten, Onkel Ramón aus Chile und Ernestos Vater direkt aus dem Amazonasdschungel. Nicolás kann nicht kommen, sein Visum erlaubt ihm nicht, nachher wieder in die Vereinigten Staaten einzureisen, außerdem möchte er auch Celia und den Kleinen nicht alleinlassen, es ist besser so, mir ist lieber, dein Bruder sieht dich nicht in diesem Zustand. Und auch Willie kommt, er fährt alle zwei, drei Wochen um die halbe Welt, damit wir einen Sonntag miteinander verbringen und uns lieben, als wäre es das letzte Mal. Ich werde ihn am Flughafen erwarten, um nicht eine Minute mit ihm zu verlieren; ich sehe ihn kommen, er zieht den Karren mit seinem Gepäck, einen Kopf größer als alle anderen, seine blauen Augen suchen mich eifrig, dann sein strahlendes Lächeln, wenn er mich unten entdeckt, wir laufen aufeinander zu, und ich spüre seine feste Umarmung, die mich vom Boden hebt, den Geruch seiner Lederjacke, die Rauheit seines Zwanzigstundenbartes und seine Lippen, die sich auf meine pressen, und danach die Fahrt im Taxi, ich in seinen Arm gekauert, seine langfingrigen Hände, die mich wiedererkennen, und seine Stimme in meinem Ohr, die auf englisch murmelt: mein Gott, wie habe ich dich vermißt, wie bist du dünn geworden, was sind das für Knochen, und plötzlich erinnert er sich, weshalb wir getrennt sind, und mit einer anderen Stimme fragt er mich nach dir, Paula. Wir sind über vier Jahre zusammen, und noch immer fühle ich für ihn dieselbe unerklärliche Alchimie des ersten Tages, eine mächtige Anziehung, die inzwischen mit anderen Gefühlen gefärbt ist, die aber nach wie vor der Urstoff unserer Verbindung ist. Ich weiß nicht, worin sie besteht noch wie ich sie definieren soll, weil sie nicht nur sexuell ist, wie ich anfangs glaubte. Er behauptet, wir sind zwei von derselben Sorte Energie angetriebene Kämpfer, vereint haben wir die Kraft eines fahrenden Eisenbahnzuges, wir können jedes Ziel erreichen, gemeinsam sind wir unbesiegbar, sagt er. Beide vertrauen wir darauf, daß der eine dem anderen den Rücken deckt, ihn nicht betrügt, nicht belügt, in Augenblicken der Schwäche stützt, ihm hilft, das Ruder wieder geradezurichten, wenn er die Richtung verloren hat. Ich glaube, es gibt auch eine spirituelle Komponente, wenn ich an Seelenwanderung glaubte, würde ich denken, daß es unser Karma ist, uns in jedem Leben zu begegnen und zu lieben, aber davon will ich jetzt nicht reden, Paula, weil ich dich damit nur verwirre. Bei unseren hastig-leidenschaftlichen Begegnungen mischen sich Begehren und Trauer, ich klammere mich an seinen Körper und suche Lust und Trost, zwei Dinge, die dieser geprüfte Mann zu geben versteht, aber dein Bild, Tochter, in tödlichen Schlaf versunken, schiebt sich zwischen uns, und die Küsse werden zu Eis.

»Paula wird lange Zeit nicht mit ihrem Mann zusam-

mensein, vielleicht nie wieder. Ernesto ist noch keine dreißig, und seine Frau kann für den Rest ihrer Tage invalide
bleiben ... Warum mußte es sie treffen und nicht mich, die
im Überfluß gelebt und geliebt hat?«

»Denk nicht an so etwas. Es gibt viele Arten zu lieben«,
sagt Willie.

Das ist richtig, die Liebe hat unerwartete Auswege. In
den wenigen Minuten, die ihr beisammensein könnt, küßt
und umarmt Ernesto dich trotz der Unzahl von Schläu-
chen, die dich umzingeln. »Wach auf, Paula, ich warte auf
dich, ich vermisse dich, ich muß deine Stimme hören, ich
bin so voller Liebe, daß ich fast zerspringe, bitte komm
zurück, ich flehe dich an.« Ich stelle ihn mir in den Nächten vor, wenn er in seine leere Wohnung zurückkehrt und
sich in das Bett legt, in dem er mit dir geschlafen hat und
das noch den Abdruck deiner Schultern und Hüften bewahrt. Er muß dich neben sich fühlen, dein freimütiges
Lächeln, deine Haut, wenn er dich liebkoste, das in Ein-
tracht geteilte Schweigen, die mit halber Stimme gemurmelten Geheimnisse Liebender. Er erinnert sich an die
Abende, an denen ihr tanzen gingt, bis ihr trunken wart
von Musik, und so gewohnt war jeder an die Schritte des
anderen, daß es aussah, als wärt ihr ein einziger Körper.
Du bewegst dich geschmeidig, dein langes offenes Haar
umweht euch beide im Takt der Musik, deine schlanken
Arme um seinen Hals, dein Mund an seinem Ohr. Ach,
deine Anmut, Paula! Dein sanfter Liebreiz, deine unver-
mutete Kraft, deine strenge geistige Disziplin, deine Großzügigkeit, deine spontane Zärtlichkeit. Er vermißt deine
Scherze, dein Lachen, deine komischen Tränen im Kino
und dein echtes Weinen, wenn fremdes Leiden dich bewegte. Er erinnert sich daran, wie du dich in Amsterdam
verstecktest und er wie von Sinnen über den Markt rannte
und deinen Namen schrie vor den verblüfften Blicken der
Käsehändler. Er schreckt schweißgebadet aus dem Schlaf,

setzt sich im Dunkeln im Bett auf, versucht zu beten, sich
auf seinen Atem zu konzentrieren, um sich zu beruhigen,
wie er es beim Aikido gelernt hat. Vielleicht geht er hinaus
auf den Balkon und schaut in die Sterne am Himmel von
Madrid und sagt sich immer wieder, daß er nicht die Hoffnung verlieren darf, alles wird gut werden, bald wirst du
wieder an seiner Seite sein. Er fühlt das Blut, das ihm in die
Schläfen strömt, durch die Adern pulst, er spürt die Hitze
in der Brust, glaubt zu ersticken, er zieht eine Hose über
und stürzt hinaus, um durch die leeren Straßen zu laufen,
aber nichts kann die Ruhelosigkeit der unerfüllten Sehnsucht besänftigen.

Eure Liebe ist noch ganz jung, sie ist die erste Seite in
einem leeren Heft. »Ernesto ist eine erfahrene Seele,
Mama«, hast du einmal zu mir gesagt, »aber er hat die Unschuld nicht verloren, er ist ohne weiteres imstande zu
spielen, zu staunen, mich zu lieben und zu akzeptieren,
ohne Werturteil, wie die Kinder lieben; seit wir zusammen
sind, hat sich etwas in mir geöffnet, ich habe mich verändert, ich sehe die Welt auf andere Art, und ich liebe mich
selbst auch mehr, weil ich mich durch seine Augen sehe.«
Ernesto wiederum hat mir in den Augenblicken größter
Angst gestanden, er habe sich dieses tiefinnere Entzücken
nie träumen lassen, das er empfindet, wenn er dich umarmt, du bist seine vollkommene Ergänzung, er liebt und
begehrt dich bis an die Grenzen des Schmerzes, er trauert
um jede Stunde, die ihr getrennt wart. »Wie sollte ich wissen, daß wir so wenig Zeit haben würden?« hat er mich
zitternd gefragt. »Ich träume von ihr, Isabel, ich träume
unaufhörlich, bei ihr zu liegen und sie zu lieben bis zur
Bewußtlosigkeit, ich kann dir die Bilder nicht erklären, die
mich bestürmen, die nur sie und ich kennen, daß sie nicht
bei mir ist, das ist ein Feuer, das mich verbrennt, ich höre
nicht eine Sekunde auf, an sie zu denken, ihr Bild ver-
läßt mich nie, Paula ist die einzige Frau für mich, meine

erträumte und gefundene Gefährtin.« Wie sonderbar das Leben ist, Tochter! Bis vor kurzem war ich für Ernesto eine fernstehende, etwas formelle Schwiegermutter, heute sind wir Vertraute, enge Freunde.

Das Krankenhaus ist ein riesiger Bau, von Korridoren durchzogen, in denen nie Nacht ist und nie die Temperatur wechselt, der Tag hat sich in den Lampen festgesetzt und der Sommer in den Öfen. Der ewiggleiche Klinikalltag wiederholt sich mit peinigender Präzision; dies ist das Reich der Schmerzen, hierher kommt man, um zu leiden, so verstehen wir es alle. Das Elend der Krankheit macht uns alle gleich, es gibt weder Reiche noch Arme, beim Überschreiten dieser Schwelle lösen die Privilegien sich in Rauch auf, und wir werden demütig.

Mein Freund Ildemaro kam mit dem ersten Flug, den er in Caracas während eines endlosen Pilotenstreiks ergattern konnte, und blieb eine Woche bei mir. Über zehn Jahre ist dieser gebildete, sanfte Mann mir ein Bruder und geistiger Mentor gewesen und mein Weggefährte in den Zeiten, in denen ich mich als vertrieben betrachtete. Als ich ihn umarmte, überkam mich eine ganz unsinnige Gewißheit, ich dachte plötzlich, du würdest auf seine Gegenwart reagieren, du würdest aufwachen, wenn du seine Stimme hörst. Er machte seinen Rang als Arzt geltend, um die Spezialisten zu befragen, Gutachten, Analysen und Röntgenaufnahmen einzusehen, und er untersuchte dich von Kopf bis Fuß mit der Sorgfalt, die ihn auszeichnet, und mit der behutsamen Zärtlichkeit, die er für dich empfindet. Zum Schluß nahm er mich bei der Hand und führte mich hinaus zu einem Spaziergang durch die Umgebung des Krankenhauses. Es war sehr kalt.

»Was meinst du, wie geht es Paula?«

»Sehr schlecht.«

»So ist die Porphyrie. Sie haben mir versichert, daß sie wieder ganz gesund wird.«

»Ich liebe dich zu sehr, um dich zu belügen, Isabel.«

»Dann sag mir, was du denkst. Glaubst du, sie kann sterben?«

»Ja«, antwortete er nach einer langen Pause.

»Kann sie lange im Koma bleiben?«

»Ich hoffe, nicht, aber auch das ist möglich.«

»Und wenn sie nicht mehr aufwacht, Ildemaro . . . ?«

Wir standen schweigend im Regen.

Ich bemühe mich, nicht in Sentimentalität zu verfallen, vor der du solch ein Grausen hast, Tochter, aber du wirst Nachsicht mit mir haben müssen, wenn ich plötzlich durchdrehe. Werde ich vielleicht verrückt? Ich weiß nicht, welchen Tag wir haben, mich interessieren keine Zeitungsnachrichten mehr, die Stunden schleppen sich hin in ewigem Warten. Der Augenblick, in dem ich dich sehen darf, ist sehr kurz, aber die Zeit im Warten darauf zerrinnt mir nutzlos. Zweimal am Tage öffnet sich die Tür zur Intensivstation, und die diensttuende Schwester ruft den Namen des Patienten. Wenn sie Paula sagt, trete ich zitternd ein, ich habe mich noch immer nicht daran gewöhnen können, dich stets nur schlafend zu sehen, nicht gewöhnen können an das Surren des Atemgeräts, an die Schläuche und Kanülen, an deine verbundenen Füße und an die von blauen Flecken übersäten Arme. Während ich zu deinem Bett haste durch den weißen Korridor, der sich endlos hinzieht, bitte ich die Memé, die Granny, den Tata und viele andere befreundete Geister um Hilfe, ich bete, daß es dir besser geht, daß du kein Fieber hast und kein Herzflattern, daß du ruhig atmest und dein Blutdruck normal ist. Ich begrüße die Schwestern und Don Manuel, dem es von Tag zu Tag schlechter geht, er spricht kaum noch. Ich beuge mich über dich, und manchmal drücke ich dabei auf einen Schlauch und löse Alarm aus, ich untersuche dich von Kopf bis Fuß, beobachte die Zahlen und Linien auf den Bildschirmen und lese die Aufzeichnungen in dem Krankenbericht, der aufgeschlagen auf dem Tischchen am Fußende deines Bettes liegt – unnütze Mühe, denn ich verstehe nichts davon, aber durch dieses kurze Ritual der Verzweiflung gehörst du mir wieder wie damals, als du ein Säugling warst und völlig von mir abhängig. Ich lege meine Hände auf deinen Kopf und deine Brust und versuche dir Gesundheit und Energie zu übertragen; ich stelle dich mir in einer Kristallpyramide vor, abgesondert von der Krankheit und in einem magischen Raum, in dem du gesunden kannst. Ich rufe dich bei den Kosenamen, die ich dir gab, und sage dir tausendmal, daß ich dich liebe, Paula, ich liebe dich, und ich wiederhole es immer wieder, bis mir jemand auf die Schulter tippt und mitteilt, daß die Besuchszeit vorüber ist. Ich gebe dir einen letzten Kuß und gehe langsam zum Ausgang. Draußen wartet meine Mutter. Ich mache ihr ein optimistisches Zeichen mit hochgerecktem Daumen, und wir beide versuchen ein Lächeln. Manchmal schaffen wir es nicht.

Ruhe, ich suche Ruhe. Die Geräusche im Krankenhaus und der Verkehrslärm in der Stadt sitzen mir in den Knochen, ich habe Sehnsucht nach der Stille der Natur, dem Frieden meines Hauses in Kalifornien. Der einzige geräuschlose Ort im Krankenhaus ist die Kapelle, dort suche ich Zuflucht, um zu denken, zu lesen und dir zu schreiben. Ich begleite meine Mutter zur Messe, wo wir meistens die einzigen sind, der Priester hält sie nur für uns. Über dem Altar hängend, vor einem Hintergrund von schwarzem Marmor blutet ein Christus, von Dornen gekrönt, und ich kann diesen armen gemarterten Leib nicht ansehen. Ich kenne die Liturgie nicht, aber nachdem ich die rituellen Worte so oft gehört habe, ergreift mich die Kraft des Mythos: Brot und Wein, Frucht der Erde und der Arbeit des

Menschen, verwandelt in Leib und Blut Christi. Die Kapelle liegt hinter der Intensivstation, um hinzugelangen, müssen wir ganz um das Gebäude herumgehen; ich habe ausgerechnet, daß dein Bett genau auf der anderen Seite der Wand steht, und ich kann meine Gedanken in gerader Linie auf dich richten. Meine Mutter beteuert, daß du nicht sterben wirst, Paula. Sie verhandelt die Sache direkt mit dem Himmel, sie sagt ihm, du hast im Dienst an andern Menschen gelebt und kannst in dieser Welt noch viel Gutes tun, dein Tod wäre ein widersinniger Verlust. Der Glaube ist ein Geschenk, Gott sieht dir in die Augen und sagt deinen Namen, so erwählt er dich, aber auf mich hat er mit dem Finger gezeigt, um mich mit Zweifeln zu füllen. Die begannen in meinem siebenten Lebensjahr, am Tag meiner Erstkommunion, als ich durch das Kirchenschiff schritt, ganz in Weiß, mit einem Schleier auf dem Kopf, einem Rosenkranz in der einen Hand und in der andern eine mit Schleifen geschmückte Kerze. Fünfzig kleine Mädchen, so marschierten wir in zwei Reihen unter den Klängen der Orgel und dem Chorgesang der Novizinnen. Wir hatten das so oft geübt, daß ich jede Bewegung fest im Kopf hatte, aber den Zweck des Sakraments hatte ich daraus verloren. Ich wußte, die Hostie kauen bedeutete sichere Verdammnis in den Kochkesseln der Hölle, aber ich erinnerte mich nicht mehr, daß es Jesus war, den ich empfing. Als ich mich dem Altar näherte, brach meine Kerze mitten durch. Ohne jeden Anlaß teilte sie sich, das obere Ende hing vom Docht wie der Hals eines toten Schwans, und ich fühlte, daß sie mich von oben unter meinen Kameradinnen gezeichnet hatten, um mich für eine Verfehlung zu strafen, die ich vielleicht am Tag zuvor zu beichten vergessen hatte. Tatsächlich hatte ich mir eine Liste von größeren Sünden ausgearbeitet, um den Priester zu beeindrucken, ich wollte ihn nicht mit Bagatellen langweilen, und außerdem rechnete ich mir aus, wenn ich für Todsünden Buße tat, obwohl ich sie nicht begangen hatte, würden mir in dem ganzen Packen die läßlichen vergeben. Ich beichtete alles nur Vorstellbare, obwohl ich in einigen Fällen gar nicht die Bedeutung kannte: Mord, Hurerei, Lüge, Ehebruch, schlechte Handlungen gegen meine Eltern, unreine Gedanken, Ketzerei, Neid... Der Priester hörte fassungslos schweigend zu, dann erhob er sich bekümmert, machte der Nonne ein Zeichen, sie tuschelten eine Weile, dann packte sie mich am Arm, führte mich in die Sakristei, und mit einem tiefen Seufzer wusch sie mir den Mund mit Seife aus und gab mir auf, drei Avemarias zu beten.

Abends ist die Kapelle des Krankenhauses nur von Votivkerzen erhellt. Gestern überraschte ich dort Ernesto und seinen Vater, die Köpfe zwischen den Händen, die breiten Schultern gebeugt, und ich wagte nicht, mich zu nähern. Sie sind sich sehr ähnlich, beide sind groß, dunkel und kräftig, haben maurische Gesichtszüge und eine Art, sich zu bewegen, die männlich und anmutig zugleich ist. Die Haut des Vaters ist von der Sonne gebräunt, sein graues Haar ist sehr kurz geschnitten, und er hat wie Narben von Messerwunden tiefe Falten im Gesicht, die von seinen Abenteuern im Urwald und von vierzig Jahren Leben in der Natur erzählen. Er scheint unverwüstlich, deshalb bewegte es mich sehr, ihn auf Knien zu sehen. Er ist der Schatten seines Sohnes geworden, er läßt ihn nie allein, genau wie meine Mutter mir nicht von der Seite weicht, begleitet ihn zu seinem Aikidounterricht und treibt ihn an zu stundenlangen Überlandwanderungen, bis beide erschöpft sind. »Du mußt Energie verbrennen, sonst zerspringst du«, sagt er. Mich führt er in den Park, wenn der Tag heiter ist, sorgt dafür, daß ich mit dem Gesicht zur Sonne sitze, und sagt mir, ich soll die Augen schließen und die Wärme auf der Haut spüren und den singenden Vögeln, dem rinnenden Wasser, dem in der Ferne rauschenden Verkehr zuhören, wollen doch sehen, ob ich mich dann nicht beruhige. Kaum hatte er von der Krankheit seiner Schwiegertochter erfahren, als er aus den Urwaldtiefen des Amazonas herflog, um seinem Sohn zur Seite zu stehen; er mag keine Städte und keine Menschenmengen, er erstickt im Krankenhaus, die Leute sind ihm lästig, er läuft im Korridor der verlorenen Schritte auf und ab mit der leidenden Ungeduld eines eingesperrten Tieres. »Du bist tapferer als der stärkste Mann, Isabel«, sagt er allen Ernstes, und ich weiß, das ist das Schmeichelhafteste, was dieser Mann, der gewohnt ist, Schlangen mit dem *machete* zu erschlagen, von mir denken kann.

Ärzte aus anderen Krankenhäusern kommen, um dich zu beobachten, noch nie haben sie einen so komplizierten Fall von Porphyrie gesehen, du hast dich in einen Bericht verwandelt, und ich fürchte, du wirst in medizinischen Büchern zu Ruhm kommen; die Krankheit hat dich wie ein Blitz geschlagen. Dein Mann ist der einzig Ruhige, wir andern sind verstört, aber auch er spricht vom Tod und von anderen, schlimmeren Möglichkeiten.

»Ohne Paula hat nichts einen Sinn, ist nichts die Mühe wert, seit sie die Augen schloß, ist das Licht aus der Welt verschwunden«, sagt er. »Gott kann sie mir nicht entreißen, wozu hat er uns sonst zusammengetan? Wir haben noch so viel Leben, das wir teilen können! Es ist eine grausame Prüfung, aber wir werden sie durchstehen. Ich kenne mich gut, ich weiß, daß ich für Paula geschaffen bin und sie für mich, nie werde ich sie verlassen, nie eine andere lieben, immer werde ich sie beschützen und für sie sorgen. Tausend Dinge werden geschehen, vielleicht werden die Krankheit oder der Tod uns körperlich trennen, aber wir sind dafür bestimmt, uns zu vereinen und in der Ewigkeit beisammen zu sein. Ich kann warten.«

»Sie wird wieder ganz gesund werden, aber die Genesung wird lange dauern. Ich bin sicher, du wirst sie mit nach Hause nehmen. Stell dir vor, wie das sein wird!«

»Ich denke ununterbrochen daran. Ich werde die drei Treppen mit ihr auf den Armen hochsteigen müssen... Ich werde ihr die Wohnung mit Blumen füllen...«

Nichts schreckt ihn, er sieht dich als seine Gefährtin im Geiste, in Sicherheit vor den Wechselfällen des Lebens und des Todes, dein regungsloser Körper und dein abwesender Verstand machen ihn nicht wanken, er sagt uns, er hat Verbindung mit deiner Seele, du kannst ihn hören, du fühlst, du bist bewegt, und du bist keine Pflanze, wie die Geräte beweisen, an die du angeschlossen bist. Die Ärzte zucken skeptisch die Achseln, aber die Schwestern sind gerührt über diese hartnäckige Liebe und lassen ihn hin und wieder auch zu den verbotenen Zeiten zu dir, denn sie haben festgestellt, wenn er deine Hand nimmt, verändern sich die Zeichen auf den Bildschirmen.

Ein Tag mehr Warten, ein Tag weniger Hoffnung, ein Tag mehr Schweigen, ein Tag weniger Leben. Der Tod streicht frei durch diese Gänge, und meine Aufgabe ist es, ihn abzulenken, damit er deine Tür nicht findet.

»Wie weitläufig und verworren das Leben ist, Mama!«

»Du kannst wenigstens darüber schreiben und versuchen, es zu verstehen«, erwidert sie.

Der Libanon war in den fünfziger Jahren ein blühendes Land, Brücke zwischen Europa und den schwerreichen arabischen Emiraten, natürlicher Kreuzungspunkt mehrerer Kulturen, Turm von Babel, in dem ein Dutzend Sprachen gesprochen wurden. Handel und Bankgeschäfte der ganzen Region zahlten ihren Tribut an Beirut, über Land kamen Karawanen, vollgeladen mit Waren, aus der Luft die Flugzeuge aus Europa mit den letzten Neuheiten und übers Meer die Schiffe, die auf Reede warten mußten, ehe sie im Hafen Platz zum Anlegen fanden. Schwarz verschleierte Frauen, mit Bündeln beladen, ihre Kinder hinter sich herziehend, eilten mit gesenktem Blick durch die Straßen, während die müßiggehenden Männer in den Cafés saßen und schwatzten. Esel, Kamele, überfüllte Busse, Motorräder und Autos hielten hintereinander an den Verkehrsampeln, Hirten in der gleichen Tracht wie ihre biblischen Vorgänger kreuzten die Alleen und trieben eine Schafherde zum Schlachthaus. Mehrmals am Tag rief die gellende Stimme des Muezzin von den Minaretten der Moscheen die Gläubigen zum Gebet, manchmal im Chor mit den Glocken der christlichen Kirchen. In den Geschäften der Hauptstadt wurde das Beste aus aller Welt angeboten, aber für uns war es viel reizvoller, durch die Suqs zu streifen, diese Labyrinthe enger Gäßchen, die gesäumt waren von einer Unzahl von Läden, in denen man alles kaufen konnte, von frischen Eiern bis zu Reliquien aus der Zeit der Pharaonen. Ah, der Geruch der Suqs! Alle Aromen des Planeten strichen durch diese gewundenen Gassen – scharfe exotische Speisen, in Fett Gebratenes, Blätterteigpasteten, Nüsse und Honig, offene Abwässerkanäle, in denen Unrat und Exkremente schwammen, Tierschweiß, Färbemittel für Leder, Weihrauch und Patschuli, frisch gekochter Kaffee mit Kardamomsamen, orientalische Gewürze: Zimt, Kreuzkümmel, Pfeffer, Safran ... Von außen sahen die Basare unbedeutend aus, aber jeder erstreckte sich weit nach hinten mit einer Reihe voneinander abgegrenzter Räume, darin schimmerten Lampen, Schalen und Amphoren aus edlen Metallen mit verwickelten kalligraphischen Mustern. Die Teppiche bedeckten den Boden in mehreren Lagen, hingen an den Wänden und häuften sich eingerollt in den Ecken; Möbel aus geschnitztem Holz, inkrustiert mit Perlmutt, Elfenbein und Bronze, verschwanden unter Stapeln von Tüchern und bestickten Pantoffeln. Die Händler gingen dem Kunden entgegen und führten ihn fast gewaltsam ins Innere dieser mit Schätzen vollgestopften Ali-Baba-Höhlen, stellten ihm Schalen mit

Rosenwasser zum Fingerabspülen hin und servierten ihm schwarzen, gezuckerten Kaffee, den besten der Welt. Das Feilschen war ein wesentlicher Bestandteil des Kaufes, das hatte meine Mutter vom ersten Tag an begriffen. Auf den zur Eröffnung des Handels genannten Preis antwortete sie mit einem entsetzten Aufschrei, hob die Arme gen Himmel und wandte sich entschlossenen Schrittes zum Ausgang. Der Händler ergriff sie beim Arm und holte sie mit wortreichen Beteuerungen wieder herein: dies sei der erste Verkauf des Tages, sie sei seine Schwester, sie werde ihm Glück bringen, und deshalb sei er bereit, ihren Vorschlag anzuhören, obwohl der Kaufgegenstand einzigartig sei und der Preis mehr als gerecht. Ungerührt bot meine Mutter ihm die Hälfte, während der Rest der Familie schamrot hinausstolperte. Der Ladenbesitzer schlug sich die Fäuste gegen die Schläfen und rief Allah zum Zeugen. »Willst du mich ruinieren, Schwester? Ich habe Kinder, ich bin ein ehrlicher Mann...« Nach drei Tassen Kaffee und fast einer Stunde Feilschen wechselte der Gegenstand den Besitzer. Der Händler lächelte zufrieden, und meine Mutter kam zu uns hinaus auf die Straße, beschwingt von der Überzeugung, spottbillig eingekauft zu haben. Manchmal fanden wir ein paar Läden weiter das gleiche Stück für wesentlich weniger, als sie bezahlt hatte, das verdarb ihr zwar den Tag, aber es kurierte sie nicht von der Verlockung, immer wieder einkaufen zu gehen.

So war es auch, als sie auf einer Reise nach Damaskus den Stoff für mein Brautkleid erhandelte. Ich war gerade vierzehn Jahre alt und unterhielt keinerlei Beziehung zu einer Person männlichen Geschlechts außer meinen Brüdern, meinem Stiefvater und dem Sohn eines reichen libanesischen Kaufmanns, der mich ab und zu unter der Aufsicht seiner und meiner Eltern besuchte. Er war so reich, daß er einen Motorroller mit Chauffeur besaß. In wilder Begeisterung für die italienischen Vespas nervte er seinen Vater so lange, bis der ihm eine kaufte, aber er wollte nicht riskieren, daß sein Erstgeborener sich auf diesem selbstmörderischen Vehikel das Genick brach, und stellte einen Chauffeur an, den Jungen zu fahren, der hinten aufsaß. Jedenfalls spielte ich mit dem Gedanken, Nonne zu werden, um zu vertuschen, daß ich keinen Ehemann abbekommen würde, und das versuchte ich auch meiner Mutter auf dem Markt von Damaskus klarzumachen, aber sie blieb fest. »Dummes Zeug«, sagte sie, »das ist eine einzigartige Gelegenheit.« Und so verließen wir den Basar mit vielen, vielen Metern weißen Organza, dazu mehreren Tischtüchern für die Aussteuer und einem Wandschirm, und die haben drei Jahrzehnte, unzählige Reisen und das Exil überdauert.

Diese berauschenden Gelegenheitskäufe genügten jedoch nicht, daß meine Mutter sich im Libanon wohlfühlte, sie lebte mit dem Empfinden, Gefangene in ihrer eigenen Haut zu sein. Die Frauen durften nirgends allein hingehen, in jedem beliebigen Menschenauflauf konnte eine respektlose Männerhand auftauchen, um sie zu beleidigen, und wenn sie sich verteidigen wollten, trafen sie auf einen Chor kränkender Hohnworte. Zehn Minuten von unserem Haus entfernt gab es einen endlosen weißen Sandstrand und ein lauwarmes Meer, das einlud, sich in der hochsommerlichen Hitze der Augustnachmittage zu erfrischen. Wir mußten in Familienformation baden, um uns vor den Handgreiflichkeiten der anderen Schwimmer zu schützen; sich in den Sand zu legen war unmöglich, das hieß das Unheil herbeirufen, kaum hatten wir die Köpfe aus dem Wasser gesteckt, liefen wir auch schon los, um uns in eine Hütte zu flüchten, die wir zu diesem Zweck gemietet hatten. Das Klima, die kulturellen Verschiedenheiten, die Anstrengung, Französisch zu sprechen und Arabisch zu murmeln, die Jongleurkunststücke, das Haushaltsgeld zu strecken, das Fehlen von Freundinnen und Verwandten, all das bedrückte meine Mutter.

Der Libanon hatte es fertiggebracht, in Frieden und Wohlstand zu überleben trotz der religiösen Konflikte, die seit Jahrhunderten die Region spalteten, doch seit der Suezkrise entzweite der wachsende arabische Nationalismus die Politiker von Grund auf, und die Feindseligkeiten wurden unüberbrückbar. Es kam zu gewalttätigen Ausschreitungen, die im Juni 1958 mit der Landung der VI. Flotte der Vereinigten Staaten ihren Höhepunkt erreichten. Wir wohnten im dritten Stock eines Hauses, das an einem Punkt stand, an dem das christliche, das moslemische und das drusische Viertel aneinanderstießen, und erfreuten uns einer bevorzugten Stellung, um die Scharmützel zu beobachten. Onkel Ramón wies uns an, alle Matratzen in die Fenster zu stellen, um verirrte Kugeln aufzufangen, und verbot uns, etwa über den Balkon zu spähen, während meine Mutter große Mühe hatte, die Badewanne voller Wasser zu halten und frische Lebensmittel zu ergattern. In den schlimmsten Wochen der Krise wurde Sperrstunde bei Sonnenuntergang verordnet, nur militärisches Personal war ermächtigt, durch die Straßen zu gehen, aber in Wirklichkeit war dies die Stunde der Erholung, in der die Hausfrauen auf dem schwarzen Markt feilschten und die Männer ihre Geschäfte erledigten. Von unserem Balkon aus waren wir Zeuge wüster Schießereien feindlicher Gruppen, die ein Gutteil des Tages andauerten, aber kaum wurde es dunkel, hörten sie wie durch Zauber auf, und im Schutz der Nacht schlüpften vermummte Gestalten hin und her, um mit dem Feind zu handeln, und geheimnisvolle Päckchen wechselten von einem zum andern. In diesen Tagen sahen wir, wie im Hof der Gendarmerie Gefangene mit nacktem Oberkörper an Balken gebunden und ausgepeitscht wurden; wir konnten den fliegenbedeckten Leichnam eines Mannes mit durchgeschnittener Kehle erkennen, der zwei Tage zur Schau auf der Straße lag, um die Drusen einzuschüchtern, und wir wurden auch Zeugen der Rache, als zwei verschleierte Frauen einen Esel auf der Straße stehenließen, der mit Käse und Oliven beladen war. Wie vorherzusehen, beschlagnahmten ihn die Soldaten, und wenig später hörten wir eine Explosion, unter der das Fensterglas zersplitterte, und wir sahen, daß der Hof der Gendarmerie von Blutlachen und menschlichen Leichenteilen bedeckt war.

Trotz dieser Gewalttaten habe ich den Eindruck, daß die Libanesen die Landung der Nordamerikaner nicht ernst nahmen. Onkel Ramón besorgte einen Passierschein, und wir durften mit, um uns die Kriegsschiffe anzusehen, als sie mit geladenen Kanonen in die Bucht einliefen. Neugierige standen in Massen auf den Kais und warteten auf die Invasoren, um mit ihnen zu handeln und um Passierscheine zu ergattern, damit sie auf die Flugzeugträger klettern konnten. Diese stählernen Ungeheuer öffneten den Schlund und spien Landungsboote voller bis an die Zähne bewaffneter Marines aus, die am Strand mit Beifallssalven begrüßt wurden, und kaum hatten die kampferprobten Soldaten festen Boden betreten, sahen sie sich von einer fröhlichen Menge umringt, die versuchte, ihnen alle nur möglichen Waren zu verkaufen, von Sonnenbrillen bis zu Haschisch und japanischen Kondomen in Form bunter Fische. Ich stelle mir vor, daß es für die Offiziere nicht leicht war, die Moral der Truppe aufrechtzuerhalten und das Fraternisieren mit dem Feind zu verhindern. Am Tag darauf hatte ich auf der Kunsteisbahn meine erste Berührung mit der mächtigsten Kriegsmacht der Welt. Ich lief den ganzen Tag Schlittschuh in Gesellschaft von Hunderten junger Männer in Uniform mit kurzgeschorenem Haar und tätowierten Muskeln, die Bier tranken und ein gutturales Idiom sprachen, das sich sehr von dem unterschied, das Miss Saint John mir in der englischen Schule beizubringen versuchte. Ich konnte mich nur wenig mit ihnen verständigen, aber selbst wenn wir die gleiche Sprache gesprochen hätten, hätten wir uns nicht viel zu sagen gehabt. An diesem denkwürdigen Tag bekam ich den ersten Kuß auf den Mund, das war wie in einen Frosch beißen, der nach Kaugummi, Bier und Tabak roch. Ich erinnere mich nicht, wer mich geküßt hat, für mich sahen sie alle gleich aus, aber ich erinnere mich allerdings, daß ich von diesem Augenblick an entschlossen war, die Sache mit den Küssen zu erforschen. Leider mußte ich ziemlich lange warten, um meine diesbezüglichen Kenntnisse zu erweitern, denn kaum hatte Onkel Ramón entdeckt, daß die Stadt von Marines überschwemmt war, die scharf auf Mädchen waren, verdoppelte er seine Wachsamkeit, und ich blieb zu Hause wie eine Haremsblume.

Ich hatte das Glück, daß meine Schule die einzige war, die ihre Pforten nicht schloß, als die Krise begann, meine Brüder dagegen hatten keinen Unterricht mehr und verbrachten, in der Wohnung eingesperrt, Monate tödlicher Langeweile. Miss Saint John betrachtete diesen Krieg, an dem die Engländer nicht teilnahmen, als überaus vulgär, daher zog sie vor, ihn zu ignorieren. Die Straße, an der die Schule lag, war auf zwei Parteien verteilt, die durch aufgetürmte Sandsäcke getrennt waren; dahinter lauerten die Gegner. Auf den Zeitungsfotos wirkten sie mörderisch, und ihre Waffen sahen vernichtend aus, aber wenn man sie vom Dach der Schule aus hinter ihren Barrikaden sah, kamen sie einem vor wie Sommerfrischler beim Picknick. Zwischen den Sandsäcken hörten sie Radio, kochten und bekamen Besuch von ihren Frauen und Kindern, schlugen die Zeit mit Karten oder Damespiel tot und hielten ihre Siesta. Manchmal verständigten sie sich mit dem Feind, um Wasser oder Zigaretten zu holen. Die unerschütterliche Miss Saint John setzte sich ihren grünen Hut für große Gelegenheiten auf und ging mit diesen straßenversperrenden Menschen parlamentieren, um sie in ihrem miserablen Arabisch zu bitten, den Schulbus durchfahren zu lassen, während wir wenigen Mädchen, die noch geblieben waren, und die verängstigten Lehrerinnen sie vom Dach aus beobachteten. Ich weiß nicht, welche Argumente sie anführte, aber jedenfalls tat der Bus weiterhin pünktlich seinen Dienst, bis keine Schülerinnen mehr da waren und nur ich noch darin saß. Ich hatte mich wohl gehütet, zu Hause zu erzählen, daß andere Eltern ihre Töchter von der Schule genommen hatten, und erwähnte nie die täglichen Verhandlungen des Fahrers mit den Barrikadenmännern, damit sie uns durchließen. Ich besuchte den Unterricht, bis die Schule sich geleert hatte und Miss Saint John mich höflich ersuchte, einige Tage nicht wiederzukommen, dieser unerfreuliche Zwischenfall müsse sich erst klären und die Leute wieder bei Verstand sein. Inzwischen hatte die Lage sehr gewaltsame Züge angenommen, und ein Sprecher der libanesischen Regierung riet den ausländischen Diplomaten, ihre Familien außer Landes zu schicken, da ihre Sicherheit nicht mehr garantiert sei. Nach geheimen elterlichen Besprechungen setzte mich Onkel Ramón nebst meinen Brüdern in eines der letzten Verkehrsflugzeuge dieser Tage. Der Flughafen war ein Hexenkessel, wo alles darum kämpfte, an Bord zu gelangen; einige Männer wollten ihre Frauen und Töchter als Fracht mitnehmen, sie sahen sie einfach nicht als menschliche Wesen an und konnten nicht begreifen, daß sie für sie die Passage bezahlen mußten. Kaum hoben wir von der Piste ab, als eine von Kopf bis Fuß in einen dunklen Mantel gehüllte Frau sich daran machte, im Gang zwischen den Sitzen auf einem Kerosinkocher eine Mahlzeit zuzubereiten, zur beträchtlichen Beunruhigung der französischen Stewardeß. Meine Mutter blieb mit Onkel Ramón in Beirut, von wo sie nach einigen Monaten in die Türkei versetzt wurden. Inzwischen waren die nordamerikanischen Marines auf ihre Flugzeugträger zurückgekehrt und verschwanden sangund klanglos und nahmen den Abdruck meines ersten

Kusses mit sich. So flogen wir also zurück ans andere Ende der Welt, ins Haus meines Großvaters in Chile. Ich war fünfzehn Jahre alt und das zweite Mal fern von meiner Mutter, das erste Mal war sie bei Onkel Ramón zu dem geheimen Treffen in Nordchile gewesen, das ihre Liebe besiegelt hatte. Ich wußte noch nicht, daß wir den größten Teil unseres Lebens getrennt sein würden. Meinen ersten Brief begann ich im Flugzeug zu schreiben, und ich habe das viele Jahre hindurch fast täglich weitergeführt, und sie macht es genauso. Wir legen diese Korrespondenz in einen Korb, und am Ende des Jahres binden wir sie mit einem farbigen Band zusammen und bewahren sie oben in einem Schränkchen auf, so haben wir unzählige Seiten gesammelt. Wir haben sie nie wiedergelesen, aber wir wissen, daß die Aufzeichnung unseres Lebens vor dem schlechten Gedächtnis in Sicherheit ist.

Bis jetzt war meine Erziehung chaotisch gewesen, ich hatte zwar ein bißchen Englisch und Französisch gelernt, konnte ein ganzes Sammelsurium von Bibelstellen auswendig und hatte aus Onkel Ramóns Lektionen zur persönlichen Verteidigung meine Lehren gezogen, aber von den grundlegenden Dingen, die man braucht, um in dieser Welt zu bestehen, hatte ich keine Ahnung. Als ich in Chile angekommen war, hatte mein Großvater den Einfall, ich könnte das ganze Schulpensum in einem Jahr hinter mich bringen, und beschloß, mich persönlich in Geschichte und Geographie zu unterrichten. Danach stellte er fest, daß ich auch nicht rechnen konnte, und schickte mich zum Privatunterricht in Mathematik. Die Lehrerin war eine kleine alte Frau mit gagatschwarz gefärbten Haaren und mehreren lockeren Zähnen, sie wohnte sehr weit entfernt in einem bescheidenen Haus, das geschmückt war mit den Geschenken ihrer Schüler aus fünfzig Jahren Lehrberuf und in dem hartnäckig der Geruch nach gekochtem Kohl hing. Um dorthin zu kommen, mußte ich zwei Busse erklettern, aber das war die Sache wert, denn diese Frau brachte es fertig, mir genügend Zahlen ins Hirn zu zaubern, daß ich die Prüfung bestehen konnte, wonach sie mir für immer entschwanden. In Santiago einen Bus zu besteigen konnte ein gefährliches Abenteuer sein, das einen entschlossenen Charakter und die Gewandtheit eines Seiltänzers erforderte, das Ungetüm fuhr niemals rechtzeitig, man mußte stundenlang warten, und dann war es so voll, daß es ganz windschief ankam und die Fahrgäste aus den Türen hingen. Meine Erziehung zur Stoikerin und meine kräftigen Gelenke halfen mir, diese täglichen Kämpfe zu überleben. Ich teilte den Unterricht mit fünf Schülern, von denen einer sich immer neben mich setzte, mir seine Aufzeichnungen lieh und mich zur Bushaltestelle begleitete. Während wir geduldig warteten in Sonne und Regen, hörte er schweigend meinen übertriebenen Geschichten zu über Reisen nach Orten, die ich auf der Karte nicht hätte finden können, aber deren Namen ich der Encyclopaedia Britannica meines Großvaters entnommen hatte. Wenn der Bus kam, half er mir, beide Hände gegen mein Hinterteil gestemmt, durch die Menschentraube zu klettern, die am Trittbrett hing. Eines Tages lud er mich ins Kino ein. Ich sagte meinem Großvater, ich müßte länger mit meiner Lehrerin arbeiten, und ging mit meinem Verehrer in ein Vorstadtkino, wo wir uns einen Gruselfilm ansahen. Als das Monster der Grünen Lagune nur wenige Zentimeter von der Jungfrau, die da vergnügt umherschwamm, sein gräßliches tausendjähriges Echsenhaupt aus dem Wasser hob, schrie ich auf, und er rückte näher, um meine Hand zu nehmen. Der Rest des Films verlief im Nebel, mich berührten weder die Hauer des gigantischen Reptils noch das Schicksal der dämlichen Blondine, die ausgerechnet in diesen Gewässern badete – meine ganze Aufmerksamkeit war auf die Wärme und Feuchtigkeit dieser fremden Hand gerichtet, die meine Hand streichelte, und das war fast so sinnlich wie der Biß in das Ohr meines Angebeteten in La Paz und tausendmal sinnlicher als der Kuß, den mir der nordamerikanische Soldat auf der Beiruter Kunsteisbahn geraubt hatte. Ich kam auf Wolken schwebend ins Haus meines Großvaters zurück, ich war überzeugt, den Mann meines Lebens gefunden zu haben, und die ineinanderverschränkten Hände waren ein formelles Verlöbnis. Ich hatte meine Freundin Elizabeth auf der Schule im Libanon sagen hören, man könnte schwanger werden, wenn man mit einem Jungen im selben Schwimmbecken planscht, und ich fürchtete logischerweise, eine volle Stunde Austausch von Händeschweiß könnte dieselbe Wirkung haben. Ich lag die ganze Nacht wach, stellte mir mein zukünftiges Leben als seine Ehefrau vor und sehnte aufgeregt die nächste Mathematikstunde herbei, aber am nächsten Tag kam mein Freund nicht zum Unterricht. Die ganze Zeit hindurch beobachtete ich angstvoll die Tür, aber er kam weder diesen Tag noch den Rest der Woche, noch überhaupt jemals wieder, er hatte sich einfach in Luft aufgelöst. Mit der Zeit erholte ich mich von diesem demütigenden Verlassenwerden, und viele Jahre dachte ich nicht mehr an den jungen Mann. Zwölf Jahre später glaubte ich ihn wiederzusehen, an dem Tag, als ich ins Leichenschauhaus gerufen wurde, um den Leichnam meines Vaters zu identifizieren. Ich habe mich viele Male gefragt, weshalb er so plötzlich verschwand, und weil ich es so oft im Kopf herumgewälzt hatte, gelangte ich zu einem moritatenwürdigen Schluß, aber ich will lieber nicht weiter darüber spekulieren, denn nur in den Telenovelas entdecken die Liebenden eines Tages, daß sie Geschwister sind.

Einer der Gründe, diese flüchtige Liebe zu vergessen, war ein anderer Junge, und hier, Paula, tritt dein Vater in die Geschichte ein. Michael hat englische Wurzeln, er entstammt einer dieser Einwandererfamilien, die seit Generationen in Chile leben und sich noch immer auf England als ihr *Home* beziehen, sie lesen britische Zeitungen mit wochenlanger Verzögerung und halten einen Lebensstil und einen gesellschaftlichen Kodex aufrecht, die ins neunzehnte Jahrhundert gehören, als sie die selbstgefälligen Untertanen eines großen Imperiums waren, die aber heute nicht einmal mehr im Herzen Londons gepflegt werden. Dein Großvater väterlicherseits arbeitete für eine nordamerikanische Kupfergesellschaft in einem Ort in Nordchile, so unbedeutend, daß er kaum auf Landkarten auftaucht. Das Lager der Gringos, von Stacheldraht umgeben, bestand aus etwa zwanzig Häusern, deren Bewohner sich bemühten, die Lebensweise ihrer Heimatstädte im mittleren Westen so getreu wie möglich nachzuahmen, mit Airconditioning, Wasser in Flaschen und Unmengen von Katalogen, um sich aus den Vereinigten Staaten alles mögliche schicken zu lassen, von kondensierter Milch bis zu Balkonmöbeln. Jede Familie pflegte verbissen ihren Garten, trotz der Dürre unter der unbarmherzigen Sonne; die Männer spielten Golf auf den Sandflächen, und die Frauen veranstalteten Wettbewerbe in Rosenzüchten und Tortenbacken. Jenseits des Drahtzauns hausten die chilenischen Arbeiter in Barackenreihen mit gemeinsamer Toilette, ohne anderes Vergnügen als ein Fußballspiel auf einem Feld, dessen Umrisse sie mit einem Stock in die harte Erde der Wüste gezogen hatten, und eine Kneipe am Rand des Lagers, wo sie sich an den Wochenenden betranken. Es soll auch ein Bordell gegeben haben, aber ich habe es nicht gefunden, als ich danach suchte, vielleicht weil ich wenigstens eine rote Laterne erwartete, aber es muß eine Hütte wie die andern gewesen sein. An diesem Ort wurde Michael geboren, und hier verlebte er die ersten Jahre seines Daseins, vor allem Bösen behütet, in einer paradiesischen Unschuld, bis sie ihn auf ein britisches Internat im Zentrum des Landes schickten. Ich glaube, er hatte nie genau gewußt, daß er in Chile war, bevor er das Alter der langen Hosen erreichte. Seine Mutter, an die wir alle uns als Granny erinnern, hatte große blaue Augen und ein Herz, das von keiner Gemeinheit berührt wurde. Ihr Leben verlief zwischen Küche und Garten, sie roch nach frisch gebackenem Brot, nach Butter, nach Pflaumenkompott. Jahre später, als sie ihren Träumen entsagt hatte, roch sie nach Alkohol, aber nur wenige wußten davon, weil sie sich in kluger Entfernung hielt und beim Sprechen ein Tuch an den Mund führte und auch weil du, Paula, die du damals acht oder neun Jahre alt warst, die leeren Flaschen verstecktest, damit niemand ihr Geheimnis entdeckte. Michaels Vater war dunkel, gutaussehend mit andalusischen Zügen, aber durch seine Adern floß deutsches Blut, worauf er sehr stolz war, er kultivierte in seinem Charakter die Tugenden, die er für teutonisch hielt, und war letztlich das Musterbeispiel eines ehrenhaften, ordnungsliebenden und verantwortungsbewußten Mannes, auch wenn er sich bisweilen unbeugsam, hart und autoritär aufführte. Niemals berührte er seine Frau in der Öffentlichkeit, aber er nannte sie *young lady*, und seine Augen strahlten, wenn er sie ansah. Er verbrachte dreißig Jahre in dem nordamerikanischen Lager und verdiente gute Dollars, mit achtundfünfzig ging er in Pension und zog in die Hauptstadt, wo er sich ein Haus neben der Golfanlage eines Clubs baute.

Michael wuchs zwischen den Mauern eines Internats für Jungen auf, ganz in Lernen und männlichen Sportarten aufgehend, fern von seiner Mutter, dem einzigen Wesen, das ihn hätte lehren können, seine Gefühle auszudrücken. Mit seinem Vater wechselte er nur wohlerzogene Sätze und spielte in den Ferien mit ihm Schach. Als ich ihn kennenlernte, war er gerade zwanzig geworden, studierte im ersten Semester Zivil-Ingenieurwissenschaft, fuhr ein Motorrad und lebte in einer Wohnung mit einer Hausangestellten, die ihn bediente wie ein Herrensöhnchen, niemals mußte er seine Socken waschen oder sich auch nur ein Ei kochen. Er war ein hochgewachsener, gut gebauter, sehr schlanker Junge mit großen karamelfarbenen Augen, der rot wurde, wenn er nervös war. Eine Freundin machte uns miteinander bekannt, und eines Tages kam er zu mir unter dem Vorwand, mir Chemie beibringen zu wollen, und danach bat er meinen Großvater ganz formell, mich in die Oper ausführen zu dürfen. Wir sahen *Madame Butterfly*, und ich, der jegliche musikalische Bildung abging, dachte, es handle sich um ein lustiges Stück, und lachte schallend, als sich ein Regen von Plastikblumen vom Theaterhimmel herab auf eine dicke Person ergoß, die aus vollem Halse sang, während sie sich mit Messerstichen den Bauch aufschnitt, und das vor ihrem Sohn, einem armseligen kleinen Geschöpf mit verbundenen Augen und einem Fähnchen in jeder Hand. So begann unsere sehr lange und süße Liebe, der es bestimmt war, Jahre zu dauern, bevor sie vollzogen wurde, denn Michael fehlten noch fast sechs Jahre Studium und ich hatte die Schule noch nicht beendet. Mehrere Monate vergingen, bevor wir uns beim Mittwochskonzert bei den Händen nahmen, und fast ein Jahr bis zum ersten Kuß.

»Mir gefällt dieser junge Mann, er wird die Rasse verbessern«, sagte mein Großvater lachend, als ich endlich zugab, daß wir ein Liebespaar waren.

Am Montag griff der Tod nach dir, Paula. Er kam und kennzeichnete dich, aber er fand sich deiner Mutter und deiner Großmutter gegenüber, und für diesmal zog er sich zurück. Er ist nicht geschlagen und streicht knurrend und knochenklappernd um dich herum in seinen flatternden düsteren Lumpen. Einige Minuten warst du drüben auf der anderen Seite, und im Grunde kann niemand sich erklären, wieso und wodurch du zurückgekommen bist. Nie zuvor hatten wir dich so leidend gesehen, du glühtest im Fieber, ein angsterregendes Knurren drang aus deiner Brust, durch die halbgeschlossenen Lider sah man das Weiße deiner Augen, und plötzlich fiel dein Blutdruck fast auf Null, die Monitore gaben Alarm, und der Saal füllte sich mit Menschen, alle sofort dermaßen um dich bemüht, daß sie uns vergaßen, und so kam es, daß wir dabei waren, als deine Seele aus dem Körper floh, während sie dir Medikamente injizierten, dir Sauerstoff zuführten und versuchten, dein erschöpftes Herz wieder zum Schlagen zu bringen. Sie holten einen Apparat heran und begannen dir elektrische Schläge zu geben, schreckliche Stromstöße in die Brust, die dich vom Bett hochwarfen. Wir hörten Anweisungen, aufgeregte Stimmen, Gerenne, weitere Ärzte kamen mit anderen Geräten und Spritzen, ich weiß nicht, wie viele endlose Minuten verrannen, es schienen viele Stunden zu sein. Wir konnten dich nicht sehen, die Leiber derer, die um dich bemüht waren, verdeckten dich, aber wir konnten nur zu genau deine Angst und den triumphierenden Atem des Todes wahrnehmen. Es gab einen Augenblick, in dem die fieberhafte Betriebsamkeit plötzlich gerann, wie auf einem Foto, und da hörte ich das gedämpfte Murmeln meiner Mutter, die von dir verlangte, daß du kämpftest, Tochter, »befiehl deinem Herzen, daß es weiterschlägt, im Namen Ernestos und der kostbaren Jahre, die dir zu leben fehlen, und des Guten, das du noch verbreiten kannst«. Die Zeit blieb stehen in den Uhren, die Kurven und grünen Spitzen auf den Bildschirmen verwandelten sich in gerade Linien, und ein verstörtes Summen löste das Schrillen des Alarms ab. Jemand sagte »*da ist nichts mehr zu machen...*«, und eine andere Stimme fügte hinzu »*sie ist tot*«, die weißen Kittel traten zurück, einige entfernten sich, und wir konnten dich sehen, regungslos und bleich wie ein Mädchen aus Marmor. Da fühlte ich die Hand meiner Mutter in der meinen, sie trieb mich voran, und wir machten ein paar Schritte vorwärts und traten an das Kopfteil deines Bettes, und ohne eine Träne boten wir dir den gesamten Vorrat unserer Kraft dar, die ganze von baskischen Seeleuten und unbeugsamen Indios ererbte Gesundheit und Stärke, und schweigend riefen wir die Götter an, die bekannten und die unbekannten, und die gütigen Geister unserer Vorfahren und die Kräfte des Lebens, damit sie zu deiner Rettung herbeieilten. Und so eindringlich war die Beschwörung, daß in fünfzig Kilometer Entfernung Ernesto den Ruf mit der Klarheit eines Glockenschlages hörte, begriff, daß du auf einen Abgrund zutriebst, und sich sofort zum Krankenhaus aufmachte. Indessen gefror die Luft rings um dein Bett und die Zeit erstarrte, und als die Uhren die Sekunden wieder anzeigten, war es für den Tod schon zu spät. Die geschlagenen Ärzte hatten sich zurückgezogen, und die Schwestern wollten sich eben daranmachen, die Schläuche zu entfernen und dich mit einem Laken zu bedecken, als einer der magischen Bildschirme einen Seufzer von sich gab und die launische grüne Linie sich wieder zu wellen begann und deine Rückkehr ins Leben anzeigte. »Paula!« riefen meine Mutter und ich gleichzeitig, und die Schwestern wiederholten den Ruf, und der Saal füllte sich mit deinem Namen.

Ernesto kam eine Stunde später. Er war über die Autobahn und quer durch die Stadt gerast. Bislang hatte er nicht daran gezweifelt, daß du wieder gesund wirst, aber an diesem Tag fühlte er sich besiegt und betete auf Knien in der Kapelle nur darum, daß dieses Martyrium aufhören möge und du endlich ruhen kannst. Dennoch, als er dich beim nächsten Besuch umarmte, waren die Kraft der Liebe und der Wunsch, dich festzuhalten, mächtiger als die Resignation. Er fühlt dich in seinem eigenen Körper, kommt den klinischen Diagnosen zuvor, gewahrt Zeichen, die für andere Augen unsichtbar sind, ist der einzige, der sich dir offenbar mitteilen kann. »Lebe, leb für mich, für uns, Paula, wir sind eine Einheit, mein Mädchen«, beschwor er dich, »du wirst sehen, alles wird gut, geh nicht fort, ich werde deine Stütze sein, deine Zuflucht, dein Freund, ich werde dich mit meiner Liebe heilen, erinnere dich an diesen glücklichen dritten Januar, als wir uns kennenlernten und sich alles für immer verwandelte, du kannst mich jetzt nicht verlassen, wir haben doch eben erst angefangen, ein halbes Jahrhundert liegt noch vor uns.« Ich weiß nicht, welche anderen Bitten, Geheimnisse oder Versprechungen er dir an diesem düsteren Montag noch ins Ohr flüsterte oder wie er dir bei jedem Kuß, den er dir gab, die Lust zum Leben einhauchte, aber ich bin sicher, daß du heute atmest, ist das Werk seiner hartnäckigen Zärtlichkeit. Dein Leben ist ein geheimnisvoller Sieg der Liebe. Den schlimmsten Teil der Krise hast du schon überstanden, sie haben herausgefunden, welches Antibiotikum du brauchst, haben deinen Blutdruck kontrolliert, und allmählich weicht das Fieber.

Du bist zum Ausgangspunkt zurückgekehrt, ich weiß nicht, was diese Art der Auferstehung bedeutet. Du liegst über zwei Monate im Koma, ich täusche mich nicht, Tochter, ich weiß, wie schwerkrank du bist, aber du kannst wieder völlig gesund werden; der Porphyriespezialist versichert, daß dein Gehirn nicht geschädigt ist, die Krankheit hat nur die peripheren Nerven angegriffen. Worte, gesegnete Worte, ich wiederhole sie ein ums andere Mal wie eine Zauberformel, die dir die Heilung bringen kann. Heute haben sie dich im Bett auf die Seite gedreht, und so gemartert dein armer Körper auch aussieht, dein Gesicht war unversehrt, und du warst schön wie eine schlafende Braut, mit blauen Schatten unter deinen langen Wimpern. Die Schwestern haben dich mit Kölnisch Wasser erfrischt und dein Haar zu einem dicken Zopf geflochten, der aus dem Bett hing wie ein Schiffstau. Es gibt keine Anzeichen dafür, daß du begreifst, aber du lebst, und dein Geist wohnt noch in dir. Atme, Paula, du mußt atmen . . .

Meine Mutter feilscht weiter mit Gott, jetzt bietet sie ihm ihr Leben für deins, sie sagt, siebzig Jahre sind auf jeden Fall viel Zeit, viel Müdigkeit und viel Kummer. Auch ich möchte deinen Platz einnehmen, aber dafür gibt es keine Zauberkünstlertricks, eine jede von uns, Großmutter, Mutter und Tochter, muß ihr eigenes Schicksal erfüllen. Wenigstens sind wir nicht allein, wir sind drei. Deine Großmutter ist müde, sie versucht es zu verbergen, aber die Jahre wiegen schwer, und in diesen Leidensmonaten in Madrid hat der Winter sich in ihr eingenistet, nichts kann ihr Wärme geben, sie schläft unter einem Berg Bettdecken und mummelt sich bei Tage in Pullover und Schals ein, aber sie hört nicht auf zu zittern. Ich habe lange mit Onkel Ramón telefoniert, er soll mir helfen, sie zur Heimkehr nach Chile zu überreden. Ein paar Tage konnte ich nicht schreiben, erst jetzt, wo du langsam aus der Agonie herauskommst, kehre ich zu diesen Seiten zurück.

Meine diskrete Beziehung zu Michael konnte nur kümmerlich gedeihen, auf die altmodische Art, im Salon von Tatas Haus, zwischen Teetassen im Winter und Eisbechern im Sommer. Die Entdeckung der Liebe und das Glück, mich anerkannt zu fühlen, verwandelten mich, die Schüchternheit wich einem explosiveren Auftreten, und die langen Perioden wütenden Schweigens der Kindheit und Mädchenjahre endeten. Einmal in der Woche fuhren wir mit seinem Motorrad zu einem Konzert, jeden zweiten Samstag durfte ich ins Kino, aber ja zeitig zurückkommen!, und an manchen Sonntagen lud mein Großvater ihn zu den Familienessen ein, wahren Wettkämpfen in Widerstandskraft. Allein die Menge war eine Zerreißprobe: als Vorspeise Meeresfrüchte, dann pikante Empanadas, Cassoulet vom Huhn oder Maispastete, Karamelcreme, Wein mit Früchten und ein riesiger Krug mit *pisco sour*, dem unseligsten Gebräu Chiles. Die Tischgenossen wetteiferten in der Großtat, sich vollzustopfen, und manchmal, aus Lust an der Herausforderung, baten sie vor dem Dessert noch um gebratene Eier mit Speck. Die Überlebenden gewannen so das Vorrecht, ihre ganz persönlichen Verrücktheiten vorzuführen. Wenn der Kaffee serviert wurde, diskutierten sie schon sehr laut, und noch bevor die Likörgläser die Runde machten, hatten sie geschworen, daß dies der letzte Sonntag mit familiärer Lustbarkeit gewesen war, und trotzdem wiederholte sich eine Woche später mit wenigen Varianten die gleiche Kasteiung, denn Fernbleiben wäre eine unfaßbare Kränkung gewesen, mein Großvater hätte es nie verziehen. Ich fürchtete diese Versammlungen fast genauso wie die Mittagessen im Haus von Salvador Allende, wo die Cousinen mich mit schlecht verhohlener Verachtung ansahen, weil ich nicht wußte, von welchen Teufeln sie sprachen. Sie lebten in einem gemütlichen kleinen Haus, das vollgestopft war mit Kunstwerken und wertvollen Büchern und mit Fotografien, die, falls sie noch existieren, historische Dokumente sind. Die Politik war das einzige Thema in dieser intelligenten und wohlinformierten Familie. Die Unterhaltung bewegte sich in großen

142

Höhen um die Geschehnisse in der Welt und landete auch bisweilen in den Niederungen des nationalen Klatsches, aber ich fühlte mich auf jeden Fall wie auf dem Mond. Zu jener Zeit las ich nur Science-fiction, und während die Allendes mit sozialistischer Inbrunst die Veränderung des Landes planten, schlenderte ich von Asteroid zu Asteroid in Begleitung von Außerirdischen, die so schlüpfrig waren wie das Ektoplasma meiner Großmutter.

Als Michaels Eltern nach Santiago kamen, nutzte er die erste Gelegenheit, um mich ihnen vorzustellen. Meine zukünftigen Schwiegereltern erwarteten mich um fünf Uhr zum Tee, gestärktes Tischtuch, bemaltes englisches Porzellan, hausgemachte Scones. Sie empfingen mich freundlich, ich spürte, daß sie mich anerkannten, ohne mich zu kennen, weil sie dankbar waren für die Liebe, die ich ihrem Sohn gab. Der Vater wusch sich während meines kurzen Besuchs ein dutzendmal die Hände, und wenn er sich an den Tisch setzte, zog er den Stuhl mit den Ellbogen zurück, um sich die Hände vor dem Essen nicht zu beschmutzen. Kurz vor dem Ende meines Besuches fragte er mich, ob ich mit Salvador Allende verwandt sei, und als ich bejahte, veränderte sich sein Gesichtsausdruck, aber seine natürliche Höflichkeit hinderte ihn, seine Gedanken darüber schon bei unserer ersten Begegnung zu äußern, er würde später schon noch Gelegenheit dazu haben. Michaels Mutter gewann mich gleich beim ersten Mal für sich, sie war eine reine Seele, unfähig, jemandem Böses zu tun, die Güte sah ihr aus den aquamarinblauen Augen. Sie empfing mich ganz schlicht, als hätten wir uns seit Jahren gekannt, und an diesem Nachmittag schlossen wir einen Geheimpakt der gegenseitigen Hilfe, der uns sehr nützlich sein sollte in den schmerzvollen Prüfungen der folgenden Jahre. Michaels Eltern, die sich für ihren Sohn vermutlich ein stilles, zurückhaltendes Mädchen aus der englischen Kolonie gewünscht hatten, dürften die Fehler in meinem Charakter von Anfang an erraten haben, um so bewundernswerter ist es, daß sie mir so bereitwillig die Arme öffneten.

Ich war noch keine siebzehn Jahre, als ich anfing zu arbeiten, und das habe ich seither immer getan. Ich beendete die Schule und wußte nicht, was ich mit meiner Zukunft anfangen sollte; ich mußte überlegen, ob ich auf die Universität wollte, aber ich war unsicher, ich wollte Unabhängigkeit und zugleich und vor allem wollte ich bald heiraten und Kinder haben, das war der vorgezeichnete Weg der Mädchen damals. »Du solltest Bühnenkunst studieren«, schlug meine Mutter vor, die mich besser kannte als sonst jemand, aber dieser Gedanke kam mir schon völlig unsinnig vor. Am Tag nach der Abschlußfeier beeilte ich mich, eine Anstellung als Sekretärin zu finden, denn auf etwas anderes war ich nicht vorbereitet. Ich hatte sagen hören, bei den Vereinten Nationen bezahlten sie gut, und ich beschloß, meine Kenntnisse im Englischen und Französischen zu nutzen. Im Telefonbuch fand ich unter den internationalen Organisationen an herausragender Stelle ein seltsames Wort: FAO, und ohne zu ahnen, worum es sich handelte, machte ich mich dorthin auf den Weg. An der Pforte empfing mich ein farbloser junger Mann.

»Wer ist hier der Chef?« fragte ich ohne große Vorrede.

»Weiß ich nicht ... Ich glaube, hier gibt's keinen Chef«, murmelte er ein wenig ratlos.

»Wer hat denn am meisten zu sagen?«

»Don Hernán Santa Cruz«, erwiderte er ohne zu zögern.

»Ich möchte ihn sprechen.«

»Er ist in Europa.«

»Wer ist denn zuständig, Leute einzustellen, wenn er nicht da ist?«

Er nannte mir einen italienischen Grafen, ich bat um einen Termin, und als ich vor dem imposanten Schreibtisch dieses schmucken Römers stand, schwindelte ich ihm vor,

Señor Santa Cruz schicke mich zu ihm, damit er mich ein-
stelle. Der aristokratische Beamte ahnte nicht, daß ich
seinen Vorgesetzten nicht einmal vom Sehen kannte, und
nahm mich für einen Monat auf Probe, obwohl ich die
schlechteste Prüfung im Maschineschreiben in der Geschichte dieser Organisation ablegte. Sie setzten mich vor
eine schwere Underwood und gaben mir auf, einen Brief
mit drei Durchschlägen zu verfassen, ohne mir zu sagen,
daß es ein Geschäftsbrief sein sollte. Ich schrieb einen
kummervollen Liebesbrief, der mit Tippfehlern übersät
war, denn die Tasten schienen ein Eigenleben zu führen,
außerdem legte ich das Kohlepapier verkehrt herum ein,
wodurch Original und Durchschläge auf der Rückseite be-
schrieben waren, auch verkehrt herum. Sie suchten eine
Stelle, wo ich am wenigsten Schaden anrichten konnte,
und so wurde ich zeitweilig als Sekretärin einem argentinischen Forstexperten zugewiesen, dessen Aufgabe es war,
über die Bäume der Erdkugel Buch zu führen. Ich begriff,
daß mein Glück nicht mehr lange dauern konnte, und
lernte schleunigst in vier Wochen korrekt Maschineschreiben, das Telefon bedienen und Kaffee servieren wie ein
Profi, und insgeheim betete ich, daß der gefürchtete Santa
Cruz einen tödlichen Unfall haben und nie zurückkehren
möge. Jedoch mein Flehen wurde nicht erhört, und genau
nach einem Monat kehrte der Chef der FAO zurück, ein
riesiger Kerl, der aussah wie ein arabischer Scheich und
eine Stimme hatte, die wie Donner dröhnte und vor dem
die Angestellten im allgemeinen und der vornehme Italiener im besonderen sich voller Respekt, um nicht zu sagen
Furcht verneigten.

Bevor er durch andere von meiner Existenz erfuhr,
stellte ich mich selbst in seinem Büro vor, um ihm zu erzählen, ich hätte seinen heiligen Namen mißbraucht und sei
bereit, die entsprechende Buße zu leisten. Ein homerisches
Gelächter antwortete auf meine Beichte.

»Allende ... zu welchen Allendes gehörst du?« brüllte er schließlich, als er sich die Tränen abgewischt hatte.

»Mein Vater heißt anscheinend Tomás.«

»Anscheinend? Weißt du nicht, wie dein Vater heißt?«

»Niemand kann sicher sein, wer sein Vater ist, sicher kann man nur seiner Mutter sein«, erwiderte ich würdevoll.

»Tomás Allende? Ah, ich weiß, wer das ist! Ein sehr intelligenter Mann ...« Und er schaute ins Leere wie jemand, der um sein Leben gern ein Geheimnis erzählen möchte und nicht kann.

Chile hat die Größe eines Taschentuchs. Es stellte sich heraus, daß dieser Caballero mit dem Gehaben eines Sultans einer der besten Jugendfreunde von Salvador Allende war und außerdem meine Mutter und meinen Stiefvater gut kannte, deshalb setzte er mich nicht auf die Straße, wie der römische Graf gehofft hatte, sondern versetzte mich zur Informationsabteilung, wo man für jemanden mit meinem Einfallsreichtum bessere Verwendung finden könne als beim Kopieren von Forststatistiken, wie er mir erklärte. In der FAO duldeten sie mich mehrere Jahre, hier gewann ich Freunde, lernte die Anfangsgründe des Journalistenberufes und bekam meine erste Gelegenheit, Fernsehen zu machen. In der Freizeit übersetzte ich Liebesromane aus dem Englischen ins Spanische. Es waren romantische Geschichten voller Erotik und alle nach demselben Muster gestrickt: schönes und unschuldiges, aber armes junges Mädchen lernt reifen, starken, mächtigen, männlichen, von der Liebe enttäuschten und alleinlebenden Mann kennen, meistens an einem exotischen Ort, zum Beispiel auf einer polynesischen Insel, wo sie als Erzieherin arbeitet und er große Ländereien besitzt. Sie ist immer Jungfrau, selbst wenn sie Witwe ist, und hat einen zarten Busen, schwellende Lippen und schmachtende Augen, während er silberne Schläfen, goldbraune Haut und stählerne Muskeln anbieten kann. Der Grundbesitzer ist ihr in allem überlegen, aber die Erzieherin ist gut und bildhübsch. Nach sechzig Seiten voll glühender Leidenschaft, Eifersucht und unfaßbarer Intrigen heiraten sie natürlich, und die eiserne Jungfrau wird von dem metallischen Mannsbild defloriert. Es brauchte Charakterstärke, um der Originalfassung treu zu bleiben, und trotz der Bemühungen von Miss Saint John im Libanon reichte die meine nicht weit genug. Fast ohne mir darüber klar zu werden, schmuggelte ich kleine Änderungen ein, um das Bild der Heldin zu verbessern, ich begann mit den Dialogen, damit sie nicht gar so einfältig aussah, und dann ließ ich mich von der Eingebung fortreißen und änderte den Schluß, worauf die Jungfrau bisweilen ihre Tage mit Waffenhandel im Kongo beschloß und der Großgrundbesitzer nach Kalkutta zog, um Leprakranke zu pflegen. Ich hielt mich nicht lange in diesem Job, nach wenigen Monaten entließen sie mich.

Inzwischen waren meine Eltern aus der Türkei heimgekehrt, und ich wohnte bei ihnen in einem Riesenhaus im spanischen Stil aus Luftziegeln und mit Ziegeldächern, das an einem Kordillerenhang lag, wohin man nur sehr schwer mit dem Bus gelangte und wo Telefonanschluß zu bekommen unmöglich war. Es hatte einen Turm, zwei Hektar Garten, eine melancholische Kuh, die nie Milch gab, ein Schwein, das wir mit dem Besen aus den Schlafzimmern treiben mußten, Hühner, Kaninchen und ein rankendes Kürbisgewächs auf dem Dach; die riesigen Früchte rollten regelmäßig von oben auf den Weg, und wehe dem, der das Pech hatte, sich gerade darunter aufzuhalten. Den Bus zum Büro und zurück zu erwischen wurde zur Besessenheit, ich stand in aller Frühe auf, um pünktlich zur Arbeit zu kommen, und nachmittags war das Vehikel so voll, daß ich zu meinem Großvater ging und bei ihm bis zum Abend wartete, wenn der Verkehr ruhiger wurde. So gewöhnte ich mir an, den alten Mann jeden Tag zu besuchen, und das wurde schließlich so wichtig für uns beide, daß ich nur in den Zeiten aussetzte, als ich meine Kinder zur Welt brachte, und während der ersten Tage des Militärputsches, und einmal auch, als ich mir die Haare blond färben lassen wollte und durch einen Kunstfehler des Friseurs plötzlich einen grünen Kopf hatte. Ich wagte nicht, so vor dem Tata zu erscheinen, bis ich eine Perücke mit meiner ursprünglichen Haarfarbe erstanden hatte. Im Winter war unser Haus ein Eiskeller, wo es überall durchregnete, aber im Frühling und im Sommer war es zauberhaft mit den von Petunien überquellenden Tonkübeln, dem Summen der Bienen und dem Zwitschern der Vögel, dem Duft von Blumen und Früchten, dem verrückten Schwein, das den Besuchern zwischen die Beine fuhr, und der reinen Luft der Berge. Die Sonntagsessen verlagerten sich aus dem Haus meines Großvaters in das meiner Eltern, hier fand sich jetzt die Sippe zusammen, um sich pünktlich jede Woche zu zerfetzen. Michael, der aus einem friedlichen Heim kam, in dem größte Freundlichkeit herrschte, und den die Schule dazu erzogen hatte, seine Gefühle in jeder Situation zu verbergen – außer auf den Sportplätzen, wo er die Freiheit genoß, sich wie ein Barbar aufzuführen –, Michael war stummer Zeuge der maßlosen Leidenschaften meiner Familie.

In diesem Jahr starb Onkel Pablo bei einem merkwürdigen Flugzeugunfall. Er flog in einem Sportflugzeug über die Atacamawüste, und der Apparat explodierte in der Luft. Einige sahen den Feuerball am Himmel, aber es gab keine Überreste, und die Rettungsmannschaften, die die Region durchkämmten, kehrten mit leeren Händen zurück. Es gab nichts zu beerdigen, die Trauerfeier fand vor dem leerem Sarg statt. So abrupt und total war das Verschwinden dieses Mannes, den ich so geliebt habe, daß ich die phantastische Vorstellung entwickelte, er wäre nicht zu Asche verbrannt über diesen trostlosen Sanddünen; vielleicht konnte er sich durch ein Wunder retten, erlitt aber ein unheilbares Trauma und irrt heute durch andere Landstriche, verwandelt in einen sanften Greis ohne Erinnerung, von dem niemand ahnt, daß er einst eine junge Ehefrau und vier Kinder hinterließ. Mein Großvater nahm die bittere Nachricht wortlos entgegen, er preßte die Lippen zusammen, erhob sich, auf seinen Stock gestützt, und hinkte davon, damit niemand den Ausdruck seiner Augen sehen konnte. Er sprach nie wieder von seinem Lieblingssohn, wie er auch die Memé nicht erwähnte. Für diesen tapferen alten Mann galt: je tiefer die Wunde, um so verborgener der Schmerz.

Unsere verhältnismäßig keusche Liebe war gerade drei Jahre alt, als ich meine Kolleginnen im Büro von einer Wunderpille zur Vermeidung von Schwangerschaften reden hörte, die in Europa und den Vereinigten Staaten die Lebensformen revolutioniert hatte und die man jetzt in einigen Apotheken der Stadt bekommen konnte. Ich versuchte mehr herauszukriegen und erfuhr, daß man sie nur auf ärztliches Rezept kaufen konnte, aber ich traute mich nicht, zu dem unglaublichen Doktor Benjamín Viel zu gehen, der inzwischen zum Guru der Familienplanung in Chile geworden war, ich brachte jedoch auch nicht den Mut auf, mit meiner Mutter über das Thema zu sprechen. Im übrigen hatte sie zuviel Probleme mit ihren heranwachsenden Söhnen, als daß sie auch noch an Wunderpillen für ihre unverheiratete Tochter denken konnte. Mein Bruder Pancho hatte das Haus verlassen, um den Spuren eines selbsternannten Heiligen zu folgen, der Jünger anwarb und sich zum neuen Messias ausrief. In Wirklichkeit besaß dieser Mensch eine Eisenwarenhandlung in Argentinien, und das Ganze war ein verwickelter, religiös verkappter Betrug, aber die Wahrheit kam erst viel später ans Licht, als mein Bruder und andere junge Leute schon Jahre vergeudet hatten, in denen sie einem Mythos folgten. Meine Mutter tat, was sie konnte, um ihn dieser obskuren Sekte zu entreißen, und tatsächlich holte sie ihn auch ein paarmal nach Hause, als mein Bruder, zutiefst desillusioniert, die Familie um Hilfe bat. Sie rettete ihn aus finsteren Spelunken, wo sie ihn hungrig, krank und betrogen fand, doch kaum war er wieder zu Kräften gekommen, verschwand er aufs neue, und wir wußten monatelang nicht, wo er steckte. Von Zeit zu Zeit kamen Nachrichten von seinem Treiben, so aus Brasilien, wo er angeblich Candomblékünste lernte, oder aus Kuba, wo er sich als Revolutionär betätigte, aber keines dieser Gerüchte hatte eine Grundlage, in Wirklichkeit wußten wir überhaupt nichts von ihm.

Inzwischen verbrachte mein Bruder Juan zwei wenig glückliche Jahre auf der Fliegerschule. Schon bald nach seinem Eintritt begriff er, daß es ihm an Eignung und an Widerstandskraft fehlte, um das durchzustehen, daß er die unsinnigen militärischen Maßregeln und Zeremonien verabscheute, daß ihm das Vaterland höchstselbst völlig egal war und daß er, wenn er nicht bald von hier fortkam, entweder unter den Händen der älteren Kadetten draufgehn oder Selbstmord verüben würde. Eines Tages riß er aus, aber die Verzweiflung brachte ihn nicht sehr weit, mit zerlumpter Uniform kam er zu Hause an und stammelte, er sei desertiert, und wenn sie ihn fingen, komme er vors Militärgericht, und wenn er der Erschießung wegen Vaterlandsverrats entgehen sollte, werde er den Rest seiner Jugend im Kerker verbringen. Meine Mutter handelte schnell, sie versteckte ihn in der Vorratskammer, legte der Virgen del Carmen, der Schutzpatronin der Streitkräfte Chiles, ein Gelübde ab, damit sie ihr bei ihrem Unternehmen beistehe, ging zum Friseur, und dann zog sie ihr bestes Kleid an und suchte um eine Unterredung mit dem Leiter der

Kadettenanstalt nach. Als sie erst einmal zu ihm vorgelassen war, ließ sie ihm keine Zeit, den Mund aufzumachen, sie stürzte auf ihn zu, packte ihn beim Jackett und schrie ihn an, er sei der einzig Verantwortliche für das Schicksal ihres Sohnes und ob er denn nichts merke von den Demütigungen und Torturen, denen die Kadetten ausgesetzt seien, aber wenn Juan etwas geschähe, dann werde sie ganz gewiß den Namen der Schule in den Schmutz ziehen, und sie bombardierte ihn mit Argumenten und schüttelte ihn ab und zu, bis der General, besiegt von diesen Pantheraugen und dem losgelassenen mütterlichen Instinkt, meinen Bruder wieder in seine Reihen aufnahm.

Aber kehren wir zurück zur Pille. Mit Michael redete ich nicht über solche unfeinen Kleinigkeiten, unsere puritanische Erziehung wog zu schwer. Nach den nächtlichen Streichelsitzungen in einem Gartenwinkel waren wir beide erschöpft, und ich war wütend. Ich brauchte ziemlich lange, um die Mechanik des Sex zu begreifen, denn ich hatte nie einen nackten Mann gesehen, außer Marmorstatuen mit einem Kleinjungenschwänzchen, und mir war nicht recht klar, was eine Erektion war, wenn ich etwas Hartes spürte, glaubte ich, es wären die Schlüssel vom Motorrad in seiner Hosentasche. Meine heimliche Lektüre von *Tausendundeiner Nacht* im Libanon hatte mir den Leib mit sinnlichen Empfindungen und den Kopf mit Metaphern und poetischen Wendungen angefüllt; mir fehlte ein simples Handbuch mit Anleitungen. Später, als ich Klarheit hatte über die Unterschiede zwischen Männern und Frauen und über das Funktionieren von etwas so Einfachem wie einem Penis, fühlte ich mich betrogen. Ich sah damals nicht und ich sehe noch immer nicht den moralischen Unterschied zwischen den hitzigen Sitzungen voll unbefriedigender Fummelei und dem Mieten eines Hotelzimmers, um zu tun, was die Phantasie diktiert, aber keiner von uns beiden wagte, so etwas vorzuschlagen. Ich

vermute, ringsum gab es nicht mehr viele keusche Jungfrauen in meinem Alter, aber dieses Thema war tabu in
jenen Zeiten kollektiver Heuchelei. Jede improvisierte, so
gut sie konnte, mit den Hormonen in Aufruhr, mit
schlechtem Gewissen und der Angst, daß der Junge nach
dem *bis zum Ende gehn* nicht nur verschwinden, sondern
seine Eroberung auch noch ausposaunen würde. Die Rolle
der Männer war die des Angreifers, und wir hatten uns zu
verteidigen und so zu tun, als interessiere Sex uns nicht,
weil es nicht zum guten Ton gehörte, offen mit unserem
eigenen Verführer zusammenzuarbeiten. Wie anders lagen
die Dinge für dich, Paula! Du warst sechzehn, als du eines
Morgens zu mir kamst und batest, ich sollte dich zum Gy-
näkologen begleiten, weil du alles über empfängnisverhütende Mittel wissen wolltest. Stumm und sehr beein-
druckt, denn ich begriff, daß deine Kindheit zu Ende war
und daß du anfingst, dich meiner Aufsicht zu entziehen,
begleitete ich dich. »Reden wir lieber nicht drüber, altes
Mütterchen, niemand würde verstehen, daß du mir in dieser Sache beistehst«, hast du mir noch geraten.

Als ich so alt war wie damals du, schwamm ich in trüben
Wassern, verstört von apokalyptischen Warnungen: Nimm
kein Getränk an, es kann ein Pulver druntergemischt sein,
wie man es den Stuten gibt, damit sie rossig werden; steig
nicht in ein Auto, denn er fährt mit dir irgendwohin aufs
Land, und du weißt ja, was dir dann passieren kann. Von
Anfang an empörte ich mich gegen die doppelte Moral, die
meine Brüder berechtigte, die ganze Nacht außer Haus zu
verbringen und am Morgen alkoholduftend heimzukom-
men, ohne daß sich irgend jemand darüber aufregte. Onkel
Ramón schloß sich mit ihnen ein, das waren *Männersa-
chen*, über die zu befinden meine Mutter und ich nicht das
Recht hatten. Es wurde als natürlich angesehen, daß sie
sich nachts in das Zimmer des Hausmädchens schlichen,
und sie machten Witze darüber, was ich als doppelt beleidi-

gend empfand, denn zur Anmaßung des Macho kam noch die soziale Arroganz hinzu. Ich stelle mir den Skandal vor, wenn ich den Gärtner in mein Bett eingeladen hätte. Trotz meiner Empörung lähmte mich die Furcht vor den Folgen, nichts kühlt so ab wie die Drohung einer unerwünschten Schwangerschaft. Noch nie hatte ich ein Kondom gesehen, ausgenommen die in Form tropischer Fische, die die libanesischen Händler in Beirut den Marines anboten, aber damals dachte ich, es wären Geburtstagsluftballons. Das erste, das ich in die Hände bekam, zeigtest du mir in Caracas, Paula, als du ein Köfferchen voller Hilfsmittel für dein Seminar über Sexualität überallhin mitnahmst. »Das ist der Gipfel, daß du in deinem Alter nicht weißt, wie man sowas benutzt«, sagtest du mir eines Tages, und ich war über vierzig Jahre alt, hatte meinen ersten Roman veröffentlicht und schrieb am zweiten. Heute staune ich über eine derartige Unwissenheit in jemandem, der soviel gelesen hatte wie ich. Außerdem war in meiner Kindheit etwas geschehen, was mir ein wenig Aufschluß hätte geben oder zumindest meine Neugier hätte wecken können, mehr über die Sache zu erfahren, aber ich hielt es in der dunkelsten Tiefe meines Gedächtnisses verschlossen.

An jenem Weihnachtstag des Jahres 1950 ging ich zur Strandpromenade, einer langen, von Geranien gesäumten Terrasse. Ich war acht Jahre alt, meine Haut war von der Sonne verbrannt und schälte sich auf der Nase, und das Gesicht war voller Sommersprossen, ich trug einen ärmellosen Kittel aus weißem Pikee, der im Rücken zu knöpfen war, und ein Halsband aus aufgezogenen Muscheln. Die Fingernägel hatte ich mir mit Wasserfarbe rot bemalt, daß meine Finger aussahen wie zerquetscht, und ich schob einen Korbwagen mit meiner neuen Puppe, einem finster blickenden Gummibaby mit einer Öffnung im Mund und einer zwischen den Beinen, damit das Wasser, das man ihr oben einflößte, unten wieder herauskam. Der Strand war leer, am Abend zuvor hatten die Dorfbewohner spät gegessen, der Mitternachtsmesse beigewohnt und bis in den Morgen gefeiert, um diese Zeit war noch keiner aufgestanden. Am Ende der Promenade ging der Sandstrand in Felsen über, wo der Ozean sich donnernd brach und Schaum und Algen hochschleuderte; das Licht war so intensiv, daß die Farben sich in dem glühenden Weiß des Morgens verwischten. Ich ging selten so weit, aber an diesem Tag wagte ich mich bis hierher, weil ich nach einem Platz suchte, wo ich der Puppe Wasser geben und ihre Windeln wechseln konnte.

Unten zwischen den Felsen stieg ein Mann aus dem Wasser, er trug eine Unterwasserbrille und im Mund ein Gummirohr, er riß es sich mit einer schroffen Bewegung heraus und atmete tief ein. Er hatte einen ziemlich schäbigen schwarzen Badeanzug an, und an einer Schnur, die er um die Taille gebunden hatte, hingen ein paar Eisenhaken, sein Werkzeug beim Muschelernten. Er hatte drei Seeigel bei sich, die er in einen Sack steckte, und dann streckte er sich auf einem glatten Stein aus, um auszuruhen. Seine gebräunte glatte, unbehaarte Haut war wie gegerbtes Leder und sein Haar sehr schwarz und kraus. Er griff nach einer Flasche und trank das Wasser in langen Zügen, um Kräfte zu sammeln und abermals zu tauchen, mit dem Handrükken strich er sich das Haar aus der Stirn und über die Augen, dann hob er den Blick und sah mich. Anfangs war er sich vielleicht über mein Alter nicht im klaren, er sah verschwommen eine Gestalt, die ein Bündel wiegte, und im Flirren des Lichtes um elf Uhr vormittags kann er mich für eine Mutter mit ihrem Kind gehalten haben. Er stieß einen Pfiff aus und hob die Hand und winkte mir zu. Ich stand auf, mißtrauisch und neugierig. Inzwischen hatten seine Augen sich an die Sonne gewöhnt, und er erkannte mich, er wiederholte seinen Gruß und rief mir zu, ich sollte keine Angst haben, ich sollte nicht weggehen, er hätte etwas für mich, holte zwei Seeigel und eine halbe Zitrone aus einem Beutel und kam über die Felsen heraufgeklettert. »Wie du dich verändert hast, im vorigen Jahr warst du noch eine Rotznase wie deine Brüder«, sagte er. Ich trat zwei Schritte zurück, aber dann erkannte ich ihn auch und lächelte ihn an, wobei ich den Mund mit der Hand bedeckte, denn meine Zähne waren noch nicht alle wieder nachgewachsen. Er war immer nachmittags in unser Haus gekommen, um seine Ware anzubieten, und der Tata bestand darauf, die Fische und Meerestiere selbst auszuwählen. »Komm, setz dich her, neben mich, zeig mir deine Puppe, wenn sie aus Gummi ist, kann sie bestimmt schwimmen, wir werden sie ins Meer setzen, ich pass' auf sie auf, ihr wird nichts passieren, schau, da unten hab ich einen Sack voller Seeigel, am Nachmittag werde ich deinem Großvater ein paar bringen, möchtest du sie probieren?«

Er nahm einen mit seinen großen, schwieligen Händen, unempfindlich gegen die harten Stacheln, stach mit der Spitze eines Hakens in die Mitte der Schale, wo sie die Form eines kleinen zusammengerollten Perlenhalsbandes hat, und öffnete sie. Ich sah eine orangegelbe Höhlung und darin eine dunkle Flüssigkeit, in der etwas wie Eingeweide schwammen. Er hielt mir den Seeigel unter die Nase und sagte, ich solle daran riechen, dies sei der Geruch der Meerestiefe und der Frauen, wenn sie heiß sind. Zuerst schüchtern, dann mit Wonne sog ich diesen von Jod und Salz schweren Wohlgeruch ein. Er erklärte mir, den Seeigel dürfe man nur lebend essen, alles andere sei Todsünde, drückte ein paar Tropfen Saft aus der Zitrone in die Schale und zeigte mir, wie sich die Innereien bewegten, von der Säure verletzt. Er zog ein Stück mit den Fingern heraus, warf den Kopf zurück und ließ es in seinen Mund gleiten, ein Faden dunkler Saft rann von seinen Lippen. Ich wollte sehr gern mal probieren, ich hatte gesehen, wie mein Großvater und meine Onkel die Schalen in einen Napf leerten, Zwiebel und Koriander hinzutaten und das Ganze herunterschlangen. Der Fischer ergriff ein anderes Stück und schob es mir in den Mund, es war glatt und weich, aber auch ein bißchen rauh, wie ein feuchtes Handtuch. Den Geschmack und Geruch kann man mit nichts vergleichen, anfangs fand ich ihn widerlich, aber dann spürte ich das saftige Fleisch zucken, und mein Mund füllte sich mit verschiedenen, untrennbaren Geschmacksempfindungen. Der Mann zog ein Stück rosiges Fleisch nach dem andern aus der Schale, einige aß er selbst und einige gab er mir, dann brach er den zweiten Seeigel auf, und auch mit dem wurden wir fertig, lachend, Saft verspritzend, uns gegenseitig die Finger ableckend. Zum Schluß stocherte er in der blutigen Schale herum und förderte ein paar kleine Spinnen zutage, die sich von dem Seeigel ernähren, sie sind purer konzentrierter Geschmack. Er nahm eine auf die Zungenspitze und wartete mit weit geöffnetem Mund, daß sie hineinspazierte, drückte sie gegen den Gaumen und zeigte mir dann das zerquetschte Bißchen, bevor er es herunterschluckte. Ich schloß die Augen. Ich fühlte, wie seine groben Finger über meine Lippen, die Nasenspitze und das Kinn strichen, mich kitzelten, ich machte den Mund auf, und gleich spürte ich, wie die Füßchen des Spinnentiers sich bewegten, aber ich konnte einen Brechreiz nicht unterdrücken und spuckte es aus. »Dummchen«, sagte er, während er das Tierchen zwischen den Steinen erwischte und selber aß. »Ich glaub dir nicht, daß deine Puppe Pipi macht, laß mal sehen, zeig mir das Löchlein. Ist deine Puppe Junge oder Mädchen? Was heißt, das weißt du nicht. Hat sie einen Piepel oder nicht?« Dann sah er mich mit einem rätselhaften Ausdruck an, und plötzlich nahm er meine Hand und legte sie auf sein Geschlecht. Ich spürte etwas wie einen Wulst unter dem nassen Stoff des Badeanzugs, wie ein dickes Stück Schlauch, etwas, was sich bewegte; ich versuchte, die Hand zurückzuziehen, aber er hielt sie fest, während er mit veränderter Stimme flüsterte, ich solle keine Angst haben, er werde mir nichts Böses tun, nur wunderschöne Sachen. Die Sonne wurde heißer, das Licht fahler und das Brausen des Ozeans betäubender, während unter meiner Hand dieses bedrohliche harte Etwas Leben gewann. In diesem Augenblick rief mich Margaras Stimme von weit her und brach den Bann. Verstört sprang der Mann auf und stieß mich von sich, nahm seinen Muschelhaken und sprang die Felsen hinab bis ans Meer. Auf halbem Wege hielt er kurz an, wandte sich um und zeigte auf seinen Unterleib. »Willst du sehen, was ich hier habe, willst du wissen, wie's der Papa und die Mama machen? Sie machen's wie die Hunde, aber viel besser, wart hier auf mich am Nachmittag, zur Siestazeit, so um vier, dann gehn wir in den Wald, wo uns keiner sieht.« Einen Augenblick später war er in den Wellen verschwunden. Ich legte die Puppe in den Wagen und ging nach Hause. Ich ging zitternd.

Wir aßen immer im Patio mit den Hortensien, unter dem Laubengang rund um einen großen, mit weißen Tafeltüchern bedeckten Tisch. An diesem Tag war die Familie vollzählig zum Weihnachtenfeiern beisammen, Girlanden waren aufgehängt worden, Kiefernzweige standen auf dem Tisch und Platten mit Nüssen und kandierten Früchten. Die Reste des Truthahns vom Abend zuvor wurden aufgetragen, dazu gemischter Salat, junger Mais und ein riesiger gebackener Seeaal mit Butter und Zwiebeln. Der Fisch wurde ganz hereingebracht, mit Schwanz, einem dicken Kopf mit flehenden Augen und in der intakten Haut, die wie ein Handschuh aus fleckigem Silber aussah und die meine Mutter mit einer einzigen Bewegung abzog, wodurch sie das glänzende Fleisch bloßlegte. Von Hand zu Hand gingen die Karaffen Weißwein mit Pfirsichstückchen und die Platten mit selbstgebackenem Brot, das noch warm war. Wie immer sprachen alle mit voller Lautstärke. Mein Großvater, in Hemdsärmeln und Strohhut, war der einzige, den das Getöse nicht berührte, er war ganz an die Aufgabe hingegeben, aus einer Ajíschote die Samenkörner zu entfernen und sie mit Salz zu füllen, in wenigen Minuten erhielt er so eine salzige, pikante Flüssigkeit, die imstande war, Zement zu durchdringen, und die er mit Wonne trank. An einem Ende des Tisches saßen wir Kinder, fünf lärmende Cousins und Cousinen, die einander das krosseste Brot wegrissen. Ich hatte noch den Geschmack der Seeigel im Mund und dachte nur daran, daß ich um vier Uhr eine Verabredung hatte. Die Hausmädchen hatten die Zimmer vorbereitet, gelüftet und frisch gemacht, und nach dem Essen zog sich die Familie zur Siesta zurück. Wir fünf Kinder teilten ein paar Liegen im selben Raum, es war schwierig, sich vor der Siesta zu drükken, denn das fürchterliche Auge Margaras wachte, aber nach einer Weile verschwand selbst sie erschöpft in ihrem eigenen Zimmer. Ich wartete, bis der Schlaf die anderen Kinder besiegt hatte und im Haus Frieden einzog, dann stand ich vorsichtig auf, zog den Kittel und die Sandalen an, versteckte die Puppe unter dem Bett und ging hinaus. Der Holzfußboden knarrte unter jedem Schritt, aber in diesem Haus gab alles irgendwelche Geräusche von sich: die Dielen, die Rohre, der Motor des Kühlschranks und der Motor der Wasserpumpe, die Mäuse und der Papagei vom Tata, der den Sommer damit verbrachte, uns von seiner Sitzstange aus zu beleidigen.

Der Fischer erwartete mich am Ende der Strandpromenade, er trug eine schwarze Hose, ein weißes Hemd und Gummisandalen. Als ich näher kam, drehte er sich um und ging voraus, und ich folgte ihm, ohne ein Wort zu sagen, wie mondsüchtig. Wir überquerten die Straße, bogen in eine Gasse ein und begannen den Hügel in Richtung auf den Wald hinaufzuklettern. Oben gab es keine Häuser, nur Kiefern, Eukalyptusbäume und Strauchwerk, die Luft war frisch, fast kalt, die Sonne drang kaum durch das schattige grüne Gewölbe. Der starke Wohlgeruch der Bäume und des wilden Thymians mischte sich mit dem andersartigen, der vom Meer aufstieg. Über den mit modrigen Blättern und Kiefernnadeln bedeckten Boden glitten grüne Eidechsen; dieses verstohlene Huschen, ab und an ein Vogelschrei und das Rauschen der Zweige in der Brise waren die einzigen wahrnehmbaren Geräusche. Er nahm mich bei der Hand und führte mich tiefer in den Wald, wir gingen durch grüne Pflanzenwelt, ich wußte die Richtung nicht mehr, ich hörte das Meer nicht und fühlte mich verloren. Schon konnte uns niemand mehr sehen. Ich hatte so große Angst, daß ich nicht sprechen konnte, ich traute mich nicht, diese Hand loszulassen und wegzurennen, ich wußte, daß er viel schneller und viel stärker war. Red nicht mit Unbekannten, laß nicht zu, daß sie dich anfassen, wenn sie dir zwischen die Beine fassen, ist das eine Todsünde, und außerdem wirst du davon schwanger, dir schwillt der Bauch wie ein Ball, immer mehr und mehr, bis er platzt und du stirbst – Margaras Stimme paukte mir schreckliche Warnungen ein. Ich wußte, daß ich etwas Verbotenes tat, aber ich konnte weder zurück noch davonlaufen, ich war in meiner eigenen Neugier gefangen, in einem Bann, der mächtiger war als die Angst. Ich habe dieses untrügliche Schwindelgefühl angesichts der Gefahr auch zu anderen Malen in meinem Leben gespürt und habe ihm oft nachgegeben, denn ich kann dem Drängen des Abenteuers nicht widerstehen. Bei einigen Gelegenheiten hat diese Verlockung mir beträchtlichen Ärger eingebracht, wie zu den Zeiten der Militärdiktatur, und bei anderen hat sie mich bereichert wie damals, als ich Willie kennenlernte und mich die Lust am Risiko trieb, ihm zu folgen.

Endlich blieb der Fischer stehen. »Hier sind wir richtig«, sagte er und packte ein paar Zweige für ein Lager übereinander, »hier streck dich aus, leg den Kopf auf meinen Arm, damit du keine Blätter ins Haar bekommst, so, bleib ganz ruhig, wir werden Mama und Papa spielen«, sagte er mit erstickter Stimme, keuchend, während seine rauhe Hand mir über Gesicht und Hals fuhr, in den Ausschnitt des Kittels rutschte, die kindlichen Brustwarzen suchend, die sich bei der Berührung zusammenzogen, und mich streichelte, wie es noch niemand je getan hatte, in meiner Familie berührt man sich nicht. Ich spürte, wie eine heiße Benommenheit mir Glieder und Willen auflöste, eine tiefsitzende Panik überflutete mich, und ich fing an zu weinen. »Was hast du denn, dummes Mädchen? Ich werde dir nichts Böses tun«, und die Hand des Mannes gab den Kittelausschnitt auf und fuhr hinab zu den Beinen, tastete langsam, trennte sie mit Festigkeit, aber ohne Gewalt, glitt hinauf und hinauf, bis zur Mitte selbst. »Wein doch nicht, laß mich, ich will dich nur mit dem Finger berühren, ganz sacht, daran ist nichts Schlechtes, mach die Beine auseinander, sei ganz locker, hab keine Angst, ich mache ihn dir nicht rein, sei doch nicht dumm, wenn ich dir etwas antue, bringt dein Großvater mich um, wir werden bloß ein bißchen spielen.« Er knöpfte meinen Kittel auf und zog ihn mir aus, aber er ließ mich den Schlüpfer anbehalten. Seine Stimme war heiser geworden, er murmelte unaufhörlich eine Mischung aus Schamlosigkeiten und Koseworten und küßte mir dabei das Gesicht, sein Hemd war schweißnaß, röchelnd atmete er in kurzen Stößen und preßte sich an mich. Ich glaubte zu sterben, erdrückt, besabbert, zerquetscht von seinen Knochen und seinem Gewicht, erstickt von seinem Geruch nach Schweiß und Meer und seinem Atem, der nach Wein und Knoblauch roch, während seine kräftigen, heißen Finger sich fremd zwischen meinen Beinen bewegten, drückend, reibend, mit der Hand die geheime Stelle umfassend, die niemand berühren darf. Ich konnte ihm nicht widerstehen, ich fühlte, wie sich in meinem Innern etwas öffnete, aufriß und in tausend Stücke zersprang, während er sich schneller und schneller an mir rieb in einem unbegreiflichen Paroxysmus von wildem Stöhnen und krampfhaftem Röcheln, bis er endlich neben mir zusammensank mit einem dumpfen Schrei, der nicht von ihm kam, sondern aus dem Innern der Erde selbst aufstieg.

Ich wußte nicht recht, was geschehen war und wieviel Zeit ich neben diesem Mann verbracht hatte ohne mehr Bekleidung als meinen unversehrten himmelblauen Schlüpfer. Ich suchte meinen Kittel und zog ihn mir ungeschickt an, mir zitterten die Hände. Der Fischer knöpfte ihn mir im Rücken zu und streichelte mir das Haar, »Wein nicht, dir ist nichts passiert«, sagte er, und dann stand er auf, nahm mich bei der Hand und lief mit mir den Hügel hinab, wieder ins Helle. »Morgen erwarte ich dich um dieselbe Zeit, laß dir ja nicht einfallen, mich zu versetzen, und sag niemandem auch nur ein einziges Wort. Wenn dein Großvater es erfährt, bringt er mich um«, ermahnte er mich beim Abschied. Aber am nächsten Tag kam er nicht zum Treffpunkt.

Ich denke mir, daß dieses Erlebnis in mir eine Narbe hinterlassen hat, denn in all meinen Büchern kommen verführte oder verführende Kinder vor, fast immer ohne Böswilligkeit außer in dem Fall mit dem Negerkind, dem zwei Kerle im *Unendlichen Plan* Gewalt antun. Wenn ich mir die Erinnerung an den Fischer ins Gedächtnis rufe, empfinde ich weder Ekel noch Entsetzen, im Gegenteil, ich fühle eine unklare Zärtlichkeit für das Kind, das ich damals war, und für den Mann, der mich nicht vergewaltigte. Jahrelang hielt ich das Geheimnis so weggesperrt in einem abgeschiedenen Fach meines Geistes, daß ich es nicht mit dem Erwachen zur Sexualität in Verbindung brachte, als ich mich in Michael verliebte.

Ich bin mit dem Neurologen übereingekommen, dein Beatmungsgerät für eine Minute abzuschalten, Paula, aber wir haben es dem Rest der Familie nicht angekündigt, weil sie sich noch nicht von diesem unheilvollen Montag erholt haben, an dem du ganz nahe daran warst, in die andere Welt hinüberzugehen. Meine Mutter kann es nicht erwähnen, ohne in Tränen auszubrechen, sie wacht nachts auf mit der Vision des Todes, der sich über dein Bett beugt. Ich glaube, daß sie wie Ernesto schon nicht mehr darum betet, daß du gesund wirst, sondern darum, daß du nicht länger leiden mußt, aber ich will nicht davon ablassen, weiter um dich zu kämpfen. Der Doktor ist ein freundlicher Mann, mit seiner auf der Nasenspitze sitzenden Brille und dem zerknautschten Kittel sieht er ein bißchen wehrlos aus und so, als wäre er gerade von der Siesta aufgestanden. Er ist der einzige Arzt hier, der nicht gefühllos zu sein scheint gegenüber den Ängsten derer, die den Tag im Korridor der verlorenen Schritte verbringen. Der Porphyrie-Spezialist dagegen, der sich mehr für die Reagenzgläser in seinem Labor interessiert, wo er täglich dein Blut analysiert, besucht dich selten. Heute morgen haben sie dich zum ersten Mal vom Gerät abgesetzt. Der Neurologe überprüfte deine Lebenszeichen und las den Nachtbericht, während ich meine Großmutter und deine anrief – die bezaubernde Granny, die schon vor vierzehn Jahren von uns ging –, sie möchten uns zu Hilfe kommen. »Fertig?« fragte er mich und sah mich über seine Brille hinweg an, und ich nickte zur Antwort, weil mir meine Stimme nicht gehorchte. Er betätigte einen Schalter, und sofort brach das gleichmäßige Schnurren der Luft in dem durchsichtigen Schlauch an deinem Hals ab. Auch ich hörte auf zu atmen, während ich mit der Uhr in der Hand die Sekunden zählte und dich anflehte, dir befahl zu atmen, Paula, bitte! Jede einzelne zeigte sich mir an wie ein Peitschenhieb, dreißig, vierzig Sekunden, nichts, fünf Sekunden weiter, und es schien, daß deine Brust sich ein wenig hob, aber so leicht, daß es auch eine Täuschung gewesen sein konnte, fünfzig Sekunden... und länger durfte man nicht warten, du warst leblos, und ich selbst war am Ersticken. Das Gerät arbeitete wieder, und sogleich kehrte ein wenig Farbe in dein Gesicht zurück. Ich hielt zitternd die Uhr, meine Haut brannte, mir brach der Schweiß aus. Der Arzt reichte mir ein Stück Zellstoff.

»Wischen Sie sich die Lippen ab, Sie haben Blut daran«, sagte er.

»Heute abend versuchen wir es noch einmal und morgen wieder und so immer ein bißchen mehr, bis sie von alleine atmet«, entschied ich, sobald ich wieder sprechen konnte.

»Vielleicht kann Paula das nicht schaffen...«

»Sie wird es schaffen, Doktor. Ich will sie hier herausholen, und da ist es besser, wenn sie mir hilft.«

»Ich nehme an, Mütter wissen mehr als unsereins. Wir werden beim Gerät die Stärke allmählich herabsetzen, um sie zu zwingen, die Muskeln zu bewegen. Keine Sorge, sie wird genug Sauerstoff bekommen«, sagte er lächelnd und gab mir einen freundschaftlichen Klaps auf die Schulter.

Ich ging mit nassen Augen zu meiner Mutter, ich vermute, die Memé und die Granny blieben bei dir.

Willie kam sofort, als er von der neuen Krise erfahren hatte, und diesmal konnte er sein Büro für fünf Tage verlassen, fünf volle Tage mit ihm... wie sehr ich sie brauchte! Diese langen Trennungen sind gefährlich, die Liebe rutscht über unsicheren Grund. »Ich habe Angst, dich zu verlieren«, sagt er, »ich fühle, daß du dich jedesmal mehr entfernst, und ich weiß nicht, wie ich dich zurückhalten soll, erinnere dich, daß du meine Frau bist, meine Seele.« Ich habe es nicht vergessen, aber es ist wahr, daß ich mich entferne, der Schmerz ist ein einsamer Weg. Dieser Mann bringt mir einen Windstoß frischer Luft, Schicksalsschläge haben seinen Charakter gestählt, nichts kann ihn erdrükken, er besitzt eine unerschöpfliche Kraft, die täglichen Kämpfe durchzustehen, er ist ständig in Unruhe und in Eile, aber buddhistische Ruhe zieht in ihn ein, wenn es darum geht, ein Unglück zu ertragen, deswegen ist er ein so guter Kamerad, wenn es schwierig wird. Im Hotel nimmt er das winzige Gebiet unseres Appartements völlig ein, wirft die heiklen Gewohnheiten über den Haufen, die meine Mutter und ich eingeführt haben, daß wir uns bewegen wie zwei Ballerinen in einem komplizierten Pas de deux. Jemand von Willies Körpergröße und Eigenschaften bleibt nicht unbemerkt, wenn er da ist, gibt es Unordnung und Lärm, und der kleine Kocher kommt nicht zur Ruhe, und das ganze Haus riecht nach seinen köstlichen Gerichten. Wir mieten ein weiteres Zimmer, und ich wechsle mich für unsere Krankenhausgänge mit meiner Mutter ab, so kann ich ein paar Stunden mit ihm allein sein. Morgens bereitet er das Frühstück und ruft dann seine Schwiegermutter, die im Nachthemd und mit Wollstrümpfen erscheint, in ihre Tücher gehüllt und mit dem Abdruck der Kopfkissenfalten auf den Wangen, wie eine süße Märchengroßmutter, sie richtet sich in unserm Bett ein, und wir beginnen den Tag mit Toast und großen Tassen aromatischen Kaffees, aus San Francisco mitgebracht. Willie wußte bis zu seinem fünfzigsten Lebensjahr nicht, was eine Familie ist, aber er hat sich rasch daran gewöhnt, seinen Raum mit der meinen zu teilen, und er findet es nicht mehr seltsam, morgens zu dritt im Bett zu liegen. Gestern abend waren wir essen in einem Restaurant an der Plaza Mayor, wo wir uns von lärmenden, als Opernschmuggler verkleideten Kellnern, die uns in einem steingepflasterten Saal mit Deckengewölbe bedienten, zur Völlerei verleiten ließen. Alle Welt rauchte, und nicht ein einziges Fenster war geöffnet, wir waren sehr weit entfernt von dem nordamerikanischen Gesundheitstick. Wir vergifteten uns mit tödlichen Genüssen: gebackener Tintenfisch und in Öl gebratene Pilze mit Knoblauch, gebratenes Lamm in einer Tonschüssel, goldbraun, knusprig, vor Fett triefend, nach Kräutern duftend, und eine Karaffe Sangría, diese Wonne von einem Wein mit Orangenstückchen, den man wie Wasser trinkt, aber später, wenn man aufstehen will, haut er einem eine Keule in den Nacken. So hatte ich seit Wochen nicht mehr gegessen, meine Mutter und ich mogelten uns oft mit vielen Tassen Schokolade über den Tag. Ich verbrachte eine jammervolle Nacht mit gräßlichen Visionen von abgehäuteten Schweinen, die ihr Schicksal beklagten, und von lebenden Tintenfischen, die mir die Beine hochkletterten, und heute morgen habe ich geschworen, Vegetarier zu werden wie mein Bruder Juan. Keine Sünde der Völlerei mehr.

Diese Tage mit Willie frischen mich auf, ich fühle wieder meinen Körper, den ich wochenlang vergessen hatte, ich betaste meine Brüste, die Rippen, die man jetzt unter der Haut sehen kann, die Taille, die dicken Oberschenkel, und ich erkenne mich wieder. Dies bin ich, ich bin eine Frau, ich habe einen Namen, ich heiße Isabel, ich löse mich nicht in Rauch auf, ich bin nicht verschwunden. Ich betrachte mich in dem silbernen Spiegel meiner Großmutter: diese Person mit den trostlosen Augen bin ich, ich habe schon fast ein halbes Jahrhundert gelebt, meine Tochter liegt im Sterben, und trotzdem will ich noch immer lieben. Ich denke an Willies solide Gegenwart, ich fühle, wie es auf meiner Haut kribbelt, und ich muß lächeln über die abgründige Macht des Verlangens, unter dem ich erschauere und das imstande ist, den Tod zum Zurückweichen zu zwingen. Ich schließe die Augen und erinnere mich ganz klar an das erste Mal, als wir zusammen schliefen, den ersten Kuß, die erste Umarmung, die erstaunliche Entdeckung einer Liebe, die erwachte, als wir sie am wenigsten suchten, der Zärtlichkeit, die uns im Sturm nahm, als wir uns in einem Abenteuer für eine Nacht sicher fühlten, der von Anfang an geschaffenen tiefen Vertrautheit, als hätten wir uns unser ganzes Leben lang auf diese Begegnung vorbereitet, der Leichtigkeit, der Ruhe und des Vertrauens, womit wir uns liebten wie ein altes Paar, das tausendundeine Nacht miteinander geteilt hat. Und jedesmal nach befriedigter Leidenschaft und erneuerter Liebe schlafen wir eng umschlungen ein, ohne zu fragen, wo der eine anfängt und der andere aufhört, wem diese Hände oder jene Beine gehören, in so vollkommener Gemeinsamkeit, daß wir uns in den Träumen begegnen und am Tag darauf nicht wissen, wer von wem geträumt hat, und wenn einer sich zwischen den Laken bewegt, paßt der andere sich an Winkel und Kurven an, und wenn einer seufzt, seufzt auch der andere, und wenn einer erwacht, erwacht auch der andere. Komm, ruft mich Willie, und ich gehe auf diesen Mann zu, der mich im Bett erwartet, und fröstelnd von der Kälte im Krankenhaus und auf der Straße und vom zurückgedrängten Schluchzen, das sich in den Adern in Rauhreif verwandelt, ziehe ich das Hemd aus und decke mich mit seinem großen Körper zu, eingehüllt in seine Umarmung, bis ich wieder warm werde. Nach und nach nehmen wir das keuchende Atmen des andern wahr, und die Liebkosungen werden immer intensiver und langsamer, je mehr wir uns der Lust überlassen. Er küßt mich, und wieder überrascht mich wie jedesmal in diesen vier Jahren die Weichheit und Frische seines Mundes; ich klammere mich an seine starken Schultern und den festen Hals, ich streichle seinen Rücken, küsse sein Ohr, den schrecklichen tätowierten Totenkopf auf seinem rechten Arm, den Flaum auf seinem Bauch und atme seinen gesunden Geruch, diesen Geruch, der mich immer erregt, der Liebe hingegeben und voll Dankbarkeit, während mir ein Strom unvermeidlicher Tränen über die Wangen rinnt und auf seine Brust fällt. Ich weine vor Jammer um dich, Tochter, aber ich glaube, ich weine auch vor Glück über diese späte Liebe, die zu mir gekommen ist, um mein Leben zu verwandeln.

Wie war mein Leben vor Willie? Es war ebenfalls ein gutes Leben, voller starker Gemütsbewegungen. Ich habe in Extremen gelebt, wenige Dinge waren einfach oder glatt für mich, vielleicht hat meine erste Ehe deshalb so viele Jahre gedauert, sie war eine stille Oase, eine konfliktfreie Zone inmitten der Schlachten. Alles andere war nur Anstrengung, jede Bastion mußte mit dem Schwert in der Hand erobert werden, es gab keinen Augenblick Waffenruhe oder Langeweile, nur große Erfolge oder fürchterliche Fehlschläge, es gab Leidenschaft und Liebe, auch Einsamkeit, Arbeit, Verluste und Verzicht. Bis zum Tag des Militärputsches hatte ich geglaubt, meine Jugend würde ewig dauern, die Welt war ein herrlicher Ort und die Menschen im Grunde gut, ich hielt das Verbrechen für eine Art Unfall, einen Irrtum der Natur. All das endete jäh am 11. September 1973, als ich zur Brutalität des Daseins erwachte, aber bei dem Punkt bin ich auf diesen Seiten noch nicht angelangt, ich will dich nicht mit Herumspringen in meiner Erinnerung verwirren, Paula.

Ich blieb also keine alte Jungfer, wie ich auf jenen dramatischen Dokumenten vorausgesagt hatte, die in Onkel Ramóns Tresor ruhen, im Gegenteil, ich heiratete zu früh. Trotz des Versprechens, das Michael seinem Vater gegeben hatte, beschlossen wir zu heiraten, bevor er sein Ingenieursstudium beendet hatte, denn sonst hätte ich mit meinen Eltern in die Schweiz ziehen müssen, wohin Onkel

Ramón als Vertreter Chiles bei den Vereinten Nationen berufen worden war. Meine Arbeit erlaubte mir, ein Zimmer zu mieten und mit einiger Mühe zu überleben, aber in Santiago war zu dieser Zeit der Gedanke, daß ein Mädchen sich entschied, mit neunzehn Jahren unabhängig zu leben, mit Verlobtem und ohne Aufsicht, einfach unannehmbar. Ein paar Wochen schlug ich mich mit meinen Zweifeln herum, dann nahm meine Mutter das Heft in die Hand und trieb Michael in die Enge, genauso wie sie es sechsundzwanzig Jahre später mit meinem zweiten Ehemann machte. Wir setzten uns mit Papier und Bleistift hin und rechneten und kamen zu dem Schluß, daß zwei Personen mit meinem Gehalt kaum überleben konnten, aber es war die Mühe wert, es zu versuchen. Meine Mutter fing sofort begeistert mit den Vorbereitungen an; als erste Maßnahme verkaufte sie den großen Perserteppich aus dem Eßzimmer, und dann verkündete sie, eine Hochzeit sei ein guter Anlaß, Geld aus dem Fenster zu werfen, und meine würde glanzvoll werden. Heimlich begann sie in einem unbewohnten Zimmer Lebensmittel zu horten, damit wir wenigstens nicht Hunger leiden mußten, sie füllte Truhen und Koffer mit Tischwäsche und Handtüchern und Küchengeräten und erkundigte sich, wie wir zu einem Darlehen kommen konnten, um uns ein Haus zu bauen. Als sie uns die Papiere vorlegte und wir sahen, wie hoch die Verschuldung sein würde, wurde Michael ärgerlich. Er hatte keine Arbeit, und sein Vater, den die überstürzte Entscheidung verdroß, war nicht bereit, ihm zu helfen, aber die Überzeugungskraft meiner Mutter ist unwiderstehlich, und zum Schluß unterschrieben wir die Papiere.

Die Ziviltrauung fand an einem Frühlingstag in dem schönen Landhaus meiner Eltern statt, ein ganz intimes Beisammensein, an dem nur die beiden Familien teilnahmen, also etwa hundert Personen. Onkel Ramón regte an, wir sollten meinen Vater einladen, er dürfe in diesem wichtigen Augenblick meines Lebens nicht fehlen, meinte er, aber ich weigerte mich, und als Vertreter meiner väterlichen Familie sprang Salvador Allende ein, der sich als mein Trauzeuge in das Standesamtsregister eintrug. Kurz bevor der Standesbeamte erschien, nahm mein Großvater mich beim Arm, führte mich zur Seite und wiederholte mir fast die gleichen Worte, die er zwanzig Jahre zuvor zu meiner Mutter gesagt hatte: »Noch ist Zeit, sich zu besinnen, bitte heirate nicht, überleg es dir nochmal! Gib mir ein Zeichen, und ich setze diesen ganzen Haufen Leute vor die Tür, was meinst du?« Er betrachtete die Ehe als ein sehr schlechtes Geschäft für die Frauen, seinen männlichen Abkömmlingen dagegen empfahl er sie vorbehaltlos. Eine Woche später heirateten wir nach katholischem Ritus, obwohl ich diese Religion nicht praktizierte und Michael der anglikanischen Kirche angehörte, aber in dem Milieu, in dem ich geboren bin, wiegt der Einfluß der Kirche schwer wie ein Mühlstein. Ich betrat sie stolz am Arm von Onkel Ramón, der diesmal keine meinen Vater betreffende Initiative vorschlug, das geschah erst wieder viel später, als wir ihn beerdigen mußten. Auf den Fotos von diesem Tag sehen wir Brautleute aus wie verkleidete Kinder, er in einem maßgeschneiderten Frack und ich in die vielen, vielen Meter Stoff gehüllt, die vom Suq in Damaskus stammten. Getreu englischer Tradition schenkte meine Schwiegermutter mir ein himmelblaues Strumpfband für das Glück. Unter dem Kleid trug ich so viel Plastikschaum auf dem Busen, daß gleich die erste Glückwunschumarmung noch vor dem Altar ihn eindrückte und ich mit konkaven Brüsten dastand. Das Strumpfband ging auf und fiel mir vor die Füße und blieb im Kirchenschiff liegen als frivoler Zeuge der Zeremonie; außerdem platzte ein Reifen des Wagens, der uns zur Feier brachte, und Michael mußte sich den Schwalbenschwanz ausziehen und dem Chauffeur helfen, das Rad zu wechseln, aber ich glaube nicht, daß diese

Kleinigkeiten womöglich unheilverkündende Vorzeichen waren.

Meine Eltern reisten ab nach Genf, und wir begannen unser Leben als Ehepaar in diesem riesigen Haus, mit sechs Monaten von Onkel Ramón bezahlter Miete und den Vorräten, die meine Mutter wie eine großzügige Elster gespeichert hatte, jede Menge Säcke mit Mehl und Reis, Konservendosen und sogar Weinflaschen, als sollten wir einem Weltuntergang standhalten. Jedenfalls war das Haus eine wenig praktische Lösung, denn wir hatten keine Möbel, um die vielen Zimmer einzurichten, und kein Geld für Heizung, Putzfrau und Gärtner, außerdem war das Grundstück tagsüber verlassen, wenn wir beide morgens ins Büro und zur Universität fuhren. Sie stahlen die Kuh, das Schwein, die Hühner und das Obst von den Bäumen, dann schlugen sie die Fenster ein und räumten die Hochzeitsgeschenke und Kleidung ab, und schließlich entdeckten sie den Eingang zu dem geheimen Vorratskeller und plünderten ihn und ließen auch noch einen Zettel mit Dankesworten an der Tür als letzten Spott. So begann der Rosenkranz von Diebstählen, die unserem Dasein soviel Würze gegeben haben, ich schätze, die Räuber sind mehr als siebzehnmal in die Häuser eingestiegen, die wir bewohnt haben, und haben gestohlen, was nicht niet- und nagelfest war, eingeschlossen drei Autos. Durch ein Wunder wurde der silberne Spiegel meiner Großmutter niemals angerührt. Zwischen Diebstählen, Exil, Scheidung und Reisen habe ich so viele Dinge verloren, daß ich heute, wenn ich mir etwas kaufe, schon anfange, mich davon zu verabschieden, weil ich weiß, wie kurze Zeit es in meinen Händen sein wird. Als die Seife aus dem Bad verschwand und das Brot aus der Küche, beschlossen wir, auszuziehen aus diesem altersschwachen Haus, wo die Spinnen an den Decken Spitzen webten und die Mäuse uns dreist vor der Nase herumspazierten.

Inzwischen hatte mein Großvater aufgehört zu arbeiten, hatte sich für immer von seinen Schafen verabschiedet und war in den baufälligen Kasten am Strand gezogen, um den Rest seines Alters fern vom Lärm der Hauptstadt zu verbringen und mit seinen Erinnerungen in Frieden den Tod zu erwarten, ohne zu ahnen, daß er noch weitere zwanzig Jahre auf dieser Welt würde bleiben müssen. Er überließ uns sein Haus in Santiago, wo wir uns zwischen feierlichen Möbeln, Gemälden aus dem neunzehnten Jahrhundert und der Marmorstatue des nachdenklichen Mädchens einrichteten, nicht zu vergessen der ovale Eßzimmertisch, über den durch Zauber die Zuckerdose der Memé zu wandern pflegte. Wir zogen nicht für lange Zeit ein, denn in den folgenden Monaten bauten wir mit Wagemut und Kredit das Häuschen, in dem meine Kinder geboren wurden.

Als ich einen Monat verheiratet war, bekam ich stechende Schmerzen im Unterleib, und ahnungslos und verwirrt schrieb ich sie einer Geschlechtskrankheit zu. Ich wußte nicht, was es sein könnte, aber ich nahm an, es hätte mit Sex und folglich mit der Ehe zu tun. Ich traute mich nicht, mit Michael darüber zu sprechen, denn ich hatte in meiner Familie wie auch auf der englischen Schule gelernt, daß alle mit dem Körper zusammenhängenden Gesprächsthemen schlechter Geschmack sind; noch weniger konnte ich meine Schwiegermutter um Rat angehen, und meine Mutter war zu weit weg, also hielt ich durch ohne ein Wort, bis ich kaum mehr gehen konnte. Eines Tages, während ich in der Markthalle mühsam meinen Einkaufswagen vor mir herschob, traf ich die Mutter der ehemaligen Braut meines Bruders, eine zurückhaltende, sanfte Frau, die ich kaum kannte. Pancho wanderte immer noch auf den Spuren des neuen Messias, und seine Liebesbeziehung zu dem Mädchen war zeitweise unterbrochen, nach ein paar Jahren heiratete er sie und danach noch einmal und wurde ebenso oft von ihr geschieden. Die freundliche Dame fragte mich liebenswürdig nach meinem Ergehen, und noch bevor sie den Satz beendet hatte, hing ich ihr schon am Hals und jammerte ohne große Vorrede, daß ich an Syphilis stürbe. Mit bewundernswerter Ruhe nahm sie mich beim Arm, führte mich in eine nahe Konditorei, bestellte Kaffee und Kuchen und fragte mich dann nach dem genauen Grund für meine explosive Beichte. Wir vertilgten noch das letzte Stück Torte, und dann nahm sie mich mit zu einem Arzt ihrer Bekanntschaft, der eine Infektion der Harnwege feststellte, die mir wahrscheinlich der eisige Zug in dem alten Kolonialhaus eingebracht hatte; er verschrieb mir Bettruhe und Antibiotika, verabschiedete mich mit einem Lächeln und sagte: »Wenn Sie das nächste Mal Syphilis haben, warten Sie nicht so lange, sondern kommen Sie gleich zu mir.« Das war der Beginn einer bedingungslosen Freundschaft mit dieser Frau. Wir adoptierten uns gegenseitig – ich brauchte eine zweite Mutter, und sie hatte einen Platz frei im Herzen, nannte sich später Großmutter Hilda und hat seither ihre Rolle getreulich eingehalten.

Die Kinder bestimmten mein Dasein – seit sie geboren sind, habe ich nicht wieder in Begriffen des Individuums gedacht, ich bin Teil eines unzertrennlichen Trios. Bei einer Gelegenheit, vor etlichen Jahren, wollte ich einem Liebhaber den Vorrang geben, aber es gelang mir nicht, und schließlich verzichtete ich und kehrte zu meiner Familie zurück. Das ist ein Thema, über das wir weiter hinten sprechen müssen, Paula, vorläufig ist es besser, darüber zu schweigen. Nie war mir – trotz Pille – der Gedanke gekommen, daß Muttersein eine Frage der freien Entscheidung ist, ich betrachtete sie als unvermeidlich wie die Jahreszeiten. Ich wußte von meinen Schwangerschaften, bevor sie mir von der Wissenschaft bestätigt wurden, du erschienst mir in einem Traum, wie später auch dein Bruder Nicolás sich mir gezeigt hat. Diese Fähigkeit habe ich nicht verloren, und heute kann ich die Kinder meiner Schwiegertochter erahnen, meinen Enkel Alejandro habe ich geträumt, noch ehe seine Eltern wußten, daß sie ihn gezeugt hatten, und ich weiß, daß das kleine Wesen, das im Frühjahr geboren wird, ein Mädchen sein und Andrea heißen wird, aber Nicolás und Celia glauben mir noch immer nicht und planen eine Ultraschalluntersuchung und legen Namenlisten an. Im ersten Traum warst du zwei Jahre und hießest Paula, du warst ein zartes kleines Mädchen mit dunklem Haar, großen schwarzen Augen und einem schmachtenden Blick wie die Märtyrer auf den mittelalterlichen Fenstermalereien mancher Kirchen. Du trugst einen Mantel mit Pelerine und eine karierte Mütze ähnlich der klassischen Aufmachung von Sherlock Holmes. In den folgenden Monaten wurde ich so dick, daß ich eines Morgens, als ich mich bückte, um mir die Schuhe anzuziehen, vornüberkippte, die Beine in der Luft, die Wassermelone in meinem Bauch war mir in Richtung Kehle gerollt und hatte den Schwerpunkt verschoben, der nie wieder in seine ursprüngliche Lage zurückkehrte, deswegen gehe ich noch immer stolpernd durch die Welt. Diese Zeit, in der du in mir warst, war das vollkommene Glück, so gut begleitet habe ich mich nicht wieder gefühlt. Wir lernten in einer verschlüsselten Sprache miteinander zu reden, ich wußte, wie du in deinem Leben sein würdest, ich sah dich mit sieben, mit fünfzehn und mit zwanzig Jahren, ich sah dich mit langen Haaren, fröhlich lachend, und auch in Blue jeans und im Brautkleid, aber niemals habe ich dich geträumt, wie du jetzt bist, durch einen Schlauch an der Kehle atmend, leblos und ohne Bewußtsein. Mehr als neun Monate vergingen, und da du nicht die Absicht hattest, die friedliche Höhle zu verlassen, in der du dich eingenistet hattest, entschloß sich der Arzt, drastische Maßnahmen zu ergreifen, schnitt mir den Bauch auf und holte dich ins Leben, am zweiundzwanzigsten Oktober 1963. Großmutter Hilda war die einzige, die in diesen kritischen Stunden an meiner Seite war, denn Michael war mit einem Nervenfieber ins Bett gefallen, meine Mama war in der Schweiz, und meine Schwiegereltern wollte ich nicht verständigen, ehe alles vorbei war. Du warst ein behaartes Baby und sahst ein bißchen aus wie ein Gürteltier ohne Gürtel, aber ich hätte dich für kein anderes eingetauscht, im übrigen verlorst du den Flaum bald und entpupptest dich als ein zartes, schönes kleines Mädchen, geschmückt mit zwei glänzenden Perlen in den Ohren, die meine Mutter dir unbedingt schenken mußte, einer langen Familientradition folgend. Ich kehrte bald wieder an meine Arbeit zurück, aber nichts wurde wieder so wie früher, die Hälfte meiner Zeit, meiner Aufmerksamkeit und meiner Energie empfingst du, ich entwickelte Antennen, um deine Bedürfnisse selbst aus der Ferne zu erraten, ich ging mit schleppenden Füßen ins Büro und suchte nach jedem möglichen Vorwand, um entwischen zu können, ich kam spät, ging früh und erklärte mich für krank, um zu Hause zu bleiben. Dich wachsen und die Welt entdecken sehen war tausendmal interessanter als die Vereinten Nationen und ihre ehrgeizigen Programme, das Schicksal des Planeten zu verbessern; ich sehnte die Zeit herbei, wenn Michael sein Ingenieursdiplom bekommen und die Familie unterhalten konnte, damit ich immer bei dir blieb. Inzwischen waren meine Schwiegereltern in ein geräumiges Haus gezogen, einen Block entfernt von dem, das wir uns bauten, und bereiteten sich darauf vor, dich den Rest ihrer Tage zu verhätscheln. Sie hatten eine treuherzige Vorstellung vom Leben, denn sie waren nie aus dem kleinen Kreis herausgekommen, wo sie vor Härten und Rauheiten geschützt waren, für sie stellte die Zukunft sich gütig und sanft dar, wie sie es auch für uns war. Nichts Böses konnte uns geschehen, wenn wir nichts Böses begingen. Ich war bereit, eine beispielhafte Frau und Mutter zu werden, wenn ich auch noch nicht recht wußte, wie. Michael hatte vor, in seinem Beruf eine gute Arbeit zu finden, bequem zu leben, ein wenig zu reisen und sehr viel später das große Haus seiner Eltern zu erben, wo er seine alten Tage verbringen würde, umgeben von seinen Enkeln und beim Bridge und Golf mit altvertrauten Freunden.

Der Tata ertrug die Langeweile und die Einsamkeit am Strand nicht lange. Er mußte auf seine Meerbäder verzichten, weil ihm in der eisigen Kälte des Humboldtstroms die Glieder erstarrten, und er mußte seine Angelei in Fluß und Meer aufgeben, weil die Ölraffinerie die Süßwasserfische ebenso tötete wie die Salzwasserfische. Er wurde immer lahmer und klappriger, aber er blieb seiner Theorie treu, daß Krankheiten natürliche Heimsuchungen der Menschheit sind und daß man Schmerzen weniger spürt, wenn man sie nicht beachtet. Er hielt sich auf den Beinen mit Gin und Aspirin, die seine homöopathischen Pastillen ersetzten, als die nicht mehr wirkten. Was keineswegs überraschend war, denn als Kinder konnten meine Brüder und ich der Verlockung dieses alten hölzernen Arzneikastens voller geheimnisvoller Fläschchen nicht widerstehen und futterten seine Homöopathie nicht nur häufchenweise, sondern mischten sie auch durcheinander. Der alte Mann hatte viele Monate Stille für sich, um seine Erinnerungen durchzugehen, und er kam zu dem Schluß, das Leben sei schon ein rechtes Ärgernis, und man sollte nicht soviel Angst davor haben, es zu verlassen. Wir vergessen, daß wir auf jeden Fall auf den Tod zugehen, sagte er oft. Das Gespenst der Memé verlor sich in den vereisten Gängen dieses für Sommerfreuden, aber niemals für winterliche Stürme und Regengüsse gebauten Hauses. Zu allem Überfluß bekam der Papagei einen bösen Katarrh, und da halfen weder die Homöopathien noch die in Gin aufgelösten Aspirintabletten, die sein Herr ihm mit einer Pipette in den Schnabel träufelte, eines Montags lag er steif unter der Stange, von der aus er uns so viele Jahre beschimpft hatte. Der Tata schickte ihn, in Eis gepackt, zu einem Präparator in Santiago, der ihn bald darauf einbalsamiert zurückschickte, mit neuem Gefieder und einem Ausdruck von Intelligenz, den er im Leben nie gehabt hatte. Als mein Großvater die letzten Schäden des Hauses ausgebessert hatte und es müde war, gegen die unvermeidliche Erosion des Hügels und die Plagen von Ameisen, Küchenschaben und Mäusen anzukämpfen, war ein Jahr vergangen, und die Einsamkeit hatte ihn bitter gemacht. Er fing an, sich als letztes verzweifeltes Mittel gegen die Langeweile Fernsehserien anzusehen, aber ohne daß er es merkte, hatte ihn das Laster eingefangen, und bald war ihm das Schicksal dieser Pappfiguren wichtiger als das seiner eigenen Familie. Er verfolgte mehrere Serien gleichzeitig, verwechselte die Geschichten und steckte schließlich in einem Irrgarten fremder Leidenschaften, und da begriff er, daß es höchste Zeit war, in die Zivilisation zurückzukehren, ehe ihm das Alter den letzten Hieb verpaßte und ihn in einen halbblöden Greis verwandelte.

Er kam zurück in die Hauptstadt, als wir gerade im Begriff waren, in unser neues Heim umzuziehen, ein Fertighäuschen, von einem halben Dutzend Arbeiter grob zusammengehämmert und gekrönt von einer Strohperücke auf dem Dach, die ihm etwas Afrikanisches gab. Ich nahm meine alte Gewohnheit wieder auf, meinen Großvater nachmittags nach der Arbeit zu begrüßen. Ich hatte Autofahren gelernt, und Michael und ich benutzten das Auto abwechselnd – ein sehr primitives Plastikvehikel mit einer einzigen Tür vorn, und wenn man sie öffnete, gingen Armaturenbrett und Lenkrad mit; ich bin kein guter Fahrer, und sich in diesem mechanischen Ei durch den Verkehr zu schleusen war ein selbstmörderisches Unternehmen. Die täglichen Besuche beim Großvater lieferten mir genug Material für alle Bücher, die ich geschrieben habe und die ich vielleicht noch schreiben werde; er war ein meisterhafter Erzähler, mit einem niederträchtigen Humor begabt, er konnte unter schallendem Gelächter die haarsträubendsten Geschichten erzählen. Er schenkte mir rückhaltlos die Anekdoten, die er in den langen Jahren seines Daseins zusammengetragen hatte, die wichtigsten historischen Ereignisse des Jahrhunderts, die Verrücktheiten meiner Familie und die unendlichen Kenntnisse, die er sich beim Lesen seiner vielen Bücher erworben hatte. Die einzigen verbotenen Themen waren Religion und Krankheiten; er fand, Gott sei kein Gesprächsstoff, und alles, was mit dem Körper und seinen Funktionen zusammenhängt, war ganz und gar privat, sogar in den Spiegel sehen war für ihn alberne Eitelkeit, er rasierte sich aus dem Gedächtnis. Trotz seines herrischen Charakters war er nicht uneinsichtig. Als ich anfing, bei der Presse zu arbeiten, und endlich eine artikulierte Sprache gefunden hatte, meine Unzufriedenheit als Frau in dieser Machokultur auszudrücken, wollte er anfangs nicht auf meine Argumente hören, die in seinen Augen dummes Zeug waren, ein Attentat auf die Fundamente der Familie und der Gesellschaft, aber als ihm das Schweigen bewußt wurde, das sich bei unseren Tee-mit-Kuchen-Nachmittagen zwischen uns eingenistet hatte, begann er mich unter der Hand auszufragen. Eines Tages überraschte ich ihn, wie er in einem Buch blätterte, dessen Umschlag mir bekannt vorkam, und mit der Zeit akzeptierte er auch die Befreiung der Frau als eine Sache elementarer Gerechtigkeit, aber die Großzügigkeit reichte nicht bis zu gesellschaftlichen Veränderungen, in der Politik war er Individualist und konservativ, wie er es auch in religiösen Dingen war. Eines Tages verlangte er von mir, ich sollte ihm sterben helfen, weil der Tod gewöhnlich langsam und häßlich ist.

»Wie wollen wir's machen«, fragte ich vergnügt, weil ich dachte, er scherze.

»Das werden wir schon sehen, wenn es so weit ist. Fürs erste möchte ich nur, daß du es mir versprichst.«

»Das ist ungesetzlich, Tata.«

»Das soll dich nicht kümmern, ich übernehme die volle Verantwortung.«

»Du wirst im Sarg liegen, und mich hängen sie geradewegs an den Galgen. Außerdem muß es eine Sünde sein. Du bist doch Christ, oder?«

»Wie kannst du es wagen, mich etwas so Persönliches zu fragen!«

»Wesentlich persönlicher ist es doch wohl, wenn ich dich auf Bestellung umbringe, meinst du nicht?«

»Wenn du es nicht tust, die du meine älteste Enkelin bist und die einzige, die mir helfen kann, wer soll es dann tun? Ein Mann hat das Recht, in Würde zu sterben.«

Ich begriff, daß er es ernst meinte. Ich versprach es ihm schließlich, denn da er trotz seiner achtzig Jahre so gesund und kräftig aussah, hielt ich es für ausgemacht, daß ich mein Wort nie würde halten müssen. Zwei Monate später fing er an zu husten, es war ein trockener Husten, hörte sich an wie ein kranker Hund. Wütend schnallte er sich einen Sattelgurt um den Brustkorb, und wenn der Husten ihn würgte, zog er ihn brutal zusammen, um die Lungen zu bändigen, wie er mir erklärte. Er lehnte es ab, sich ins Bett zu legen, denn er war überzeugt, das würde der Anfang vom Ende sein – vom Bett ins Grab, sagte er –, und einen Arzt aufsuchen wollte er schon gar nicht, denn Benjamín Viel hielt sich in Sachen Verhütungsmittel in den Vereinigten Staaten auf, die Ärzte seiner eigenen Generation waren tot oder altersschwach, und die jungen mit ihren modernen Theorien waren seiner Meinung nach eine Herde aufgeblasener Scharlatane. Er vertraute nur einem blinden Alten, der ihm die Knochen zurechtrenkte, und seinem Kasten mit den wunderlichen homöopathischen Pillen, die er sich mit mehr Hoffnung als Wissen selbst verordnete. Bald glühte er im Fieber und versuchte sich mit großen Gläsern Gin und eiskalten Duschen zu kurieren, aber ein paar Nächte später war ihm, als ob ein Blitz ihm den Kopf spaltete, und ein Dröhnen wie ein Erdbeben machte ihn taub. Als er wieder Luft kriegte, konnte er sich nicht bewegen, der halbe Körper hatte sich in Granit verwandelt. Niemand wagte, einen Krankenwagen zu rufen, denn mit der Hälfte des Mundes, die noch funktionierte, murmelte er zwischen den Zähnen, den ersten, der ihn aus seinem Haus fortbrächte, würde er verstoßen, aber um einen Arzt kam er nicht herum. Einer rief einen Notdienst an, und zur Verblüffung der Anwesenden erschien eine Dame in einem seidenen Kleid und mit einer dreifachen Perlenkette um den Hals. »Tut mir leid, ich war auf einer Party«, entschuldigte sie sich, während sie die sämischledernen Handschuhe auszog, um den Patienten zu untersuchen.

Mein Großvater dachte, nun sei er nicht nur gelähmt, sondern halluziniere auch noch, und versuchte diese Person zu stoppen, die mit unerklärlicher Vertraulichkeit darauf aus war, ihn aus der Wäsche zu knöpfen und ihn zu betasten, wo niemand mit klarem Verstand sich hingewagt hätte; verzweifelt knurrend, versuchte er sich mit den geringen Kräften zu wehren, die ihm verblieben waren, aber nach einigen Minuten Tauziehen besiegte sie ihn mit einem Lächeln von geschminkten Lippen. Bei der Untersuchung stellte sie fest, daß dieser dickköpfige alte Mann neben dem Gehirnschlag an Lungenentzündung und einigen gebrochenen Rippen litt, die er sich mit dem Straffziehen des Sattelgurts eingebrockt hatte. »Die Prognose ist nicht gut«, flüsterte sie den am Fußende des Bettes versammelten Familienmitgliedern zu, ohne damit zu rechnen, daß der Patient sie hörte. »Das werden wir ja sehen«, erwiderte der Tata mit fadendünner Stimme, entschlossen, dieser Dame zu beweisen, welche Sorte Mann er war. Die kritischen Tage der Krankheit verbrachte ich an seinem Bett. Zwischen den weißen Laken liegend, ohne Kopfkissen, regungslos, der Umriß und das asketische Profil wie gemeißelt, glich er der in Stein gehauenen Gestalt eines etruskischen Fürsten auf einem Sarkophag. Auf jede seiner Bewegungen achtend, betete ich im stillen, daß er weiter kämpfen und sich nicht an den Todesgedanken erinnern möge. Während dieser langen Wachen fragte ich mich oft, wie ich es machen würde, falls er mich darum bäte, und kam zu dem Schluß, daß ich niemals imstande sein würde, seinen Tod herbeizuzwingen. In diesen Wochen bekam ich vorgeführt, wie widerstandsfähig der Körper ist und wie sehr er sich ans Leben klammert, selbst wenn er von Krankheit und Alter zerstört ist.

Bald schon konnte mein Großvater recht gut sprechen, zog sich ohne Hilfe an und schleppte sich, wenn auch unter bitteren Mühen, zu seinem Sessel im Wohnzimmer, wo er sich mit einer Gummikugel niederließ, um die Muskeln der Hand zu stärken, während er wieder einmal in der Encyclopaedia Britannica las, die auf einem kleinen Pult lag, und langsam große Gläser Wasser trank. Irgendwann entdeckte ich, daß es kein Wasser war, sondern Gin, den ihm die Ärztin nachdrücklich verboten hatte, aber da er damit gesund zu werden schien, übernahm ich es selbst, ihm welchen zu holen. Ich kaufte ihn in einem Spirituosengeschäft an der Ecke, dessen Besitzerin den Schlaf dieses begehrlichen Patriarchen zu stören pflegte; sie war eine reife Witwe mit energischem Sopranbusen und Heroinenhinterteil, die ihn als bevorzugten Kunden mit besonderer Hochachtung bediente und ihm den Gin in Mineralwasserflaschen füllte, um Problemen mit dem Rest der Familie aus dem Weg zu gehen.

Eines Abends sprach der alte Mann vom Tod meiner

Großmutter, ein Thema, das er bislang noch nie berührt hatte. »Sie lebt weiter«, sagte er, »weil ich sie nicht einen einzigen Augenblick vergessen habe. Sie kommt immer und besucht mich.«

»Heißt das, sie erscheint dir wie ein Gespenst?«

»Sie spricht zu mir, ich fühle ihren Atem im Nacken, fühle ihre Anwesenheit in meinem Zimmer. Als ich krank war, hat sie meine Hand gehalten.«

»Das war ich, Tata...«

»Denk doch nicht, daß ich schon schwachsinnig bin, ich weiß, daß manchmal du es warst. Aber ein andermal wieder war sie es.«

»Du wirst auch nicht sterben, weil ich mich immer an dich erinnern werde. Ich habe nichts von dem vergessen, was du mir all diese Jahre hindurch erzählt hast.«

»Ich kann dir nicht trauen, weil du alles veränderst. Wenn ich sterbe, ist keiner mehr da, der dich im Zaum hält, und bestimmt wirst du herumgehen und Lügen über mich erzählen«, und dabei lachte er und hielt sich ein Taschentuch vor den Mund, weil er seine Gesichtszüge noch nicht wieder beherrschte.

Während der folgenden Monate übte er hartnäckig, bis er sich wieder bewegen konnte, er erholte sich völlig und lebte noch fast zwanzig Jahre und nahm sich die Zeit, dich kennenzulernen, Paula. Du warst die einzige, die er in dem Haufen Enkel und Urenkel unterschied, er war kein Mann der Zärtlichkeiten, aber seine Augen strahlten, wenn er dich sah, »dieses kleine Mädchen ist zu etwas Besonderem bestimmt«, sagte er. Was würde er tun, wenn er dich sähe, wie du heute bist? Ich glaube, er würde die Doktoren und Schwestern aus dem Saal prügeln und dir mit eigenen Händen die Schläuche und Kanülen abreißen, um dir sterben zu helfen. Wenn ich nicht sicher wäre, daß du wieder gesund wirst, täte ich es selbst.

Heute ist Don Manuel gestorben. Sie haben seinen Leichnam auf einer Bahre durch die Hintertür hinausgebracht, und die Familie hat ihn abgeholt, um ihn in seinem Dorf zu beerdigen. Seine Frau und sein Sohn haben mit uns im Korridor der verlorenen Schritte die schlimmste Zeit ihres Lebens geteilt, die Angst bei jedem Besuch in der Intensivstation, das lange Gedulden in den Stunden, Tagen und Wochen des Todeskampfes. In gewissem Sinne sind wir eine gemeinsame Familie geworden. Sie brachte Käse und Brot vom Lande mit, die sie an meine Mutter und mich verteilte; manchmal schlief sie erschöpft ein, über die Stuhlreihe im Warteraum ausgestreckt, den Kopf auf meinen Knien, während ich ihr leise über die Stirn strich. Sie ist eine stämmige, braunhäutige kleine Frau, immer schwarz gekleidet, ihr Gesicht ist von lustigen Falten gefurcht.

Wenn sie ins Krankenhaus kam, zog sie sich die Schuhe aus und Pantoffeln an. Im sechsten Jahrzehnt seines Lebens war Don Manuel noch stark wie ein Pferd, aber nach drei Operationen am Magen war er es müde, weitere Erniedrigungen zu ertragen, und gab den Kampf auf. Wir haben gesehen, wie er nach und nach erlosch. In den letzten Tagen hatte er sich zur Wand gedreht und weigerte sich, die Trostsprüche des Kaplans anzunehmen, der oft durch den Saal geht. Er starb Hand in Hand mit den Seinen, und auch ich konnte mich noch von ihm verabschieden, »denken Sie daran, auf der anderen Seite für Paula zu bitten«, erinnerte ich ihn heimlich, bevor die Seele aus dem Körper floh. »Wenn es Ihrem Kind besser geht, müssen Sie uns auf dem Land besuchen kommen, wir haben ein sehr hübsches Stück Erde, die gesunde Luft und das kräftige Essen werden Paula guttun«, sagte die Witwe zu mir. Sie fuhren in einem Taxi davon, hinter dem Leichenwagen her. Sie schien sich abgefunden zu haben, sie ging ohne Tränen, ihre Pantoffeln in der Hand.

Mehrere Tage hindurch haben wir dein Atemgerät abgeschaltet, jedesmal einen Augenblick länger, und jetzt hältst du schon bis zu zehn Minuten mit dem bißchen Luft durch, das du in deinen Körper hineinbekommst. Es ist ein langsames und zugleich kurzes Atemholen, die Muskeln deiner Brust kämpfen gegen die Lähmung und beginnen sich schon ganz leicht zu heben. In einer Woche können wir dich vielleicht aus der Intensivstation herausholen und in einen normalen Saal betten. Es gibt keine Einzelzimmer, nur das Zimmer Null, wohin sie die Sterbenden legen; ich würde dich so gern in ein abgeschlossenes, stilles Zimmer bringen, mit einem Fenster, durch das wir Vögel und Blumen sehen können, wie es dir gefallen würde, aber ich fürchte, wir werden nur über ein Bett im Gemeinschaftssaal verfügen können. Ich hoffe, meine Mutter hält solange durch, mir scheint, sie ist nahe daran, zusammenzubrechen.

Die schlimmsten Vorahnungen überfallen mich nachts, wenn die Stunden eine nach der anderen vorbeiziehen, bis weit vor dem ersten Lichtschimmer die Geräusche des frühen Morgens hörbar werden, erst dann schlafe ich ein und schlafe tief wie eine Tote, eingehüllt in Willies grauen Kaschmirpullover, der für mich Erinnerungen an die Anfänge unserer Liebe in sich trägt. Er hatte ihn mir bei seinem ersten Besuch mitgebracht, als hätte er gewußt, daß wir lange getrennt sein würden. Anfangs hatte ich ein paar blaue Pillen genommen, eins der vielen geheimnisvollen Mittel, die meine Mutter nach ihrem Gutdünken verordnet und großzügig aus einem großen Beutel holt, in dem sie seit undenklichen Zeiten Medikamente sammelt. Einmal verpaßte sie mir eine doppelte Dosis eines Aufbaumittels für extreme Schwächezustände, das sie vor neunzehn Jahren in der Türkei erstanden hatte, und hätte mich fast umgebracht. Die blauen Pillen versetzten mich in eine heillose Benommenheit, ich wachte mit verquollenen Augen auf und brauchte den halben Vormittag, bis ich wieder einigermaßen klar sehen konnte. Dann entdeckte ich in einer Gasse nahebei eine Apotheke von der Größe eines Kleiderschranks, wo ich von einer langen, dürren, ganz in Schwarz gekleideten und bis zum Kinn zugeknöpften Apothekerin bedient wurde, der ich meinen Kummer vortrug. Sie verkaufte mir Baldriantinktur in einer dunkelbraunen Flasche, und jetzt träume ich immer dasselbe, mit wenigen Abweichungen. Ich träume, ich bin du, Paula, ich habe dein langes Haar, deine großen Augen, deine Hände mit den schlanken Fingern und dem Ehering, den ich trage, seit sie ihn mir im Krankenhaus gaben, als du so krank wurdest. Ich hatte ihn mir angesteckt, um ihn in der Hast jener Augenblicke nicht zu verlieren, und danach mochte ich ihn nicht mehr abziehen. Wenn du wieder zu Bewußtsein kommst, werde ich ihn Ernesto geben, damit er ihn dir ansteckt wie an eurem Hochzeitstag vor wenig mehr als einem Jahr. »Kommt dir das nicht ein bißchen wie Zirkus vor, in der Kirche zu heiraten?« fragte ich dich bei dieser Gelegenheit. Du warfst mir einen strengen Blick zu, und in diesem verweisenden Ton, den du niemals gegen deine Schüler anschlägst, wohl aber zuweilen gegen mich, erwidertest du, daß ihr gläubig seid, du und Ernesto, und daß ihr eure Verbindung öffentlich weihen lassen wolltet, denn privat wärt ihr vor Gott schon verheiratet, als ihr zum ersten Mal miteinander geschlafen hättet. Bei der Zeremonie sahst du aus wie eine ländliche Fee. Die Familie kam von weither, um das Ereignis in Caracas zu feiern, und ich reiste aus Kalifornien an mit deinem Brautkleid auf den Armen, halb erstickt unter einem weißen Stoffberg. Du richtetest dich im Haus meines Freundes Ildemaro her, der so stolz war wie dein Vater, und du wünschtest dir, daß er dich zur Kirche fuhr in seinem alten Auto, das er für die Gelegenheit frisch gewaschen und poliert hatte. »Wenn ich an Paula denke, sehe ich sie immer als Braut gekleidet und mit Blumen gekrönt«, sagte mir Ildemaro bewegt, als er dich in den ersten Tagen deiner Krankheit hier in Madrid besuchen kam.

Seit fünf Tagen streiken die Reinigungskräfte des Krankenhauses, das Gebäude sieht aus wie ein Marktplatz im tiefsten Mittelalter, bald werden wir Küchenschaben und Ratten haben, die Seuchen unter den Menschen verbreiten. Am Eingang zum Krankenhaus haben sich die Streikenden versammelt, von Polizei umgeben, und lächeln in die Fernsehkameras. Ärzte, Krankenschwestern, Patienten in Pyjama und Pantoffeln und andere im Rollstuhl nutzen die Gelegenheit, sich zu zerstreuen, sie schwatzen, rauchen, trinken Kaffee aus den Kaffeemaschinen, und keiner hat Eile, das Problem zu lösen, während der Unrat steigt wie

Gischt. Auf dem Fußboden treiben sich zwischen widerlichen Lachen benutzte Gummihandschuhe, Pappbecher, Heerscharen von Zigarettenkippen herum. Die Angehörigen der Kranken reinigen die Säle, so gut sie können, die Abfälle landen auf den Korridoren, wo sie an den Schuhen zurück in die Räume geschleppt werden. Die Müllcontainer quellen über, in den Ecken häufen sich große, zum Bersten gefüllte Plastiksäcke, die ekelerregenden Toiletten kann man nicht mehr benutzen, die meisten sind abgeschlossen, und die Luft stinkt nach Stall. Ich habe mich erkundigt, ob wir dich in eine Privatklinik bringen können, und mir wurde gesagt, das Risiko, dich zu bewegen, sei zu groß, aber ich denke mir, die Gefahr einer weiteren Infektion ist schlimmer.

»Nur ruhig«, riet mir unerschütterlich der Neurologe. »Paula ist an dem einzigen sauberen Ort des Gebäudes.«

»Aber die Leute schleppen die Infektion mit den Schuhen weiter! Sie gehn durch schmutzige Korridore rein und raus!«

Meine Mutter nahm mich beim Arm, führte mich zur Seite und mahnte mich an die Tugend der Geduld: »Dies ist ein öffentliches Krankenhaus, der Staat hat keinen Etat, um den Streikenden entgegenzukommen, wir erreichen gar nichts, wenn wir uns selber nervös machen, außerdem ist Paula mit chilenischem Wasser groß geworden und kann ein paar kümmerlichen madrilenischen Keimen glänzend widerstehen«, sagte sie. In diesem Augenblick öffnete die Schwester die Tür, um die Besucher einzulassen, und rief diesmal deinen Namen zuerst. Einundzwanzig Schritte mit dem grünen Kittel und den Plastikhüllen über den Schuhen, die das Personal nicht benutzte, während es geschäftig über die Abfälle lief, aber ich muß zugeben, daß andererseits alles frisch gewischt aussah. Ich kam aufgeregt an dein Bett, das Herz im Galopp wie jedesmal, wenn ich auf dich zugehe, und noch wütend über den Streik. Die

Morgenschwester kam mir entgegen, das ist die, der immer die Tränen kommen, wenn sie sieht, wie Ernesto zu dir von Liebe spricht.

»Gute Nachrichten! Paula atmet allein!« begrüßte sie mich. »Sie hat kein Fieber mehr und reagiert viel besser. Reden Sie mit ihr, ich glaube, sie hört zu...«

Ich nahm dich in die Arme, ich nahm deinen Kopf in beide Hände und küßte dich auf die Stirn, die Wangen, die Lider, ich schüttelte dich an den Schultern und rief dich, Paula, Paula, hörst du mich? Und da, Tochter, bei Gott..., da schlugst du die Augen auf und sahst mich an!

»Sie hat gut auf die Antibiotika reagiert. Sie verliert nicht mehr so viel Natrium. Wenn wir Glück haben, können wir sie in ein paar Tagen hier herausnehmen«, teilte mir der diensthabende Arzt kurz und knapp mit.

»Sie hat die Augen aufgemacht!«

»Das hat nichts zu bedeuten, machen Sie sich da keine Illusionen. Der Bewußtseinsstand ist null, vielleicht hört sie ein wenig, aber sie versteht nichts und erkennt nichts. Ich glaube nicht, daß sie leidet.«

»Komm, wir gehen eine Schokolade trinken mit Ölkringeln dazu, um diesen herrlichen Morgen zu feiern«, sagte meine Mutter, und wir gingen fröhlich hinaus und stiegen unbekümmert über die Schweinerei hinweg.

Du kamst am selben Tag aus der Intensivstation heraus, an dem der Streik des Putzpersonals zu Ende ging. Während ein Schwarm von Leuten in Stiefeln und Gummihandschuhen die Fußböden mit Desinfektionsmitteln schrubbte, reistest du auf einer Bahre an der Hand deines Mannes zu einem Saal der Neurologischen Abteilung. Hier stehen sechs Betten, alle belegt, es gibt ein Waschbecken und zwei große Fenster, durch die man ein wenig vom Ende des Winters sehen kann, das wird dein Heim sein, bis wir dich nach

Hause holen können. Jetzt kann ich die ganze Zeit bei dir bleiben, aber nach achtundvierzig Stunden neben deinem Bett begriff ich, daß mir dafür die Kräfte nicht reichen und es besser wäre, sich nach Hilfe umzusehen. Meine Mutter und die Nonnen haben zwei Krankenschwestern besorgt, die für den Tag ist ein junges Mädchen, rundlich und lächelnd, die immer fröhlich ist und gerne singt, und die Nachtschwester ist eine schweigsame und tüchtige Frau im gestärkten Kittel. Dein Geist ist noch immer abwesend, du öffnest die Augen und guckst ängstlich, als ob du Gespenster siehst. Der Neurologe ist beunruhigt, nach der Karwoche will er verschiedene Versuche machen, um den Zustand deines Gehirns zu erforschen, es gibt da Wunderapparate, die die kleinsten Regungen und Empfindungen registrieren. Ich versuche, nicht an das Morgen zu denken; die Zukunft existiert nicht, sagen die Hochlandindios, wir verfügen nur über die Vergangenheit, um Erfahrung und Wissen daraus zu ziehen, und die Gegenwart ist nur ein Funke, denn sie verwandelt sich im selben Augenblick in gestern. Du hast keine Kontrolle über deinen Körper, kannst dich nicht bewegen und erleidest heftige Krämpfe, die wie Stromstöße sind. Und doch bin ich dankbar für deinen Zustand völliger Unwissenheit, es wäre schlimmer, wenn du verstündest, wie krank du bist. Von Fehler zu Fehler lerne ich dich zu pflegen, anfangs haben mir das Loch in deiner Kehle, die Schläuche und Kanülen Entsetzen eingeflößt, aber ich habe mich dran gewöhnt, inzwischen kann ich dich ohne Hilfe waschen und kämmen und dir das Nachthemd überziehen. Ich habe mir weiße Kittel und Gummischuhe gekauft, so falle ich unter dem Personal nicht auf und erspare mir Erklärungen. Hier hat noch niemand etwas von Porphyrie gehört, sie glauben nicht, daß du wieder gesund werden kannst. »Wie hübsch Ihre Tochter ist, die arme Kleine, beten Sie zu Gott, daß er sie bald zu sich nimmt«, sagen die Patienten zu mir.

Die Atmosphäre des Saals ist niederdrückend, er scheint ein Verwahrungsraum für Irre zu sein; da ist eine Frau, die glaubt, sie wäre in eine Schnecke verwandelt, und heult in ihrem Bett, vor zwei Jahren fing sie an, sich zusammenzuziehen und in sich selbst zusammenzurollen, und seither wird es immer schlimmer. Ihr Mann kommt nachmittags nach der Arbeit, wäscht sie mit einem feuchten Lappen, kämmt sie, überprüft die Vorrichtungen, die sie im Bett stützen, und dann setzt er sich neben sie und schaut sie an, ohne mit jemandem zu sprechen. Am anderen Ende, neben dem Fenster, strampelt Elvira, eine stämmige Bäuerin in meinem Alter, die völlig klar im Kopf ist, aber ihr hat sich die Bedeutung der Wörter verwirrt und sind die Bewegungen durcheinandergeraten. Sie hat klare Gedanken, doch sie kann sie nicht ausdrücken, sie will um Wasser bitten, doch ihre Lippen formen das Wort Zug, ihr gehorchen auch die Arme und Beine nicht, sie zappelt wie eine Marionette, deren Fäden sich verheddert haben. Ihr Mann erzählt, als er eines Tages nach der Arbeit heimkam, fand er sie zusammengebrochen auf einem Stuhl, unzusammenhängendes Zeug stammelnd. Zuerst dachte er, sie spiele eine Betrunkene, um ihre Enkel zu unterhalten, aber als die Stunden vergingen und die Kinder verängstigt weinten, beschloß er, sie nach Madrid zu bringen. Seither hat es noch niemand geschafft, ihrer Krankheit einen Namen zu geben. Morgens kommen Professoren und Medizinstudenten und untersuchen sie wie ein Tier, stechen sie mit Nadeln, stellen ihr Fragen, die sie nicht beantworten kann, und gehen dann achselzuckend wieder ab. Ihre Töchter und eine Menge Freunde und Nachbarn geben sich die Klinke in die Hand, um sie an den Wochenenden zu besuchen, sie war die Seele des Dorfes. Ihr Mann rührt sich nicht weg vom Stuhl neben ihrem Bett, hier verbringt er den Tag, und hier schläft er in der Nacht, er umsorgt sie unermüdlich, während er mit ihr schimpft: »Komm schon, verflucht nochmal, schluck die Suppe, oder ich kipp sie dir über den Kopf, Himmel, diese Frau macht mich fertig.« Diese Sprache begleitet er mit geschäftigen Bewegungen und dem zärtlichsten Blick. Mir hat er errötend gestanden, daß Elvira das Licht seines Lebens ist, ohne sie ist ihm nichts mehr wichtig. Nimmst du wahr, was dich umgibt, Paula? Ich weiß nicht, ob du hörst, ob du siehst, ob du etwas verstehst von dem, was in diesem Irrsinnszimmer abläuft, oder ob du mich vielleicht erkennst? Du schaust immer nur nach rechts, mit offenen Augen und geweiteten Pupillen starrst du auf das Fenster, an dem manchmal die Tauben sitzen. Der Pessimismus der Ärzte und die Schäbigkeit des Gemeinschaftssaales bohren mir Löcher in die Seele. Auch Ernesto sieht sehr müde aus, aber am schlimmsten ist meine Mutter dran.

Hundert Tage. Genau hundert Tage sind vergangen, seit du ins Koma fielst. Meiner Mutter schwinden die letzten Kräfte, heute morgen konnte sie nicht aufstehen, sie ist ganz ausgelaugt und hat endlich userm Drängen nachgegeben, nach Chile zurückzukehren, ich habe ihr den Flugschein gekauft, und vor ein paar Stunden habe ich sie zum Flugzeug gebracht. »Laß dir ja nicht einfallen, zu sterben und mich ganz und gar verwaist zurückzulassen«, habe ich sie beim Abschied ermahnt. Als ich wieder ins Hotel kam, fand ich mein Bett aufgeschlagen, außerdem eine Kasserolle mit Linsensuppe und ihr Gebetbuch, das sie mir zur Gesellschaft dagelassen hat; so endete unser Honigmond.

Nie zuvor hatten wir über soviel Zeit verfügt, um zusammenzusein; mit niemandem außer meinen neugeborenen Kindern habe ich eine so tiefe, lange Vertrautheit genossen. Bei den Männern, die ich geliebt habe, enthielt das Zusammenleben immer Elemente von Leiden, von Koketterie und Scham, oder es entartete zu offenem Ärger, ich wußte gar nicht, wie gemütlich es ist, den Raum mit einer anderen Frau zu teilen. Ich vermisse sie sehr, aber ich muß allein sein und in der Stille Energien sammeln, der Lärm im Krankenhaus macht mich taub.

Ernestos Vater wird bald abreisen, und auch er wird mir fehlen, ich habe viele Stunden in der Gesellschaft dieses Riesen zugebracht, der sich neben deinem Bett niederließ, um sich mit einzigartiger Zartheit um dich zu kümmern und mich mit den Abenteuern seines Lebens zu unterhalten. Im Spanischen Bürgerkrieg verlor er seinen Vater und seine Onkel, in seiner Familie blieben nur die Frauen und die kleinsten Kinder am Leben. Der Großvater deines Mannes wurde an einer Kirchenmauer erschossen, und in den Wirren jener Zeit floh seine Frau von Ort zu Ort, ohne zu wissen, daß sie Witwe war mit ihren drei kleinen Kindern, und sie litten Hunger und gingen durch unnennbare Not. Sie schaffte es, ihre Söhne zu retten, die in Franco-Spanien aufwuchsen, ohne je in ihren festen republikanischen Überzeugungen schwankend zu werden. Mit achtzehn Jahren war Ernestos Vater ein junger Student mitten in General Francos Diktatur, als die Unterdrückung auf ihrem Höhepunkt war. Wie seine Brüder gehörte auch er heimlich der Kommunistischen Partei an. Eines Tages fiel eine Genossin in die Hände der Polizei, er wurde sofort benachrichtigt, nahm Abschied von seiner Mutter und seinen Brüdern und konnte fliehen, bevor die junge Frau seinen Aufenthaltsort vielleicht verraten hätte. Er ging zuerst nach Nordafrika, aber dann schiffte er sich nach der Neuen Welt ein und landete schließlich als Flüchtling in Venezuela; hier arbeitete er, heiratete, hatte Kinder und blieb über dreißig Jahre hängen. Nach Francos Tod kehrte er in sein Dorf in der Provinz Córdoba zurück auf der Suche nach seiner Vergangenheit. Es gelang ihm, einige seiner alten Kameraden zu treffen, und so bekam er nach und nach die Adresse des Mädchens heraus, an das er drei Jahrzehnte lang jeden Tag gedacht hatte. In einer ärmlichen Wohnung mit fleckigen Wänden erwartete ihn eine Frau, die am Fenster saß und stickte; er erkannte sie nicht, aber sie hatte ihn nicht vergessen und streckte ihm die Hände hin, dankbar für diesen späten Besuch. Und dann erfuhr er, daß sie trotz der Folter nicht gestanden hatte, und begriff, daß seine Flucht und sein langes Exil unnötig gewesen waren, die Polizei hatte ihn nie verfolgt, weil er nicht verraten worden war. Nun ist es zu spät, an einen Wechsel zu denken, der Lebensweg dieses Mannes ist vorgezeichnet, er kann nicht nach Spanien zurückkehren, seine Seele hängt an den Urwäldern des Amazonas.

In den endlosen Stunden, die wir gemeinsam im Krankenhaus verbringen, erzählt er mir Geschichten wie aus Tausendundeiner Nacht, von seinen Abenteuern an Flüssen so breit wie Meere, auf Gipfeln, die vorher nie ein Mensch betreten hatte, in Tälern, wo die Diamanten aus der Erde sprießen wie Samen und wo die Schlangen allein mit dem Geruch ihres Giftes töten; er beschreibt mir Eingeborenenstämme, die nackt unter tausendjährigen Bäumen umherstreifen, Guajiro-Indianer, die ihre Frauen und Töchter wie Vieh verkaufen, Söldner der Drogenhändler, Gesetzlose, die ungestraft vergewaltigen, morden und brennen. Er zog eines Tages mit einer Gruppe Arbeiter und einem Zug Maultiere durch den Urwald; sie mußten sich mit Machetehieben einen Weg bahnen, als einer der Männer danebentraf, der Stahl ihm ins Bein fuhr, ihm eine tiefe Wunde schlug und den Knochen spaltete. Das Blut strömte nur so heraus, trotz der Adernpresse und anderer Hilfsmittel. Da erinnerte sich einer an den Indio, der die Maultiere führte, ein geriebener alter Bursche, der in dem Ruf stand, ein Zauberer zu sein, und also holten sie ihn vom anderen Ende der Kolonne. Der Mann kam ruhig heran, warf einen Blick auf das Bein, hieß die Neugierigen zurücktreten und begann seine Beschwörung mit der Bedachtsamkeit eines Mannes zu bewerkstelligen, der oft den Tod gesehen hat. Er wedelte mit seinem Sombrero über die Wunde, um die Moskitos zu verscheuchen, bedeckte sie mit einem Regen aus Spucke und machte ein paar Kreuze in die Luft, während er in Urwaldsprache einen Sermon herunterleierte. »Und so brachte er die Blutung zum Stillstand«, schloß Ernestos Vater beiläufig. Sie verbanden die schreckliche Wunde mit einem Lappen, legten den Verletzten auf eine improvisierte Trage und wanderten mit ihm noch stundenlang, ohne daß er auch nur einen Tropfen Blut verlor, bis sie endlich zur nächstgelegenen Unfallstation kamen, wo man seine Wunde nähen und das Bein schienen konnte. Er hinkt zwar heute, aber er hat immer noch sein Bein. Ich erzählte diese Anekdote den Nonnen, die dich täglich besuchen, und sie schienen keineswegs überrascht, sie sind eben an Wunder gewöhnt. Wenn ein Indio vom Amazonas einen Blutstrom stoppen kann, wieviel mehr wird die Wissenschaft für dich tun können, Tochter! Ich muß Hilfe auftreiben. Jetzt, wo ich allein bin, werden die Tage länger und die Nächte dunkler. Ich habe mehr als genug Zeit zum Schreiben, denn wenn ich das Ritual deiner Pflege erledigt habe, gibt es nichts mehr zu tun, nur noch zu erinnern.

Zu Beginn der sechziger Jahre war ich von den Forststatistiken zu einigen wackligen Anfängen im Journalismus aufgerückt, die mich durch einen Zufall zum Fernsehen brachten. In etlichen Ländern der Welt sendete man schon in Farbe, aber in Chile, dem letzten Winkel des amerikanischen Kontinents, taten wir gerade die ersten Schritte mit Experimentalprogrammen in Schwarz-Weiß. Die privilegierten Besitzer eines Fernsehers wurden die einflußreichsten Personen in ihrem Viertel, die Nachbarn versammelten

sich um die wenigen vorhandenen Geräte, um hypnotisiert
auf dem Bildschirm ein unbewegliches geometrisches Muster zu betrachten und dazu eintönige Musik vom Band zu
hören. Sie verbrachten ihre Abende mit offenem Mund
und starrem Blick und warteten auf eine Offenbarung, die
den Lauf ihres Lebens ändern würde, aber nichts geschah,
da waren nur das Quadrat, der Kreis und immer dieselbe
dümmliche Musik. Nach und nach gelangten wir von der
grundlegenden Geometrie zu einigen wenigen Stunden
Lehrprogramm: über die Funktionsweise eines Motors
oder über das arbeitsame Temperament der Ameisen sowie
Unterricht in Erster Hilfe, worin einer bleichen Puppe
Mund-zu-Mund-Beatmung verabfolgt wurde. Sie boten
uns auch einen Nachrichtendienst, ohne Bilder erzählt wie
im Radio, und ab und zu einen Stummfilm. Aus Mangel an
interessanteren Themen stellten sie meinem Chef in der
FAO fünfzehn Minuten zur Verfügung, um über das Problem des Hungers in der Welt aufzuklären. Es war die Zeit
der apokalyptischen Prophezeiungen: die Menschheit ver-
mehre sich ohne Kontrolle, die Nahrung reiche nicht aus,
die Erde sei erschöpft, der Planet gehe zugrunde, und in
weniger als fünfzig Jahren würden die wenigen Überlebenden einander um das letzte Stück Brot umbringen. Am Tag
der Sendung wurde mein Chef krank, und ich mußte zum
Sender fahren, um ihn zu entschuldigen. »Tut mir leid«,
sagte trocken der Produzent, »heute um drei Uhr nachmittags wird eine Person aus Ihrer Organisation vor der Kamera erscheinen müssen, so haben wir es abgemacht, und
ich habe kein anderes Material, um den Zeitraum zu füllen.« Ich überlegte: Wenn die Fernsehzuschauer Quadrat
und Zirkel sowie Chaplin in *Goldrausch* fünfmal die Woche ertragen konnten, war die Sache nicht so ernst. Ich
erschien also mit einigen zusammengestoppelten Filmaus-
schnitten, auf denen ein Paar rachitischer Büffel den ausge-
dörrten, rissigen Boden in einem fernen asiatischen Winkel

pflügte. Da der Film in Portugiesisch gedreht worden war, erfand ich einen dramatischen Text, der mehr oder weniger zu dem jämmerlichen Gespann paßte, und trug ihn mit solcher Emphase vor, daß niemand mehr an dem baldigen Ende von Büffel, Reis und gesamter Menschheit zweifeln konnte. Als ich fertig war, bat mich der Programmleiter mit einem resignierten Seufzer, ich möchte doch jeden Mittwoch kommen, um gegen den Hunger zu predigen, der Arme war in Ängsten, wie er seinen Sendeplan vollkriegen sollte. So kam es also schließlich, daß ich ein Programm übernahm, in dem ich vom Drehbuch bis zum Abspann alles machen mußte. Die Arbeit im Sender bestand darin, pünktlich zu kommen, mich vor ein rotes Licht zu setzen und ins Leere zu sprechen; ich war mir nie wirklich bewußt, daß jenseits des Lichts eine Million Ohren meine Worte erwarteten und eine Million Augen meine Frisur begutachteten, daher meine Verwunderung, wenn völlig Fremde mich auf der Straße grüßten. Als du mich das erste Mal auf dem Bildschirm erblicktest, Paula, warst du eineinhalb Jahre, und der Schreck darüber, den körperlosen Kopf deiner Mama hinter einem Glas erscheinen zu sehen, machte dich eine ganze Zeitlang starr und sprachlos. Meine Schwiegereltern besaßen den einzigen Fernseher in einem Kilometer Umkreis, und jeden Nachmittag füllte sich das Zimmer mit Zuschauern, die die Granny wie Gäste behandelte. Sie verbrachte den Vormittag damit, Kuchen zu backen und die Kurbel einer Eismaschine zu drehen, und spätabends wusch sie dann Geschirr ab und fegte den Schmutz auf, der die Fußböden wie einen Kampfplatz bedeckte, nur leider dankte es ihr niemand. Ich wurde die berühmteste Person im ganzen Viertel, die Nachbarn grüßten mich achtungsvoll, und die Kinder zeigten mit dem Finger auf mich. Ich hätte für den Rest meiner Tage in diesem Job bleiben können, aber irgendwann hatte das Land genug von Hungerkühen und Schautafeln. Als es soweit war, war ich eine der wenigen Personen mit Fernseherfahrung – sehr rudimentär natürlich – und hätte in anderen Programmen mitarbeiten können, aber Michael hatte seinen Ingenieur gemacht, und uns zwei juckte die Abenteuerlust, wir wollten reisen, bevor wir mehr Kinder bekämen. Wir ergatterten zwei Stipendien, flogen nach Europa und kamen in der Schweiz an, mit dir an der Hand, du warst fast zwei Jahre und in deiner Reisekleidung eine rechte Miniaturfrau.

Onkel Ramón hat bei keiner der Gestalten meiner Bücher Pate gestanden, er ist zu geradlinig und hat zuviel gesunden Menschenverstand. Romane macht man mit Verrückten und Schurken, mit Menschen, die von ihren Zwangsvorstellungen gequält werden, mit Opfern, die in das gnadenlose Räderwerk des Schicksals geraten sind. Vom Gesichtspunkt der Erzählung aus gibt ein intelligenter Mann mit normalen Empfindungen wie Onkel Ramón nichts her, als Großvater dagegen ist er perfekt, das wußte ich sofort, als ich ihm auf dem Flughafen von Genf seine erste Enkelin vorstellte und sah, wie er einen geheimen Reichtum an Zärtlichkeit ans Tageslicht förderte, den er bislang verborgen gehalten hatte. Er erschien mit einer großen Medaille am dreifarbigen Band um den Hals, überreichte dir die Schlüssel der Stadt in einem Samtetui und begrüßte dich im Namen des Kantons Genf, der Schweizer Bank und der Calvinistischen Kirche. In diesem Augenblick begriff ich, wie sehr ich in Wirklichkeit meinen Stiefvater liebte, und augenblicklich waren die stürmischen Eifersuchtsanfälle und die Wutausbrüche der Vergangenheit weggewischt. Du trugst die Mütze und den Mantel im Sherlock-Holmes-Stil, in denen ich dich vor deiner Geburt geträumt hatte und die dir die Großmutter Hilda nach meinen genauen Angaben auf ihrer Nähmaschine genäht hatte. Du sprachst

schon ganz richtig und benahmst dich so wohlerzogen wie
eine kleine Señorita, wie es dich die Granny gelehrt hatte.
Ich arbeitete ganztags und hatte wenig Ahnung davon, wie
man Kinder erzieht, ich fand es sehr bequem, diese Aufgabe weiterzureichen, und jetzt, wo ich die glänzenden
Ergebnisse bedenke, begreife ich, daß meine Schwiegermutter es viel besser machte. Die Granny übernahm es
unter anderem, dir die Windeln abzugewöhnen. Sie kaufte
zwei Nachtgeschirre, ein kleines für dich und ein großes
für sich, und dann saßt ihr beide stundenlang und spieltet
Besuch, bis du den Trick verstanden hattest. Ihr Haus war
das einzige im Viertel mit Telefon, und die Nachbarn, die
kamen und baten, es benutzen zu dürfen, gewöhnten sich
daran, diese sanfte englische Dame mit sichtbarem Hinterteil vor ihrer Enkelin sitzen zu sehen. Die Großmutter
Hilda wiederum entdeckte die Methode, dich zu füttern,
denn du warst appetitlos wie die Nachtigallen. Sie dachte
sich einen Reitsitz aus, den sie auf den Rücken ihres Hun-
des schnallte, eines großen, schwarzen Viechs und zäh wie
ein Esel, auf dem du rittest, während sie mit dem Löffel
Suppe hinterherlief. In Europa wurden diese zwei beispiel-
haften Großmütter durch Onkel Ramón ersetzt, der dich
davon überzeugte, daß er der uneingeschränkte Herr der
Coca-Cola sei und daß niemand auf der ganzen Welt und
darüber hinaus sie ohne seine Einwilligung trinken dürfe.
Du lerntest, ihn auf französisch anzurufen, und unter-
brachst damit die Sitzungen des Rates der Vereinten Nationen, weil du ihn bitten wolltest, eine Brause trinken zu
dürfen. Ebenso redete er dir ein, er sei der Herr des Zoolo-
gischen Gartens, des Kinderfernsehens und der berühmten Fontäne im Genfer See. Er merkte sich den Stunden-
plan der Fontäne, stoppte die Zeit mit seiner Uhr, und im
Vertrauen auf die Schweizer Pünktlichkeit tat er so, als gäbe
er dem Präsidenten der Republik telefonisch den Befehl,
sie anzustellen, dann setzte er dich ans Fenster und genoß

dein staunendes Gesicht, wenn das Wasser im See hochstieg und sich wie eine majestätische Säule zum Himmel erhob. Er spielte mit dir so surrealistische Spiele, daß ich manchmal um deine geistige Gesundheit fürchtete. Er bewahrte eine Schachtel mit sechs Püppchen auf, den *Zum Tode Verurteilten*, deren Bestimmung es war, im Morgengrauen des folgenden Tages hingerichtet zu werden. Jeden Abend stelltest du dich vor diesen unsäglichen Henker, um Gnade zu erbitten, wodurch du einen Aufschub von vierundzwanzig Stunden erreichtest. Er erzählte dir, er stamme direkt von Jesus Christus ab, und um zu beweisen, daß beide denselben Familiennamen hatten, nahm er dich ein paar Jahre später mit auf den Katholischen Friedhof in Santiago und zeigte dir das Mausoleum von Don Jesús Huidobro, der den gleichen Nachnamen trug wie er. Er versicherte dir auch, daß er ein Fürst sei, am Tag seiner Geburt hätten die Leute sich auf der Straße umarmt, während die Kirchenglocken fröhlich die gute Neuigkeit verkündeten: Ramón ist uns geboren! Ramón ist uns geboren! Er schmückte sich die Brust mit den zahlreichen Orden und Ehrenzeichen, die er während seiner diplomatischen Karriere erhalten hatte, und erzählte dir, das seien Tapferkeitsmedaillen, die er in Schlachten gegen die Feinde seines Reiches verdient hatte. Das alles hast du jahrelang geglaubt, Tochter.

In jenem Jahr teilten wir unsere Zeit zwischen Schweiz und Belgien, wo Michael Ingenieurswissenschaft studierte und ich Fernsehen. In Brüssel lebten wir in einer winzigen Wohnung über einem Friseurgeschäft. Die übrigen Mieter waren Mädchen mit kurzen Röcken, sehr tiefen Ausschnitten, Perücken in unmöglichen Farben und wolligen Hündchen mit Schleifchen um den Hals. Zu jeder Stunde hörte man Musik, Keuchen und Gezänk, während die eiligen Kunden dieser Demoiselles kamen und gingen. Der Fahrstuhl hielt genau vor dem einzigen Zimmer unserer

Wohnung, und wenn wir vergaßen, den Riegel vorzuschieben, dann wachten wir schon hin und wieder um Mitternacht auf, weil ein Unbekannter neben unserem Bett stand und nach Pinky oder Suzanne fragte.

Mein Stipendium war Teil eines Programms für Kongolesen, bei denen Belgien in der Schuld stand wegen vieler Jahre brutaler Kolonialherrschaft. Ich war die einzige Ausnahme, eine Frau mit heller Hautfarbe zwischen dreißig schwarzen Männern. Nach einer Woche voller Demütigungen begriff ich, daß ich auf eine solche Prüfung nicht vorbereitet war, und gab auf, wenn wir auch ohne das Geld vom Stipendium sehr in die Klemme geraten würden. Der Direktor bat mich, dem Kurs mein plötzliches Ausscheiden zu erklären, und mir blieb weiter nichts übrig, als dieser geschlossenen Gruppe Studenten gegenüberzutreten und ihnen in meinem kümmerlichen Französisch zu sagen, daß in meinem Land die Männer nicht die Frauentoilette betreten und sich dabei schon den Hosenschlitz aufziehen, nicht die Damen beiseite stoßen, um als erste durch die Tür zu gehen, sich nicht gegenseitig umrennen, um sich an den Tisch zu setzen oder in den Bus zu steigen, daß ich mich schlecht behandelt fühlte und mich zurückzöge, weil ich an solches Benehmen nicht gewöhnt sei. Eisige Stille empfing meine Rede. Nach einer langen Pause nahm einer von ihnen das Wort und sagte, in seinem Land zeige keine anständige Frau öffentlich das Bedürfnis, die Toilette aufzusuchen, sie versuche auch nicht, vor den Männern durch die Tür zu gehen, sondern halte sich ein paar Schritte hinter ihnen, und seine Mutter und seine Schwestern setzten sich nicht mit ihm an den Tisch, sondern äßen hinterher die Überreste der Mahlzeit. Er fügte hinzu, daß sie sich dauernd von mir beleidigt fühlten, noch nie hätten sie eine so schlecht erzogene Person gesehen, und da ich eine Minderheit in der Gruppe darstelle, müsse ich eben aushalten, so gut ich könne. »Sicherlich bin ich eine Minderheit in diesem Kursus, aber Sie sind es in diesem Lande«, sagte ich; »ich bin bereit, mich anzupassen, aber das müssen Sie auch tun, wenn Sie Probleme in Europa vermeiden wollen.« Wir fanden eine salomonische Lösung, einigten uns auf gewisse grundlegende Regeln des Zusammenlebens, und ich blieb. Niemals wollten sie sich mit mir an den Tisch oder in den Bus setzen, aber sie hörten auf, in die Damentoilette einzufallen oder mich beiseite zu stoßen. In diesem Jahr ging mein Feminismus zum Teufel: ich marschierte bescheiden zwei Meter hinter meinen Kollegen, hob weder den Blick noch die Stimme und schlich als letzte durch die Türen. Einmal erschienen zwei von ihnen in unserer Wohnung, weil sie sich Aufzeichnungen aus dem Unterricht abholen wollten, und noch am selben Abend kam die Hausverwalterin und machte uns darauf aufmerksam, daß *Farbige* hier nicht erwünscht seien, daß sie mit uns aber eine Ausnahme gemacht hätten, weil wir zwar Südamerikaner, aber doch nicht völlig dunkel seien. Ich habe von meinem belgisch-afrikanischen Abenteuer noch ein Foto, auf dem ich in der Mitte zwischen meinen Kollegen stehe; zwischen dreißig Gesichtern aus Ebenholz verliert sich mein Gesicht von der Farbe ungebackenen Brotes.

Unsere Stipendien waren winzig, aber Michael und ich waren in dem Alter, in dem Armut zum guten Ton gehört. Viele Jahre später kehrte ich nach Belgien zurück, um aus den Händen von König Baudouin einen Literaturpreis entgegenzunehmen. Ich erwartete einen Riesen mit Umhang und Krone wie der auf den Königsbildern, und sah mich einem kleinen, sanften, müden und ein wenig hinkenden Mann gegenüber, den ich nicht erkannte. Er fragte mich liebenswürdig, ob ich sein Land kennte, und ich erzählte ihm von meiner Zeit als Studentin, als wir so billig lebten, daß wir nur Bratkartoffeln und Pferdefleisch aßen. Er sah mich verdutzt an, und ich fürchtete, ihn verletzt zu haben.

»Mögen Sie Pferdefleisch?« fragte ich ihn, um die Sache wieder in Ordnung zu bringen.

Dank dieser Diät und anderer Einsparungen reichte uns das Geld, um Europa von Andalusien bis Oslo zu durchreisen, und zwar in einem altersschwachen Volkswagen, den wir in einen Zigeunerkarren umgewandelt hatten und der mit einem Haufen Siebensachen auf dem Dach niesend über die Straßen klapperte. Er diente uns treu wie ein Dromedar bis zum Ende der Reise, und als der Augenblick gekommen war, ihn zu verlassen, war er in so schlechtem Zustand, daß wir noch etwas dazuzahlen mußten, damit sie ihn auf den Schrottplatz schleppten. Monatelang wohnten wir in einem Zelt, du glaubtest, es gäbe gar keine andere Art zu leben, Paula, und wenn wir in ein festes Haus traten, fragtest du verwundert, wie man denn die Wände zusammenfaltet, um sie auf dem Auto unterzubringen. Wir besuchten unzählige Schlösser, Kathedralen und Museen, wobei wir dich in einer Tragetasche auf dem Rükken trugen und mit Coca-Cola und Bananen ernährten. Spielsachen hattest du keine, aber du unterhieltest dich damit, die Touristenführer nachzumachen; mit drei Jahren kanntest du den Unterschied zwischen romanischer Wandmalerei und einem Fresko aus der Renaissance. In meiner Erinnerung mischen sich Ruinen, Plätze und Paläste aus all diesen Städten, ich weiß nicht recht, bin ich in Florenz gewesen oder habe ich es auf einer Postkarte betrachtet, habe ich einem Stierkampf zugesehen oder war es ein Pferderennen, ich kann die Riviera nicht von der Adria unterscheiden, und im Wirrwarr des Exils verlor ich die Fotos, die beweisen, daß ich jene Orte besucht habe, so daß dieses Stück meiner Vergangenheit einfach ein Traum gewesen sein kann wie so viele, die mir die Wirklichkeit verdrehen. Ein Teil der Konfusion ist einer zweiten Schwangerschaft zuzuschreiben, die mir in einem höchst ungeeigneten Augenblick widerfuhr, denn das Stuckern

unseres Vehikels und die Anstrengung, das Zelt aufzurich-
ten und auf dem Fußboden hockend zu kochen, machten
mich krank. Nicolás wurde in einem Schlafsack gezeugt
während der ersten Anzeichen eines kalten Frühlings, vielleicht im Bois de Boulogne dreißig Meter von den Homosexuellen entfernt, die sich als halbwüchsige Mädchen
verkleideten und sich für zehn Dollar prostituierten, und
wenige Schritte von einem Nachbarzelt, aus dem Marihua-
narauch und überlauter Jazz zu uns drangen. Mit einem
solchen Vorleben hätte dieser Sohn ein hemmungsloser
Abenteurer werden müssen, aber wie sich herausstellte, ist
er ein friedfertiger Typ geworden, einer von denen, die auf
den ersten Blick Vertrauen einflößen; schon in meinem
Bauch paßte er sich den Umständen an, ohne Ärger zu
machen, er war Teil vom Gewebe meines eigenen Körpers,
wie er es in gewissem Sinne immer noch ist; dennoch, auch
im besten Fall ist die Schwangerschaft eine ungeheure Be-
sitznahme, ein Pantoffeltierchen wächst in einem, geht
durch zahlreiche Stufen der Evolution – Schabe, Fisch,
Echse, Affe –, bis es ein menschliches Aussehen annimmt.
Während jener Gewalttour durch Europa verhielt Nicolás,
in mir eingenistet, sich sehr ruhig, aber sein Vorhandensein
richtete doch einige Verheerungen in meinen Gedanken
an. Ich verlor das Interesse an den Überresten vergangener
Kulturen, langweilte mich in den Museen, in unserer Karre
wurde mir schlecht, und ich konnte kaum essen. Ich vermute, daß ich mich deshalb nicht an Einzelheiten der Reise
erinnern kann.

Als wir nach Chile zurückkehrten, gerieten wir mitten
hinein in die Erneuerungseuphorie der Democracia Cristiana, einer Partei, die Reformen ohne drastische Veränderungen versprach und mit Unterstützung der Rechten
gewählt worden war, um einen möglichen Sieg Salvador

Allendes zu verhindern, den viele fürchteten wie den Teufel. Die Wahlen waren von Anfang an durch eine Einschüchterungskampagne belastet, die von der Rechten schon vor Jahren verbissen in Szene gesetzt worden war, als die kubanische Revolution gesiegt und damit in ganz Lateinamerika einen Strom der Hoffnung ausgelöst hatte. Große Plakate zeigten schwangere Mütter, die ihre Kinder gegen die Klauen sowjetischer Soldaten verteidigten. Nichts Neues unter der Sonne: ganz ähnlich hatte die Hetze schon dreißig Jahre früher zur Zeit der Volksfront ausgesehen, und ganz ähnlich würde sie wenig später zu den Wahlen von 1970 entfesselt werden, die zu Allendes Gunsten ausging. Die Ausgleichspolitik der Christdemokraten, die von den nordamerikanischen Kupfergesellschaften unterstützt wurde, war zum Scheitern verurteilt, weil sie weder die Linke noch die Rechte zufriedenstellte. Der Agrarplan, den die Leute »Blumentopfreform« nannten, teilte ein paar aufgegebene oder schlecht bewirtschaftete Grundstücke auf, aber der Großgrundbesitz blieb in den Händen seiner alten Herren. Die Unzufriedenheit wuchs, und zwei Jahre später sollte ein gut Teil der Bevölkerung anfangen, nach links abzuwandern, die vielfältigen politischen Parteien, die zu echten Reformen neigten, sollten sich zu einer Koalition zusammenschließen, und zur Überraschung der Welt im allgemeinen und der Vereinigten Staaten im besonderen sollte Salvador Allende der erste marxistische Präsident der Geschichte werden, der durch Volksabstimmung gewählt worden war. Aber ich will nicht vorgreifen, 1966 feierte man noch den Sieg der Democracia Cristiana bei den Parlamentswahlen des vergangenen Jahres und sprach davon, daß diese Partei das Land in den kommenden fünfzig Jahren regieren werde, daß die Linke eine nicht wiedergutzumachende Niederlage erlitten habe und Allende zum politischen Zwerg geschrumpft sei. Es war auch die Zeit der Frauen mit dem Aussehen von unterernährten Waisenkindern und den derart kurzen Röcken, daß sie kaum die Hinterbacken bedeckten. In den intellektuell-stilvolleren Vierteln der Hauptstadt sah man ein paar Hippies mit ihren indischen Gewändern, ihren Halsketten, Blumen und langen Mähnen, aber für uns, die wir in London gewesen waren und sie halbnackt unter Drogen auf dem Trafalgar Square hatten tanzen sehen, waren die chilenischen einfach rührend. Schon damals waren Arbeit und Verantwortung für mich selbstverständlich, nichts lag meinem Temperament ferner als der bukolische Müßiggang der Blumenkinder, doch die äußeren Zeichen dieser Kultur gefielen mir sofort, denn mir standen lange Kleider viel besser, vor allem in den letzten Schwangerschaftsmonaten, als ich kugelrund war. Die Blumen übernahm ich nicht nur in meiner Kleidung, sondern ich malte sie auch auf die Hauswände und auf unser Auto, riesige gelbe Sonnenblumen und vielfarbige Dahlien, über die sich meine Schwiegereltern und die ganze Nachbarschaft aufregten. Michael scheint sie zum Glück gar nicht richtig wahrgenommen zu haben, er war beschäftigt mit einem neuen Bauauftrag und mit langen Schachpartien.

Nicolás kam in einer schwierigen Geburt zur Welt, die zwei Tage dauerte und mir mehr Erinnerungen hinterließ als das ganze Jahr unserer Europareise. Mir war, als stürzte ich in einen Abgrund, gewann mit jeder Sekunde mehr Fahrt bis zu einem dröhnenden Finale, in dem sich meine Glieder öffneten und eine unkontrollierbare erdhafte Kraft das Kind hinausstieß. Nichts dergleichen hatte ich gefühlt, als du geboren wurdest, Paula, das war ja ein sauberer Kaiserschnitt gewesen. Bei deinem Bruder gab es nichts Kaiserliches, nur Anstrengung, Leiden und Einsamkeit. Ich wußte nichts davon, daß neuerdings die Väter an dem Ereignis teilhaben können, im übrigen wäre Michael auch nicht der ideale Mann, einem in dieser schweren Stunde zu helfen, er wird ja schon ohnmächtig, wenn er eine Spritze oder Blut sieht. Die Geburt erschien mir damals als eine strikt persönliche Angelegenheit, wie der Tod.

Nicolás wurde ohne ein einziges Haar geboren, dafür aber mit einem Horn auf der Stirn und einem dunkelvioletten Arm; ich fürchtete schon, weil ich soviel Sciencefiction gelesen hatte, ich hätte ein Geschöpf von einem anderen Planeten auf der Erde eingeschleppt, aber der Arzt versicherte mir, das Kind sei ein menschliches Wesen. Das Horn war durch die Zange verursacht worden, mit der sie ihn mir im Augenblick der Geburt herausgezogen hatten, und die Purpurfarbe des Arms verschwand nach kurzer Zeit. Als Kind war er kahl, wie ich mich erinnere, aber irgendwann müssen sich seine Kapillarzellen normalisiert haben, denn heute hat er einen dicken Schopf welliger schwarzer Haare und dichte Augenbrauen. Falls du eifersüchtig auf deinen Bruder warst, hast du das nie gezeigt, du warst eine zweite Mutter für ihn. Ihr teiltet euch ein sehr kleines Zimmer mit an die Wände gemalten Märchenfiguren und einem Fenster, durch das der finstere Schatten eines Drachen hereinsah, der in den Nächten seine grauenerregenden Pranken schüttelte. Du kamst zu mir ins Bett und zerrtest das Baby hinter dir her, du konntest es nicht tragen, aber du warst auch nicht fähig, es allein der Gnade des Gartenmonsters zu überlassen. Später, als er die Grundlagen der Angst erkannt hatte, schlief er mit einem Hammer unter dem Kopfkissen, um seine Schwester zu verteidigen. Tagsüber verwandelte der Drachen sich in einen dickstämmigen Kirschbaum, und ihr hängtet Schaukeln an seine Äste, bautet euch ein Baumhaus, und im Sommer wurdet ihr krank von den Unmengen von Früchten, die ihr den Vögeln streitig machtet. Der winzige Garten war eine sichere, verzauberte Welt, hier schlugt ihr ein Zelt auf, um die Nächte darin zu verbringen und Indianer zu spielen, hier habt ihr Schätze vergraben und Würmer gezüchtet. In einem drolligen Schwimmbecken im Patio habt ihr mit den Kindern und Hunden der Nachbarschaft gebadet; auf dem Dach wuchsen wilde Reben, und ihr habt die Trauben ausgepreßt und einen greulichen Wein daraus gebraut. Im Haus meiner Schwiegereltern, einen Block entfernt, durftet ihr über einen mit Überraschungen vollgestopften Dachboden verfügen, über Obstbäume, frisch gebackenes Brot von einer perfekten Großmutter und ein Loch im Zaun, durch das ihr hinüberkriechen konntet auf den Golfplatz, wo ihr auf fremdem Gelände herumtobtet, soviel es euch Spaß machte. Nicolás und du, ihr seid mit den englischen Liedern der Granny und mit meinen Geschichten aufgewachsen. Jeden Abend, wenn ich euch zu Bett gebracht hatte, gabt ihr mir das Thema oder den ersten Satz an, und in weniger als drei Sekunden hatte ich eine dazu passende Geschichte gebastelt; an dieser augenblicklichen Inspiration habe ich mich noch nicht wieder freuen können, aber ich hoffe, sie ist nicht tot und meine Enkel schaffen es in der Zukunft, sie neu zu beleben.

So oft habe ich sagen hören, wir in Chile lebten in einem Matriarchat, daß ich es fast glaube; selbst mein Großvater und mein Stiefvater, autoritäre Herren im Feudalstil, versichern es, ohne rot zu werden. Ich weiß nicht, wer den Mythos vom Matriarchat erfunden hat und wie er sich mehr als hundert Jahre halten konnte; vielleicht hat ein Besucher in anderen Zeiten, einer dieser dänischen Geographen oder Liverpooler Händler, die kurz an unseren Küsten Rast machten, bemerkt, daß die Chileninnen kräftiger sind und in besserer Verfassung als die meisten Männer, und hat daraus leichtfertig geschlossen, daß sie das Sagen haben, und als dieser Trug lange genug wiederholt worden war, hatte er sich schließlich in ein Dogma verwandelt. Die Frauen regieren jedoch nur bisweilen zwischen den vier Wänden ihres Heims. Die Männer beherrschen die politische und ökonomische Sphäre, die Kultur und die Sitten, sie verkünden die Gesetze und wenden sie nach Belieben an, und wenn die sozialen Zwänge und der Justizapparat nicht ausreichen, um die dreisteren Frauen kleinzuhalten, dann greift die Religion mit ihrem unleugbar patriarchalischen Siegel ein. Das Unverzeihliche ist, daß es die Mütter sind, die das System weiterführen und stärken, indem sie überhebliche Söhne und dienstwillige Töchter aufziehen; wenn sie alle übereinkämen, es anders zu machen, könnten sie dem Machismo in einem Jahr ein Ende bereiten. Seit Jahrhunderten hat die Armut die Männer gezwungen, das schmale Staatsgebiet von einem Ende zum andern zu durchwandern auf der Suche nach einem Lebensunterhalt, nicht selten kommt es vor, daß derselbe Mann, der im Winter in den Minen im Norden schürft, im Sommer in Mittelchile Obst erntet oder im Süden auf einem Fischerboot das Netz auswirft. Die Männer kommen und gehen, aber die Frauen bleiben am Ort, sie sind fest im Boden wurzelnde Bäume. Um sie her kreisen die Kinder, eigene und die von Verwandten, sie kümmern sich um die Alten, die Kranken, die Hilflosen, sie sind die Achse der Gemeinschaft. In allen Gesellschaftsklassen, abgesehen von den durch ihr Geld privilegierten, werden Selbstverleugnung und Arbeitsamkeit als die größten weiblichen Tugenden angesehen; Opfergeist ist eine Frage der Ehre, und je mehr sie für die Familie leiden, um so stolzer sind sie. Sie gewöhnen sich von früh auf an, den Gefährten als einen geistig zurückgebliebenen Sohn zu betrachten, dem sie selbst schwere Fehler verzeihen, von Volltrunkenheit bis zu häuslicher Gewalttätigkeit, weil er ein Mann ist.

In den sechziger Jahren fand sich eine kleine Gruppe junger Frauen zusammen, die das Glück gehabt hatten, die Welt jenseits der Andenkordillere zu sehen, und sie wagten es, ein Programm der Herausforderung zu entwerfen. Solange es nur um unbestimmte Klagen ging, wurden sie von niemandem beachtet, aber 1967 erschien die erste feministische Zeitschrift und scheuchte die provinzielle Betäubung auf, in der wir vegetierten. Geboren wurde sie als eine weitere Laune des mächtigsten Verlegers im Lande, eines umtriebigen Millionärs, der keineswegs die Absicht hatte, Gewissen zu wecken oder sonst dergleichen, sondern nur an Fotos von androgynen jungen Mädchen für die Modeseiten interessiert war. Er behielt sich die alleinige Verhandlung mit den schönen Modellen vor, suchte in seinem gesellschaftlichen Umfeld nach jemandem, der den Rest der Arbeit machen konnte, und seine Wahl fiel auf Delia Vergara, eine frisch graduierte Journalistin, hinter deren aristokratischem Aussehen sich ein eiserner Wille und ein subversiver Intellekt verbargen. Diese Frau brachte eine elegante Zeitschrift heraus mit der gleichen glanzvollen Aufmachung und den Nichtigkeiten so vieler anderer Publikationen damals und jetzt, aber einen Teil bestimmte sie für die Verbreitung ihrer feministischen Ideen. Sie warb zwei forsche Kolleginnen an, und sie schufen einen Stil und eine Sprache, die man im Lande bisher nicht zu Gesicht bekommen hatte. Von der ersten Nummer an forderte die Zeitschrift zu hitzigen Polemiken heraus; die Jungen begrüßten sie begeistert, und die konservativeren Kreise standen auf zur Verteidigung der Moral, des Vaterlandes und der Tradition, die todsicher durch die Sache mit der Gleichheit der Geschlechter in höchster Gefahr waren. Durch eine dieser seltsamen Schicksalsfügungen hatte Delia in Genf einen Brief von mir gelesen, den meine Mutter ihr gezeigt hatte, und wußte somit von meiner Existenz. Der Ton einiger Abschnitte hatte sie aufmerksam gemacht, und als sie nach Chile zurückkehrte, suchte sie mich auf, um mich zur Mitarbeit an ihrem Projekt aufzufordern. Als sie mich kennenlernte, war ich ohne Arbeit und stand kurz vor der Niederkunft, und mein Mangel an Referenzen war beschämend, ich war nicht auf der Universität gewesen, hatte den Kopf voller Phantastereien und schrieb, Produkt meines Wanderschulunterrichts, das ich war, mit dicken grammatikalischen Schnitzern. Sie bot mir trotzdem eine Seite an und stellte mir nur eine Bedingung: meine Beiträge sollten eine ironische Note haben, denn inmitten so vieler kämpferischer Artikel fehlte ein bißchen Leichtigkeit. Ich nahm an, ohne zu ahnen, wie schwer es ist, auf Bestellung amüsant zu schreiben. Im Privatleben lachen wir Chilenen gern und oft und sind mit Witzen rasch bei der Hand, aber in der Öffentlichkeit sind wir ernsthafte Trottel, gelähmt von der Angst, uns lächerlich zu machen, und das half mir, weil ich einer dürftigen Konkurrenz gegenüberstand. In meiner Kolumne bezeichnete ich die Männer als Steinzeitmenschen, und ich glaube, wenn ein Mann es wagte, mit einer solchen Unverschämtheit über das andere Geschlecht zu schreiben, würde er von einer Horde wütender Frauen auf öffentlichem Platz gelyncht werden, aber mich nahm niemand ernst. Als die ersten Nummern der Zeitschrift herauskamen mit Reportagen über empfängnisverhütende Mittel, Scheidung, Abtreibung, Selbstmord und andere unaussprechliche Themen, gab es einige Aufregung. Die Namen derer, die an dem Blatt mitarbeiteten, wurden schnell verbreitet, bisweilen bewundernd, aber im allgemeinen mit einer verächtlichen Grimasse. Wir waren vielen Angriffen ausgesetzt, und in den folgenden Jahren waren schließlich alle außer mir, die ich mit einem englischen Hybriden verheiratet war, von ihren reinblütigen Latinomännern getrennt, weil die sich außerstande sahen, die kampferprobte Berühmtheit ihrer Frauen zu ertragen.

Einen Vorgeschmack von der Benachteiligung meines Geschlechts bekam ich schon als kleine Rotznase von fünf Jahren, als meine Mutter mir das Stricken beibrachte, während meine Brüder im Garten spielten. Ich saß auf der Galerie im Haus meines Großvaters, meine ungeschickten Finger versuchten, die Wolle mit den Stricknadeln zu fassen, mir rutschten die Maschen, das Knäuel verheddertе sich, ich schwitzte vor angestrengter Konzentration, und dann sagte meine Mutter: »Sitz gefälligst mit geschlossenen Beinen wie eine junge Dame.« Ich schmiß das Strickzeug in die Ecke, und in diesem Augenblick beschloß ich, ein Mann zu werden; an diesem Vorsatz hielt ich fest, bis ich elf war und meine Hormone mich beim Anblick der monumentalen Ohren meiner ersten Liebe verrieten und mein Körper sich unerbittlich zu verwandeln begann. Vierzig Jahre sollten vergehen, bis ich meine Natur akzeptierte und begriff, daß ich mit dem Doppelten an Bemühung und der Hälfte an Anerkennung das gleiche geschafft hatte, was manchmal einige Männer erreichen. Heute würde ich mit niemandem mehr tauschen, aber in meiner Jugend haben mir die täglichen Ungerechtigkeiten das Leben verbittert. Es ist nicht die Rede von jenem berühmten

Freudschen Neid, es gibt keinen Grund, dieses kleine, launische Männeranhängsel für besonders begehrenswert zu halten, wenn ich eines hätte, wüßte ich gar nicht, wohin damit. Delia lieh mir einen Stapel Bücher von nordamerikanischen und europäischen Autorinnen und gab mir auf, sie notfalls in alphabetischer Ordnung zu lesen, das würde dann schon die romantischen Nebel aus meinem Gehirn vertreiben, das von einem Übermaß an belletristischer Literatur vergiftet sei, und so entdeckte ich nach und nach einen Weg, die dumpfe Wut auszudrücken, die seit jeher in mir gegärt hat. Ich wandelte mich zu einer beachtenswerten Gegenspielerin für Onkel Ramón, der auf seine gemeinsten oratorischen Fallen zurückgreifen mußte, um mir Paroli zu bieten; nun war ich es, die Dokumente mit drei Durchschlägen auf Stempelpapier aufsetzte, und ihm blieb nichts, als mannhaft die Unterschrift zu verweigern.

Eines Abends waren Michael und ich zum Essen in das Haus eines bekannten sozialistischen Politikers eingeladen, der im Kampf für Gerechtigkeit und Gleichheit des Volkes Karriere gemacht hatte. In seinen Augen setzte sich das Volk nur aus Männern zusammen, ihm war nie in den Sinn gekommen, daß Frauen auch dazugehören. Seine Frau hatte einen leitenden Posten in einer großen Organisation und erschien oft in der Presse als eins der wenigen Beispiele einer emanzipierten Frau, ich weiß nicht, weshalb sie mit diesem Erzmacho verheiratet war. Die übrigen Gäste waren ebenfalls Persönlichkeiten aus Politik oder Kultur, und wir, zehn Jahre jünger, paßten überhaupt nicht in diese hochintellektuelle Gruppe. Am Tisch lobte jemand meine humorvollen Artikel und fragte mich, ob ich nicht daran dächte, etwas Ernsthaftes zu schreiben, und von einer plötzlichen Eingebung hingerissen, antwortete ich, ich würde gern eine untreue Frau interviewen. Eisiges Schweigen breitete sich im Speisezimmer aus, die verstörten Tischgenossen blickten starr auf ihre Teller, und eine ganze Weile sagte keiner ein Wort. Schließlich stand die Frau des Hauses auf und ging in die Küche, um Kaffee zu kochen, und ich folgte ihr unter dem Vorwand, ihr helfen zu wollen. Während wir die Tassen auf ein Tablett stellten, sagte sie, wenn ich verspräche, das Geheimnis zu wahren und niemals ihre Identität zu verraten, wäre sie bereit, mir das Interview zu gewähren.

Am Tag darauf erschien ich mit einem Kassettenrecorder in ihrem Büro, einem lichterfüllten Raum in einem Gebäude aus Glas und Stahl im Zentrum der Stadt, wo sie ohne weibliche Rivalinnen auf einem leitenden Posten regierte inmitten einer Menge von Technokraten in grauem Anzug und gestreifter Krawatte. Sie empfing mich ganz unbefangen mit breitem Lächeln, schlank, elegant, in einem sehr kurzen Chanel-Kleid und mit mehreren Reihen Goldketten um den Hals, bereit, ihre Geschichte ohne Gewissensskrupel zu erzählen. Im November jenes Jahres veröffentlichte die Zeitschrift dann zehn Zeilen über die Ermordung Che Guevaras, die die Welt erschüttert hatte, und auf vier Seiten mein Interview mit dieser untreuen Frau, das die arglose chilenische Gesellschaft schaudern machte. In einer Woche verdoppelte sich der Verkauf, und ich wurde fest eingestellt. Tausende Briefe erreichten die Redaktion, viele von religiösen Organisationen und von bekannten Persönlichkeiten der politischen Rechten, die entrüstet waren über das schlechte öffentliche Beispiel einer solchen Schamlosigkeit, aber wir erhielten auch Briefe von Leserinnen, die ihre eigenen Abenteuer eingestanden. Heute kann man sich kaum vorstellen, daß etwas so Banales eine solche Reaktion hervorrufen konnte, schließlich ist die Untreue so alt wie die Institution der Ehe. Meiner Interviewpartnerin wurde nicht verziehen, daß sie die gleichen Gründe für den Ehebruch haben könne wie ein Mann: Gelegenheit, Langeweile, Erbitterung, Koketterie, Trotz, Neugier. Die Frau war weder mit einem brutalen

Trinker noch mit einem Invaliden im Rollstuhl verheiratet, sie litt auch nicht unter der Qual einer unmöglichen Liebe; in ihrem Leben gab es keine Tragödie, es fehlte nur an guten Gründen, einem Ehemann die Treue zu halten, der seinerseits sie betrog. Viele entsetzten sich über ihre hervorragende Organisation, sie hatte zusammen mit zwei Freundinnen ein verschwiegenes Appartement gemietet, sie hielten es tipptopp in Ordnung und wechselten sich innerhalb der Woche ab, um ihre Liebhaber darin zu empfangen, so vermieden sie die Unannehmlichkeit, Hotels aufzusuchen, wo sie erkannt werden konnten. Niemandem wäre je der Verdacht gekommen, daß die Frauen es sich so bequem machen könnten, ein eigenes Appartement für ein Liebesstelldichein war ein Vorrecht der Männer, es gab sogar einen französischen Namen dafür: *garçonnière*. In der Generation meines Großvaters waren sie durchaus üblich unter den besseren Herren, aber nur wenige konnten sich den Luxus leisten, und im allgemeinen hurte jeder herum, wie und wo er es am besten mit seinem Budget vereinbaren konnte. Auf jeden Fall fehlte es nicht an Zimmern, die zu verstohlener Liebe vermietet wurden, und alle Welt wußte genau, was sie kosteten und wo sie zu finden waren.

Zwanzig Jahre später, an einer Station meiner langen freiwilligen und unfreiwilligen Odyssee traf ich am andern Ende der Welt und sehr weit von Chile entfernt den Ehemann der Señora im Chanel-Kleid. Der Mann hatte während der ersten Jahre der Militärdiktatur Gefängnis und Folter durchgestanden, und Körper und Seele waren von Narben gezeichnet. Nun lebte er im Exil, von seiner Familie getrennt, seine Gesundheit war angegriffen, denn die Gefängniskälte hatte sich in ihm eingenistet und fraß ihn von innen her auf, und dennoch hatte er weder seinen Charme noch seine bemerkenswerte Eitelkeit eingebüßt. Er erinnerte sich kaum an mich, er grub mich nur aus seinem Gedächtnis wegen jenes Interviews, das ihn fasziniert hatte.

»Ich wollte immer gern wissen, wer diese untreue Frau war«, sagte er in vertraulichem Ton. »Ich habe mit all meinen Freunden über den Fall gesprochen. In Santiago redete man damals über nichts anderes. Ich hätte ja mit Wonne einen Besuch in diesem Appartement gemacht, auch bei ihren zwei Freundinnen. Bitte verzeih meinen Mangel an Bescheidenheit, Isabel, aber ich glaube, diese drei Damen hätten es verdient, auf einen gut ausgerüsteten Burschen zu treffen.«

»Um offen zu sein, ich glaube, daran hat es ihnen nie gefehlt.«

»Es ist jetzt soviel Zeit vergangen, willst du mir nicht sagen, wer sie war?«

»Nein.«

»Sag mir wenigstens, ob ich sie kenne!«

»Ja ... im biblischen Sinne.«

Die Arbeit bei der Zeitschrift und später beim Fernsehen war ein Überdruckventil gegen die von meinen Vorfahren ererbte Verrücktheit; ohne sie wäre der aufgespeicherte Druck eines Tages geplatzt und hätte mich geradenwegs in ein Irrenhaus befördert. Die vernünftige, sittenstrenge Atmosphäre, die spießige Denkweise und die starren gesellschaftlichen Normen in Chile zu jener Zeit waren erstickend. Mein Großvater gewöhnte sich bald an mein Leben in der Öffentlichkeit und hörte auf, meine Artikel demonstrativ in den Müll zu werfen, er kommentierte sie zwar nicht, aber hin und wieder fragte er mich, was Michael dazu meine, und erinnerte mich daran, daß ich froh und dankbar sein müsse, einen so geduldigen Mann zu haben. Ihm paßte mein Ruf als Feministin ebensowenig wie meine langen Kleider und Uralthüte, und schon gar nicht gefiel ihm mein alter Citroën, der wie ein Badezimmervorhang angemalt war, aber er verzieh mir die Extravaganzen, weil ich im täglichen Leben die Rolle von Mutter, Ehefrau und Hausfrau sehr wohl erfüllte. Um des Vergnügens wegen, meine lieben Nächsten zu schockieren, war ich imstande, einen Büstenhalter auf einen Besenstiel zu spießen und damit durch die Straßen zu marschieren – allein natürlich, keiner war bereit, mitzugehen –, aber im Privatleben hatte ich die Formeln für die ewige häusliche Glückseligkeit verinnerlicht. Morgens servierte ich meinem Mann das Frühstück im Bett, nachmittags erwartete ich ihn, tadellos herausgeputzt, mit der Olive für seinen Martini zwischen den Zähnen, abends legte ich ihm seine Sachen zurecht, die er am nächsten Tag anziehen würde, putzte ihm die Schuhe, schnitt ihm das Haar und die Fingernägel, kaufte ihm Kleidung, ohne daß er sich die Mühe machen mußte, sie anzuprobieren, kurz, ich bemutterte ihn nicht weniger als meine beiden Kinder. Vermutlich war das nicht nur eine gehörige Portion Dummheit von mir, sondern vor allem ein Überschuß an Energie.

Von den Hippies hatte ich zwar das Äußere übernommen und pflegte es, in Wirklichkeit aber lebte ich wie eine Arbeitsameise und schuftete an die zwölf Stunden täglich, um die Rechnungen bezahlen zu können. Als ich das erste Mal Marihuana probierte, das ein echter Hippie mir anbot, begriff ich rasch, daß das nichts für mich war. Ich rauchte sechs Pfeifen hintereinander, aber mich überkam keineswegs die ungeheure Euphorie, von der ich soviel hatte reden hören, ich bekam nur Kopfschmerzen; meine sachlichen baskischen Gene sind immun gegen das leichte Glück der Drogen. Ich kehrte zurück zum Fernsehen, diesmal mit einem humoristischen feministischen Programm, und arbeitete mit an der einzigen Kinderzeitschrift des Landes, die ich schließlich selbst leitete, als ihr Begründer plötzlich starb. Darüber hinaus vergnügte ich mich jahrelang damit, für die Frauenzeitschrift merkwürdige Typen zu interviewen: Mörder, Hellseher, Prostituierte,

Nekrophile, Seiltänzer, obskure Wundertäter, wahnsinnige Psychiater und Bettlerinnen mit vorgetäuschten Verstümmelungen, die sich Neugeborene ausborgten, um mildtätige Herzen zu rühren. Ich schrieb Kochrezepte, die ich aus der Eingebung eines Augenblicks erfand, und bisweilen improvisierte ich Horoskope, wobei ich mich von den Charakterzügen und Geburtsdaten meiner Freunde leiten ließ. Die Astrologin lebte in Peru, und die Post verspätete sich häufig, oder ihre Sendungen gingen auf den verschlungenen Pfaden des Schicksals verloren. Einmal rief ich sie an, um ihr mitzuteilen, wir hätten zwar das Horoskop für März, aber uns fehle das für Februar, und sie antwortete, dann sollten wir doch das veröffentlichen, was wir hätten, wo denn das Problem sei, die Reihenfolge verändere doch das Produkt nicht, und von da an begann ich sie selber zu fabrizieren, mit dem gleichen Prozentsatz an Treffern. Die schwierigste Aufgabe war die Liebespost, die ich unter dem Pseudonym Francisca Román bearbeitete. Aus Mangel an eigener Erfahrung griff ich zurück auf die von der Memé geerbte Intuition und auf die Ratschläge der Großmutter Hilda, die sich alle Telenovelas ansah und eine wahre Expertin in Herzensangelegenheiten war. Das Briefarchiv Francisca Románs wäre mir heute sehr dienlich, um mehrere Bände mit Geschichten zu füllen, wohin mögen die Kisten voller melodramatischer Ergüsse geraten sein?

Ich kann es mir heute nicht mehr erklären, wieso mir die Zeit auch noch für den Haushalt, die Kinder und den Mann reichte, aber irgendwie schaffte ich es. In den freien Augenblicken nähte ich mir Kleider, schrieb Geschichten für Kinder und Theaterstücke und unterhielt mit meiner Mutter einen ständigen Brieffluß. Inzwischen blieb Michael immer in Reichweite und freute sich über das konfliktlose Glück, in dem wir uns eingerichtet hatten in der treuherzigen Gewißheit, wenn wir uns an die Regeln hielten, würde alles für immer gutgehen. Er schien verliebt, und ich war es mit Sicherheit. Er war ein gutmütiger Vater und immer ein wenig abwesend; jedenfalls gingen Strafen und Belohnungen auf mein Konto, es verstand sich nun einmal von selbst, daß die Mütter die Kinder erzogen. Der Feminismus reichte bei mir nicht so weit, daß ich die häuslichen Arbeiten verteilt hätte, tatsächlich kam mir dieser Gedanken gar nicht in den Kopf, ich glaubte, die Befreiung bestehe darin, in die Welt hinauszugehen und sich auf die Pflichten der Männer zu stürzen, aber ich überlegte nicht, daß es auch darum ging, einen Teil meiner Last weiterzureichen. Das Ergebnis war große Müdigkeit, wie es Millionen Frauen meiner Generation geschah, die heute von den feministischen Bewegungen nichts mehr wissen wollen.

Meine Schwiegereltern, verängstigt wegen gewisser Personen, die durch unser Heim zogen, taten, was sie konnten, um ihre Enkel vor möglichen Gefahren zu schützen. Mein Gesicht im Fernsehen und mein Name in der Frauenzeitschrift waren offene Einladungen für einige wunderliche Geschöpfe wie etwa einen Postangestellten, der einen Briefwechsel mit den Marsianern unterhielt, oder ein junges Mädchen, das ihr neugeborenes Töchterchen heimlich auf dem Schreibtisch in meinem Büro ablegte. Wir hatten die Kleine eine ganze Weile bei uns und waren schon entschlossen, sie zu adoptieren, als wir eines Abends beim Nachhausekommen entdeckten, daß ihre leiblichen Großeltern sie unter Polizeischutz abgeholt hatten. Ein Minenarbeiter aus dem Norden, Hellseher aus Berufung, der vom vielen Katastrophenvorhersagen den Verstand verloren hatte, schlief zwei Wochen auf dem Sofa in unserem Wohnzimmer, bis ein Streik des Nationalen Gesundheitsdienstes beendet war. Der Unglückliche war in die Hauptstadt gekommen, um in der Psychiatrischen Klinik behandelt zu werden, nur leider just an dem Tag, an dem der Streik ausgerufen wurde. Ohne Geld und ohne jemanden zu kennen, aber mit unversehrter Prophetengabe war er imstande, eine der wenigen Personen ausfindig zu machen, die bereit waren, ihn in dieser feindlichen Stadt zu beschützen. »Bei dem Mann ist doch eine Schraube los, er kann ein Messer nehmen und euch alle abschlachten!« warnte die Granny mich nervös. Sie griff sich ihre beiden Enkel und nahm sie zum Schlafen mit sich, solange der Besuch des Hellsehers dauerte, der im übrigen völlig harmlos war und uns vielleicht sogar das Leben gerettet hat. Er sagte voraus, daß bei einem starken Erdbeben einige Wände des Hauses einstürzen würden, daraufhin überprüfte Michael das Haus von oben bis unten, verstärkte es an einigen Punkten, und als das Beben kam, ein kurzer, kräftiger Erdstoß, kippte nur die Wand zum Patio um und zerquetschte die Dahlien und das Kaninchen des Nachbarn.

Die Granny und Großmutter Hilda halfen, die Kinder zu betreuen, Michael gab ihnen Beständigkeit und Rechtschaffenheit, die Schule Bildung, und das übrige erwarben sie durch Aufgewecktheit und natürliche Gaben. Ich versuchte einfach, sie zu unterhalten. Du warst ein kluges Kind, Paula. Schon als kleines Mädchen warst du zur Lehrerin berufen, und deinem Bruder, den Hunden und den Puppen fiel die Rolle der Schüler zu. Die freie Zeit, die deine Lehrtätigkeit dir ließ, teiltest du auf in Spiele mit der Granny, Besuche in einem Altenheim in der Nachbarschaft und Nähsitzungen bei der Großmutter Hilda. Trotz der entzückenden Kleidchen aus besticktem Batist, die meine Mutter dir in der Schweiz kaufte, trugst du wie ein Waisenkind von dir selbst miserabel zusammengenähte Lumpengewänder. Während mein Schwiegervater seine Ruhestandsjahre damit vertat, die Quadratur des Kreises und andere endlose mathematische Probleme zu lösen, genoß die Granny ihre Enkel in einer wahren Großmutterorgie, sie kletterten gemeinsam auf den Dachboden, um Räuber zu spielen, schlichen sich heimlich in den Golfclub, um im Schwimmbecken zu baden, und veranstalteten, auf-

geputzt mit meinen Nachthemden, drollige Theaterauf-
führungen. Mit dieser anbetungswürdigen Frau backtest
du im Sommer Kuchen, und im Winter stricktest du ge-
streifte Schals für deine Freunde in dem Altenheim; als wir
später aus Chile fortgingen, hast du jedem einzelnen Briefe
geschrieben, bis auch der letzte dieser fremden Urgroß-
väter an Einsamkeit starb. Diese Jahre waren die glücklichsten und sichersten in unserem Leben. Nicolás und du,
ihr habt glückliche Erinnerungen gehortet, die euch in den
harten Zeiten aufrechterhalten haben, als ihr weinend ba-
tet, wir sollten doch zurückkehren nach Chile; aber da war
keine Rückkehr möglich, die Granny ruhte unter einem
Jasminstrauch, ihr Mann hatte sich im Labyrinth des Al-
terswahnsinns verirrt, die Freunde waren gestorben oder
über alle Welt verstreut, und wir hatten keinen Platz in diesem Land. Nur das Haus war geblieben. Es steht noch da,
unversehrt. Vor kurzem habe ich es besucht und war verblüfft, wie klein es ist: es sieht aus wie ein Puppenhäuschen
mit einer fast kahlen Strohperücke auf dem Dach.

Michaels Geduld mit mir ist nicht hoch genug zu rüh-
men, ihn berührten weder der Klatsch noch die Kritiken,
die ich herausforderte, er mischte sich nicht in meine Pro-
jekte ein, so verworren sie auch sein mochten, und unterstützte mich getreulich selbst in meinen Irrtümern, dennoch liefen unsere Wege mehr und mehr auseinander.
Während ich mich zwischen Feministinnen, Bohemiens,
Künstlern und Intellektuellen bewegte, widmete er sich
seinen Entwürfen, seinen Berechnungen, seinen Bauplä-
nen, seinen Schachpartien und seinen Bridgeabenden. Er
blieb bis spätabends in dem Architektenbüro, in dem er
angestellt war, denn bei den chilenischen Freiberuflern ist
es guter Ton, von Sonnenaufgang bis Sonnenuntergang zu
arbeiten und keinen Urlaub zu machen, das Gegenteil wird
als Beweis für Bürokratenmentalität angesehen und führt
zum sicheren Scheitern eines Privatunternehmens. Er war

ein guter Freund und ein guter Liebhaber, aber ich habe nicht viele Erinnerungen bewahrt, sein Bild ist verschwommen wie ein unscharfes Foto. Wir wurden in der Tradition erzogen, daß der Mann für die Familie sorgt und die Frau sich um Heim und Kinder kümmert, aber in unserem Fall war das durchaus nicht so; ich fing früher an zu arbeiten als er und trug einen großen Teil unserer Ausgaben, sein Gehalt wurde dazu bestimmt, die Schulden für das Haus abzuzahlen und etwas anzusparen, meins verläpperte sich im Alltäglichen. Auf jeden Fall ist er sich selber treu geblieben, er hat sich im Lauf seines Lebens wenig verändert, aber ich habe ihm zu viele Überraschungen bereitet, brannte vor Ungeduld, sah überall Ungerechtigkeiten, wollte die Welt verändern und nahm so viele Sachen in Angriff, daß ich selber den Überblick verlor und meine Kinder in einem ständigen Ausnahmezustand lebten. Zehn Jahre später, als wir uns in Venezuela eingerichtet hatten und meine Ideale durch die Wechselfälle des Exils reichlich beschädigt waren, fragte ich diese Kinder – die in der Ära der Hippies und der sozialistischen Träume geformt worden waren –, wie sie am liebsten leben würden, und sie antworteten einstimmig, ohne sich vorher verständigt zu haben: »Wie ganz normale Bürger.«

Onkel Ramón und meine Mutter kehrten in demselben Jahr aus der Schweiz zurück, in dem mein Vater starb. Mein Stiefvater war die beschwerlichen Stufen der Karriereleiter hinaufgeklettert und hatte einen wichtigen Posten im Außenministerium erhalten. Er nahm die Enkel mit in das prächtige Gebäude, wobei er ihnen erzählte, das sei sein persönlicher Wohnsitz, und setzte sie in den großen Speisesaal der Botschafter zwischen Plüschvorhänge und Porträts von großen Persönlichkeiten des Vaterlandes, wo Kellner in weißen Handschuhen ihnen Orangensaft servierten. Als du sieben warst, mußtest du in der Schule einen Aufsatz über das Thema Familie schreiben, und du schriebst, dein einziger interessanter Verwandter sei dein Onkel Ramón, ein Fürst und direkter Nachkomme Jesu Christi, Herr über einen Palast mit livrierten Dienern und bewaffneten Wächtern. Die Lehrerin nannte mir den Namen eines Kinderpsychiaters, aber dein Ansehen blieb gewahrt, denn eines Tages wenig später vergaß ich, daß ich mit dir zum Zahnarzt gehen wollte, und du wartetest stundenlang an der Schultür. Die Lehrerin versuchte erfolglos, deinen Vater oder mich zu erreichen, und rief schließlich Onkel Ramón an. »Sagen Sie Paula, sie soll sich nicht vom Fleck rühren, ich hole sie sofort ab«, antwortete er, und wirklich, eine halbe Stunde später fuhr eine schwarzglänzende Limousine mit Präsidentenstandarte vor, eskortiert von zwei Polizisten auf Motorrädern, ein Chauffeur sprang heraus, die Mütze in der Hand, und öffnete die hintere Tür, und dem Wagen entstieg dein Großvater mit ordenbedeckter Brust und dem schwarzen Umhang für große Zeremonien, den er in einem Anfall von poetischer Inspiration schnell im Vorbeifahren aus seinem Haus geholt hatte. Du erinnerst dich nicht mehr an die schreckliche Warterei, Tochter, nur an den königlichen Aufzug und an das Gesicht deiner Lehrerin, die so fassungslos war, daß sie vor Onkel Ramón in einen tiefen Hofknicks versank.

Mein Vater starb an einem jähen Anfall, er hatte keine Zeit, Bilanz zu ziehen aus seiner großen Zeit ebensowenig wie aus seinen Elendsjahren, weil eine Blutwelle die tiefsten Höhlen seines Herzens überschwemmte und er auf der Straße liegenblieb wie ein Bettler. Er wurde von der öffentlichen Fürsorge aufgesammelt und ins Leichenschauhaus gebracht, wo eine Autopsie die Todesursache feststellte. Beim Durchsehen seiner Taschen fanden sie einige Papiere, ersahen daraus den Namen und setzten sich mit mir in Verbindung, damit ich den Leichnam identifizierte. Als ich den Namen hörte, kam mir gar nicht in den Sinn, daß es sich um meinen Vater handeln könnte, ich hatte seit vielen Jahren nicht mehr an ihn gedacht, und er hatte keine Spur in meinem Leben hinterlassen. Vielmehr dachte ich an meinen Bruder, der mit zweitem Namen Tomás heißt und der zu jener Zeit in der mysteriösen Sekte des argentinischen Messias herumhing. Wir hatten monatelang nichts von ihm gehört, und mit diesem Sinn für das Tragische, der meiner Familie eigen ist, vermuteten wir das Schlimmste. Meine Mutter hatte alle Mittel, ihn ausfindig zu machen, erschöpft, ohne das kleinste Resultat, und war schon geneigt, den Gerüchten zu glauben, daß ihr Sohn sich von den kubanischen Guerrilleros in Südamerika habe anwerben lassen, weil ihr der Gedanke, er folge den Spuren des toten Che Guevara, erträglicher war, als zu wissen, daß er im Bann eines falschen Heiligen stand. Bevor ich ins Leichenschauhaus fuhr, rief ich Onkel Ramón in seinem Büro an, um ihm stotternd mitzuteilen, daß mein Bruder tot sei. Ich kam vor ihm in dem düsteren Gebäude an und meldete mich bei einem gleichmütigen Beamten, der mich in einen kalten Saal führte, wo auf einer Bahre, von einem Laken bedeckt, eine Gestalt lag. Der Beamte hob das Tuch, und darunter erschien ein dicker, bleicher, nackter Mann mit einer Sattlernaht vom Hals bis zum Geschlecht, mit dem ich mich nicht im entferntesten verbunden fühlte. Wenige Augenblicke später kam Onkel Ramón, warf einen kurzen Blick auf den Toten und stellte fest, daß es mein Vater war. Ich trat noch einmal heran und betrachtete aufmerksam seine Gesichtszüge, um sie wenigstens einmal bewußt gesehen zu haben.

An diesem Tag erfuhr ich, daß ich einen älteren Halbbruder hatte, Sohn meines Vaters aus einer anderen Liebe, der dem Jungen bemerkenswert ähnlich sah, in den ich mich mit fünfzehn in jenem Mathematiknachhilfekurs verliebte. Ich hörte auch von drei jüngeren Kindern, die er mit einer dritten Frau gehabt und denen er – düstere Ironie – unsere Namen gegeben hatte. Onkel Ramón kümmerte sich um das Begräbnis und verfaßte ein Dokument, in dem wir auf jedes Erbe zugunsten dieser anderen Familie verzichteten; Juan und ich setzten unsere Namen darunter und fälschten Panchos Unterschrift, um lästigen Verzögerungen vorzubeugen. Am Tag darauf schritten wir auf dem Hauptfriedhof hinter dem Sarg dieses Unbekannten, kaum jemand sonst kam zu dem kläglichen Begräbnis, mein Vater hinterließ auf dieser Erde nur wenige Freunde. Mit meinen Halbgeschwistern habe ich nie wieder Kontakt gehabt. Wenn ich an meinen Vater denke, kann ich ihn mir nur leblos und abgrundtief einsam in dem eisigen Saal des Leichenschauhauses vorstellen.

Der Leichnam meines Vaters war nicht der erste, den ich von nahem erblickt hatte. Zwar hatte ich einige Tote auf der Straße liegen sehen in dem Kriegsspektakel, das den Libanon erschütterte, und in einer Kostprobe von Revolution in Bolivien, aber das war aus der Ferne gewesen, und sie hatten eher schlaffen Gliederpuppen als Menschen geglichen, an die Memé konnte ich mich nur als eine Lebende erinnern, und von Onkel Pablo waren keine Spuren geblieben. Der einzige wirkliche und gegenwärtige Tote meiner Kindheit ging mich sehr nahe an, ich war acht Jahre, und die Umstände machten ihn unvergeßlich.

In dieser Nacht des 25. Dezember 1950 lag ich noch stundenlang wach und starrte mit offenen Augen in die von Geräuschen belebte Dunkelheit des Hauses am Strand. Meine Brüder und meine Cousins schliefen im selben Zimmer, und durch die dünnen Pappmachéwände hörte man den Atem der Schläfer in den anderen Räumen, das ständige Brummen des Kühlschranks und das verstohlene

Trippeln der Ratten. Mehrmals wollte ich aufstehen und in den Patio gehen, um mich in der salzigen Brise, die vom Meer her wehte, abzukühlen, aber der unaufhörliche Verkehr der Kakerlaken auf dem Fußboden schreckte mich ab. Zwischen den Bettüchern, die klamm waren von der ewigen Luftfeuchtigkeit an der Küste, betastete ich meinen Körper in Staunen und Furcht, während die Bilder dieses Nachmittags der Offenbarung wie grelle Lichtstreifen vor dem bleichen Widerschein des Mondes im Fenster vorüberzogen. Ich spürte immer noch den feuchten Mund des Fischers an meinem Hals, hörte seine flüsternde Stimme in meinem Ohr. Vom Strand her tönte das dumpfe Rauschen des Ozeans, und ab und zu fuhr ein Auto die Straße entlang, und das Scheinwerferlicht strich rasch über die Zimmerdecke. In der Brust fühlte ich etwas wie den Hall in einem Glockenturm, eine steinerne Schwere, eine mächtige Klaue, die zur Kehle hinaufkletterte und mich würgte. Der Teufel erscheint des Nachts in den Spiegeln . . . Es gab keinen in diesem Zimmer, der einzige Spiegel des Hauses war ein rostiges Rechteck im Bad, vor dem meine Mutter sich die Lippen schminkte und der für mich zu hoch hing. Aber das Böse wohnt nicht nur in den Spiegeln, hatte Margara mir erzählt, es streicht auch im Dunkeln herum auf der Jagd nach menschlichen Sünden und kriecht in verderbte kleine Mädchen, um ihre Eingeweide zu fressen. Ich legte meine Hand dorthin, wo er sie gehabt hatte, zog sie aber erschrocken zurück, ohne diese Mischung aus Widerwillen und trüber Lust zu verstehen. Ich fühlte wieder die rauhen, festen Finger des Fischers, die mich erforschten, das Reiben seiner stoppeligen Wangen, seinen Geruch und sein Gewicht, seine Schamlosigkeiten in meinem Ohr. Bestimmt war auf meiner Stirn das Zeichen der Sünde erschienen. Wieso hatte niemand etwas gemerkt? Als ich nach Hause kam, hatte ich nicht gewagt, meiner Mutter oder meinem Großvater in die Augen zu sehen, ich hatte mich vor Margara versteckt und mich unter dem Vorwand, Bauchschmerzen zu haben, frühzeitig ins Bett geflüchtet, nachdem ich lange geduscht und mich gründlich mit der blauen Seife zum Wäschewaschen geschrubbt hatte, aber nichts konnte mir die Flecke wegwischen. Beschmutzt, ich war für immer beschmutzt... Dennoch kam es mir gar nicht in den Sinn, dem Befehl dieses Mannes nicht zu gehorchen, am kommenden Tag würde ich mich wieder mit ihm auf dem Geranienweg treffen und ihm unabwendbar hinauf in den Wald folgen, auch wenn es mich das Leben kostete. Wenn dein Großvater das erfährt, bringt er mich um, hatte er mich gewarnt. Mein Schweigen war heilig, ich war für sein Leben verantwortlich. Das Herannahen dieser zweiten Verabredung erfüllte mich mit Entsetzen, aber gleichzeitig war ich auch wie behext, was erwartete mich über die Sünde hinaus? Die Stunden zogen sich mit ungeheurer Langsamkeit hin, während ich dem gleichmäßigen Atmen meiner Brüder und Cousins lauschte und nachrechnete, wieviel wohl noch bis zum Morgengrauen fehlte. Wenn die Sonne die ersten Strahlen schickte, würde ich aufstehen und auf den Fußboden treten können, denn mit dem Licht verschwinden die Kakerlaken in ihren Löchern. Ich hatte Hunger, ich dachte an die Flasche mit Karamelmilch und die Kekse in der Küche, mich fror, und ich wickelte mich in die schweren Decken, aber sofort brannte ich im Fieber der verbotenen Erinnerungen und im Delirium der Vorwegnahme.

Früh am Morgen, als die Familie noch schlief, stand ich geräuschlos auf, zog mich an und ging hinaus in den Patio, dann rund um das Haus und betrat die Küche durch die Hintertür. Die Töpfe aus Eisen und Kupfer hingen an Haken an der Wand, auf dem Tisch aus grauem Granit stand ein Eimer mit Salzwasser voll frischer Muscheln neben einem Beutel mit Brot vom Vortag. Die Flasche mit der Karamelmilch bekam ich nicht auf, aber ich schnitt mir ein

Stück Käse ab und eine Scheibe Quittenbrot und ging hinaus auf den Weg, um die Sonne zu sehen, die wie eine glühende Orange hinter dem Hügel hochkam. Ohne recht zu wissen warum, ging ich los zur Flußmündung, dem Mittelpunkt des kleinen Fischerdorfes, wo um diese Zeit noch gar kein Betrieb herrschte. Ich ging vorbei an der Kirche, der Post, dem Laden, vorbei an der Siedlung mit neuen Häusern, alle gleichaussehend mit ihren Zinkdächern und ihren Holzterrassen zum Meer, vorbei am Hotel, wohin die jungen Leute abends tanzen gingen; ich ging durch die lange Geschäftsstraße mit ihren Obst- und Gemüseständen, der Apotheke, dem Stoffladen des Türken, dem Zeitungskiosk, der Bar und dem Billardsalon, ohne eine Menschenseele zu sehen. Ich kam in den Bereich der Fischer mit den Holzhütten und den grob gezimmerten Verkaufsständen, den zum Trocknen aufgehängten Netzen wie ungeheure Spinnengewebe, den auf den Strand hochgezogenen Booten, die darauf warteten, daß ihre Besitzer sich vom Feiern der Heiligen Nacht erholten und aufs Meer hinausfuhren. Ich hörte Stimmen und sah eine Gruppe von Leuten neben einer der letzten Hütten, wo der Fluß ins Meer mündet. Die Sonne war inzwischen höher gestiegen und stach mich wie heißes Ameisenkribbeln in den Rücken. Mit dem letzten Bissen Käse und Quittenbrot erreichte ich das Ende der Straße, näherte mich vorsichtig dem kleinen Kreis von Leuten und versuchte mich durchzudrängen, aber sie schoben mich zurück. In diesem Augenblick erschienen zwei Polizisten auf Fahrrädern, der eine pfiff auf der Trillerpfeife, der andere schrie »Auseinandergehen, verdammt nochmal!«, das Gesetz war gekommen. Der Kreis öffnete sich eilig, und ich sah den Fischer auf dem schwarzen Sand des ausgetrockneten Flußbettes liegen, bäuchlings, die Arme zum Kreuz ausgebreitet, in derselben schwarzen Hose, dem weißen Hemd und den Gummisandalen wie am Tag zuvor, als er mich mit in den

Wald genommen hatte. Einer der Polizisten sagte, jemand hätte ihm einen Hieb auf den Kopf versetzt, und nun sah ich den Fleck trocknes Blut am Ohr und am Hals. Etwas zerbarst in meiner Brust, ein Geschmack nach bitteren Pampelmusen stieg mir in Mund und Nase, ich krümmte mich, von Brechreiz geschüttelt, fiel auf die Knie und erbrach eine Mischung von Käse, Quittenbrot und Schuld in den Sand. »Was macht dieses Kind hier?« rief jemand aus, und eine Hand griff nach meinem Arm, aber ich sprang auf und rannte davon, verzweifelt. Ich rannte und rannte, mit stechenden Schmerzen in der Seite und dem bitteren Geschmack im Mund, rannte, ohne anzuhalten, bis das rote Dach unseres Hauses auftauchte, und dann brach ich an der Straßenecke zusammen und kroch unter ein paar Büsche. Wer hat mich mit dem Fischer im Wald gesehen? Wie hat der Tata es erfahren? Ich konnte nicht mehr denken, das einzig Gewisse war, daß dieser Mann nie wieder ins Meer springen würde, um Muscheln zu suchen, daß er tot auf dem Sand lag und für unser beider Verbrechen bezahlte, daß ich frei war und nicht zum Treffpunkt zu gehen brauchte, er würde mich nicht wieder in den Wald mitnehmen. Eine ganze Weile später hörte ich, wie das Haus lebendig wurde, in der Küche wurde das Frühstück zubereitet, und ich hörte die Stimmen meiner Brüder und Cousins. Die Eselin des Milchhändlers hielt mit klappernden Kannen vor der Tür und daneben der Brotlieferant auf seinem Dreirad, und Margara kam brummelnd aus dem Haus, um bei ihnen einzukaufen. Ich schlich mich in den Hortensien-Patio, wusch mir Gesicht und Hände in dem Wasser, das vom Hügel herabfloß, strich mir das Haar ein bißchen ordentlicher zurecht und ging ins Eßzimmer, wo mein Großvater schon in seinem Sessel saß mit der Zeitung in den Händen und einer dampfenden Tasse Milchkaffee vor sich. »Warum siehst du mich so an?« fragte er mich lächelnd.

Zwei Tage später, als die Gerichtsmedizin den Leichnam freigegeben hatte, wurde in seiner bescheidenen Wohnung die Totenwache gehalten. Das ganze Dorf sowie die Sommerfrischler zogen an ihm vorbei, hier geschah selten etwas Interessantes, und keiner wollte sich die Sensation eines Mordes entgehen lassen, des einzigen im Gedächtnis des Badeortes verzeichneten seit dem gekreuzigten Maler. Margara nahm mich mit, obwohl meine Mutter fand, es sei ein morbides Schauspiel, aber mein Großvater – der sich angeboten hatte, die Beerdigung zu bezahlen – erklärte, der Tod sei etwas Natürliches, und es sei besser, wenn man sich von früh an daran gewöhne. Gegen Abend stiegen wir den Hügel hinauf und kamen zu einer armseligen Bretterhütte, die mit Papiergirlanden, einer chilenischen Fahne und bescheidenen Blumensträußen aus den Gärten an der Küste geschmückt war. Als wir eintraten, schleppten sich die mißtönigen Weisen der Gitarren nur noch matt voran, und die Besucher, von billigem Faßwein betäubt, dösten auf Rohrstühlen vor sich hin, die im Kreis um den Sarg aufgestellt waren, eine einfache Kiste aus rohem Kiefernholz, von vier Kerzen beleuchtet. Die Mutter in Trauerkleidung murmelte Gebete, vermischt mit Schluchzern und Verwünschungen, während sie die Flammen eines Herdes anfachte, auf dem ein rußschwarzer Kessel kochte. Die Nachbarinnen hatten ihre Tassen beigesteuert, damit sie Tee anbieten konnte, und die jüngeren Geschwister, gestriegelt und in ihren Sonntagsschuhen, tobten draußen auf dem Hof zwischen Hühnern und Hunden. Auf einer wackligen Kommode stand ein Foto des Fischers in Militäruniform, von einem schwarzen Band überkreuzt. Die ganze Nacht lösten sich Verwandte und Freunde ab, um dem Leichnam Gesellschaft zu leisten, bevor er in die Erde hinabgelassen wurde, sie zupften unbeholfen auf den Gitarren, aßen, was die Frauen aus ihren Küchen herbeibrachten, und tauschten mit weinschweren Zungen Erinnerungen an den Verstorbenen. Margara ging zwischen den Zähnen murmelnd durch den Kreis der Trauernden und zerrte mich am Arm hinter sich her, weil ich nicht weiterwollte. Als wir vor dem Sarg standen, zwang sie mich, heranzutreten und ein Vaterunser zum Abschied zu sprechen, denn wie sie behauptete, finden Ermordete niemals Ruhe und kommen des Nachts, um die Lebenden heimzusuchen. Auf einem weißen Laken ruhte der Mann, der mich drei Tage zuvor im Wald betastet hatte. Zuerst betrachtete ich ihn mit tiefinnerer Angst und dann mit Neugier, ich suchte nach Ähnlichkeit und konnte sie nicht finden. Dieses Gesicht war nicht das meiner Sünden, es war eine bleiche Maske mit angemalten Lippen, das Haar war in der Mitte gescheitelt und steif von Brillantine, Wattebäusche steckten in den Nasenlöchern, und ein Tuch war um das Gesicht gebunden, um den Unterkiefer zu stützen.

Obwohl das Krankenhaus sich an den Sonnabenden und Sonntagen nachmittags mit Besuchern füllt, wirkt es morgens leer. Ich komme, wenn es noch dunkel ist, mit der angehäuften Müdigkeit der ganzen Woche und ertappe mich dabei, wie ich vor Erschöpfung schlurfe und die Tasche über den Boden schleifen lasse. Ich wandere durch die endlosen einsamen Korridore, wo sogar das Klopfen meines Herzens widerhallt, und mir ist, als ginge ich auf einem Laufband, das in die entgegengesetzte Richtung rollt, ich komme nicht vorwärts, immerzu bin ich auf demselben Fleck, müder und müder werdend. Ich murmele selbsterfundene Zauberformeln, und während ich mich dem Trakt nähere, dem langen Korridor der verlorenen Schritte, deinem Saal und deinem Bett, zieht sich meine Brust vor Angst zusammen. Du bist in ein großes Baby verwandelt, Paula. Vor zwei Wochen bist du aus der Intensivstation entlassen worden, aber es hat nur wenige Veränderungen gegeben. Als du in den Gemeinschaftssaal kamst, warst du sehr verspannt, wie tief verstört, nach und nach hast du dich dann beruhigt, aber es gibt kein Anzeichen von Geistestätigkeit, dein Blick geht nach wie vor zum Fenster, starr, unbeweglich. Noch bin ich nicht verzweifelt, ich glaube trotz der unheilvollen Voraussagen, daß du mit uns heimkehren wirst, und solltest du auch nicht mehr die strahlende, liebreizende Frau von einst sein, wirst du doch vielleicht ein fast normales Leben führen können und glücklich sein, dafür werde ich sorgen. Die Ausgaben überschlagen sich, ich gehe zur Bank, wechsle Geld ein, und schon verflüchtigt es sich wieder aus meiner Brieftasche, so schnell, daß ich gar nicht dazu komme, aufzupassen, wie es verschwindet, aber ich will das nicht nachrechnen, dies ist nicht der Augenblick für vernünftiges Kalkulieren. Ich muß einen Physiotherapeuten auftreiben, denn was hier im Krankenhaus angeboten wird, ist kümmerlich; ab und zu erscheinen zwei zerstreute Mädchen, die zehn Minuten lang lustlos deine Arme und Beine bewegen nach den verschwommenen Anweisungen eines energischen Schnurrbartträgers, der dich nur ein einziges Mal gesehen hat. Es gibt viele Patienten und wenig Hilfskräfte, deshalb mache ich die Übungen selber mit dir. Viermal am Tag nehme ich mir deinen Körper vor und zwinge ihn, sich zu bewegen, ich beginne bei den Zehen, packe einen nach dem andern, und gehe von da aus hoch, langsam und mit Kraft, denn es ist nicht einfach, dir die Hände zu öffnen oder die Knie und die Ellbogen zu biegen; ich setze dich im Bett auf und schlage dir auf den Rücken, um deine Lungen freizumachen, ich erfrische mit Tropfen Wasser das rauhe Innere deiner Kehle, denn die Heizung trocknet die Luft aus, und um Deformationen vorzubeugen, befestige ich dir mit Binden Bücher an den Fußsohlen, ich trenne auch deine Finger mit Gummistückchen voneinander und be-

mühe mich, dir den Kopf geradezuhalten mit einer behelfsmäßigen Halskrause, die ich aus einem kleinen Reise-
kissen und Heftpflaster gebastelt habe, aber diese Notbe-
helfe sind so trostlos kümmerlich, Paula, ich muß dich bald
an einen Ort bringen, wo sie dir helfen können, es heißt ja,
die Rehabilitation wirkt Wunder. Der Neurologe bittet
mich um Geduld, er versichert mir, daß es noch nicht möglich ist, dich irgendwohin zu verlegen und schon gar nicht
mit dir im Flugzeug um die halbe Welt zu fliegen. Ich ver-
bringe den Tag und einen guten Teil der Nacht im Krankenhaus, ich habe mich mit den Kranken in deinem Saal und
ihren Angehörigen angefreundet. Elvira gebe ich Massa-
gen, und wir sind dabei, eine Gebärdensprache zu erfinden, um uns zu verständigen, weil doch die Worte ihr
untreu geworden sind. Den anderen erzähle ich Geschichten, und im Tausch dafür schenken sie mir Kaffee aus ihren
Thermosflaschen und Schinkenbrötchen, die sie von zu
Hause mitbringen. Die Schneckenfrau wurde nach Zimmer Null verlegt, ihr Ende ist nahe. Elviras Mann sagt mir
immer wieder: »Ihre Tochter ist schon viel munterer«, aber
ich kann in seinen Augen lesen, daß er es im Grunde nicht
glaubt. Ich habe ihnen Fotos von deiner Hochzeit gezeigt
und dein Leben erzählt, sie kennen dich schon gut, und
einige müssen heimlich weinen, wenn Ernesto dich besuchen kommt und dich umarmt und dir ins Ohr flüstert.
Dein Mann ist ebenso müde wie ich und hat dunkelviolette
Schatten unter den Augen, er hat auch an Gewicht verloren, und sein Anzug schlottert nur noch um ihn.

Willie ist wieder gekommen, er versucht das einigermaßen kontinuierlich zu tun, um diese lange Trennung zu
erleichtern, deren Ende nicht abzusehen ist. Als wir uns
vor vier Jahren zusammenfanden, haben wir uns versprochen, uns nicht wieder zu trennen, aber das Leben hat es
übernommen, unsere Pläne zu durchkreuzen. Dieser
Mann ist die schiere Kraft, er hat ebenso viele Tugenden

wie Fehler, er verbraucht die ganze Luft um sich herum und läßt mich zitternd zurück, aber es tut mir sehr gut, mit ihm zusammenzusein. Neben ihm schlafe ich ohne Tabletten, eingelullt von der Sicherheit und Wärme seines Körpers. Am Morgen bringt er mir den Kaffee ans Bett und zwingt mich, eine Stunde länger auszuruhen, und er ist es dann, der ins Krankenhaus geht und die Nachtschwester ablöst. Er erscheint in dem Gemeinschaftssaal in seinen ausgebleichten Blue jeans, seinen Holzfällerstiefeln, seiner schwarzen Lederjacke und einer Baskenmütze, wie sie mein Großvater trug und die er sich auf der Plaza Mayor gekauft hat. Unter der Mütze lugt das Gesicht eines alten genuesischen Seemanns hervor, und ich würde mich nicht wundern, wenn er eines Tages auf der Straße angehalten und nach dem nächsten Hafen gefragt würde. Er begrüßt die Kranken in einem mexikanisch gefärbten Kauderwelsch und setzt sich neben dein Bett, um dir die Hände zu streicheln und dir zu erzählen, was wir machen werden, wenn du nach Kalifornien kommst, während die übrigen Patienten ihn staunend beobachten. Willie kann seine Besorgnis nicht verbergen, in seinem Anwaltsbüro hat er unzählige Schrecken miterlebt und hat wenig Hoffnung, daß du wieder gesund wirst, er bereitet mein Gemüt auf das Schlimmste vor.

»Wir werden uns um sie kümmern, viele Familien tun das, wir werden nicht die einzigen sein; Paula zu pflegen und zu lieben wird uns ein neues Ziel geben, wir werden eine andere Art von Glück kennenlernen. Wir setzen unser Leben fort und nehmen sie überallhin mit, wo liegt das Problem?« So tröstet er mich mit diesem großmütigen und ein wenig naiven Pragmatismus, der mich verführte, als ich ihn kennenlernte.

»Nein!« antwortete ich, ohne zu merken, daß ich schrie. »Ich denke nicht daran, mir deine gräßlichen Prophezeiungen anzuhören! Paula wird wieder gesund!«

»Du bist besessen, du sprichst nur noch von ihr, du rollst auf einen Abgrund zu mit soviel Schwung, daß du dich nicht mehr bremsen kannst. Du läßt nicht zu, daß ich dir helfe, du willst nicht auf mich hören... Du mußt ein bißchen emotionalen Abstand zwischen euch zwei legen, sonst wirst du verrückt. Wenn du auch krank wirst, wer wird sich dann um deine Tochter kümmern? Bitte laß mich für dich sorgen...«

Die Heiler erscheinen am Nachmittag, ich weiß nicht, wie sie hier herkommen, sie sind hartnäckig darauf versessen, dir Energie und Gesundheit zu übertragen. In ihrem täglichen Leben sind sie Angestellte, Techniker, Beamte, ganz gewöhnliche alltägliche Leute, aber in ihrer Freizeit beschäftigen sie sich mit Esoterik und behaupten, mit der Macht ihrer Überzeugung heilen zu können. Sie versichern mir, sie könnten die erschöpften Batterien deines kranken Körpers wieder aufladen, dein Geist wachse, erneuere sich, und aus dieser Unbeweglichkeit werde eine andere und bessere Frau erstehen. Sie sagen mir, ich dürfe dich nicht mit dem Auge der Mutter ansehen, sondern mit dem goldenen Auge, dann würde ich dich auf einer anderen Ebene sehen, ruhig schwebend fern den Schrecken und dem Elend dieses Krankensaales; aber sie raten mir auch, vorbereitet zu sein, denn wenn du dein Schicksal in dieser Welt schon erfüllt hast und bereit bist, der Seele auf die lange Reise zu folgen, wirst du nicht zurückkehren. Sie gehören zu einer weltweiten Organisation und verständigen sich mit anderen Heilern, daß sie dir Kraft senden, so wie auch die Nonnen mit anderen Klöstern in Verbindung stehen, damit sie für dich beten, sie sagen, deine Genesung hänge von deinem eigenen Lebenswillen ab, die letzte Entscheidung liege in deinen Händen. Ich wage es nicht, mit den Meinen in Kalifornien darüber zu sprechen, sicherlich würden sie diese Geistheiler nicht mit wohlwollenden Augen sehen. Auch Ernesto billigt diese Invasion von Heilern nicht, er möchte nicht, daß seine Frau ein öffentliches Spektakel wird, aber ich denke, sie tun dir keinen Schaden, du nimmst sie ja nicht einmal wahr. Auch die Nonnen beteiligen sich an diesen Zeremonien, sie schwingen tibetanische Glöckchen, entzünden Weihrauch und rufen ihren Christengott und die himmlischen Heerscharen an, während die übrigen Patienten im Saal die Heilungsverfahren mit einer gewissen Zurückhaltung beobachten. Hab keine Angst, Paula, sie tanzen nicht mit Federn im Haar um dein Bett und köpfen auch keine Hähne, um dich mit dem Blut zu bespritzen, sie fächeln dich nur ein wenig, um die negative Energie zu vertreiben, dann legen sie dir die Hände auf den Körper, schließen die Augen und konzentrieren sich. Sie bitten mich, ihnen zu helfen, mir einen Lichtstrahl vorzustellen, der durch meinen Kopf in mich eintritt, durch mich hindurchzieht und aus meinen Händen zu dir hinübergeht, ich müsse dich gesund vor mir sehen und dürfe nicht mehr weinen, denn die Traurigkeit vergiftet die Luft und betäubt die Seele. Ich weiß nicht, ob dies alles dir guttut, aber eines ist sicher: die Stimmung im Saal hat sich gewandelt, wir sind viel fröhlicher geworden. Wir haben uns vorgenommen, gegen die Traurigkeit anzugehen, wir stellen im Radio sevillanische Tänze an, verteilen Kekse und ermahnen die Besucher, keine bekümmerten Gesichter zu machen. Die Märchenstunde ist auch verlängert worden, ich bin nicht mehr die einzige, die redet, alle beteiligen sich. Der Gesprächigste ist Elviras Mann mit einem wahren Schatz an Anekdoten, wir erzählen uns abwechselnd unsere Lebensgeschichten, und wenn die persönlichen Abenteuer nicht ausreichen, erfinden wir neue, und weil wir so viele Einzelheiten hinzufügen und der Phantasie freien Lauf lassen, sind wir vollendete Erzähler geworden, und aus anderen Sälen kommen sie zu uns, um uns zuzuhören.

In dem Bett, in dem vorher die Schneckenfrau gelegen

hat, ist jetzt eine neue Kranke, ein dunkelhaariges junges Mädchen, übersät mit Schnittwunden und blauen Flecken, die von vier Mistkerlen in einem Park vergewaltigt worden ist. Ihre Sachen sind mit einem roten Kreis markiert, und das Personal faßt sie nie ohne Handschuhe an, aber wir haben sie in die besondere Familie dieses Saales aufgenommen, wir waschen sie und füttern sie. Anfangs glaubte sie, sie wäre in einer Irrenanstalt aufgewacht, und versteckte zitternd den Kopf unter der Bettdecke, aber nach und nach, unter dem Gebimmel der tibetanischen Glöckchen, den Liedern aus dem Radio und dem vertraulichen Umgang aller untereinander gewann sie Zutrauen, und jetzt kann sie sogar schon lächeln. Sie hat sich mit den Nonnen und den Heilern angefreundet, mich bittet sie, ihr die Klatschgeschichten von europäischen Königshöfen und amerikanischen Filmstars vorzulesen, denn sie kann den Kopf nicht heben. Gegenüber von Elvira liegt eine Patientin, die kürzlich aus der Psychiatrie herübergekommen ist, sie heißt Aurelia und muß an einem Gehirntumor operiert werden, weil sie unter häufigen Krampfanfällen leidet. Am Morgen des für die Operation vorgesehenen Tages zog sie sich an und schminkte sich sorgfältig, verabschiedete sich von jeder einzelnen von uns mit einer herzlichen Umarmung und ging. »Viel Glück!« – »Wir werden an dich denken!« – »Nur Mut und Kopf hoch!« riefen wir ihr nach, während sie sich durch den Korridor entfernte. Als dann die Trage kam, um sie abzuholen und in die Folterkammer zu bringen, war sie nicht da, sie war ausgerissen, hinaus auf die Straße, und kehrte erst zwei Tage später zurück, als die Polizei es satt hatte, nach ihr zu suchen. Ein anderer Tag wurde für die Operation festgesetzt, aber auch diesmal konnten sie nichts machen, weil Aurelia sich einen halben Gebirgsschinken einverleibt hatte, den sie in ihrer Einkaufstasche versteckt gehabt hatte, und der Anästhesist sagte, nicht einmal ein Irrer würde sich unter diesen Bedingungen mit ihr befassen wollen. Jetzt macht der Chirurg erst einmal Osterferien, und wer weiß, wieviel Zeit vergeht, bis sie wieder über einen Operationssaal verfügen, im Augenblick jedenfalls ist unsere Freundin in Sicherheit. Sie sieht übrigens den Grund für ihre Krankheit darin, daß ihr Mann *imposant* ist, und aus ihren Gesten entnehme ich, daß sie *impotent* meint. »Bei ihm funktioniert der Schwanz nicht, und mir sägen sie dafür den Schädel auf«, seufzt sie resigniert. »Wenn er könnte, wie er sollte, wäre ich glücklich wie ein Kind und würde gar nicht mehr an die Krankheit denken, aber der beste Beweis ist doch wohl, daß die Anfälle in unseren Flitterwochen anfingen, als der dämliche Hund mehr Interesse an dem Boxkampf im Radio hatte als an meinem Nachthemd mit Schwanendaunen am Ausschnitt.« Aurelia tanzt und singt Flamenco, spricht in gereimten Versen, und wenn ich nicht aufpasse, besprüht sie dich mit ihrem Fliederparfüm und malt dir die Lippen mit ihrem Lippenstift an, Paula. Sie macht sich über die Ärzte ebenso lustig wie über die Nonnen und die Geistheiler, für sie ist das eine Bande von Metzgern. »Wenn die Kleine bis jetzt durch die Liebe ihrer Mutter und ihres Mannes nicht gesund geworden ist, dann kann man gar nichts tun«, sagt sie.

Inzwischen hat uns die Polizei ein paarmal besucht, um dem vergewaltigten Mädchen Fragen zu stellen, und so, wie sie sie behandeln, könnte man tatsächlich glauben, sie sei nicht das Opfer des Verbrechens, sondern der Urheber. »Was hast du um zehn Uhr abends in dieser Gegend zu suchen? Warum hast du nicht geschrien? Hattest du Drogen genommen? Das kommt davon, wenn man's darauf anlegt, was beklagst du dich!« Aurelia ist die einzige, die genug Mumm hat, ihnen die Zähne zu zeigen, sie baut sich vor ihnen auf, die Hände in die Seiten gestützt, und sagt ihnen ihre Meinung: »Dafür werdet ihr nicht bezahlt, ihr Scheißer! Immer sind es die Frauen, die verlieren.«–»Seien

Sie still, Señora, Sie geht das doch gar nichts an«, erwidern sie entrüstet, aber wir andern klatschen Beifall. Wenn Aurelia nicht eine ihrer Krisen hat, ist sie von einer erstaunlichen Klarsicht. Unter ihrem Bett verwahrt sie drei Koffer mit Reizwäsche und Flitterkram und zieht sich mehrmals am Tag um, schminkt sich mit kräftigen Pinselstrichen und kämmt sich das Haar hoch, daß es aussieht wie eine Torte aus lauter Zuckerkringeln. Beim geringsten Anstoß zieht sie sich nackt aus, um ihre Barockformen zu zeigen, und fordert uns heraus, ihr Alter zu erraten und ihre Taille zur Kenntnis zu nehmen, dieselbe, die sie schon als junges Mädchen hatte, es liegt in der Familie, ihre Mutter war ebenfalls eine Schönheit. Und sie fügt ziemlich verdrossen hinzu, wozu ihr diese Gottesgaben wohl nütze seien, wo ihr Mann ja doch ein Eunuch ist. Wenn der sie besuchen kommt, setzt er sich auf einen Stuhl und döst mürrisch vor sich hin, während sie ihn beschimpft und wir andern uns fürchterliche Mühe geben, so zu tun, als hörten wir nichts.

Willie ist dabei, ausfindig zu machen, wohin wir dich bringen sollen, Paula, wir brauchen mehr Wissenschaft und weniger Exorzismus, und ich bin dabei, die Ärzte zu überreden, daß sie dich gehen lassen, und Ernesto, daß er die Situation akzeptiert. Er will sich nicht von dir trennen, aber es gibt keine Alternative. Heute morgen kamen die beiden Mädchen von der Rehabilitation und beschlossen, dich zum ersten Mal in den Gymnastikraum im Erdgeschoß zu bringen. Ich war vorbereitet, mitzugehen in meinem weißen Kittel, und schob den Rollstuhl, hier gibt es so viele Leute, und sie sehen mich so lange schon durch die Korridore gehen, daß niemand mehr daran zweifelt, daß ich eine Krankenschwester bin. Dem Physiotherapeuten genügte ein oberflächlicher Blick, um zu entscheiden, daß er nichts für dich tun könne, »der Bewußtseinsgrad ist Null«, sagte er, »sie gehorcht keinen Anweisungen irgendwelcher Art, und außerdem hat sie einen offenen Luftröhrenschnitt, ich kann keine Verantwortung übernehmen für einen Patienten in dem Zustand«. Das hat mich bestimmt, dich so bald wie möglich aus diesem Krankenhaus und aus Spanien hinauszubringen, wenn ich mir auch die Reise nicht vorstellen kann, schon allein dich zwei Stockwerke im Fahrstuhl zu befördern ist eine Plackerei, die genaueste Strategie verlangt, zwanzig Stunden Flug von Madrid nach Kalifornien ist unvorstellbar, aber ich werde einen Weg finden. Ich habe mir einen Rollstuhl besorgt, dich mit Hilfe von Elviras Mann hineingesetzt und mit einem zusammengedrehten Laken an der Rückenlehne festgebunden, denn du sinkst in dich zusammen, als ob du keine Knochen hättest, dann habe ich dich für ein paar Minuten in die Kapelle gefahren und danach auf die Terrasse. Aurelia begleitete mich in ihrem Morgenrock aus blauem Samt, in dem sie aussieht wie ein Paradiesvogel, und unterwegs schnitt sie den Neugierigen Grimassen, wenn sie dich zu sehr anstarrten, denn dein Anblick ist wirklich kläglich, Tochter. Ich habe dich gegenüber dem Park hingestellt zwischen Dutzenden von Tauben, die gelaufen und geflattert kamen, um Brotkrumen aufzupicken. »Ich will Paula ein bißchen aufheitern«, sagte Aurelia und fing an zu singen und sich mit soviel Anmut in den Hüften zu wiegen, daß wir bald von Zuschauern umringt waren. Plötzlich hast du die Augen aufgemacht, zuerst mühsam, geschockt vom Sonnenlicht und der frischen Luft, die du so lange entbehrt hast, und als sich dein Blick langsam festigte, da erschien vor dir die ungewöhnliche Gestalt dieser rundlichen, in Blau gekleideten Matrone, die in einem Wirbel aufgescheuchter Tauben eine leidenschaftliche Sevillana tanzte. Du hast mit einem Ausdruck der Verwunderung die Brauen hochgeschoben, und ich weiß nicht, was dir dann durch den Sinn ging, Paula, dann hast du angefangen, unendlich traurig zu weinen, ein Weinen der Ohnmacht und der Angst. Ich habe dich umarmt, ich habe dir erklärt, was vorging, »jetzt kannst du dich noch nicht bewegen, aber nach und nach wirst du gesund werden, du kannst nicht sprechen, weil du ein Loch im Hals hast und die Luft nicht in deinen Mund gelangt, aber wenn sie es dir schließen, werden wir uns alles erzählen können, deine Aufgabe in dieser Zeit ist nur, tief zu atmen, ich liebe dich sehr, Tochter, und ich werde dich nie alleinlassen«. Du hast dich dann bald beruhigt, ohne die Augen von mir zu lassen, und ich glaube, daß du mich erkannt hast, aber vielleicht habe ich mir das auch eingebildet. Inzwischen war Aurelia in einen ihrer Zustände verfallen, und so endete unser erstes Abenteuer im Rollstuhl. Nach Meinung des Neurologen bedeutet das Weinen nichts, er versteht nicht, weshalb du immer noch im selben Zustand bist, er fürchtet einen Gehirnschaden und hat mir eine Serie neuer Tests ab nächster Woche angekündigt. Ich will keine weiteren Versuche mehr, ich will dich nur noch in eine Decke wickeln und mit dir auf den Armen ans andere Ende der Welt laufen, wo eine Familie auf dich wartet.

Eine sonderbare Erfahrung der Unbeweglichkeit ist dies. Die Tage werden Korn um Korn in einer geduldigen Sanduhr gemessen, so langsam, daß sie im Kalender verlorengehen, mir ist, als wäre ich immer in dieser winterlichen Stadt gewesen zwischen Kirchen, Statuen und königlichen Alleen. Die Mittel der Magie haben sich als unwirksam erwiesen, sie sind Botschaften, als Flaschenpost ins Meer geworfen in der Hoffnung, jemand am anderen Ufer findet sie und kommt, uns zu retten, aber bis jetzt gibt es keine Antwort. Ich habe neunundvierzig Jahre in Hast verbracht, ständig in Aktion und im Kampf, hinter Zielen her, an die ich mich nicht mehr erinnere, etwas Namenloses verfolgend, das immer wieder weiter vor mir war. Jetzt bin ich gezwungen, stillzuhalten und zu schweigen; soviel ich auch renne, komme ich doch nirgendwohin, wenn ich schreie, hört mich niemand. Du hast mir Ruhe verschafft, damit ich meinen Weg durch diese Welt überprüfe, Paula, damit ich in die wirkliche Vergangenheit und in die imaginäre Vergangenheit zurückkehre, damit ich die Erinnerungen neu gewinne, die andere vergessen haben, mir ins Gedächtnis rufe, was nie geschah, und das, was vielleicht geschehen wird. Abwesend, stumm und gelähmt, bist du mein Führer. Die Zeit verstreicht sehr langsam. Oder vielleicht geht die Zeit gar nicht vorbei, sondern wir gehen durch die Zeit. Mir steht eine Überfülle an Tagen zur Verfügung, um nachzudenken, nichts zu tun, nur zu warten, während du in dem rätselhaften Zustand einer im Kokon eingesponnenen Larve existierst. Ich frage mich, was für ein Schmetterling ausschlüpfen wird, wenn du erwachst... Meine Stunden vergehen beim Schreiben an deiner Seite. Elviras Mann bringt mir Kaffee und fragt mich, warum ich mich so abmühe mit diesem endlosen

Brief, den du doch nicht lesen kannst. Eines Tages wirst du ihn lesen, da bin ich sicher, und du wirst mich verspotten mit diesem verschmitzten Grinsen, das du aufsetzt, wenn du es auf meine Sentimentalitäten abgesehen hast. Ich blicke zurück und überschaue die Gesamtheit meines Lebenswegs, und mit ein wenig Glück werde ich einen Sinn in der Person finden, die ich bin. Mit wilder Kraftanstrengung bin ich mein Leben lang flußaufwärts gerudert; ich bin müde, ich möchte umkehren, die Riemen fahrenlassen und zusehen, wie die Strömung mich sanft zum Meer trägt. Meine Großmutter schrieb in ihre Hefte, um die flüchtigen Bruchstücke der Tage zu retten und das schlechte Gedächtnis zu überlisten. Meine Absicht ist, den Tod abzulenken. Meine Gedanken kreisen in einem unermüdlichen Strudel, du dagegen steckst unbeweglich in einer statischen Gegenwart, gänzlich fern den Verlusten der Vergangenheit und den Vorahnungen der Zukunft. Ich bin verängstigt. Ich habe schon früher einige Male große Angst gehabt, aber immer gab es einen Fluchtweg, selbst im Terror des Militärputsches gab es die Rettung des Exils. Jetzt bin ich in einer Sackgasse, es gibt keine Türen, die sich zur Hoffnung öffnen, und ich weiß nicht wohin mit soviel Angst.

Ich denke mir, du möchtest von der glücklichsten Zeit deiner Kindheit hören, als die Granny noch lebte, deine Eltern sich noch liebten und Chile deine Heimat war, aber dieses Heft ist bei den siebziger Jahren angekommen, als die Dinge anfingen, sich zu ändern. Mir wurde erst sehr viel später klar, daß die Geschichte eine Wendung genommen hatte. Im September 1970 wurde Salvador Allende zum Präsidenten gewählt von einer Koalition aus Marxisten, Sozialisten, Kommunisten, enttäuschten Gruppen der Mittelklasse, radikalen Christen und Zigtausenden von verarmten Männern und Frauen, die sich unter der Fahne der Unidad Popular zusammengetan hatten und entschlossen waren, sich auf ein Programm des Übergangs zum

Sozialismus einzulassen, ohne jedoch die lange bürgerliche und demokratische Tradition des Landes beeinträchtigen zu wollen. Trotz der offenkundigen Widersprüche des Projektes mobilisierte eine Woge irrationaler Hoffnung ein gut Teil der Gesellschaft, der erwartete, aus diesem Prozeß den *neuen Menschen* hervorgehen zu sehen, von hohen Idealen getragen, großmütiger, mitfühlender, gerechter. Im selben Augenblick, in dem sich Allendes Sieg ankündigte, begannen seine Gegner schon mit der Sabotage, und die Zeitbombe tickte. In der Wahlnacht ging ich nicht hinaus auf die Straße, um mit seinen Anhängern zu feiern, weil ich meine Schwiegereltern und meinen Großvater nicht kränken wollte, die fürchteten, in Chile würde ein neuer Stalin auferstehen. Allende war dreimal Kandidat gewesen und hatte beim vierten Mal gesiegt, trotz der allgemein verbreiteten Überzeugung, er hätte in den vorhergehenden gescheiterten Kampagnen sein Glück verspielt. Selbst die Unidad Popular zweifelte an ihm und war schon im Begriff, Pablo Neruda an ihre Spitze zu wählen. Der Dichter hatte keinerlei politischen Ehrgeiz, er fühlte sich alt und müde, ihn interessierte nur seine Freundin, die Poesie; dennoch war er als diszipliniertes Mitglied der Kommunistischen Partei bereit, Anordnungen zu befolgen. Als schließlich Salvador Allende zum offiziellen Kandidaten bestimmt worden war, nach vielen internen Diskussionen innerhalb der Parteien, war Neruda der erste, der erleichtert lächelte und ihm Glück wünschte. Die tiefe Wunde, die das Land in unversöhnliche Gruppen teilte, riß auf während des Wahlkampfs, als Familien sich entzweiten, Paare sich trennten, Freunde sich prügelten. Mein Schwiegervater beklebte die Wände seines Hauses mit Propaganda der Rechten; wir diskutierten leidenschaftlich, aber nie beleidigte einer den andern, uns verband die Zuneigung für die Granny und die Kinder, sie war stärker als unsere Meinungsverschiedenheiten. Zu jener Zeit war er noch ein stattlicher, gesunder Mann, aber schon hatte der langsame Verfall begonnen, der ihn in den Abgrund des Vergessens führte. Den Vormittag verbrachte er im Bett, in seine mathematischen Tüfteleien vertieft, und nachmittags verfolgte er hingebungsvoll gleich drei Fernsehserien hintereinander, die bis zum Abend dauerten; manchmal zog er sich gar nicht erst an, sondern blieb in Pyjama und Pantoffeln und ließ sich von seiner Frau bedienen, die ihm das Essen auf dem Tablett brachte. Der Zwang, sich die Hände zu waschen, wurde unbeherrschbar, seine Haut war mit Wunden bedeckt, und die einst so feinen Hände verwandelten sich in Kondorkrallen. Er war sicher, daß sein Kandidat siegen würde, aber von Zeit zu Zeit verspürte er das Kribbeln des Zweifels. Je näher die Wahl heranrückte, um so mehr zog sich der Winter zurück, und die ersten Knospen des Frühlings zeigten sich. Die Granny, die in der Küche eifrig mit dem ersten Eingemachten der Jahreszeit beschäftigt war und mit den Enkeln spielte, nahm an den politischen Streitgesprächen nicht teil, aber sie war sehr beunruhigt, wenn sie unsere gereizten Stimmen hörte. In diesem Jahr stellte ich fest, daß meine Schwiegermutter heimlich trank, aber sie tat es so diskret, daß niemand sonst es merkte.

Am Tag der Wahl waren die Sieger von ihrem Triumph am meisten überrascht, denn im Grunde hatten sie ihn nicht erwartet. Hinter den geschlossenen Türen und Fenstern des vornehmen Viertels zitterten die Besiegten, die sicher waren, daß die Massen sich mit dem in Jahrhunderten angesammelten Klassenhaß erheben würden, aber nichts dergleichen geschah, es gab nur friedliche Kundgebungen allgemeiner Freude. Eine Menschenmenge skandierte *el pueblo unido jamás será vencido – das vereinte Volk wird niemals besiegt –* und hatte fahnenschwenkend die Straßen in Besitz genommen, während man in der Botschaft der Vereinigten Staaten zu einer Krisensitzung zusammentrat; die Nordamerikaner hatten ein Jahr vorher angefangen zu konspirieren, sie hatten die Extremisten der Rechten finanziert und versuchten nun, ein paar Generäle mit Putschneigungen zum Handeln zu verleiten. In den Kasernen waren die Soldaten in Alarmbereitschaft und erwarteten Befehle. Onkel Ramón und meine Mutter waren glücklich über Salvador Allendes Sieg; der Großvater erkannte seine Niederlage an und begrüßte ihn ritterlich, als Allende noch am selben Abend überraschend meine Eltern besuchte. Am folgenden Tag ging ich wie gewöhnlich zur Arbeit und fand das Haus siedend vor widersprüchlichen Gerüchten, und der Chef des Verlages packte heimlich seine Kameras ein und ließ sein Privatflugzeug vorbereiten, um mit seiner Familie und einem guten Teil seiner beweglichen Habe über die Grenze zu fliehen, während ein Leibwächter seinen italienischen Rennwagen hütete, damit der aufgeheizte Pöbel ihn nicht womöglich in Brand steckte. »Wir arbeiten weiter, als wäre nichts passiert«, verkündete Delia Vergara in dem gleichen Ton, in dem Jahre früher im Libanon Miss Saint John redete, als sie beschloß, den Krieg nicht zur Kenntnis zu nehmen. Also arbeiteten wir während der folgenden drei Jahre weiter. Am Tag nach der Wahl war mein Schwiegervater einer der ersten, die sich vor den Banken anstellten, um ihr Geld abzuheben, er hatte vor, ins Ausland zu fliehen, sowie die kubanischen Horden landeten oder die Sowjetdiktatur anfing, Bürger zu erschießen. »Ich gehe nirgendwohin, ich bleibe hier bei den Kindern«, versicherte mir die Granny weinend hinter dem Rücken ihres Mannes. Die Enkel waren der Sinn ihres Lebens geworden. Der Entschluß abzureisen wurde vertagt, die Flugkarten blieben auf dem Kaminsims liegen, immer greifbar, aber sie wurden nicht benutzt, weil die schlimmen Vorhersagen nicht eintrafen; niemand überfiel das Land, die Grenzen blieben offen, es gab keine Exekutionen, kein An-die-Wand-Stellen, wie mein Schwiegervater befürchtet hatte, und die Granny versteifte sich darauf, daß kein Marxist sie von ihren Enkeln trennen würde, schon gar nicht einer, der denselben Namen trug wie ihre Schwiegertochter.

Da es keine absolute Mehrheit gab, mußte der Kongreß in einer Vollversammlung die Wahl entscheiden. Bislang war immer die einfache Mehrheit respektiert worden, das heißt, der gewinnt, der auch nur eine Stimme Vorsprung hat, aber die Unidad Popular hatte zu viele Befürchtungen geweckt. Immerhin wog dann die Tradition doch schwerer als die Angst der Parlamentarier und die Macht der nordamerikanischen Botschaft, und nach langen Beratungen setzte der Kongreß, der von der Democracia Cristiana beherrscht wurde, ein Dokument auf, das von Allende die Achtung der verfassungsmäßigen Rechte forderte. Er unterschrieb, und zwei Monate später erhielt er in einem feierlichen Akt die Präsidentenschärpe. Zum erstenmal in der Geschichte war ein Marxist durch demokratische Abstimmung zum Präsidenten gewählt worden, die Augen der Welt waren auf Chile gerichtet. Pablo Neruda reiste als Botschafter nach Paris, wo er zwei Jahre später die Nachricht bekam, daß er den Nobelpreis für Literatur erhalten hatte. Der betagte König von Schweden überreichte ihm eine Goldmedaille, die der Dichter allen Chilenen widmete, »*denn meine Dichtkunst ist Eigentum meines Vaterlandes*«.

Präsident Allende ernannte Onkel Ramón zum Botschafter in Argentinien, und so kam es, daß meine Mutter einem monumentalen Gebäude auf dem einzigen Hügel von Buenos Aires vorstand, das über mehrere Salons verfügte, einen Speisesaal für achtundvierzig Gäste, zwei Bibliotheken, dreiundzwanzig Toiletten und eine unbestimmte Anzahl von Teppichen und Kunstwerken, die von früheren

Regierungen stammten, eine schwer zu erklärende Pracht für die Unidad Popular, die ein Inbild von Nüchternheit und Schlichtheit sein wollte. Es gab so viel Bedienungspersonal – Chauffeure, Köche, Diener, Dienstmädchen und Gärtner –, daß es militärischer Strategie bedurfte, die Arbeit und die jeweiligen Mahlzeiten zu organisieren. Die Küche arbeitete ohne Atempause, bereitete Cocktails, Mittagessen, Damentees, offizielle Banketts und dazu Diät für meine Mutter, die von der ganzen Abrackerei magenkrank wurde. Obwohl sie selbst nur ein Häppchen probierte, erfand sie Rezepte, die die Tafel der Botschaft berühmt machten. Sie schaffte es, einen ganzen Truthahn auf den Tisch zu bringen mit Federn im Hintern und offenen Augen, und wenn man vier Nadeln herauszog, löste die Haut sich ab wie ein Kleid und enthüllte das saftige Fleisch, und das Innere war mit kleinen Vögeln gefüllt, die ihrerseits mit Mandeln gefüllt waren, Lichtjahre entfernt von den in heißem Wasser schwimmenden Leberstücken meiner Schulspeisung im Libanon.

Bei einem dieser Festessen lernte ich die berühmteste Seherin von Buenos Aires kennen. Sie sah mich über den Tisch hinweg starr an und ließ mich während des ganzen Essens kaum aus den Augen. Sie muß um die Sechzig gewesen sein, ihre Haltung war aristokratisch, und sie kleidete sich schwarz in einem nüchternen, ein wenig antiquierten Stil. Als wir den Speisesaal verließen, trat sie an mich heran und sagte, daß sie mich gern unter vier Augen sprechen würde; meine Mutter machte uns bekannt – sie hieß María Teresa Juárez – und begleitete uns in eine Bibliothek. Ohne ein Wort zu sagen, setzte sich die Frau auf ein Sofa und bedeutete mir, neben ihr Platz zu nehmen, dann nahm sie meine Hände, hielt sie einige Minuten – die mir sehr lang vorkamen, weil ich nicht wußte, was sie vorhatte – zwischen den ihren, und schließlich machte sie mir vier Prophezeiungen, die ich auf ein Stück Papier schrieb und seither nie vergessen habe: »Es wird ein Blutbad in deinem Land geben, du wirst lange Zeit bewegungslos und gelähmt sein, dein einziger Weg ist die Schriftstellerei, und eines deiner Kinder wird in vielen Teilen der Welt bekannt werden.« Als meine Mutter fragte, welches, bat sie um Fotos, betrachtete sie einige Sekunden und zeigte dann auf dich, Paula. Da die anderen drei Voraussagen sich bewahrheitet haben, nehme ich an, daß auch die letzte eintreffen wird, und das gibt mir Hoffnung, daß du nicht sterben wirst, Tochter, du mußt dein Schicksal erfüllen. Sowie wir dieses Krankenhaus verlassen haben, werde ich mich mit dieser Dame in Verbindung setzen, falls sie noch lebt, und sie fragen, was dich in Zukunft erwartet.

Onkel Ramón, begeistert von seiner neuen Aufgabe, öffnete Politikern, Intellektuellen, Presseleuten und allem, was irgend Salvador Allendes Vorhaben unterstützen konnte, die Türen der Botschaft. Von meiner Mutter sekundiert, die in diesen drei Jahren große Seelenstärke bewies und Beispiele an Organisationstalent und Tapferkeit gab, setzte er es sich in den Kopf, die schwierigen Beziehungen zwischen Chile und Argentinien zu normalisieren, zwei Nachbarn, zwischen denen es in der Vergangenheit mancherlei Reibereien gegeben hatte und die jetzt die Besorgnisse überwinden mußten, die das sozialistische Experiment in Chile erregt hatte. In Stunden, die er dem Schlaf abknapste, ging er das Inventar und die lästigen Rechnungen der Botschaft durch, um zu verhindern, daß in der Fülle und der Unordnung Mittel verschwendet würden. Mit der Lupe wurde nämlich die Führung der Unidad Popular von ihren politischen Feinden überprüft, die immer auf der Jagd nach selbst dem geringsten Vorwand waren, um sie zu verleumden. Seine erste Überraschung war das Budget für die Sicherheit, er fragte seine Kollegen vom Diplomatischen Corps und entdeckte, daß die privaten Leibwächter sich in Buenos Aires zu einem Problem ausgewachsen hatten. Sie waren ursprünglich als Schutz gegen Entführungen und Attentate gedacht, aber bald war es nicht mehr möglich, sie zu kontrollieren, und zu dieser Zeit gab es schon mehr als dreißigtausend, und die Anzahl stieg weiter. Sie stellten eine regelrechte Armee dar, bis an die Zähne bewaffnet, ohne Vorgesetzte, ohne Regeln noch Dienstvorschriften, die es übernommen hatte, Terror zu verursachen, um ihre Existenz zu rechtfertigen. Es wurde auch vermutet, daß es sehr einfach war, jemanden zu entführen oder zu ermorden, weil es genügte, sich mit dessen eigenen Wachen über die Summe zu einigen, und dann übernahmen sie die Arbeit. Onkel Ramón beschloß, das Risiko einzugehen, und entließ seine Leibwächter, weil ihm schien, daß der Repräsentant einer Volksregierung sich nicht mit besoldeten Totschlägern umgeben sollte. Kurz darauf explodierte eine Bombe in dem Gebäude, die aus Lampen und Fenstern einen Berg Glasscherben machte und die Nerven der Schweizer Hündin meiner Mutter für immer zerrüttete, aber niemand wurde verletzt. Um den Aufruhr zu beschwichtigen, wurde in der Presse bekanntgegeben, es sei eine Gasexplosion in einer defekten Rohrleitung gewesen. Dies war das erste terroristische Attentat, dem meine Eltern in dieser Stadt ausgesetzt waren. Vier Jahre später würden sie zu nachtschlafender Zeit fliehen müssen, um ihr Leben zu retten. Als sie den Auftrag übernahmen, hatten sie nicht geahnt, wieviel Arbeit dieser Botschafterposten bedeutete, der wichtigste für Chile nach dem in Washington, aber sie waren bereit gewesen, ihre Aufgabe mit der ganzen Erfahrung zu erfüllen, die sie in vielen Jahren im diplomatischen Dienst gesammelt hatten. Das taten sie so brillant, daß sie es später mit vielen Jahren Exil bezahlen mußten.

In den drei Jahren nach der Wahl verstaatlichte die Unidad Popular die Bodenschätze des Landes – Kupfer, Eisen, Nitrate, Kohle –, die von jeher in ausländischen Händen gewesen waren, und weigerte sich, auch nur einen symbolischen Dollar Entschädigung zu zahlen; sie weitete die Agrarreform drastisch aus und verteilte die Latifundien alter, mächtiger Familien unter den Bauern, was eine Feindseligkeit ohnegleichen auslöste; sie entmachtete die Monopole, die seit Jahrzehnten den freien Wettbewerb auf dem Markt unterbunden hatten, und zwang sie, zu einem Preis zu verkaufen, der für die Mehrheit der Chilenen angemessen war. Die Kinder bekamen Milch in der Schule, in abgelegenen Städten wurden Krankenhäuser gebaut, und die Mindestlöhne erreichten eine vernünftige Höhe. Diese Veränderungen waren begleitet von fröhlichen Volksdemonstrationen zur Stützung der Regierung, dennoch weigerten sich gerade die Anhänger Allendes, zuzugeben, daß die Reformen bezahlt werden mußten und daß die Lösung nicht darin lag, immer mehr Geld zu drucken. Bald begannen das ökonomische Chaos und erbitterter Streit. Von außen verfolgte man den Prozeß mit Neugier – ein kleines lateinamerikanisches Land hatte den Weg einer friedlichen Revolution gewählt. Im Ausland hatte Allende weitgehend das Image eines fortschrittlichen Politikers, der beharrlich darauf hinarbeitete, die Lage der Arbeiter zu verbessern und die ökonomischen und sozialen Ungerechtigkeiten zu überwinden, aber in Chile selbst wurde er von der Hälfte der Bevölkerung gehaßt, und das Land war in unversöhnliche Gruppen gespalten. Die Vereinigten Staaten, in tausend Ängsten, daß seine Ideen Erfolg haben und der Sozialismus sich unaufhaltsam über den ganzen Kontinent ausbreiten würde, strich die Kredite und verhängte eine Wirtschaftsblockade. Die Obstruktionstaktik der Rechten und die Fehler der Unidad Popular erzeugten eine Krise von nie gesehenen Ausmaßen, die Inflation erreichte eine derart unglaubliche Höhe, daß man am Morgen nicht wußte, was am Nachmittag ein Liter Milch kosten würde. Geldscheine gab es im Überfluß, aber sehr wenig zu kaufen, das Schlangestehen nach notwendigen Dingen fing an – Öl, Zahnpasta, Zucker, Gummireifen. Ohne den schwarzen Markt kam man nicht aus. Zum Geburtstag schenkten mir meine Arbeitskolleginnen zwei Rollen Klopapier und eine Dose Kondensmilch, im Augenblick die wertvollsten Artikel. Wie alle andern waren auch wir Opfer der Versorgungsangst, manchmal stellten wir uns bei einer Schlange an, um keine Möglichkeit zu verpassen, auch wenn die Belohnung nur gelbe Schuhcreme war. Profis tauchten auf, die allerlei Posten horteten oder Waren zum offiziellen Preis aufkauften und zum doppelten dann wieder absetzten. Nicolás spezialisierte sich darauf, für die Granny Zigaretten zu besorgen. Aus Buenos Aires schickte meine Mutter über mysteriöse Kanäle Lebensmittelpakete, aber ihre Anweisungen wurden gelegentlich verwechselt, und dann erhielten wir eine Galone Sojasoße oder vierundzwanzig Gläser Perlzwiebeln in Essig. Zum Tausch schickten wir ihr alle zwei, drei Monate ihre Enkel zu Besuch; sie reisten allein mit ihren Namen und Daten auf einem Schild um den Hals. Onkel Ramón überzeugte sie davon, daß das prächtige Botschaftsgebäude sein Sommersitz sei, was jeden Zweifel, den die Kinder etwa an seiner fürstlichen Herkunft gehegt hatten, restlos zerstreute. Damit sie sich nicht langweilten, beschäftigte er sie in seinem Büro, die erste Bezahlung ihres Lebens erhielten sie aus den Händen dieses außergewöhnlichen Großvaters für geleistete Dienste als Untersekretäre der Sekretärinnen des Konsulats. Hier überstanden sie auch den Ziegenpeter und die Windpocken, wobei sie sich in den dreiundzwanzig Klos versteckten, weil sie keine Stuhlprobe für eine medizinische Untersuchung liefern wollten.

Wir Chilenen waren immer stolz darauf, daß unsere

Staatschefs keine Leibwächter benötigten und daß der Patio des Palacio de La Moneda eine öffentliche Straße war, doch mit Salvador Allende hörte das auf; der Haß wuchs mehr und mehr, und man fürchtete für sein Leben. Seine Feinde sammelten Material, um ihn anzugreifen. Der sozialistische Präsident fuhr mit zwanzig Bewaffneten in einer Autokolonne, alle Wagen völlig gleich, alle blau, ohne Kennzeichen, damit niemand wußte, in welchem er saß. Bislang hatten die regierenden Häupter in ihren eigenen Häusern gewohnt, aber das seine war klein und für sein Amt nicht geeignet. Unter dem haßerfüllten Geschrei ihrer Gegner erwarb die Regierung für die Präsidentschaft ein Haus im vornehmen Viertel, und die Familie zog dort ein mit präkolumbischen Keramiken, im Lauf der Jahre gesammelten Gemälden, Kunstwerken, von den Künstlern selbst geschenkt, Erstausgaben mit Widmungen der Autoren und Fotos, die wichtige Augenblicke in der politischen Laufbahn Allendes festgehalten hatten. In der neuen Residenz nahm ich zweimal an Geselligkeiten teil, auf denen das einzige Thema die Politik war. Wenn meine Eltern aus Argentinien kamen, lud der Präsident uns in ein großes Landhaus ein, das hoch oben in den Hügeln nahe der Hauptstadt stand und wo er die Wochenenden zu verbringen pflegte. Nach dem Essen sahen wir alberne Cowboyfilme an, bei denen er sich entspannte. In einigen Schlafräumen, die auf den Patio führten, lebten freiwillige Leibwächter, die Allende seine *Gruppe persönlicher Freunde* nannte und die seine Gegner als terroristische Guerilleros und Mörder bezeichneten. Sie gingen immer wachsam ihre Runden, bewaffnet und bereit, ihn notfalls mit dem eigenen Körper zu schützen. An einem dieser ländlichen Tage wollte Allende uns das Zielschießen beibringen mit einem Gewehr, das ihm Fidel Castro geschenkt hatte, dasselbe, das man am Tag des Militärputsches neben seiner Leiche fand. Ich, die ich noch nie eine Waffe in der Hand gehalten hatte und mit dem Wort des Großvaters aufgewachsen war, daß Feuerwaffen vom Teufel geladen werden, griff nach dem Gewehr, als wäre es ein Regenschirm, hantierte ungeschickt und richtete es, ohne es zu merken, auf seinen Kopf – sofort materialisierte sich in der Luft einer dieser Wächter, sprang auf mich herab, und dann rollten wir beide über den Erdboden. Das ist eine der wenigen Erinnerungen, die ich an meinen Onkel in den drei Jahren seiner Regierung habe. Ich sah ihn seltener als früher, betätigte mich nicht politisch und arbeitete weiter in dem Verlag – den er übrigens als seinen schlimmsten Feind ansah –, ohne daß ich begriff, was wirklich im Lande vor sich ging.

Wer war Salvador Allende? Ich weiß es nicht, und es wäre anmaßend von mir, wollte ich ihn erklären, es brauchte mehrere Bände, um eine Vorstellung von seiner vielschichtigen Persönlichkeit, seiner Führung der schwierigen Regierungsgeschäfte und der Rolle zu geben, die er in der Geschichte spielt. Jahrelang sah ich in ihm bloß einen Onkel mehr in einer zahlreichen Sippe und den einzigen Vertreter der Familie meines Vaters; erst nach seinem Tode, als ich Chile verließ, begriff ich seine legendäre Bedeutung. Im Privatleben war er ein guter Freund seiner Freunde, loyal bis zur Unvernunft, Verrat konnte er nicht begreifen, und es fiel ihm sehr schwer, ihn zu erkennen, als er dann tatsächlich verraten wurde. Ich erinnere mich an seine raschen Antworten und an seinen Sinn für Humor. Er war in zwei Anläufen gescheitert und war ein noch junger Mann, als ein Zeitungsreporter ihn fragte, was er gern auf seinem Grabstein sehen würde, und er erwiderte augenblicklich: *Hier ruht der zukünftige Präsident Chiles.* Mir scheint, seine bemerkenswertesten Eigenschaften waren Redlichkeit, Intuition, Tapferkeit und Charisma; er folgte seinen Eingebungen, die ihn selten im Stich ließen, wich vor dem Risiko nicht zurück und konnte die Massen ebenso verführen wie einzelne Menschen. Man erzählte sich, er könne jede Situation zu seinen Gunsten wenden, deshalb wagten die Generäle am Tag des Militärputsches auch nicht, ihm persönlich gegenüberzutreten, und zogen es vor, sich mit ihm telefonisch und über Boten in Verbindung zu setzen. Er übernahm das Amt des Präsidenten mit einer Würde, die schon hochmütig anmutete, er hatte, wenn er wollte, die bombastischen Gesten des Volkstribuns und einen charakteristischen Gang, sehr aufrecht, Brust herausgestreckt und fast auf den Zehenspitzen gehend wie ein Kampfhahn. Er schlief nachts sehr wenig, nur drei, vier Stunden, meistens sah er den Morgen lesend heraufkommen oder noch beim Schachspiel mit seinen treuesten Freunden, aber er konnte zwischendurch ein paar Minuten schlafen, meistens im Auto, und dann erfrischt aufwachen. Er war ein Mann verfeinerter Genüsse, er liebte Rassehunde, Kunstgegenstände, elegante Kleidung und starke Frauen. Er achtete sehr auf seine Gesundheit und war zurückhaltend im Essen wie beim Alkohol. Seine Feinde verketzerten ihn als Lüstling und führten genau Buch über seine bürgerlichen Neigungen, Liebeleien, sämischledernen Jacken und seidenen Krawatten.

Inzwischen lebte ich in den Wolken, schrieb Nichtigkeiten und trieb törichtes Zeug im Fernsehen, ohne die wirklichen Ausmaße der Gewalt zu ahnen, die im Dunkel heranreifte und schließlich über uns hereinbrechen würde. Als das Land mitten in der Krise steckte, schickte die Chefredakteurin der Zeitschrift mich zu Salvador Allende, um ihn darüber zu interviewen, was er von Weihnachten hielt. Wir bereiteten die Dezembernummer schon lange vorher vor, und es war nicht ganz einfach, im Oktober an den Präsidenten heranzukommen, der wichtige Staatsgeschäfte im Kopf hatte, aber ich machte mir seinen Besuch im Haus meiner Eltern zunutze und sprach ihn schüchtern darauf an. »Frag mich nicht nach solchem Schnickschnack, Kind«, war seine trockene Antwort. So begann und endete meine Karriere als politische Journalistin. Ich bastelte weiter meine hausgemachten Horoskope, Ratschläge für Dekoration, Gartenbau und Kindererziehung, machte Interviews mit wunderlichen Mitmenschen, die Liebespost, Artikel über Kultur- und Kunstereignisse und über Reisen. Delia mißtraute mir, sie beschuldigte mich, Reportagen zu erfinden, ohne mich aus dem Haus zu rühren, und den Befragten meine eigenen Meinungen in den Mund zu legen, deshalb wies sie mir selten wichtige Themen zu.

Je schlechter die Versorgung wurde, um so unerträglicher wurde die Spannung, und die Granny trank immer mehr. Den Anweisungen ihres Mannes folgend, ging sie häufig mit ihren Nachbarinnen auf die Straße, um in der gebräuchlichen Form, nämlich auf Kochtöpfe trommelnd, gegen die Lebensmittelknappheit zu protestieren. Die Männer blieben unsichtbar, während die Frauen rasselnd wie der Weltuntergang durch die Stadt marschierten. Der Lärm ist mir unvergeßlich, es begann wie ein einsamer Gong, dann kam das Gehämmer in den Patios der Häuser hinzu, der Radau steckte an und verbreitete sich und erhob die Gemüter, bald waren alle Bürgersfrauen auf der Straße, und ohrenbetäubendes Getöse verwandelte die halbe Stadt in eine Hölle. Die Granny schaffte es, sich an die Spitze der Demonstration zu setzen, und führte sie so, daß sie nicht an unserem Haus vorbeizog, wo, wie man wußte, jemand aus der Familie Allende wohnte. Für den Fall, daß die aggressiven Damen uns angriffen, lag aber immer der Wasserschlauch bereit, um es ihnen mit kalten Wassergüssen auszureden. Die ideologischen Gegensätzlichkeiten änderten jedoch nichts an dem freundlichen Verhältnis zu meiner Schwiegermutter, wir teilten die Kinder, die Lasten des täglichen Lebens, die Pläne und Hoffnungen, und im

Grunde dachten wir beide, daß nichts uns trennen könnte. Um ihr zu einer gewissen Unabhängigkeit zu verhelfen, eröffnete ich ihr ein Konto auf der Bank, aber nach drei Monaten mußte ich es schließen, weil sie einfach den Mechanismus nicht begriff, sie glaubte, solange sie noch Schecks im Scheckheft hatte, war auch noch Geld auf dem Konto, sie notierte sich auch die Ausgaben nicht, und in kürzester Zeit hatte sie die Einlagen an Spielzeug für die Enkel verschwendet. Die Politik änderte auch den Frieden zwischen Michael und mir nicht, wir liebten uns und waren gute Freunde.

Damals erwachte meine Leidenschaft für das Theater. Onkel Ramón war zum Botschafter gerade zu der Zeit ernannt worden, als in Lateinamerika die Entführung bedeutender Persönlichkeiten Mode wurde. Die Vorstellung, daß ihm so etwas geschehen könnte, inspirierte mich zu einem Stück: eine Gruppe Guerrilleros entführt einen Diplomaten, um ihn gegen politische Gefangene auszutauschen. Ich schrieb es in großer Eile, setzte mich an die Maschine und konnte weder essen noch schlafen, bis ich drei Tage später das letzte Wort getippt hatte. Eine angesehene Theatertruppe war bereit, es in Szene zu setzen, und so saß ich denn eines Abends zu einer Lesung mit den Schauspielern auf einer kahlen, schwach beleuchteten Bühne um den Tisch, alle in Mänteln und mit Thermosflaschen voll Tee versehen, denn es zog von allen Ecken und Enden. Jeder Schauspieler las und zergliederte seine Rolle und brachte dabei die groben Fehler des Textes ans Licht. Je weiter wir mit der Lesung kamen, um so tiefer rutschte ich auf meinem Stuhl, bis ich unter dem Tisch verschwand, und schließlich sammelte ich schamrot die Rollenbücher ein, ging nach Hause und schrieb alles neu, von der ersten Zeile an, und studierte jede Gestalt einzeln, um sie in den Zusammenhang einzupassen. Die zweite Fassung war etwas besser, aber sie hatte zu wenig Spannung, und der

Schlußszene fehlte es an Dramatik. Ich war bei allen Proben dabei und änderte die meisten Passagen, auf die sie mich hinwiesen, und dabei lernte ich ein paar Kniffe, die mir in Zukunft für meine Romane nützlich sein sollten. Zehn Jahre später, als ich *Das Geisterhaus* schrieb, erinnerte ich mich an diese Tischrunden im Theater und bemühte mich, jeder Gestalt eine komplette Biographie, einen bestimmten Charakter und eine eigene Stimme zu geben, allerdings verdarben mir die Gewalttaten der wirklichen Geschichte und die hartnäckige Disziplinlosigkeit der Geister in diesem Buch meine guten Absichten. Das Theaterstück hieß natürlich *Der Botschafter,* und ich widmete es Onkel Ramón, der die Premiere nicht sehen konnte, weil er in Buenos Aires war. Es bekam eine gute Kritik, aber ich kann mir das Verdienst nicht zuschreiben, denn die wirkliche Arbeit hatten der Regisseur und die Schauspieler getan, von meiner ursprünglichen Idee waren nur ein paar Fetzen geblieben. Es geht mir durch den Sinn, daß ich meinen Stiefvater davor gerettet habe, entführt zu werden, denn nach dem Gesetz der Wahrscheinlichkeit konnte ihm im wirklichen Leben nicht widerfahren, was ich auf eine Bühne gebracht hatte. Dennoch beschützte das Stück einen anderen Diplomaten nicht, der in Uruguay entführt wurde und die Leiden durchmachte, die ich mir in der Sicherheit meines Hauses in Santiago ausgedacht hatte. Jetzt bin ich beim Schreiben vorsichtiger geworden mit dem, was prophetisch sein könnte, denn ich habe festgestellt, wenn etwas heute nicht wahr ist – morgen kann es das schon sein.

Eine andere Truppe bat mich um ein Textbuch, und ich machte schließlich zwei musikalische Komödien, die wir *Café-Konzert* nannten, weil uns kein Name für diese Gattung einfiel, und sie wurden mit überraschendem Erfolg aufgeführt. Die zweite war deshalb bemerkenswert, weil ein Chor dicker Damen dazugehörte, die die Aufführung mit Liedern und Tänzen beleben sollten. Es war nicht einfach, wohlbeleibte und gleichzeitig reizvolle Frauen aufzutreiben, die bereit waren, sich auf einer Bühne über sich selbst lustig zu machen; mit dem Regisseur stellte ich mich an einer belebten Straßenkreuzung in der Innenstadt auf, und jede mollige Frau, die vorüberging, hielten wir an und fragten sie, ob sie gerne Schauspielerin werden wolle. Viele nahmen mit Begeisterung an, aber kaum hatten sie begriffen, was diese Arbeit von ihnen verlangte, verschwanden sie fluchtartig, und wir brauchten mehrere Wochen, bis wir sechs Kandidatinnen zusammenhatten. Da das Theater von einer anderen Inszenierung besetzt war, fanden die Proben in dem winzigen Wohnzimmer unseres Hauses statt, das wir dafür leerräumen mußten. Wir verfügten über ein verstimmtes Klavier, das ich in einem Anfall schöpferischer Phantasie limonengrün angemalt und mit einer leichtlebigen Dame aus Pappe dekoriert hatte, die auf einem ebensolchen Diwan ruhte.

Das ganze Haus dröhnte in tellurischen Erschütterungen, wenn dieses monumentale Corps de ballet als römische Vestalinnen anmutig Arme und Beine schwang, im Rhythmus des Rock'n'Roll hüpfte, in einem rasenden Cancan die weißbehosten Hinterbacken zeigte oder auf den Fußspitzen hopste zu den federleichten Klängen eines Schwanensees, der Tschaikowski einen Herzinfarkt eingebracht hätte. Michael mußte den Boden der Bühne ebenso wie den unseres Hauses verstärken, damit sie unter den Dickhäuterangriffen nicht einbrachen. Diese Frauen, die nie irgendein körperliches Training gemacht hatten, begannen besorgniserregend abzunehmen, und um zu verhindern, daß ihre sinnlichen Fleischmassen dahinschmolzen, kochte die Granny für sie große Töpfe Bandnudeln mit Sahnesoße und backte Apfeltorte mit Schlagsahne. Zur Uraufführung des Werkes stellten wir ein Schild im Foyer auf und baten darauf die Zuschauer, den Choristinnen statt

Blumensträußen lieber Pizza zu schicken. So bewahrten wir die runden Hügel und tiefen Schluchten ihrer ausgedehnten fleischlichen Territorien in mühseliger Arbeit zwei Jahre hindurch, einschließlich Tourneen durch das Land. Michael war hingerissen von diesen artistischen Abenteuern, hockte alle nasenlang im Theater und sah die Aufführungen so oft, daß er sie auswendig konnte und im Notfall für jeden der Schauspieler hätte einspringen können, ebenso wie für die voluminösen Vestalinnen des Chors. Auch ihr beide, Nicolás und du, habt die Lieder gelernt, und zehn Jahre später, als ich mich nicht einmal mehr an die Titel der Stücke erinnerte, konntet ihr sie noch von vorn bis hinten vorführen. Mein Großvater sah sie sich mehrmals an, zuerst aus Familiensinn und dann aus reinem Vergnügen, und jedesmal, wenn der Vorhang fiel, sprang er auf und klatschte und schrie bravo und schwang seinen Stock. Er war verliebt in die Choristinnen und hielt mir lange Vorträge über die Fettleibigkeit als Bestandteil der Schönheit und über den Greuel wider die Natur, den die unterernährten Modelle der Modezeitschriften darstellten. Sein Schönheitsideal war die Besitzerin des Spirituosengeschäfts mit ihrem Walkürenbusen, ihrem epischen Hinterteil und ihrer freundlichen Geneigtheit, ihm Gin in Mineralwasserflaschen zu verkaufen, von ihr träumte er, aber ganz verstohlen, damit ihn das wachsame Gespenst der Memé nicht ertappte.

Die Tänze Aurelias, der poetischen Epileptikerin in deinem Saal mit ihren zerzausten Federboas und ihren getüpfelten Kleidern, erinnern mich an jene fetten Ballerinen und auch an ein persönliches Erlebnis. Herausgeputzt mit ihren Operettengewändern, dreht sich Aurelia in der Reife ihres Lebens mit viel mehr Anmut, als ich sie in meiner Jugend hatte. Eines Tages erschien in der Zeitung eine Anzeige, in der jungen, großen, hübschen Mädchen Arbeit in einem Tingeltangel angeboten wurde. Die Chefredakteurin gab mir den Auftrag, mich um die Stelle zu bemühen, um einmal gründlich hinter die Kulissen zu schauen und eine Reportage über das Leben dieser *armen Frauen* zu schreiben, wie sie sie mit ihrer unnachgiebigsten feministischen Strenge bezeichnete. Ich war weit davon entfernt, die Bedingungen zu erfüllen, die in der Anzeige verlangt wurden, aber es war eine dieser Reportagen, die sonst keiner machen wollte. Allein hinzugehen traute ich mich nicht, also bat ich eine gute Freundin, mich zu begleiten. Wir zogen die auffälligsten Kleider an, wie sie unserer Vorstellung nach die Revuegirls trugen, und befestigten eine Brosche aus falschen Diamanten im Kopfhaar meines Hündchens, eines Bastards von miesem Charakter, den wir für die Gelegenheit Fifi tauften. Eigentlich hieß er Dracula. Als Michael uns derart aufgetakelt sah, entschied er, daß wir so nicht ohne Schutz auf die Straße konnten, und da wir gerade niemanden hatten, der auf die Kinder aufpaßte, gingen wir alle zusammen. Das Theater war mitten in der Stadt, es war unmöglich, das Auto in der Nähe zu parken, und so mußten wir mehrere Häuserblocks weit zu Fuß gehen. Vorneweg marschierten meine Freundin und ich mit Dracula im Arm und hinterdrein zur Rückendeckung Michael mit seinen beiden Kindern an der Hand. Dieser Gang war der reinste Stierkampf, die Männer knufften uns begeistert von allen Seiten und brüllten Olé; das gab uns Selbstvertrauen. Eine lange Schlange stand vor der Kasse nach Eintrittskarten an, nur Männer, versteht sich, die meisten alt, einige Soldaten, die ihren freien Tag hatten, und eine Gruppe lärmender Jüngelchen in Schuluniformen, die natürlich verstummten, als sie uns erblickten. Der Portier, genau so wacklig wie die ganze Örtlichkeit, führte uns eine uralte Treppe hinauf in den zweiten Stock. Wir erwarteten nun, wie im Film an einen fetten Gangsterboß mit Rubinring und zerkauter Zigarre zu geraten, jedoch in einem riesigen, halbdunklen Dachboden voller Staub und ohne Möbel empfing uns eine Señora, die aussah wie eine Provinztante und einen bräunlichen Mantel, eine Wollmütze und fingerlose Handschuhe trug. Sie nähte unter einer Lampe an einem mit Pailletten besetzten Kleid, zu ihren Füßen glühte ein Kohlenöfchen als einzige Wärmequelle, und auf einem anderen Stuhl döste ein fetter Kater, der mit gesträubtem Fell wütend fauchte, als er Dracula sah. In einer Ecke stand ein mannshoher dreiflügliger Spiegel mit schartigen Rändern, und von der Decke hingen in großen Plastikbeuteln die Kostüme für die Aufführung, wie Vögel mit schillerndem Gefieder, die sich an diesen düsteren Ort verirrt hatten.

»Wir kommen wegen der Anzeige«, sagte meine Freundin in gewollt gewöhnlichem Hafenviertelakzent.

Die gute Frau musterte uns von Kopf bis Fuß mit zweifelnder Miene, irgend etwas paßte nicht in ihr Schema. Sie fragte uns, ob wir Berufserfahrung hätten, und meine Freundin stürzte sich in eine Kurzfassung ihrer Biographie: sie hieß Gladys, war bei Tag Friseuse und nachts Sängerin, hatte eine gute Stimme, konnte allerdings nicht tanzen, war aber bereit, es zu lernen, was doch bestimmt nicht so schwer sein konnte. Bevor ich ein Wort herausbringen konnte, zeigte sie mit dem Daumen auf mich und fügte hinzu, ihre Freundin heiße Salomé und sei ein Revuestar mit langjähriger Erfahrung in Brasilien, wo sie mit großem Erfolg auftrete, sie komme völlig nackt auf die Bühne, Fifi sei abgerichtet, ihr das Kostüm im Maul hinterherzutragen, und ein riesiger Mulatte ziehe es ihr an. Der farbige Künstler könne sich leider nicht vorstellen, weil er nach einer Blinddarmoperation im Krankenhaus liege. Als meine Freundin mit ihrer Rede fertig war, hatte die Frau mit dem Nähen aufgehört und starrte uns mit offenem Mund an.

»Ziehen Sie sich aus«, sagte sie. Ich glaube, sie traute uns nicht recht.

Mit der Ungeniertheit der Schlanken zog meine Freundin sich aus, streifte ein Paar goldene Schuhe mit hohen Absätzen über und defilierte vor der Frau im torffarbenen Mantel. Es war eisig kalt.

»In Ordnung, Sie haben zwar keine Brüste, aber wir stopfen hier alles aus. Jetzt ist Salomé dran«, und die Tante zielte mit einem gebieterischen Zeigefinger auf mich.

Diese Möglichkeit hatte ich nicht vorausgesehen, aber ich wagte nicht, mich zu weigern. Ich zog mich zitternd und mit klappernden Zähnen aus und entdeckte mit Grausen, daß ich eine wollene, von Großmutter Hilda gestrickte Unterhose anhatte. Ohne den Hund loszulassen, der den Kater anknurrte, stieg ich in die goldenen Schuhe, die viel zu groß für mich waren, und ging auf und ab, besser gesagt, ich schlurfte wie eine angeschossene Ente. Plötzlich fiel mein Blick auf den Spiegel, und ich sah mich in diesem Aufzug, und das dreimal und von allen Seiten. Von der Demütigung habe ich mich bis heute nicht erholt.

»Ihnen fehlt es an Statur, aber sonst – nicht schlecht. Wir setzen Ihnen die längsten Federn auf den Kopf, und Sie werden vorneweg tanzen, damit man es nicht merkt. Der Hund und der Neger sind überflüssig, wir haben hier unsere eigene Aufführung. Kommen Sie morgen, dann fangen wir mit den Proben an. Die Bezahlung ist nicht üppig, aber wenn Sie nett zu den Herren sind, gibt es gute Trinkgelder.«

In Hochstimmung stießen wir auf der Straße zu Michael und den Kindern, wir konnten noch gar nicht an die ungeheure Ehre glauben, gleich beim ersten Versuch angenommen worden zu sein. Wir wußten ja nicht, daß es einen permanenten Mangel an Choristinnen gab und daß die Theaterleitung in ihrer Verzweiflung bereit war, selbst einen tingelnden Schimpansen unter Vertrag zu nehmen. Wenige Tage später sah ich mich mit den echten Prunkstücken eines Revuegirls kostümiert, das heißt einem Dreieck aus glitzernden Pailletten auf dem Schamhügel, einem falschen Smaragd im Bauchnabel, funkelnden Pompons auf den Brustwarzen und auf dem Kopf eine Kappe mit nach allen Seiten abstehenden Straußenfedern, die so schwer war wie ein Taucherhelm. Hinten gar nichts. Ich betrachtete mich im Spiegel, und mir war klar, daß die Zuschauer mich mit einem Hagel von Tomaten empfangen würden, schließlich bezahlten sie dafür, festes, professionelles Fleisch zu sehen und nicht das einer Familienmutter ohne die herausragenden natürlichen Attribute für das Showgeschäft.

Als Krönung des Ganzen hatte sich zur Premiere ein Team vom Nationalen Fernsehen eingefunden, das die Aufführung filmen wollte; sie bauten ihre Kameras auf, während der Choreograph mir noch beizubringen versuchte, wie ich eine Treppe hinunterzusteigen hatte, und das inmitten einer Doppelreihe muskulöser, golden angemalter und als Gladiatoren gekleideter junger Männer, die brennende Fackeln trugen.

»Halt den Kopf hoch, runter mit den Schultern, lächle, Weib, guck nicht zu Boden, beim Gehen mußt du die Beine langsam eins vor das andere setzen, über Kreuz! Ich sag dir doch, du sollst lächeln! Wedle nicht mit den Armen, sonst siehst du mit den vielen Federn aus wie eine Glucke. Vorsicht mit den Fackeln, paß ja auf, daß du mir nicht die Federn versengst, die kosten ein Schweinegeld! Wieg dich in den Hüften, zieh den Bauch ein, atme! Wenn du nicht atmest, fällst du uns tot um.«

Ich versuchte seine Befehle zu befolgen, aber er seufzte nur und hielt sich mit matter Hand die Augen zu, während die Fackeln rasch herunterbrannten und die Römer angewidert die Augen gen Himmel richteten. Auf der anderen Seite des Vorhangs hörte ich das Publikum rumoren, eine Masse Männer, die immer lauter und ungeduldiger wurden, weil wir uns schon um fünfzehn Minuten verspätet hatten. Mein Mut reichte plötzlich nicht mehr aus, ihnen entgegenzutreten, ich entschied, daß der Tod dem vorzuziehen sei, und entwischte durch den Ausgang. Die Fernsehkamera hatte mich während der Proberei von vorn gefilmt, auf der Treppe, beleuchtet von den olympischen Fackeln der vergoldeten Athleten, danach erfaßte sie von hinten das Bild einer wirklichen Choristin, die unter dem Geheul der Menge bei nun geöffnetem Vorhang ebendiese Treppe hinunterstieg. Im Sender wurde der Film zurechtgeschnitten, und im Programm erschien er mit meinem Gesicht und meinen Schultern, aber mit dem makellosen Körper des landesweit größten Stars des Revuetheaters.

Der Klatsch überflog die Kordilleren und erreichte schließlich auch meine Eltern in Buenos Aires. Der Herr Botschafter mußte der Regenbogenpresse erklären, daß die Nichte des Präsidenten Allende keineswegs nackt in einer pornographischen Aufführung getanzt habe, es handle sich um eine Namensgleichheit, die zu diesem bedauerlichen Mißverständnis geführt habe. Mein Schwiegervater saß nichtsahnend im Fernsehsessel und erwartete seine Lieblingsserie und sah plötzlich mich hüllenlos auf dem Bildschirm auftauchen, und der Schreck verschlug ihm den Atem. Meine Kolleginnen in der Zeitschriftenredaktion feierten meine Reportage über die Welt des Tingeltangels, aber der Verlagsdirektor, ein strenger Katholik und Vater von fünf Kindern, betrachtete sie als glatte Schande. Zu alledem leitete ich auch noch die einzige Kinderzeitschrift auf dem Markt, und dieser Skandal stellte ein außerordentlich schlechtes Beispiel für die Jugend dar. Er ließ mich in sein Büro rufen und fragte mich, wie ich es wagen konnte, mein Hinterteil praktisch nackt dem ganzen Land darzubieten, und ich mußte gestehen, daß es leider gar nicht das meine war, sondern daß es sich um einen Kameratrick handelte. Er sah mich von oben bis unten an und glaubte mir sofort. Sonst hatte die Angelegenheit keine größeren Folgen. Nicolás und du, ihr gingt trotzig in die Schule und erzähltet jedem, der es hören wollte, die Dame mit den Federn sei eure Mama, das brach dem Spott die Spitze ab, und ich mußte daraufhin sogar ein paar Autogramme geben. Michael zuckte belustigt die Achseln und gab keinerlei Erklärungen, wenn seine Freunde neidisch den aufsehenerregenden Körper seiner Frau kommentierten. Mehr als einer beäugte mich mit deutlicher Verblüffung, weil er sich nicht vorstellen konnte, weshalb ich die prachtvollen körperlichen Reize, die ich auf dem Bildschirm so großzügig gezeigt hatte, unter meinen langen Hippiegewändern versteckte. Dem Tata kam ich vorsichtshalber ein paar Tage nicht unter die Augen, bis er mich anrief, wiehernd vor Lachen, um mir zu sagen, er habe das Programm fast so gut gefunden wie das Catchen im Teatro Caupolicán, und es sei doch ein Wunder, wie im Fernsehen alles viel schöner aussehe als im wirklichen Leben. Im Gegensatz zu ihrem Mann, der sich mindestens zwei Wochen lang weigerte, auf die Straße zu gehen, prahlte die Granny mit meiner Heldentat. Ganz unter uns gestand sie mir: als sie mich zwischen dieser Doppelreihe goldglänzender Gladiatoren die Treppe heruntersteigen sah, habe sie sich voll verwirklicht gefühlt, denn das sei immer ihr verborgenster Wunschtraum gewesen. Damals hatte meine Schwiegermutter schon begonnen, sich zu verändern, sie war oft erregt, und manchmal umarmte sie die Kinder mit Tränen in den Augen, als erfaßte sie intuitiv, daß ein schrecklicher Schatten ihr zerbrechliches Glück bedrohte. Die Spannungen im Land hatten beunruhigende Ausmaße angenommen, und sie mit ihrer tiefen Empfindungsfähigkeit der Unschuldigen fühlte Gefahr heraufziehen. Sie trank gewöhnlichen Pisco und versteckte die Flaschen an strategischen Stellen. Du, Paula, die du sie voll unendlichem Mitleid liebtest, entdecktest die Verstecke eines nach dem andern, und ohne ein Wort zu sagen, nahmst du die leeren Flaschen und vergrubst sie zwischen den Dahlien im Garten.

Inzwischen war meine Mutter, erschöpft von dem Druck und der Arbeit in der Botschaft, in eine Klinik in Rumänien abgereist, wo die berühmte Ärztin Dr. Aslan mit geriatrischen Pillen wahre Wunder wirkte. Meine Mutter verbrachte einen Monat in einem Zimmer, so karg wie eine Klosterzelle, ließ sich von wirklichen und von eingebildeten Leiden kurieren und ging in der Erinnerung die alten Narben der Vergangenheit durch. Der Raum nebenan war von einem bezaubernden Venezolaner belegt, dessen Mitgefühl sich regte, als er sie weinen hörte, und eines Tages wagte er es, an ihre Tür zu klopfen. »Was hast du denn, Mädchen? Es gibt nichts, was man nicht mit ein bißchen Musik und einem Schluck Rum heilen könnte«, sagte er, als sie öffnete. In den folgenden Wochen stellten sie ihre Liegestühle zusammen unter dem bewölkten Bukarester Himmel, machten es sich in ihren vorschriftsmäßigen Morgenröcken und Pantoffeln bequem wie zwei gemütliche alte Klatschbasen und erzählten sich ihr Leben, ganz ohne Scheu und Scham, denn sie nahmen ja an, daß sie sich niemals wiedersehen würden. Meine Mutter breitete ihre Vergangenheit aus, und er vertraute ihr seine Geheimnisse an; sie zeigte ihm Briefe von mir, und er zeigte ihr Fotos von seiner Frau und seinen Töchtern, der einzigen Leidenschaft seines Lebens. Am Ende der Behandlung trafen sie sich am Krankenhaustor, um Abschied zu nehmen, meine Mutter in ihrem eleganten Reisekostüm, die grünen Augen vom Weinen klargewaschen und verjüngt durch die wunderbare Kunst der Frau Dr. Aslan, und der venezolanische Herr im Reiseanzug und dem breiten Lächeln über tadellosen Zähnen, und fast hätten sie sich nicht erkannt. Gerührt wollte er dieser Freundin, die seinen Bekenntnissen gelauscht hatte, die Hand küssen, aber sie kam ihm zuvor und umarmte ihn. »Ich werde dich nie vergessen«, sagte sie. »Wenn du mich einmal brauchen solltest, ich bin immer für dich da«, erwiderte er. Er hieß Valentín Hernández, war ein einflußreicher Politiker in seinem Land und lenkte wenige Jahre später die Geschicke unserer Familie, als die Stürme der Gewalt uns in verschiedene Richtungen auseinandertrieben.

Die Reportagen in der Zeitschrift und die Fernsehprogramme hatten mich gewissermaßen öffentlich sichtbar gemacht; die Leute auf der Straße beglückwünschten oder beleidigten mich so oft, daß ich schließlich glaubte, ich sei so etwas wie eine Berühmtheit. Im Winter 1973 lud Pablo Neruda mich ein, ihn in Isla Negra zu besuchen. Der Dichter war krank, er hatte seinen Botschafterposten in Paris aufgegeben und sich in Chile in seinem Haus an der Küste niedergelassen, wo er seine Erinnerungen diktierte und aufs Meer hinausschauend seine letzten Gedichte schrieb. Ich bereitete mich sehr auf diesen Besuch vor, kaufte mir einen neuen Kassettenrecorder, machte mir Listen mit Fragen, las einen Teil seiner Werke wieder und zwei Biographien und ließ auch den Motor meines alten Citroën durchsehen, damit er bei einer so delikaten Mission nicht versagte. Der Wind pfiff um die Kiefern und Eukalyptusbäume, die See war grau, es nieselte, und in dem Dorf sahen die Häuser verschlossen und die Straßen verlassen aus. Der Dichter lebte in einem Labyrinth aus Holz und Stein, einer launischen Schöpfung, gebildet aus hinzugefügten und angeflickten Bauteilen. Im Patio gab es eine Schiffsglocke, Skulpturen, aus dem Meer geborgenes Holz von Schiffbrüchen, und von einem felsigen Steilhang aus konnte man den Strand sehen, gegen den beharrlich der Pazifik anbrandete. Der Blick verlor sich in der grenzenlosen Weite des dunklen Wassers, über dem ein bleifarbener Himmel hing. Die Landschaft, ein weiteres Grau von einer stählernen Reinheit, schien zu leben. Pablo Neruda, einen Poncho über den Schultern und eine Mütze auf seinem großen Wasserspeierhaupt, empfing mich ohne Formalitäten und sagte, er habe Spaß an meinen drolligen Artikeln, manchmal kopiere er sie und schicke sie seinen Freunden, ob ich sie nicht einmal in einem Buch sammeln wolle? Er war schwach, aber seine Kraft reichte aus, mich herumzuführen auf den wunderbaren Wegen dieser mit bescheidenen Schätzen vollgestopften Höhle und mir seine Sammlungen zu zeigen: Muscheln, Flaschen, Puppen, Bücher, Gemälde. Er war ein unermüdlicher Käufer aller möglichen Gegenstände: »Ich liebe alle Dinge, nicht nur die erhabenen, sondern auch die unendlich kleinen, den Fingerhut, den Rittersporn, die Teller, die Blumenvasen...« Er hatte auch Freude am Essen. Zum Mittag bekamen wir gebackenen Seeaal, diesen Fisch mit dem festen weißen Fleisch, König des chilenischen Meeres, und dazu schön trockenen und gekühlten Weißwein. Er sprach über die Erinnerungen, die er schreiben wollte, bevor der Tod sie sich schnappte, und erzählte, wie er an verschiedenen Orten der Erde seine Galionsfiguren entdeckt hatte, diese übermannsgroßen Holzschnitzereien mit dem Gesicht und den Brüsten einer Sirene, die den Bug alter Schiffe geschmückt hatten. »Diese schönen Mädchen sind geboren, um zwischen den Wellen zu leben«, sagte er, »auf festem Land fühlen sie sich unglücklich, deshalb habe ich sie gerettet und so aufgestellt, daß sie aufs Meer hinaussehen können.« Er redete lange über die politische Situation, die ihn mit Sorge erfüllte, und ihm brach die Stimme, als er von seinem Land sprach, das in zwei aggressive Extreme gespalten war. Die Zeitungen der Rechten brachten sechsspaltige Schlagzeilen: »Chilenen, vereint euren Haß!«, sie forderten die Militärs auf, die Macht zu ergreifen, und

Allende, von der Präsidentschaft zurückzutreten oder Selbstmord zu begehen, wie es im vergangenen Jahrhundert Präsident Balmaceda getan hatte, um einen Bürgerkrieg zu verhindern.

»Sie sollten vorsichtiger sein mit dem, was sie verlangen; wenn sie es nur nicht erreichen!« sagte der Dichter seufzend.

»In Chile wird es nie einen Militärputsch geben, Don Pablo. Unsere Streitkräfte respektieren die Demokratie«, sagte ich, um ihn mit den so oft wiederholten Klischees zu beruhigen.

Nach dem Essen fing es an zu regnen, das Zimmer füllte sich mit Schatten, und die Galionsfigur, eine wunderschöne Frau, gewann Leben, löste sich von dem Holzstamm und grüßte uns mit einem Schütteln ihrer nackten Brüste. Da begriff ich, daß der Dichter müde und mir der Wein zu Kopf gestiegen war und daß ich mich beeilen mußte.

»Wenn es Ihnen recht ist, machen wir jetzt das Interview«, schlug ich vor.

»Was für ein Interview?«

»Na ja . . . deswegen bin ich doch gekommen, oder?«

»Mit mir? Niemals würde ich zulassen, daß man mich einer solchen Folter unterwirft!« sagte er lachend. »Sie müssen die schlechteste Journalistin dieses Landes sein, Tochter. Sie sind außerstande, objektiv zu sein, stellen sich bei allem in den Mittelpunkt, und ich vermute, Sie lügen ziemlich viel, und wenn Sie keine Neuigkeit haben, erfinden Sie eine. Warum setzen Sie sich nicht lieber hin und schreiben Romane? In der Literatur sind diese Mängel echte Tugenden.«

Während ich dir dies erzähle, Paula, bereitet sich Aurelia darauf vor, ein eigens für dich geschaffenes Gedicht vorzutragen. Ich habe sie gebeten, es nicht zu tun, weil ihre Verse mich demoralisieren, aber sie besteht darauf. Sie hat kein

Vertrauen zu den Ärzten, sie glaubt nicht, daß du wieder gesund wirst.

»Denken Sie denn, daß alle sich verabredet haben, mich zu belügen, Aurelia?«

»Ach, Frau, wie unschuldig Sie sind! Sehen Sie denn nicht, daß die sich immer gegenseitig schützen? Die werden nie zugeben, daß sie Ihre Kleine vermurkst haben, Ganoven sind das, und so was hat Macht über Leben und Tod. Das sage ich Ihnen, die ich von einem Krankenhaus ins nächste gewandert bin. Wenn Sie wüßten, was ich alles habe mitansehen müssen...«

Ihr wunderliches Gedicht handelt von einem Vogel mit versteinerten Flügeln. Es sagt, daß du schon tot bist, daß du gehen willst, aber nicht kannst, weil ich dich zurückhalte, auf dir laste wie ein Anker, der an deinen Füßen hängt.

»Bemühen Sie sich nicht so sehr um sie, Isabel. Sehen Sie nicht, daß Sie in Wirklichkeit gegen sie kämpfen? Paula ist nicht mehr hier, schauen Sie doch ihre Augen an, sie sind wie schwarzes Wasser. Wenn sie ihre Mutter nicht erkennt, dann heißt das, sie ist schon gegangen, nehmen Sie das doch endlich hin.«

»Seien Sie still, Aurelia...«

»Lassen Sie sie reden, die Verrückten lügen nicht«, sagt seufzend Elviras Mann.

Was ist dort jenseits des Lebens? Ist dort nur schweigende Nacht und Einsamkeit? Was bleibt, wenn es weder Wünsche noch Erinnerungen, noch Hoffnungen mehr gibt? Was ist dort im Tod? Wenn ich ganz regungslos bleiben könnte, ohne zu sprechen oder zu denken, ohne zu flehen, zu weinen, zu erinnern oder zu hoffen, wenn ich mich in das vollkommene Schweigen versenken könnte, vielleicht würde ich dich dann hören können, Tochter.

Zu Beginn des Jahres 1973 ähnelte Chile einem Land im Kriegszustand. Der Haß, der schon lange geschwärt hatte, war in Streiks und Sabotagen und in terroristischen Akten ausgebrochen, an denen die Extremisten der Linken wie der Rechten sich wechselseitig die Schuld gaben. Gruppen der Unidad Popular nahmen private Ländereien in Besitz, die sie besiedelten, sie besetzten Fabriken, um sie zu verstaatlichen, und Banken, um die Kontrolle zu übernehmen, und schufen damit ein solches Klima der Unsicherheit, daß die Opposition sich nicht sonderlich anstrengen mußte, um Panik zu säen. Allendes Feinde perfektionierten ihre Methoden bis zur Wissenschaft, sie verschärften die ökonomischen Probleme, brachten Schreckensgerüchte in Umlauf, die die Leute veranlaßten, ihr Geld aus den Banken abzuziehen, verbrannten Ernten und töteten Vieh und ließen dringend benötigte Waren vom Markt verschwinden, von Autoreifen bis zu winzigen Bauteilen ausgeklügelter elektronischer Geräte. Ohne Spritzen und Watte waren die Krankenhäuser lahmgelegt, ohne Ersatzteile für die Maschinen arbeiteten die Fabriken nicht. Es genügte, ein einziges Stück verschwinden zu lassen, und eine ganze Industrie stand still und Tausenden Arbeitern drohte der Rausschmiß. Als Antwort organisierten sich die Arbeiter in Komitees, jagten die Bosse fort, nahmen die Befehlsgewalt in die eigenen Hände, schlugen an den Toren Lager auf und wachten Tag und Nacht, damit die Fabrikherren nicht ihre eigenen Betriebe zerstörten. Bankangestellte und Beamte des öffentlichen Dienstes stellten ebenfalls Wachen auf, um zu verhindern, daß sabotierende Kollegen die Archive durcheinanderbrachten, Dokumente zerstörten und Bomben in Toiletten deponierten. Kostbare Stunden gingen verloren auf endlosen Versammlungen, wo kollektive Beschlüsse gefaßt werden sollten, aber jeder machte dem andern das Wort streitig, um seine eigenen Ansichten über Nichtigkeiten vorzutragen, und nur selten kam man zu einer Einigung; das, was der Chef in fünf Minuten entschied, kostete das Kollektiv der Angestellten und Arbeiter eine ganze Woche haarspalterischer Diskussionen und penibler Abstimmungen. Auf höherer Ebene geschah das gleiche in der Regierung, die Anhänger der Unidad Popular teilten sich die Macht in Quoten auf, und die Beschlüsse gingen durch so viele Filter, daß das, was dann vielleicht endgültig verabschiedet wurde, nicht im entferntesten mehr dem ursprünglichen Projekt glich. Allende hatte keine Mehrheit im Kongreß, und seine Pläne scheiterten an der Mauer der Opposition. Das Chaos wuchs, man lebte in einer Atmosphäre von Unsicherheit und latenter Gewalttätigkeit, die schwerfällige Maschinerie des Vaterlandes steckte fest. In den Nächten bot Santiago den Anblick einer Stadt im Belagerungszustand, die Straßen lagen dunkel und fast menschenleer, weil nur wenige sich hinauswagten, der öffentliche Nahverkehr funktionierte nur halb, wegen der Streiks und weil das Benzin rationiert war. In der Stadtmitte brannten die Feuer der Genossen, wie sich die Anhänger der Regierung nannten, die die ganze Nacht hindurch Gebäude und Straßen bewachten. Brigaden junger Kommunisten malten Losungen an die Wände, und Gruppen der extremen Rechten fuhren in Autos mit verdunkelten Fensterscheiben und schossen wahllos in die Gegend.

Auf dem Lande, wo die Agrarreform durchgeführt worden war, planten die ehemaligen Besitzer die Rache, sie hatten sich mit Waffen versehen, die über die lange Grenze der Andenkordillere eingeschmuggelt wurden. Tausende Stück Vieh wurden über die Pässe im Süden nach Argentinien geführt, und andere wurden heimlich geschlachtet, damit das Fleisch nicht auf den Markt kam. Manchmal waren die Flüsse von Blut gefärbt, und die Strömung riß die aufgeblähten Kadaver von Milchkühen und Mastschweinen mit fort. Die Landarbeiter und abhängigen Kleinbauern, die Generationen hindurch daran gewöhnt waren, Befehlen zu gehorchen, schlossen sich in Genossenschaften zusammen, aber es fehlte ihnen an Initiative, an Kenntnissen und Kredit. Sie verstanden ihre Freiheit nicht zu nutzen, und viele sehnten heimlich den Gutsherrn zurück, diesen autoritären und oft gehaßten Vater, der aber wenigstens klare Anweisungen gegeben und sie bei überraschenden Klimastürzen, Krankheiten der Saat und Viehseuchen notfalls mit Darlehen unterstützt hatte, der Freunde hatte und das Erforderliche beschaffen konnte, während sie sich nicht getrauten, die Schwelle einer Bank zu überschreiten, und unfähig waren, das Kleingedruckte auf den Papieren zu lesen, die man ihnen zum Unterschreiben vorlegte. Sie verstanden auch nicht, was zum Teufel die von der Regierung geschickten Berater kauderwelschten mit ihren gedrechselten Zungen und ihren schwierigen Wörtern, Leute aus der Stadt mit sauberen Fingernägeln, die nicht wußten, wie man mit einem Pflug umgeht, und die noch nie ein Kalb, das verkehrtherum im Bauch der Kuh lag, mit der Hand hatten herausziehen müssen. Sie bewahrten kein Korn auf, um es wieder in die Erde zu säen, sie aßen die Zuchtstiere und vergeudeten die für die Arbeit so nützlichen Sommermonate damit, über Politik zu diskutieren, während die Früchte überreif von den Bäumen fielen und das Gemüse vertrocknete.

Schließlich traten auch die Lastwagenfahrer in den Streik, und es gab keine Möglichkeit, über das langgestreckte Land hin Frachten zu transportieren, einige Städte blieben ohne Versorgung, während in anderen Gemüse und Fische verfaulten. Salvador Allende war heiser vom Anklagen der Saboteure, aber niemand beachtete ihn, und er hatte weder genügend Macht noch Leute, um mit Gewalt gegen seine Feinde vorzugehen. Er beschuldigte die Nordamerikaner, den Streik zu finanzieren; jeder Lastwagenfahrer erhielt nämlich fünfzig Dollar täglich, solange er nicht arbeitete, also gab es nicht die geringste Hoffnung, den Konflikt zu beenden, und als er dem Heer den Befehl gab, Ordnung zu schaffen, stellte sich heraus, daß an den Militärfahrzeugen Teile der Motoren fehlten, und sie konnten die hoffnungslos steckengebliebenen nicht vom Fleck bewegen, zumal der Boden übersät war mit gebogenen Nägeln, die sich in die Gummireifen bohrten. Das Fernsehen zeigte von einem Hubschrauber aus diesen Haufen nutzloses rostendes Eisen auf dem Asphalt der Straßen. Die Versorgung wurde zum Albtraum, aber niemand litt Hunger, weil die, die es bezahlen konnten, auf dem schwarzen Markt kauften, und die Armen sich zusammentaten, um jeweils für ein Stadtviertel das Nötigste zu besorgen. Die Regierung bat um Geduld, und das Landwirtschaftsministerium ließ Flugblätter verteilen, auf denen die Stadtbewohner belehrt wurden, wie sie auf Balkonen und in Badewannen Gemüse anpflanzen konnten. Aus Angst, daß uns das Essen knapp würde, fing ich an, Lebensmittel zu horten, die ich mit der eines Schmugglers würdigen List erstanden hatte. Vorher hatte ich mich über meine Schwiegermutter lustig gemacht und gesagt, wenn es keine Hühnchen gibt, essen wir Bandnudeln, und wenn es keinen Zucker gibt, um so besser, dann werden wir schön schlank, aber nun jagte ich die Skrupel zum Teufel. Vorher hatte ich stundenlang angestanden, um ein Kilo Fleischabfall zweifelhafter Herkunft zu kaufen, nun kamen die Händler und lieferten das beste Fleisch ins Haus, allerdings gegen eine Summe, die zehnmal höher war als der offizielle Preis.

Diese Lösung hielt ich nur leider nicht lange durch, denn es gehörte doch eine Menge Zynismus dazu, meine Kinder mit Predigten über sozialistische Moral zu plagen, während ich ihnen zum Abendessen saftige Koteletts vom schwarzen Markt vorsetzte.

Trotz der großen Schwierigkeiten dieser Zeit war das Volk weiterhin froh über seinen Sieg, und als im März die Parlamentswahlen stattfanden, hatte die Unidad Popular noch an Stimmen gewonnen. Da begriff die Rechte, daß ein Haufen verbogener Nägel auf Landstraßen und das Fehlen von Hühnchen auf den Märkten nicht ausreichten, um die sozialistische Regierung zu stürzen, und sie beschloß, in die letzte Phase der Verschwörung zu treten. Zu diesem Zeitpunkt begannen die Gerüchte über einen Militärputsch. Die meisten Menschen konnten sich nicht recht vorstellen, worum es ging, wir hatten wohl gehört, daß in anderen Ländern des Kontinents die Soldaten mit ermüdender Regelmäßigkeit die Macht übernahmen, aber wir brüsteten uns damit, daß so etwas in Chile nie geschehen würde, wir hatten eine solide Demokratie, wir waren keine dieser mittelamerikanischen Bananenrepubliken und auch nicht Argentinien, wo fünfzig Jahre hindurch die Zivilregierungen immer wieder durch Militäraufstände gestürzt worden waren. Wir betrachteten uns als die Schweiz des Kontinents. Der Chef der Streitkräfte, General Prats, trat dafür ein, die Verfassung zu respektieren und Allende zu gestatten, seine Amtszeit in Frieden zu beenden, aber im Juni erhob sich ein Teil des Heeres, und ihre Panzer erschienen auf der Straße. Prats gelang es zwar, die Truppe zur Disziplin zu zwingen, aber schon war alles klar zum Gefecht, das Parlament erklärte die Regierung der Unidad Popular für illegal, und die Generäle verlangten den Rücktritt ihres Oberkommandierenden, aber nicht etwa ihm ins Gesicht, sondern sie schickten ihre Frauen, damit sie vor dem Haus von Prats in einem beschämenden öffentlichen Spektakel demonstrierten. Der General sah sich gezwungen, zurückzutreten, und der Präsident ernannte an seiner Stelle Augusto Pinochet, einen obskuren Militär, von dem bislang niemand gehört hatte, ein Freund und Compadre von Prats, der schwor, der Demokratie die Treue zu halten. Das Land schien außer Kontrolle, und Salvador Allende kündigte eine Volksabstimmung an, damit das Volk selbst entscheiden konnte, ob er weiterregieren sollte oder zurücktreten, um Neuwahlen anzusetzen; das vorgeschlagene Datum war der 11. September.

Das Beispiel der Offiziersehefrauen, die für ihre Männer tätig geworden waren, wurde bald nachgeahmt. Mein Schwiegervater schickte, wie viele andere Bürgersleute auch, die Granny zur Militärschule, um den Kadetten Mais hinzustreuen, damit sie endlich aufhörten, sich wie Hühner aufzuführen, und sich aufmachten, das Vaterland zu verteidigen, wie es sich gehörte. Er war so begeistert von der Möglichkeit, den Sozialismus ein für allemal zunichte zu machen, daß er persönlich im Patio auf Töpfen herumhämmerte, um die Nachbarinnen zu unterstützen, die auf der Straße protestierten. Er glaubte, die Militärs, gesetzestreu wie die Mehrheit der Chilenen, würden Allende vom Präsidentensessel jagen, den angerichteten Schaden wiedergutmachen, das Land von Linken und Revoluzzern säubern und danach zu einer neuen Wahl aufrufen, und dann, wenn alles gut ging, würde das Pendel nach der anderen Seite ausschlagen und wir würden wieder einen konservativen Präsidenten haben. »Mach dir bloß keine Illusionen, bestenfalls werden wir einen christdemokratischen bekommen«, warnte ich ihn, denn ich kannte seinen Haß gegen diese Partei, der selbst das überstieg, was er für die Kommunisten empfand. Der Gedanke, daß das Militär an der Macht bleiben würde, kam niemandem in den Sinn, nicht einmal meinem Schwiegervater – abgesehen von denen natürlich, die in die Verschwörung eingeweiht waren.

Celia und Nicolás bitten mich, im Mai nach Kalifornien zurückzukehren, wenn ihr Kind zur Welt kommt. Sie haben mich eingeladen, an der Geburt meiner Enkelin teilzunehmen, sie sagen, nach so vielen Monaten, in denen ich Tod, Schmerz, Abschied und Tränen ausgesetzt war, wird es ein Fest für mich sein, dieses kleine Wesen in Empfang zu nehmen, wenn es das Köpfchen ins Leben hinausstreckt. Wenn sich die Gesichte aus meinen Träumen erfüllen, wie es ja schon geschah, wird es ein dunkelhaariges, freundliches kleines Mädchen mit festem Charakter sein. Du mußt schauen, daß es dir bald besser geht, Paula, damit du mit mir nach Hause kommst und Andreas Patentante wirst. Weshalb ich so mit dir rede, Tochter? Du wirst lange Zeit nichts tun können, uns erwarten Jahre voller Geduld, voller Bemühen und Neugestalten, dir wird der schwierigste Teil zufallen, aber ich werde an deiner Seite sein, um dir beizustehen, es wird dir an nichts fehlen, du wirst umgeben sein von Frieden und Behaglichkeit, wir werden dir helfen, gesund zu werden. Sie haben mir gesagt, die Rehabilitation ist sehr langwierig, vielleicht brauchst du sie dein Leben lang, aber sie kann auch Wunder wirken. Der Porphyriespezialist behauptet, du wirst wieder vollkommen gesund werden, aber der Neurologe hat eine ganze Batterie von Tests verlangt, die gestern begonnen haben. Der erste war sehr schmerzhaft, damit sollte der Zustand der peripheren Nerven festgestellt werden. Ich fuhr dich mit der Bahre durch den Irrgarten des Krankenhauses bis in einen anderen Flügel des Gebäudes, dort stachen sie dich mit Nadeln in Arme und Beine und wandten dann Elektrizität an, um deine Reaktionen zu messen. Wir ertrugen es gemeinsam, du in den Wolken der Bewußtlosigkeit und ich, während ich an die vielen Männer, Frauen und Kinder dachte, die in Chile auf ähnliche Weise gefoltert wurden, mit einem Elektrostab. Jedesmal, wenn der Stromstoß in deinen Körper fuhr, spürte ich ihn, durch das Entsetzen verschärft, in dem meinen. Ich versuchte mich zu entspannen und mit dir zu atmen, im gleichen Rhythmus, wie es Celia und Nicolás in den Kursen für natürliche Geburt gemeinsam tun; der Schmerz ist unvermeidlich beim Gang durch dieses Leben, aber sie sagen ja, er ist fast immer erträglich, wenn man ihm keinen Widerstand entgegensetzt und wenn nicht Angst und Kummer hinzukommen.

Celia bekam ihr erstes Kind in Caracas, von Medikamenten betäubt und allein, weil sie ihren Mann nicht zu ihr ließen. Weder sie noch das Kind waren die Hauptpersonen bei dem Ereignis, sondern der Arzt, der weißgekleidete und maskierte Oberste Priester, der entschied, wie und wann er seines Amtes walten würde; er leitete die Geburt an dem Tag ein, der ihm in seinem Kalendarium am genehmsten war, denn zum Wochenende wollte er an den Strand fahren; so war es auch, als vor mehr als zwanzig Jahren meine Kinder geboren wurden, die Verhaltensweisen haben sich wenig geändert, wie man sieht. Vor ein paar Monaten nahm ich meine Schwiegertochter mit zu einem Spaziergang durch den kalifornischen Wald, und dort, zwischen stolzen Mammutbäumen und murmelnden Bächen, verpaßte ich ihr eine Predigt über die althergebrachte Kunst der Hebammen, die natürliche Entbindung und das Recht der Frau, diese einzigartige Erfahrung, in der sie die Macht des Weiblichen im Universum verkörpert, in ganzer Fülle zu erleben. Sie hörte sich meine Rede gleichmütig an und warf mir nur hin und wieder von der Seite ein paar sprechende Blicke zu, sie beurteilt mich nämlich nach meinen langen Kleidern und nach dem Kissen zum Meditieren, das ich im Auto habe, und glaubt, ich wäre eine gläubige Anhängerin des New Age geworden. Bevor sie Nicolás kennenlernte, hatte sie einer katholischen Organisation der äußersten Rechten angehört, ihr war nicht gestattet gewesen, zu rauchen oder Hosen zu tragen, Lektüre und Kino waren strenger Zensur unterworfen, der Kontakt mit dem anderen Geschlecht auf ein Minimum beschränkt und jeder Augenblick ihrer Existenz reglementiert. In diesem sektiererischen Bund müssen die Männer einmal in der Woche auf einem Brett schlafen, um fleischliche Gelüste zu unterbinden, die Frauen aber tun es jede Nacht, weil die weibliche Natur für zügelloser gehalten wird. Celia lernte eine Peitsche und einen von Candelaria-Nonnen gefertigten Büßergurt mit Metalldornen zu gebrauchen, um sich aus Liebe zum Schöpfer zu kasteien und eigene und fremde Sünden zu büßen. Vor drei Jahren hatte ich wenig gemeinsam mit ihr, die erzogen war in der Verachtung von Linken, Homosexuellen, Künstlern, Menschen anderer Rassen und anderer sozialer Stellung, aber uns rettete eine gegenseitige Zuneigung, die letztlich alle Hindernisse überwand. San Francisco übernahm den Rest. Eines nach dem andern fielen die Vorurteile, der Büßergurt und die Peitsche gingen in den Anekdotenschatz der Familie ein, sie machte sich daran, Bücher über Politik und Geschichte zu lesen, und dabei wandelten sich ihre Vorstellungen, sie lernte einige leibhaftige Homosexuelle kennen und stellte fest, daß sie keine Teufel in Menschengestalt sind, und sie ließ schließlich auch meine Künstlerfreunde gelten, obwohl einige sich mit Nasenringen und einem grüngefärbten Hahnenkamm auf dem Schädel schmücken. Der Rassismus verging ihr in weniger als einer Woche, als sie herausfand, daß wir in den Vereinigten Staaten keine Weißen sind, sondern *Hispanos*, und auf der gesellschaftlichen Leiter die unterste Stufe einnehmen. Ich habe nie versucht, ihr meine Ideen aufzuzwingen, denn sie ist eine wilde Löwin, die das nicht ertragen würde, sie folgt nur den Wegen, die Instinkt und Intelligenz ihr weisen, aber an diesem Tag im Wald konnte ich nicht anders, ich wandte die besten von Onkel Ramón gelernten rednerischen Tricks an, um sie zu überzeugen, daß wir andere, weniger klinische und mehr menschliche Verfahren für die Geburt suchen müßten. Als wir nach Hause zurückkehrten, erwartete Nicolás uns an der Tür. »Sag deiner Mama, sie soll dir dieses Ding mit der Musik des Universums erklären«, überfiel ihn diese unehrerbietige Schwiegertochter, und seither sprechen wir, wenn wir Andreas Geburt meinen, von der *Musik des Universums*. Trotz ihrer anfänglichen Zweifel nahmen sie meine Anregung an, und jetzt hat sie vor, wie die Indios zu gebären. Später werde ich dich auf die gleiche Weise überzeugen müssen, Paula. Du bist die Hauptperson in dieser Krankheit, du mußt deine eigene Gesundheit zur Welt bringen, ohne Furcht, mit Kraft. Vielleicht ist das etwas so Schöpferisches wie Celias Entbindung; du kannst durch den Schmerz zu einem neuen Leben geboren werden, eine Schwelle überschreiten, wachsen.

Gestern fuhr ich allein mit Ernesto in einem Fahrstuhl des Krankenhauses, als eine Frau zustieg, die ich nicht beschreiben könnte, eines jener Wesen ohne hervorstechenden Zug, ohne Alter oder bestimmtes Aussehen, ein Schatten. Nach wenigen Sekunden gewahrte ich, daß mein Schwiegersohn kreidebleich geworden war, mit geschlossenen Augen stoßweise atmete und sich gegen die Wand lehnte, um nicht zu fallen. Ich wandte mich ihm zu, um ihn zu stützen, in diesem Augenblick hielt der Fahrstuhl, und die Frau stieg wieder aus. Wir hätten auch hinaus müssen, aber Ernesto hielt mich am Arm zurück; die Tür schloß sich, und wir blieben drin. Da roch ich dein Parfum, Paula, es kam so deutlich und überraschend wie ein Schrei, und ich begriff die Reaktion deines Mannes. Ich drückte auf einen Knopf, um den Fahrstuhl anzuhalten, und wir standen zwischen zwei Stockwerken und sogen die letzten Spuren dieses deines Duftes ein, den wir beide so gut kennen, und ihm strömten die Tränen über das Gesicht. Ich weiß nicht, wie lange wir so standen, bis wir wütendes

Klopfen und Rufen von draußen hörten, ich drückte einen anderen Knopf, und der Fahrstuhl sank abwärts. Wir verließen ihn stolpernd, er taumelte und ich stützte ihn unter den mißtrauischen Blicken der Leute auf dem Korridor. Ich führte ihn in eine Cafeteria, und wir saßen zitternd vor einer Tasse Schokolade.

»Ich werde noch verrückt...«, sagte er. »Ich kann mich nicht auf die Arbeit konzentrieren. Ich sehe Zahlen auf dem Computerbildschirm, und sie kommen mir vor wie chinesische Schriftzeichen, jemand spricht mich an, und ich antworte nicht, ich bin dermaßen zerstreut, daß ich nicht weiß, wieso sie mich überhaupt noch im Büro dulden, ich mache riesige Fehler. Ich fühle, daß Paula so weit weg ist! Wenn du wüßtest, wie sehr ich sie liebe und brauche... Ohne sie hat mein Leben jede Farbe verloren, alles ist grau in grau. Immer warte ich darauf, daß das Telefon klingelt und du bist dran und sagst mir ganz aufgeregt, daß Paula erwacht ist und nach mir ruft. In dem Augenblick werde ich so glücklich sein wie an dem Tag, an dem wir uns kennenlernten, wir haben uns damals auf den ersten Blick ineinander verliebt.«

»Du mußt Dampf ablassen, Ernesto, dies ist eine unerträgliche Tortur, du mußt ein bißchen Energie verbrennen.«

»Ich laufe, hebe Gewichte, mache Aikido, nichts hilft. Diese Liebe ist wie Feuer und Eis.«

»Entschuldige, daß ich so indiskret bin... Hast du noch nie daran gedacht, mit einem Mädchen auszugehen...?«

»Man sollte nicht meinen, daß du meine Schwiegermutter bist, Isabel! Nein, ich kann keine andere Frau anrühren, ich verlange nach keiner sonst. Ohne Paula hat mein Leben keinen Sinn. Was will Gott von mir? Warum quält er mich so? Wir hatten so viele Pläne... Wir wollten zusammen alt werden und noch mit neunzig miteinander schlafen, wir haben von den Orten gesprochen, die wir besuchen würden, und von der großen Familie, die wir um uns herum haben wollten, und unser Haus sollte für unsere Freunde offenstehen. Wußtest du, daß Paula ein Heim für mittellose alte Leute gründen wollte? Sie wollte anderen alten Menschen die Pflege schenken, die sie der Granny nicht hatte geben können.«

»Dies ist die schwerste Prüfung in eurem Leben, aber ihr werdet sie überstehen, Ernesto.«

»Ich bin so müde ...«

Soeben ist ein Medizinprofessor mit einer Gruppe Studenten durch deinen Saal gezogen. Er kennt mich nicht, und dank meinem weißen Kittel und den weißen Sandalen kann ich dabei bleiben, wenn sie dich untersuchen. Ich brauchte all meine in der Beiruter Schule so hart erworbene Kaltblütigkeit, um eine gleichgültige Miene beizubehalten, während sie ohne jeden Respekt mit dir hantierten, als wärst du schon eine Leiche, und über deinen Fall sprachen, als könntest du sie nicht hören. Sie sagten, die Genesung setze normalerweise in den ersten sechs Monaten ein, und du hast vier hinter dir, dein Zustand werde sich nicht mehr sehr viel ändern, es sei möglich, daß du jahrelang so bleibst, und man könne ein Krankenhausbett nicht mit einem unheilbar Kranken besetzt halten, sie würden dich in eine Institution verlegen, ich nehme an, sie meinten ein Heim. Glaub ihnen kein Wort, Paula. Falls du verstehst, was du hörst, bitte vergiß all dies, ich werde dich nie verlassen, von hier kommst du in eine Rehabilitationsklinik und von dort nach Hause, ich werde nicht erlauben, daß sie dich weiter mit elektrischen Nadeln und lapidaren Prognosen quälen. Es reicht jetzt. Es stimmt auch nicht, daß es keine Änderungen in deinem Zustand gibt; sie sehen das nicht, weil sie nur ganz selten in deinem Saal auftauchen, aber wir, die wir immer um dich sind, können sehr wohl

Fortschritte feststellen. Ernesto versichert, daß du ihn erkennst; er setzt sich neben dich, sucht deinen Blick, spricht
leise mit dir und sieht, wie sich dein Gesichtsausdruck verändert, du beruhigst dich, und manchmal scheinst du gerührt, dir kommen Tränen und du bewegst die Lippen, als
wolltest du etwas sagen, oder hebst leicht eine Hand, als
wolltest du ihn streicheln. Die Ärzte glauben ihm nicht
und haben auch nicht die Zeit, dich zu beobachten, sie
sehen nur eine gelähmte und spasmische Kranke, die nicht
einmal mit den Wimpern zuckt, wenn sie ihren Namen
schreien. Trotz der niederdrückenden Langsamkeit dieses
Prozesses weiß ich, daß du Schritt für Schritt aus dem Abgrund hervorkommst, in dem du monatelang verirrt warst,
und daß du dich an einem dieser Tage in die Gegenwart
einschalten wirst. Ich wiederhole mir das immer wieder,
aber manchmal geht mir die Hoffnung aus. Ernesto ertappte mich auf der Terrasse beim Grübeln.

»Denk mal nach, was ist denn das Schlimmste, was passieren kann?«

»Nicht der Tod, Ernesto, sondern daß Paula so bleibt,
wie sie jetzt ist.«

»Glaubst du denn, wir werden sie deshalb weniger lieben?«

Wie immer hat dein Mann recht. Wir werden dich nicht
weniger lieben, sondern viel mehr, wir werden uns verbün-
den, werden ein Krankenhaus im Hause haben, und wenn
ich ausfalle, wird dein Mann dich pflegen oder dein Bruder
oder meine Enkel, wir werden schon sehen, mach dir keine
Sorgen, Tochter.

Ich komme spätabends ins Hotel und tauche in eine
friedliche Stille ein, die ich unbedingt brauche, um die
Überreste meiner Energie wieder zusammenzuklauben,
die mir im Krankenhausgetriebe zersplittert ist. Viele
Leute besuchen abends deinen Saal, Hitze und Durcheinander herrschen, und es gibt sogar den und jenen, der zu

rauchen wagt, während die Kranken ersticken. Mein Hotelzimmer ist ein heiliger Zufluchtsort geworden, wo ich meine Gedanken ordnen und schreiben kann. Willie und Celia rufen mich täglich aus Kalifornien an, meine Mutter schreibt mir, so oft sie kann, ich bin in guter Gesellschaft. Wenn ich ausruhen könnte, würde ich mich kräftiger fühlen, aber ich schlafe mit vielen Unterbrechungen, und oftmals sind die quälenden Träume lebendiger als die Wirklichkeit. Ich wache nachts immer wieder auf, von Albträumen und Erinnerungen bestürmt.

Am 11. September 1973 im Morgengrauen erhob sich die Marine, und fast gleich darauf folgten das Heer, die Luftwaffe und schließlich die Carabineros, die chilenische Polizei. Salvador Allende wurde augenblicklich benachrichtigt, zog sich hastig an, verabschiedete sich von seiner Frau und machte sich auf den Weg in seine Amtsräume, entschlossen, das zu halten, was er immer gesagt hatte: »Aus der Moneda holen sie mich nicht lebend heraus.« Seine Töchter, Isabel und Tati, die damals schwanger war, kamen ebenfalls in die Moneda geeilt. Die schlechte Nachricht verbreitete sich schnell, und Minister, Staatssekretäre, Angestellte, loyale Ärzte, ein paar Zeitungsleute und Freunde eilten in den Palast, eine kleine Menge Menschen, die in den Räumen hin und her irrten, ohne zu wissen, was tun, Kampftaktiken improvisierten, Türen mit Möbeln verrammelten nach den konfusen Anweisungen der Leibwächter des Präsidenten. Stimmen wurden laut, die darauf drängten, es sei an der Zeit, das Volk zu einer Massenkundgebung zur Unterstützung der Regierung aufzurufen, aber Allende bedachte, daß das Tausende Tote geben würde. Inzwischen versuchte er, die Aufrührer durch Boten und Telefonate zur Vernunft zu bringen, denn keiner der Generäle traute sich, ihm von Angesicht zu Angesicht gegenüberzutreten. Die Wachen bekamen von ihren Vorgesetzten Befehl, sich zurückzuziehen, denn auch die Polizei hatte sich dem Putsch angeschlossen, der Präsident ließ sie gehen, verlangte aber, daß sie ihm ihre Waffen übergaben. Der Palast war nun schutzlos, und die großen Holztore mit den schmiedeeisernen Beschlägen wurden von innen geschlossen. Bald nach neun Uhr morgens begriff Allende, daß all sein politisches Geschick nicht ausreichte, den tragischen Verlauf dieses Tages aufzuhalten, die in dem alten Kolonialgebäude eingeschlossenen Menschen waren tatsächlich allein, niemand würde ihnen zur Hilfe kommen, das Volk war ohne Waffen und ohne Führer. Er ordnete an, die Frauen sollten gehen und seine Wachen an die Männer Waffen verteilen, aber nur wenige verstanden damit umzugehen. Onkel Ramón hatte die Nachricht in der Botschaft in Buenos Aires erhalten, und es gelang ihm, mit dem Präsidenten zu telefonieren. Allende verabschiedete sich von seinem langjährigen Freund: »Ich trete nicht zurück, ich verlasse die Moneda nur, wenn meine Amtsperiode abgelaufen ist oder wenn das Volk es von mir verlangt, oder als Toter.«

Inzwischen fielen die militärischen Einheiten landauf und landab eine nach der andern in die Hand der Putschisten, und in den Kasernen begann die Säuberung unter denen, die der Verfassung treu blieben, die ersten Erschossenen dieses Tages trugen Uniform. Die Moneda war von Soldaten und Panzern eingekreist, man hörte einige vereinzelte Schüsse, und dann setzte geballter Beschuß ein, der die jahrhundertealten dicken Mauern durchschlug und Möbel und Vorhänge im ersten Stock in Brand setzte. Allende ging mit einem Helm und einem Gewehr auf den Balkon und gab ein paar Schüsse ab, aber jemand überzeugte ihn bald, daß das Wahnsinn sei, und zog ihn zurück ins Zimmer. Ein kurzer Waffenstillstand wurde vereinbart, damit die Frauen hinaus konnten, und der Präsident bat alle Übriggebliebenen, sich zu ergeben, aber nur wenige taten es, die meisten verschanzten sich in den Räumen des zweiten Stocks, während er mit einer Umarmung von den sechs Frauen Abschied nahm, die noch bei ihm geblieben waren. Seine Töchter wollten ihn nicht verlassen, aber zu dieser Zeit zeichnete sich schon das Ende ab, und auf Befehl ihres Vaters wurden sie gewaltsam hinausgebracht. In der allgemeinen Verwirrung gelangten sie auf die Straße und gingen fort, ohne daß jemand sie aufgehalten hätte, bis ein Auto sie aufnahm und an einen sicheren Ort brachte. Tati erholte sich nie von dieser Trennung und vom Tod ihres Vaters, des Mannes, den sie in ihrem Leben am meisten geliebt hatte, und drei Jahre später, im kubanischen Exil, vertraute sie ihre Kinder einer Freundin an, nahm von niemandem Abschied und erschoß sich.

Die Generäle, die nicht allzu viel Widerstand erwartet hatten, wußten nicht, wie sie sich verhalten sollten, und weil sie aus Allende keinen Helden machen wollten, boten sie ihm ein Flugzeug an, damit er mit seiner Familie ins Exil fliehen konnte. »Ihr habt euch in mir getäuscht, Verräter!« war seine Antwort. Darauf kündigten sie ihm ein Bombardement aus der Luft an. Es blieb nur noch wenig Zeit. Der Präsident wandte sich zum letzten Mal an das Volk über den einzigen Rundfunksender, der noch nicht in den Händen der aufrührerischen Militärs war. Seine Stimme war so ruhig und fest, seine Worte so bestimmt, daß dieser Abschied nicht der letzte Atem eines Mannes zu sein scheint, der dem Tod entgegensieht, sondern der würdige Gruß dessen, der für immer in die Geschichte eingeht. »Sicherlich wird Radio Magallanes zum Schweigen gebracht, und der ruhige Klang meiner Stimme wird euch nicht erreichen. Es ist nicht wichtig, ihr werdet ihn weiterhin hören. Ich werde immer bei euch sein. Wenigstens wird die Erinnerung an mich die an einen würdigen Mann sein, der getreu zur Treue der Arbeiter hielt... Die andern haben jetzt die Macht, können uns unterjochen, aber die gesellschaftlichen Prozesse können weder durch Verbrechen noch durch Gewalt aufgehalten werden. Die Geschichte ist unser, und sie wird von den Völkern gemacht ... Arbeiter meines Vaterlandes: ich glaube an Chile und sein Schicksal. Andere Menschen werden diesen grauen, bitteren Augenblick überwinden, in dem der Verrat sich uns aufzuzwingen versucht. Haltet fest an dem Wissen, daß eher viel früher als spät sich die breiten Alleen auftun werden, durch die der freie Mensch hindurchschreitet, um eine bessere Gesellschaft aufzubauen. Es lebe Chile! Es lebe das Volk! Es leben die Arbeiter!«

Die Bomber flogen wie Unheilsvögel über den Palast der Moneda und warfen ihre Last mit solcher Präzision ab, daß in weniger als zehn Minuten ein ganzer Gebäudeflügel brannte, während die Panzer von der Straße aus Tränengas abfeuerten. Gleichzeitig griffen weitere Flugzeuge und Panzer den Wohnsitz des Präsidenten im oberen Viertel an. Im Palast beherrschten Feuer und Rauch den ersten Stock und drangen in die Räume des zweiten vor, wo Salvador Allende und ein paar seiner Anhänger sich noch verschanzt hielten. Tote und Verwundete lagen überall, einige verbluteten rasch. Die Überlebenden, halb erstickt von Rauch und Gas, konnten sich einander nicht verständlich machen in dem Getöse der Beschießung, der Flugzeuge und der Bomben. Die Angriffstruppe des Heeres drang durch Breschen im Feuer ein, besetzte das in Flammen stehende Erdgeschoß und befahl über Lautsprecher den oben Verschanzten, über eine steinerne Außentreppe, die auf die Straße führte, herunterzukommen. Allende begriff, daß weiterer Widerstand in einem Massaker enden würde, und befahl seinen Leuten, sich zu ergeben, denn sie würden dem Volk lebendig mehr nützen als tot. Er verabschiedete sich von jedem einzelnen mit einem festen Händedruck und sah ihm dabei in die Augen. Sie gingen hintereinander, die Hände über dem Kopf. Die Soldaten auf der Außentreppe empfingen sie mit Kolbenschlägen und Fußtritten und stießen sie die Treppe vollends hinunter, und unten wurden sie mit Prügeln betäubt und auf die Straße geworfen, wo sie liegenblieben mit dem Mund auf dem Pflaster, während die Stimme eines wutschäumenden Offiziers drohte, er werde die Panzer über sie hinwegrollen lassen. Der Präsident blieb mit dem Gewehr in der Hand neben der zerrissenen und blutbefleckten chilenischen Fahne in dem zerstörten Roten Salon stehen. Die Soldaten drangen mit angelegten Waffen ein. Nach der offiziellen Version setzte er sich die Gewehrmündung ans Kinn, drückte ab, und der Schuß zertrümmerte ihm den Schädel.

An diesem unvergeßlichen Dienstag verließ ich unser Haus, um wie jeden Morgen ins Büro zu fahren, Michael brach ebenfalls auf, und ich nehme an, daß wenig später die Kinder mit ihren Ranzen auf dem Rücken zur Schule gingen, ohne zu wissen, daß es heute keinen Unterricht geben würde. Schon nach wenigen Häuserblocks fiel mir auf, daß die Straßen fast leer waren, man sah ein paar verdutzte Hausfrauen vor geschlossenen Bäckereien stehen und ein paar Arbeiter mit dem Frühstückspäckchen unterm Arm zu Fuß gehen, weil keine Busse fuhren, nur Militärfahrzeuge waren unterwegs, zwischen denen mein mit Blumen und Engelchen bemalter Wagen sich wie ein Witz ausnahm. Niemand hielt mich an. Ich hatte kein Radio im Auto, um Nachrichten zu hören, aber selbst wenn ich eines gehabt hätte, wäre wohl nichts Genaueres zu erfahren gewesen, schließlich war doch schon jede Information zensiert. Ich überlegte, ob ich beim Tata auf einen Gutenmorgengruß vorbeischauen sollte, vielleicht wußte er, was zum Teufel vor sich ging, aber ich wollte ihn denn doch nicht schon so früh stören. Ich fuhr weiter mit dem Gefühl, mich zwi-

schen die Seiten eines der Science-fiction-Romane verirrt
zu haben, die ich früher so gern las, die Stadt wirkte wie in
einer außerirdischen Katastrophe erstarrt. Ich fand die Tür
zum Verlag mit Kette und Vorhängeschloß verrammelt,
durch ein Fenster machte mir der Hausmeister Zeichen,
daß ich gehen solle, er war ein abscheulicher Mensch, der
den Angestellten hinterherspionierte, um einen beim geringsten Vergehen herunterzuputzen. Also ist dies ein Militärputsch, dachte ich und drehte auf dem Absatz um,
denn ich wollte auf eine Tasse Kaffee zu Großmutter
Hilda, um mit ihr die Ereignisse zu bereden. Da hörte ich
die Hubschrauber und gleich darauf die ersten Flugzeuge,
die in niedriger Höhe über uns hinwegdonnerten.

Großmutter Hilda stand in der Tür ihres Hauses und
blickte mit trostlosem Gesicht die Straße entlang, und
kaum sah sie das bemalte Auto, das sie so gut kannte, lief
sie mir mit der schlechten Nachricht entgegen. Sie hatte
Angst um ihren Mann, einen hingebungsvollen Franzö-
sischlehrer, der sehr früh zu seiner Schule gegangen war
und von dem sie seither nichts gehört hatte. Wir tranken
Kaffee und versuchten ihn telefonisch zu erreichen, aber
niemand antwortete. Ich rief die Granny an, die von nichts
wußte, und sprach auch mit den Kindern, die friedlich
spielten, die Situation sah nicht wirklich beunruhigend
aus, und ich dachte, am besten würde ich den Vormittag bei
der Großmutter Hilda verbringen, aber sie war zu unruhig. Die Schule, an der ihr Mann unterrichtete, lag mitten
in der Innenstadt, nur wenige Blocks von der Moneda entfernt, und aus dem einzigen Sender, der noch Nachrichten
durchgab, hatte sie erfahren, daß dieser Stadtbezirk von
den Putschisten eingenommen worden sei. »Es wird geschossen, Menschen werden umgebracht, sie sagen, man
soll nicht auf die Straße gehen wegen der verirrten Kugeln,
eine Freundin hat mich angerufen, die im Zentrum wohnt,
und die sagt, man sieht Tote und Verwundete und Lastwa-

gen voll mit Verhafteten, anscheinend ist Ausgangssperre, weißt du, was das ist?« stammelte Großmutter Hilda. Nein, ich wußte es nicht. Obwohl ihre Angst mir übertrieben schien, schließlich war ich umhergefahren, ohne belästigt zu werden, bot ich mich an, ihren Mann zu suchen. Vierzig Minuten später hielt ich vor der Schule, trat durch die halboffene Tür, sah aber auch hier niemanden, Innenhöfe und Klassenzimmer waren leer. Ein alter Hausmeister kam angeschlurft und zeigte mir mit einer Handbewegung, wo mein Freund war. »Das kann doch nicht sein, die Soldaten machen Revolte!« wiederholte er ungläubig. In einem Klassenraum fand ich den Lehrer, er saß vor der Wandtafel, einen Stapel Hefte auf dem Pult, daneben ein eingeschaltetes Radio, er hatte die Hände vor das Gesicht geschlagen und schluchzte. »Hör zu«, sagte er mühsam. Und so hörte ich die letzten Worte des Präsidenten Allende. Dann stiegen wir hinauf zum höchsten Stockwerk des Gebäudes, von dem aus man die Dächer der Moneda sah, und warteten, ohne zu wissen worauf, denn es gab keine Nachrichten mehr, alle Sender übertrugen Marschlieder. Als wir die niedrig fliegenden Flugzeuge sahen, das Krachen der Bomben hörten und eine dicke Rauchwolke zum Himmel aufstieg, war uns, als wären wir in einem bösen Traum gefangen. Wir konnten nicht glauben, daß sie wirklich gewagt hatten, die Moneda anzugreifen, das Herz der chilenischen Demokratie. »Was mag aus dem Genossen Allende geworden sein?« fragte mein Freund. »Er wird sich niemals ergeben«, sagte ich. Inzwischen begriffen wir allmählich den Umfang der Tragödie und die Gefahr, in der wir schwebten, wir verabschiedeten uns von dem Hausmeister, der sich weigerte, seinen Posten zu verlassen, und fuhren über Seitenstraßen, um keinen Soldaten zu begegnen, heimwärts. Ich kann mir nicht erklären, wie wir ungehindert zu seinem Haus gelangten und wie ich die ganze Fahrt zu dem meinen hinter mich brachte, wo Michael mich sehr unruhig erwartete und die Kinder höchst vergnügt waren über die unerwarteten Ferien.

Am Nachmittag erfuhr ich durch einen vertraulichen Anruf, daß Salvador Allende tot war.

Die Telefonleitungen waren überlastet und die internationalen Verbindungen praktisch unterbrochen, aber es gelang mir doch, meine Eltern in Buenos Aires anzurufen und ihnen die schreckliche Neuigkeit mitzuteilen. Sie wußten es schon, die Zensur, die wir in Chile hatten, konnten die Putschisten nicht auf die ganze Welt ausdehnen. Onkel Ramón hißte die Fahne auf Halbmast zum Zeichen der Trauer und setzte die Militärjunta sofort von seinem unwiderruflichen Rücktritt in Kenntnis. Meine Mutter und er machten eine strenge Bestandsaufnahme aller öffentlichen Besitztümer der Residenz, und zwei Tage später übergaben sie die Botschaft.

So endeten für ihn neununddreißig Jahre diplomatischer Laufbahn; sie waren nicht bereit, mit der Junta zusammenzuarbeiten, sie zogen die Ungewißheit und die Anonymität vor. Onkel Ramón war siebenundfünfzig Jahre alt und meine Mutter fünf Jahre jünger, beiden war, als wäre ihnen das Herz gebrochen, ihr Land war dem Wahnsinn der Gewalt erlegen, ihre Familie war verstreut, ihre Kinder fern, die Freunde tot oder im Exil, sie selbst ohne Arbeit und mit wenig Geldmitteln in einer fremden Stadt, wo man auch schon den Horror der Diktatur ahnte und den Beginn dessen, was sich später der *Schmutzige Krieg* nannte. Sie verabschiedeten sich vom Personal, das ihnen Zuneigung und Achtung bis zum letzten Augenblick bezeigte, und Hand in Hand gingen sie hocherhobenen Hauptes davon. In den Gärten war eine Menschenmenge versammelt, die die Losungen der Unidad Popular rief, Tausende junge und alte Leute, Männer, Frauen und Kinder beweinten den Tod

Salvador Allendes und seiner Träume von Gerechtigkeit und Freiheit. Chile war ein Symbol geworden.

Der Terror begann an eben diesem Dienstag im Morgengrauen, aber manche lernten ihn erst mehrere Tage später kennen, andere brauchten viel länger, bis sie ihn endlich wahrhaben wollten, und eine Handvoll Privilegierter konnte ihn trotz aller offenkundigen Tatsachen siebzehn Jahre lang unbeachtet lassen und leugnet ihn bis zum heutigen Tag. Die vier Generäle der Streitkräfte und der Polizei erschienen im Fernsehen und erklärten die Gründe für die Militärische Erhebung, wie sie den Putsch nannten, und indessen trieben Dutzende Leichen im Mapocho, der durch die Stadt fließt, und Tausende Gefangene drängten sich in Kasernen, Gefängnissen und Konzentrationslagern, die in wenigen Tagen über das ganze Land hin eingerichtet worden waren. Der gewalttätigste der Juntageneräle schien der von der Luftwaffe zu sein, der unbedeutendste der von der Polizei, der unscheinbarste Augusto Pinochet, von dem nur wenige je gehört hatten. Niemand ahnte bei seinem ersten öffentlichen Auftreten, daß dieser Mann, der aussah wie ein gutmütiger Großvater, sich in jene finstere Gestalt mit der dunklen Brille, der mit Ehrenzeichen behängten Brust und einer Pelerine wie der deutsche Kaiser verwandeln würde, die in aufschlußreichen Fotos um die ganze Welt ging. Die Militärjunta verhängte für viele Stunden Ausgangssperre, während der sich nur Angehörige der Streitkräfte auf den Straßen bewegen durften. In dieser Zeit durchsuchten sie die Gebäude der Regierung und der öffentlichen Verwaltung, ebenso Banken, Universitäten, Betriebe, Bauernhöfe und ganze Ortschaften nach Anhängern der Unidad Popular. Politiker, Journalisten, Geistesschaffende und Künstler, die auf den Listen standen, wurden sofort festgenommen, Arbeiterführer wurden auf der Stelle erschossen, die Gefängnisse reichten nicht aus für die vielen Verhafteten, und so wurden Schulen und Fußballstadien dafür hergerichtet. Wir waren ohne Nachrichten, das Fernsehen zeigte Zeichentrickfilme, und die Rundfunksender spielten Militärmärsche, alle Augenblicke wurden neue Bekanntmachungen mit Tagesbefehlen durchgegeben, und dann waren auf den Bildschirmen wieder die Putschgeneräle zu sehen, mit dem Wappen und der Fahne des Vaterlandes als Hintergrund. Sie erklärten den Bürgern den Plan Zeta, nach dem die gestürzte Regierung eine endlos lange schwarze Liste angelegt habe von Tausenden Personen der Opposition, die sie in den nächsten Tagen in einem Massenmord ohne Beispiel habe hinschlachten wollen, aber sie, die Generäle, seien ihr zuvorgekommen, um das zu verhindern. Sie sagten, das Vaterland sei in den Händen von sowjetischen Beratern und kubanischen Guerrilleros gewesen, und Allende, der Trunkenbold, habe Selbstmord begangen nicht nur aus Scham über das Scheitern seiner Staatsführung, sondern vor allem, weil die ehrenhaften Streitkräfte seine Lager voll russischer Kriegsausrüstung, seine Vorratskammer voller Delikatessen, seine Korruption, seine Räubereien und seine wüsten Orgien aufgedeckt hätten, wie eine Reihe pornographischer Fotos beweise, die man aus Gründen des Anstands nicht veröffentlichen könne. Über Presse, Rundfunk und Fernsehen wurden Hunderte Personen unter Drohungen aufgefordert, sich im Verteidigungsministerium zu ergeben, und einige Leichtgläubige taten es auch und mußten es teuer bezahlen. Mein Bruder Pancho war unter den Aufgeforderten und blieb nur verschont, weil er in diplomatischer Mission in Moskau war, wo er mit seiner Familie mehrere Jahre festsaß. Das Haus des Präsidenten wurde nach dem Bombardement im Sturm genommen, und selbst die Kleidung der Familie wurde zur Plünderung freigegeben. Nachbarn und Soldaten schleppten alles mögliche als Andenken fort, persönliche Gegenstände, vertraulichste Dokumente und die Kunstwerke, die die Allendes im Lauf ihres Lebens gesammelt hatten. Besonders in den Arbeitervierteln wütete die Verfolgung, im ganzen Land gab es standrechtliche Erschießungen, zahllose Gefangene, Verschwundene und Gefolterte, da war kein Ort, wo die vielen Verfolgten sich verbergen konnten, keine Nahrung für die Tausenden Familien ohne Arbeit. Woher waren nur plötzlich all die Denunzianten, Kollaborateure, Folterer und Mörder aufgetaucht? Natürlich waren sie latent schon immer dagewesen, wir hatten sie nur nicht sehen können. Wir konnten uns auch den wütenden Haß der Soldaten nicht erklären, die aus den unteren sozialen Schichten stammten und nun ihre Klassenbrüder mißhandelten.

Die Witwe Salvador Allendes, seine Töchter und einige nahe Mitarbeiter flüchteten sich in die mexikanische Botschaft. Am Tag nach dem Putsch machte sich Tencha mit einem Geleitschein und von Militär begleitet auf, um ihren Mann in einem anonymen Grab zu beerdigen. Seinen Leichnam zu sehen wurde ihr nicht gestattet. Bald danach ging sie mit ihren Töchtern ins Exil nach Mexiko, wo sie vom Präsidenten mit allen Ehren empfangen wurden und den großmütigen Schutz des ganzen Volkes genossen. Der abgesetzte General Prats, der sich geweigert hatte, die Putschisten zu unterstützen, wurde bei Nacht und Nebel aus Chile nach Argentinien geschafft, weil er in solidem Ansehen bei den Truppen stand und die Generäle fürchteten, er könnte sich womöglich an die Spitze einer Teilungsbewegung der Streitkräfte setzen, aber dieser Gedanke ist ihm nie in den Sinn gekommen. In Buenos Aires führte er ein zurückgezogenes, bescheidenes Leben mit wenigen Freunden, unter denen auch meine Eltern waren, war von seinen Töchtern getrennt und fürchtete um sein Leben. In seine Wohnung eingeschlossen, begann er in aller Stille die bitteren Erinnerungen an die Ereignisse der letzten Zeit zu schreiben.

Am Tag nach dem Putsch wurde der Befehl ausgegeben, alle Dächer zu beflaggen, um den Sieg der tapferen Soldaten zu feiern, die die christlich-westliche Zivilisation so heroisch gegen die kommunistische Verschwörung verteidigt hätten. Ein Offizier in einem Jeep hielt vor unserer Tür, um zu untersuchen, weshalb wir dem Befehl nicht nachgekommen waren. Michael und ich erklärten ihm meine Verwandtschaft mit Allende und daß wir in Trauer seien, wenn er es wünsche, würden wir die Fahne mit einem schwarzen Band versehen und auf Halbmast setzen. Der Offizier dachte eine Weile nach, und da er keine diesbezüglichen Instruktionen hatte, entfernte er sich ohne weiteren Kommentar. Die Denunziationen hatten begonnen, wir erwarteten jeden Augenblick einen Anruf, der uns Gott weiß welcher Verbrechen anklagen würde, aber nichts kam, vielleicht wegen der Zuneigung, die der Granny in unserem Viertel entgegengebracht wurde. Michael erfuhr, daß in einem seiner im Bau befindlichen Häuser eine Gruppe Arbeiter festsaß, weil sie wegen der Ausgangssperre nicht hinausdurften, sie waren ohne Nachrichten und ohne Essen. Wir riefen die Granny an, die es fertigbrachte, ungesehen über die Straße zu schlüpfen und zu ihren Enkeln zu kommen, dann packten wir aus unseren Vorräten Proviant ein und stiegen ins Auto, und wie im Radio für Notfälle angegeben, fuhren wir im Schneckentempo, einen Stock mit einem weißen Taschentuch gehißt und mit offenen Fenstern. Sie hielten uns fünfmal an, und immer verlangten sie von Michael, daß er ausstieg, durchsuchten den klapprigen alten Citroën und ließen uns dann weiterfahren. Mich fragten sie nichts, sie sahen mich nicht einmal, und ich dachte, der schützende Geist der Memé hätte mich mit einem Mantel der Unsichtbarkeit zugedeckt, aber später begriff ich, daß in der militärischen Denkweise Frauen nicht zählen, höchstens als Kriegsbeute. Hätten sie meine Papiere geprüft und meinen Namen gesehen, dann hätten wir vielleicht niemals den Korb mit Lebensmitteln überbringen können. Wir hatten keine Angst verspürt, weil wir die Mechanismen der Unterdrückung noch nicht kannten und glaubten, es genüge zu erklären, daß wir keiner politischen Partei angehörten, um außer Gefahr zu sein; aber die Wahrheit zeigte sich uns sehr bald, als die Ausgangssperre aufgehoben wurde und wir wieder Verbindung zu Freunden und Bekannten hatten.

Im Verlag wurden sofort alle entlassen, die auf irgendeine Weise in der Unidad Popular aktiv gewesen waren; ich blieb im Visier. Delia Vergara, bleich, aber gefaßt, verkündete dasselbe, was sie vor drei Jahren gesagt hatte: wir arbeiten weiter wie immer. Dennoch, diesmal war es anders, mehrere ihrer Mitarbeiter waren verschwunden, und die beste Journalistin des Teams war völlig außer sich und nur noch darauf bedacht, ihren Bruder zu verstecken. Drei Monate später mußte sie selbst fliehen und fand schließlich Asyl in Frankreich, wo sie seit über zwanzig Jahren lebt. Der Presseoffizier der Junta rief die Medien zusammen, um die Regeln der strikten Zensur bekanntzugeben, unter der künftig gearbeitet werden mußte, es gab nicht nur verbotene Themen, es gab auch gefährliche Wörter, wie etwa *Genosse*, die aus dem Vokabular zu streichen waren, und andere, die nur mit äußerster Vorsicht benutzt werden konnten, wie Volk, Gewerkschaft, Genossenschaften, Gerechtigkeit, Arbeiter und viele andere mehr, alles Begriffe, an denen man die Sprache der Linken erkannte. Das Wort Demokratie durfte nur verwendet werden, wenn von einem Adjektiv begleitet: bedingte, autoritäre und sogar totalitäre Demokratie.

Meine erste unmittelbare Berührung mit der Zensur fand eine Woche später statt, als an den Kiosken die Kinderzeitschrift auslag, die ich leitete, mit vier wild aussehenden Gorillas auf der Titelseite und mit einem langen Bericht über diese Tiere im Innern. Die Streitkräfte betrachteten das als eine direkte Anspielung auf die Generäle der Junta. Wir hatten an den Farbseiten zwei Monate vorher zu arbeiten begonnen, als der Gedanke an einen Militärputsch noch ziemlich fernlag, es war ein merkwürdiges Zusammentreffen, daß die Gorillas gerade in diesem Augenblick auf dem Umschlag der Zeitschrift auftauchten. Der Besitzer des Verlages, der in seinem Privatflugzeug zurückgekehrt war, sowie sich das Chaos der ersten Tage etwas beruhigt hatte, entließ mich und ernannte einen anderen zum Chefredakteur, denselben Mann, dem es wenig später gelang, die Militärjunta zu überzeugen, daß die Landkarten geändert werden mußten, und zwar drehte er die Kontinente einfach um, damit das verdienstvolle Vaterland am Kopf der Seite erschien und nicht im Hintern, setzte also den Süden nach oben und dehnte die Territorialgewässer bis Asien aus. So verlor ich meine Arbeit als Chefredakteurin, und sehr bald sollte ich auch meinen Posten in der feministischen Zeitschrift verlieren, nicht anders als der Rest unserer Truppe, weil in den Augen der Militärs der Feminismus genau so subversiv war wie der Kommunismus. Die Soldaten zerschnitten die Hosen der Frauen auf der Straße mit der Schere, weil nur Männer Hosen tragen durften, die langen Haare der Männer wurden als Beweis für Homosexualität angesehen, und die Bärte mußten abrasiert werden, weil man befürchtete, daß sich unter ihnen Kommunisten versteckten. Wir waren in die Zeiten der unanfechtbaren männlichen Autorität zurückgekehrt. Unter einer neuen Chefin machte die Zeitschrift eine schroffe Kehrtwendung und wurde zur exakten Nachbildung Dutzender anderer läppischer Blättchen. Der Besitzer des Verlages fotografierte weiter seine schönen jungen Mädchen.

Die Militärjunta machte per Anordnung Schluß mit Streiks und Protestkundgebungen, gab das Land den alten Besitzern und die Minen den Nordamerikanern zurück, überließ das Land den Geschäften und dem Kapital des Auslands, verkaufte die jahrtausendealten Urwälder und die Meeresfauna an japanische Gesellschaften und etablierte das System von Korruption und fetten Kommissionen als Regierungsform. Eine neue Kaste junger Führungskräfte erschien bald auf dem Plan, erzogen in den Doktrinen des reinen Kapitalismus, die auf verchromten Motorrädern umherfuhren und das Schicksal des Vaterlandes mit schonungsloser Kälte handhabten. Im Namen der ökonomischen Effizienz froren die Generäle die Geschichte ein, bekämpften die Demokratie als eine *fremde Ideologie* und ersetzten sie durch eine Doktrin von *Gesetz und Ordnung*. Chile war kein Einzelfall, bald sollte die lange Nacht des Totalitarismus sich über ganz Lateinamerika ausdehnen.

ZWEITER TEIL

Mai – Dezember 1992

Ich schreibe nicht mehr, damit meine Tochter, wenn sie erwacht, nicht so verloren ist, denn sie wird nicht erwachen. Diese Zeilen haben keinen Empfänger, Paula wird sie niemals lesen können ...

Nein! Warum wiederhole ich, was andere sagen, wenn ich es in Wirklichkeit nicht glaube? Sie haben sie als unheilbar aufgegeben. Gehirnschaden, haben sie mir gesagt ... Nachdem der Neurologe die letzten Testergebnisse gesehen hatte, führte er mich in sein Dienstzimmer, hielt die Platten, zwei große schwarze Rechtecke, gegen das Licht, und so zartfühlend wie nur irgend möglich zeigte er mir, wo die außerordentliche Intelligenz meiner Tochter zu einem unbrauchbaren dunklen Fleck geschrumpft war. Sein Bleistift bezeichnete mir die verworrenen Wege des Gehirns, während er mir die furchtbaren Folgen dieser Schatten und dieser Linien erklärte.

»Paula hat einen schweren Schaden, da ist nichts zu machen, ihr Verstand ist zerstört. Wir wissen nicht, wann oder wie das geschehen ist, vielleicht wurde es durch den Verlust von Natrium oder durch Sauerstoffmangel oder ein Übermaß an Medikamenten verursacht, man kann es aber auch dem verheerenden Verlauf der Krankheit zuschreiben.«

»Heißt das, sie kann geistig behindert bleiben?«

»Die Prognose ist sehr schlecht, bestenfalls würde sie eine kindliche Entwicklungsstufe erreichen.«

»Was bedeutet das?«

»Ich kann es Ihnen in dieser Phase nicht sagen, jeder Fall ist anders.«

»Wird sie sprechen können?«

»Ich glaube nicht. Höchstwahrscheinlich wird sie auch nicht gehen können. Sie wird immer ein Invalide sein«, fügte er hinzu und sah mich über seine Brille hinweg traurig an.

»Hier liegt ein Irrtum vor. Sie müssen diese Tests wiederholen!«

»Ich fürchte, dies ist die Wirklichkeit, Isabel.«

»Sie wissen nicht, was Sie sagen! Sie haben Paula nie gesund gesehen, Sie haben keine Ahnung, wie meine Tochter ist! Sie ist brillant, die Intelligenteste der Familie, immer die Erste in allem, was sie unternimmt. Ihr Geist ist unbezähmbar! Glauben Sie, sie wird sich geschlagen geben? Niemals!«

»Es tut mir sehr leid ...«, murmelte er und nahm meine Hände, aber ich hörte ihn nicht mehr. Seine Stimme kam von weit her, während Paulas ganze Vergangenheit in Bildern vor mir aufstieg. Ich sah sie in jedem Lebensalter: als Neugeborenes, nackt und mit offenen Augen, die mich mit dem gleichen wachen Ausdruck ansahen, wie sie ihn bis zum letzten Augenblick ihres bewußten Lebens hatte; wie sie mit dem Ernst einer kleinen Lehrerin ihre ersten Schritte machte; wie sie heimlich die traurigen Flaschen ihrer Großmutter versteckte; mit zehn Jahren, als sie wie eine toll gewordene Marionette nach der Musik des Fernsehers tanzte, und mit fünfzehn, wie sie mich mit einer gezwungenen Umarmung und harten Augen empfing, als ich nach dem gescheiterten Abenteuer mit einem Liebhaber, an dessen Namen ich mich nicht erinnern kann, nach Hause kam; mit dem Haar bis zur Taille auf dem letzten Schulfest und später mit Toga und Barett der Hochschulabsolventin. Ich sah sie wie eine Fee in die weißen Spitzen ihres Hochzeitskleides gehüllt und mit ihrer grünen Baumwollbluse und den abgetragenen Pantoffeln aus Kaninchenfell vor Schmerz gekrümmt und mit dem Kopf auf meinen Knien, als die Krankheit schon zugeschlagen hatte. An jenem Nachmittag, das ist nun genau vier Monate und einundzwanzig Tage her, redeten wir noch von einer

Grippe und sprachen mit Ernesto über Paulas Neigung, ihre Leiden zu verschlimmern, um unsere Aufmerksamkeit zu erregen. Und ich sah sie an jenem verhängnisvollen Morgen, als sie Blut erbrach und anfing, in meinen Armen zu sterben. Diese Bilder tauchten vor mir auf wie ungeordnet übereinanderliegende Fotografien, in dem langsamen, unerbittlichen Zeitmaß, in dem wir uns alle schwerfällig bewegten, als wären wir auf dem Grunde des Meeres und außerstande, einen Tigersprung zu tun, um das Rad des Schicksals aufzuhalten, das rasch dem Verhängnis zurollte. Fast fünfzig Jahre habe ich der Gewalt und dem Schmerz auf der Nase getanzt im Vertrauen auf den Schutz, den mir das Glücksmal auf meinem Rücken gewährt, aber im Grunde habe ich immer geargwöhnt, daß früher oder später der Prankenhieb des Unglücks auf mich herabsausen wird. Nie jedoch habe ich mir vorgestellt, daß der Schlag einem meiner Kinder gelten würde. Ich hörte wieder die Stimme des Neurologen.

»Sie spürt nichts, glauben Sie mir, Ihre Tochter leidet nicht.«

»Doch, sie leidet und ist verängstigt. Ich nehme sie so bald wie möglich mit in mein Haus in Kalifornien.«

»Hier hat sie den Schutz der Krankenversicherung, aber in den Vereinigten Staaten ist die Medizin der schiere Raub. Außerdem ist die Reise sehr riskant, Paula kann noch immer das Natrium nicht bei sich behalten, sie hat keine Kontrolle über Blutdruck und Temperatur und hat Schwierigkeiten mit der Atmung; es ist nicht ratsam, sie in dieser Phase zu bewegen, vielleicht übersteht sie die Reise nicht. In Spanien gibt es durchaus Anstalten, wo sie gut gepflegt werden kann, sie wird niemanden vermissen, sie erkennt ja niemanden, sie weiß nicht einmal, wo sie ist.«

»Verstehen Sie nicht – ich werde sie niemals verlassen! Helfen Sie mir, Doktor, ich muß sie mitnehmen, koste es, was es wolle...«

Wenn ich auf die lange Bahn meines Lebens zurückblicke, sehe ich den Militärputsch in Chile als einen jener Scheidewege, an denen sich mein Kurs dramatisch geändert hat. In ein paar Jahren werde ich mich vielleicht an den gestrigen Tag als an eine Zeitmarke erinnern, die meinem Dasein eine tragische Wendung gab. Nichts wird je wieder so sein wie früher.

Sie versichern mir, es gibt kein Mittel für Paula, aber ich glaube es nicht, ich bringe sie in die Vereinigten Staaten, dort werden sie uns helfen können. Willie hat für sie einen Platz in einem Krankenhaus gefunden, nun muß ich nur noch Ernesto überzeugen, damit er sie gehen läßt, er selbst kann sie nicht pflegen, und in ein Heim werden wir sie niemals stecken; ich werde die Form finden, wie ich mit Paula reisen kann, sie ist nicht der erste Schwerkranke, der transportiert wird. Ich nehme sie mit, und wenn ich ein Flugzeug entführen muß.

Nie war die Bucht von San Francisco so schön, Tausende Boote belebten sie mit weit ausgespannten vielfarbigen Segeln, um den Frühlingsbeginn zu feiern, die Menschen trabten in kurzen Hosen zur Golden Gate Bridge und in die grünen Berge, weil es nach sechs Jahren Trockenheit endlich geregnet hat. Lange Zeit hat man nicht so dichtbelaubte Bäume und einen so blauen Himmel gesehen, die Landschaft hat uns mit einem Festkleid wie ein Gruß empfangen. Vergangen ist der lange Winter von Madrid.

Vor dem Abflug fuhr ich Paula in die Kapelle, die dämmrig und verlassen war, wie sie es fast immer ist, aber voller Lilien für die Jungfrau zum Muttertag. Ich stellte den Rollstuhl vor die Holzstatue, vor der meine Mutter in den hundert Tagen ihres großen Kummers so viele Tränen vergossen hat, und entzündete eine Kerze zur Feier des Lebens. Meine Mutter hatte die Jungfrau gebeten, Paula mit in ihren Mantel zu hüllen und vor Schmerz und Angst zu beschützen, und wenn sie gedächte, sie fortzunehmen, sie wenigstens nicht leiden zu lassen. Ich bat die Unbekannte Göttin, sie möge uns helfen, heil und gesund nach Kalifornien zu gelangen, uns beistehen in der zweiten Etappe, die nun begann, und uns Kraft geben, sie durchzustehen. Paula, den Kopf geneigt und die Augen zu Boden gerichtet, völlig verkrampft, begann zu weinen, und ihre Tränen fielen Tropfen auf Tropfen wie die Noten einer Klavierübung. Was mag meine Tochter verstehen? Manchmal denke ich, sie will mir etwas sagen, ich glaube, sie will mir Lebwohl sagen ...

Ernesto und ich gingen ihren Koffer packen. Ich betrat die saubere, ordentliche, überschaubare Wohnung, wo sie so kurze Zeit so glücklich gewesen waren, und wie immer traf mich die franziskanische Einfachheit, in der sie lebten. In ihren achtundzwanzig Jahren auf dieser Welt hat Paula eine Reife erreicht, zu der andere nie gelangen, sie hat verstanden, wie vergänglich das Dasein ist, und hat sich von fast allem Materiellen gelöst und sich mehr um die Unruhe der Seele gesorgt. »Ins Grab gehen wir in ein Laken gehüllt, wofür mühst du dich so?« sagte sie einmal in einem Kleidergeschäft, als ich ihr drei Blusen kaufen wollte. Sie warf auch die letzten Fetzen Eitelkeit über Bord, sie wollte nichts Schmückendes, nichts Unnötiges und Überflüssiges; in ihrem klaren Geist war nur Raum und Geduld für das Wesentliche. »Ich suche Gott und finde ihn nicht«, sagte sie mir, kurz bevor sie ins Koma fiel.

Ernesto legte etwas Kleidung in eine Tasche, ein paar Fotos von ihren Flitterwochen in Schottland, ihre alten Pantoffeln aus Kaninchenfell, die silberne Zuckerdose, die sie von der Granny geerbt hatte, und die Lumpenpuppe – die schon keine Wollfäden mehr auf dem Kopf hatte und halb zerfleddert war –, die ich ihr machte, als sie geboren war, und die sie immer mitnahm wie eine wurmstichige

Reliquie. In einem Korb lagen die Briefe, die ich ihr in diesen Jahren geschrieben hatte und die sie nach Datum geordnet aufbewahrte. Ich schlug vor, sie endlich zu verbrennen, aber mein Schwiegersohn sagte, eines Tages würde sie sie haben wollen. Durch das Zimmer wehte ein trostloser Wind; am 6. Dezember war Paula von hier ins Krankenhaus gegangen und nicht wieder zurückgekehrt. Ihr wachsamer Geist war gegenwärtig, als wir über ihre wenige Habe verfügten und Hand an ihre ureigensten Dinge legten. Plötzlich fiel Ernesto auf die Knie und umklammerte mich, geschüttelt von dem Schluchzen, das er diese langen Monate hindurch unterdrückt hatte. Ich glaube, in diesem Augenblick nahm er seine Tragödie in ihrem ganzen Umfang auf sich und hatte verstanden, daß seine Frau nie wieder in diese Wohnung in Madrid zurückkommen würde, sie war in eine andere Dimension übergewechselt und hatte ihm nur die Erinnerung an die Schönheit und Anmut hinterlassen, an denen sein Herz so gehangen hatte.

»Könnte es sein, daß wir uns zu sehr geliebt haben, daß Paula und ich wie Vielfraße die ganze Glückseligkeit, auf die wir ein Recht hatten, auf einmal verschlungen haben? Haben wir das Leben verschlungen? Ich liebe sie bedingungslos, aber wie es scheint, braucht sie meine Liebe nicht mehr«, sagte er.

»Sie braucht sie mehr denn je, Ernesto, aber jetzt braucht sie am meisten mich, denn du kannst sie nicht pflegen.«

»Es ist nicht gerecht, daß du allein diese ungeheure Verantwortung auf dich nimmst. Sie ist meine Frau...«

»Ich werde nicht allein sein, ich kann auf meine Familie zählen. Außerdem kannst du auch kommen, mein Haus ist dein Haus.«

»Was passiert, wenn ich es nicht schaffe, in Kalifornien Arbeit zu bekommen? Ich will nicht als Anhängsel unter deinen Fittichen leben. Aber ich möchte mich auch nicht von ihr trennen...«

In einem Brief hatte Paula mir erzählt, als Ernesto in ihrem Leben erschien, habe sich alles verwandelt, sie habe das Gefühl gehabt, in ihm ihre Vollendung zu finden. Sie schrieb mir, daß oftmals, wenn sie in Gesellschaft anderer waren, halb betäubt von der lärmenden Unterhaltung, ihnen ein Blick genügte, um einander zu sagen, wie sehr sie sich liebten. Die Zeit gerann, und ein magischer Raum entstand, in dem nur sie und er existierten. »Vielleicht wird es von nun an so sein«, sagte ich, »daß trotz der Entfernung eure Liebe unangetastet an einem besonderen Ort fortdauern wird, jenseits von Leben und Tod.«

Im letzten Augenblick, bevor wir die Tür endgültig schlossen, überreichte er mir einen mit Wachs gesiegelten Umschlag. Darauf stand in der säuberlichen Handschrift meiner Tochter: *Zu öffnen, wenn ich sterben sollte.*

»Ungefähr vor einem Jahr, mitten in den Flitterwochen, wachte Paula eines Nachts schreiend auf«, erzählte er. »Ich weiß nicht, was sie geträumt hatte, aber es muß etwas sehr Beunruhigendes gewesen sein, denn sie konnte nicht wieder einschlafen, sie schrieb diesen Brief und gab ihn mir. Meinst du, wir sollten ihn öffnen?«

»Paula ist nicht gestorben, Ernesto.«

»Dann behalte du ihn. Jedesmal, wenn ich diesen Umschlag sehe, spüre ich eine Kralle hier in der Brust.«

Lebwohl, Madrid... Zurück blieben der Korridor der verlorenen Schritte, auf dem ich mehrmals um die Welt gewandert war, das Hotelzimmer und die Linsensuppen. Zum letztenmal umarmte ich Elvira, Aurelia und die anderen Freunde im Krankenhaus, die beim Abschied weinten, die Nonnen, die mir einen vom Papst geweihten Rosenkranz schenkten, die Heiler, die noch einmal herbeikamen, um ihre Kunst der tibetanischen Glöckchen anzuwenden, und den Neurologen, der bis zum Ende an meiner Seite geblieben war, der Paula vorbereitet und Unterschriften und Genehmigungen eingeholt hatte, damit die Luftlinie den Transport überhaupt akzeptierte. Ich hatte mehrere Plätze der ersten Klasse gebucht, eine Bahre, Sauerstoff und die nötigen Geräte installiert, eine spezialisierte Krankenschwester eingestellt und fuhr mit meiner Tochter in einer Ambulanz zum Flughafen, wo sie uns schon erwarteten und direkt zum Flugzeug brachten. Sie schlief von ein paar Tropfen, die der Doktor mir im letzten Augenblick gegeben hatte. Ich hatte ihr das Haar zu einem halben Pferdeschwanz gekämmt, mit einem kleinen Tuch drum, wie sie es am liebsten mochte, und Ernesto und ich hatten sie zum ersten Mal in diesen langen Monaten angekleidet, wir zogen ihr einen Rock von mir und einen Pullover von ihm an, denn in ihrem Schrank fand ich nur zwei Blue jeans, ein paar Blusen und eine Windjacke, unmöglich, ihr davon etwas über den starren Körper zu ziehen.

Der Flug von Madrid nach San Francisco war ein Hürdenlauf von über zwanzig Stunden Dauer, ich fütterte die Kranke mit winzigen Portionen, kontrollierte ihre Lebenszeichen und versenkte sie mit den Wundertropfen in einen gnädigen Schlummer, wenn sie unruhig wurde. Das geschah vor einer knappen Woche, aber ich habe die Einzelheiten schon vergessen, ich erinnere mich nur, daß wir zwei Stunden in Washington waren, wo uns ein Angehöriger der chilenischen Botschaft erwartete, um die Einreise in die Vereinigten Staaten zu beschleunigen. Die Krankenschwester und Ernesto kümmerten sich um Paula, während ich über den Flughafen rannte, mit Gepäck und Pässen und Genehmigungen, die die Beamten beim Anblick dieses bleichen, bewußtlosen Mädchens auf der Bahre abstempelten, ohne Fragen zu stellen. In San Francisco holte uns Willie mit einer Ambulanz ab, und eine Stunde später kamen wir in der Rehabilitationsklinik an, wo ein Ärzteteam Paula in Empfang nahm, die inzwischen

einen sehr niedrigen Blutdruck hatte und in kalten Schweiß
gebadet war. Celia, Nicolás und mein Enkel erwarteten
uns an der Tür; Alejandro stolperte auf seinen ungeschickten Beinchen mit ausgestreckten Armen auf mich zu, um
mich zu begrüßen, aber er muß das schreckliche Unheil
gespürt haben, denn er blieb auf halbem Wege stehen und
wich verängstigt zurück. Nicolás hatte die Einzelheiten
der Krankheit Tag für Tag über das Telefon verfolgt, aber er
war dennoch nicht auf das vorbereitet, was er sah. Er
beugte sich über seine Schwester und küßte sie auf die
Stirn, sie öffnete die Augen, und für einen Augenblick
schien sie den Blick auf ihn zu heften. »Paula, Paula!« murmelte er, während ihm die Tränen übers Gesicht liefen.
Celia, stumm und erschüttert, mit den Armen das Kind in
ihrem Leib schützend, verschwand hinter einer Säule in
einem schwach beleuchteten Winkel des Saales.

In dieser Nacht blieb Ernesto in der Klinik, und ich fuhr
mit Willie nach Hause. Ich war viele Monate nicht hierge-
wesen und kam mir vor wie eine Fremde, als hätte ich nie
zuvor diese Schwelle überschritten oder diese Möbel gesehen oder diese Gegenstände, die ich einmal begeistert gekauft hatte. Alles war tadellos, und mein Mann hatte seine
schönsten Rosen abgeschnitten, um die Vasen zu füllen.
Ich sah unser Bett mit dem Baldachin aus weißem Batist
und den großen bestickten Kissen, die Bilder, die mich
Jahre hindurch begleitet hatten, meine Kleidung nach Farben geordnet im Schrank, und mir erschien alles sehr
hübsch, aber gänzlich fremd, mein Zuhause war noch immer der Gemeinschaftssaal im Krankenhaus, das Zimmer
im Hotel, die kleine nackte Wohnung Paulas. Ich fühlte
mich, als wäre ich nie in diesem Haus gewesen, als wäre
meine Seele im Korridor der verlorenen Schritte zurückgeblieben und als würde es eine Weile dauern, bis ich sie
wiederfand. Aber da nahm Willie mich fest in die Arme,
und seine Wärme und sein Geruch drangen zu mir durch

den Stoff des Hemdes, mich hüllte die ganze Kraft seiner Treue ein, und ich ahnte, daß das Schlimmste vorüber war, von jetzt an war ich nicht allein, an seiner Seite würde ich den Mut haben, auch die bösesten Überraschungen zu ertragen.

Ernesto konnte nur vier Tage in Kalifornien bleiben und mußte zurückfliegen zu seiner Arbeit. Er verhandelt wegen einer Versetzung in die Vereinigten Staaten, um in der Nähe seiner Frau bleiben zu können.

»Wart auf mich, Liebste, ich komme bald wieder, und dann werden wir uns nicht mehr trennen, das verspreche ich dir. Hab Mut, gib dich nicht geschlagen«, sagte er und küßte sie zum Abschied.

Morgens machen sie Übungen mit Paula und unterziehen sie komplizierten Versuchen, aber nachmittags ist freie Zeit, da kann ich bei ihr sein. Die Ärzte scheinen erstaunt über den hervorragenden Zustand ihres Körpers, ihre Haut ist gesund, sie hat sich trotz der Lähmung weder deformiert noch die Biegsamkeit in den Gelenken verloren. Die selbsterdachten Bewegungen, die ich mit ihr machte, sind die gleichen, die sie hier praktizieren, meine Schienen aus Büchern und elastischen Binden ähneln denen, die sie hier nach Maß anfertigen, die Schläge auf den Rücken, um ihr husten zu helfen, und die Tropfen Wasser, um den Luftröhrenschnitt anzufeuchten, haben dieselbe Wirkung wie die ausgefeilten Atemmaschinen hier. Paula hat ein Einzelzimmer voller Licht, mit einem Fenster, das auf einen Hof voller Geranien hinausgeht; wir haben Fotos der Familie an die Wände gehängt und spielen ihr sanfte Musik vor, sie hat auch einen Fernseher, auf dem wir ihr friedliche Bilder von Wasser und Wald zeigen. Meine Freundinnen haben aromatische Lotionen mitgebracht, und morgens reiben wir sie mit Rosmarinöl ein, um sie

anzuregen, Lavendel ist für die Nacht zum Schläfrigma-
chen, Rosen und Kamille, um sie zu erfrischen. Täglich
kommt ein Mann mit den langen Händen eines Zauber-
künstlers und gibt ihr japanische Massage, und ein halbes
Dutzend Weißkittel wechseln sich ab, um sie zu behandeln, die einen arbeiten mit ihr im Gymnastikraum, andere
versuchen sie zu erreichen, indem sie ihr Karten mit Buch-
staben und Zeichnungen zeigen, Musikinstrumente spielen und ihr sogar Zitrone oder Honig in den Mund träu-
feln, um zu sehen, ob sie auf den Geschmack reagiert.
Auch ein Spezialist für Porphyrie ist angereist, einer der
wenigen, die es gibt, dieser seltsame Zustand scheint niemanden zu interessieren; einige kennen ihn aus Berichten,
denn es heißt, in England habe es einen König gegeben, der
im Rufe eines Verrückten stand, aber in Wirklichkeit Por-
phyriker war. Der Spezialist las die Berichte des spanischen Krankenhauses, untersuchte Paula und entschied,
der Hirnschaden sei keine Folge der Krankheit, wahrscheinlich habe es einen Unfall oder einen Fehler in der
Behandlung gegeben.

Heute setzen wir Paula in einen Rollstuhl, stützen sie
mit Kissen im Rücken und machen mit ihr eine Spazier-
fahrt durch die Gärten der Klinik. Es gibt einen gewundenen Weg zwischen Sträuchern mit wildem Jasmin, dessen
Duft so durchdringend ist wie der ihrer Lotionen. Diese
Blütenpracht bringt mir Grannys Gegenwart herbei, es ist
ein glücklicher Zufall, daß Paula davon umgeben ist, vielleicht wird dadurch auch ihre Erinnerung geweckt. Wir
haben ihr einen Hut mit breitem Rand und eine dunkle
Brille aufgesetzt, um sie vor der Sonne zu schützen, und so
aufgemacht sieht sie fast normal aus. Nicolás schiebt den
Rollstuhl, während Celia, die schon sehr schwerfällig ist,
und ich mit Alejandro auf dem Arm sie von weitem beobachten. Nicolás hat ein paar Jasminzweige abgeschnitten,
hat sie seiner Schwester in die Hand gegeben und spricht

mit ihr, als könnte sie ihm antworten. Was mag er ihr sagen? Ich rede auch die ganze Zeit mit ihr, für den Fall, daß sie klare Augenblicke hat und wir uns in einem solchen Lichtstrahl verständigen können; jeden Morgen wiederhole ich ihr, daß sie im Sommer in Kalifornien bei ihrer Familie ist, und sage ihr das Datum, damit sie nicht im Ungewissen treibt, außerhalb von Zeit und Raum; abends erzähle ich ihr, daß wieder ein Tag vergangen und jetzt Schlafenszeit ist, und flüstere ihr eines dieser sanften englischen Gebete der Granny ins Ohr, mit denen sie aufgewachsen ist. Ich erzähle ihr, was geschehen ist, daß ich ihre Mutter bin, daß sie keine Angst haben soll, weil sie aus dieser Prüfung gestärkt hervorgehen wird, daß in den Augenblicken der größten Verzweiflung, wenn alle Türen sich schließen und wir uns in einer Sackgasse ohne Ausgang gefangen fühlen, sich immer ein unerwarteter Spalt öffnet, durch den wir hinauskönnen. Ich erinnere sie an die schwersten Zeiten des Terrors in Chile und der Einsamkeit im Exil, die auch die wichtigsten Zeiten in unserem Leben waren, denn sie gaben uns Antrieb und Kraft.

Oftmals habe ich mich gefragt, wie Tausende anderer Chilenen auch, ob ich gut daran tat, während der Diktatur aus meinem Land zu fliehen, ob ich das Recht hatte, meinen Kindern den Heimatboden zu entziehen und meinen Mann mitzuschleifen in eine ungewisse Zukunft in einem fremden Land, oder ob es besser gewesen wäre, wir wären geblieben und hätten versucht, uns unbeachtet durchzumogeln. Aber auf diese Fragen gibt es keine Antwort; die Dinge geschahen unerbittlich, wie in den griechischen Tragödien war das Verhängnis da, vor unseren Augen, aber niemand konnte die Ereignisse abwenden, die zu ihm führten.

Am 23. September 1973, zwölf Tage nach dem Militärputsch, starb Pablo Neruda. Er war krank, und die traurigen Ereignisse dieser Tage hatten ihm die Freude am Leben genommen. In seinem Bett in Isla Negra lag er im Todeskampf und schaute ohne zu sehen auf das Meer, das sich an den Felsen unter seinem Fenster brach. Matilde, seine Frau, hatte ihn ringsum hermetisch abgeschirmt, damit keine Nachrichten über das, was im Lande geschah, zu ihm drangen, aber auf irgendeine Weise erfuhr der Dichter doch von den Tausenden von Gefangenen, Gefolterten und Getöteten. »Sie haben Victor Jara die Hände zerschlagen, das ist, als tötete man eine Nachtigall, und es heißt, er habe gesungen und gesungen, und das machte sie nur immer wütender; was geht da nur vor, alle sind verrückt geworden«, murmelte er mit verlorenem Blick. Er bekam Erstickungsanfälle und wurde mit der Ambulanz in eine Klinik in Santiago gebracht, während Telegramme von Regierungen aus aller Welt eintrafen, die dem Nobelpreisträger politisches Asyl anboten, einige Botschafter kamen persönlich, um ihn zur Abreise zu überreden, aber er wollte nicht fern von seinem Land sein in diesen Katastrophenzeiten. »Ich kann mein Volk nicht verlassen, ich kann nicht fliehen, versprich mir, daß auch du nicht gehen wirst«, bat er seine Frau, und sie versprach es ihm. Die letzten Worte dieses Mannes, der das Leben besang, waren: »Sie werden sie alle erschießen, sie werden sie alle erschießen!« Die Krankenschwester gab ihm ein Beruhigungsmittel, er schlief ein und erwachte nicht mehr. Der Tod ließ auf seinen Lippen das belustigte Lächeln aus seinen besseren Tagen zurück, wenn er sich maskierte, um seine Freunde zu unterhalten. In eben diesem Augenblick wurde in einer Zelle des Nationalstadions sein Chauffeur roh gefoltert, um ihm Gott weiß welches nutzlose Geständnis über diesen friedlichen alten Dichter zu entreißen.

Die Totenwache wurde in seinem blauen Haus auf dem Cerro San Cristóbal gehalten, in das die Truppen eingedrungen waren und das sie als Ruine zurückgelassen hatten; überall verstreut lagen Bruchstücke seiner Keramikfiguren, seiner Flaschen, seiner Puppen, seiner Uhren, seiner Gemälde, was sie nicht hatten wegschleppen können, hatten sie zerbrochen oder verbrannt. Wasser und Schlamm sickerten über den Fußboden, es knirschte wie von Knochen, wenn man darauf trat. Matilde verbrachte die Nacht inmitten der Trümmer, auf einem Stuhl neben dem Sarg des Mannes sitzend, der für sie die schönsten Liebesverse geschrieben hatte, und bei ihr waren die wenigen Freunde, die es gewagt hatten, den Polizeikordon rund um das Haus zu durchqueren und der Ausgangssperre zu trotzen. Sie beerdigten ihn am folgenden Tag in einem namenlosen Grab, die Straßen, durch die der Leichenzug mit seinem mageren Gefolge ging, starrten von Maschinengewehren. Nur wenige konnten auf seinem letzten Gang bei ihm sein, die Freunde waren verhaftet oder untergetaucht, und andere fürchteten die Repressalien. Mit meinen Kolleginnen von der Zeitschrift schritten wir langsam im Zug mit, rote Nelken in den Händen, und riefen: »*Pablo Neruda! Hier, jetzt und immer!*« unter den wütigen Blicken der Soldaten, die alle gleich aussahen unter ihren Kampfhelmen, die Gesichter angemalt, damit man sie nicht erkannte, und deren Waffen in ihren Händen zitterten. Auf halbem Wege rief einer von uns: »*Genosse Salvador Allende!*«, und wir alle antworteten mit einer einzigen Stimme: »*Hier, jetzt und immer!*« So diente das Begräbnis des Dichters auch dazu, den toten Präsidenten zu ehren, dessen Leichnam in einem anonymen Grab auf dem Friedhof einer anderen Stadt lag. »Die Toten ruhen nicht in Gräbern ohne Namen«, sagte ein alter Mann zu mir, der neben mir ging. Als ich nach Hause kam, schrieb ich den täglichen Brief an meine Mutter und schilderte ihr das Begräbnis; er wurde mit den anderen zusammen aufbewahrt, und acht Jahre später gab sie ihn mir, und ich konnte die

Schilderung fast wörtlich in meinen ersten Roman aufnehmen. Ich erzählte auch meinem Großvater davon, der mir mit zusammengebissenen Zähnen bis zu Ende zuhörte, mich dann mit seinen eisernen Pranken bei den Armen packte und mich anschrie, warum zum Teufel ich hätte mitgehen müssen zum Friedhof, ob ich noch nicht gemerkt hätte, was in Chile vor sich ging, und aus Liebe zu meinen Kindern und aus Achtung vor ihm, der nicht mehr der Mann sei, solche Ängste durchzustehen, sollte ich doch gefälligst auf mich achtgeben! Genügte es denn nicht, wenn ich im Fernsehen mit meinem Nachnamen erschien? Weshalb exponierte ich mich so? Das seien Sachen, die mich überhaupt nichts angingen.

»Das Böse ist losgebrochen, Tata.«

»Von welchem Bösen redest du da! Solche Sachen bildest du dir doch bloß ein. Die Welt ist immer gewesen, wie sie ist.«

»Kann es sein, daß wir die Existenz des Bösen leugnen, weil wir nicht an die Macht des Guten glauben?«

»Versprich mir, daß du ruhig zu Hause sitzenbleibst!« verlangte er.

»Das kann ich nicht versprechen, Tata.«

Und das konnte ich wirklich nicht, für solche Versprechen war es schon zu spät. Zwei Tage nach dem Putsch, als die Ausgangssperre gerade ein paar Stunden aufgehoben war, sah ich mich, ohne zu wissen, wie, schon in dem Netz verstrickt, das sich augenblicklich gebildet hatte, um den Verfolgten zu helfen. Ich erfuhr von einem jungen Mann der äußersten Linken, der versteckt werden mußte. Er war mit einem Schuß im Bein einem Hinterhalt entwischt, die Verfolger auf den Fersen. Er schaffte es, sich in die Garage eines Freundes zu flüchten, wo ihm um Mitternacht ein vertrauenswürdiger Arzt die Kugel aus dem Bein holte und erste Hilfe leistete. Der Junge kochte vor Fieber trotz der Antibiotika, es war unmöglich, ihn länger an diesem Ort zu behalten, man konnte aber auch nicht daran denken, ihn in ein Krankenhaus zu bringen, wo er zweifellos verhaftet worden wäre. In seinem Zustand würde er eine Gewalttour über die Pässe der südlichen Kordillere, wie sie viele machten, um über die Grenze zu kommen, nicht durchstehen, seine einzige Möglichkeit war, um Asyl zu bitten, aber nur Leute mit guten Beziehungen – Politiker, Zeitungsleute, bekannte Intellektuelle und Künstler – konnten die Botschaften durch die weit offenstehende Tür betreten, arme Teufel wie er und Tausende andere waren schutzlos. Ich wußte nicht genau, was Asyl bedeutet, ich kannte dieses Wort vor allem aus der Nationalhymne, die jetzt wie pure Ironie klang: *den Freien ist das Vaterland ein Hort, den Unterdrückten ein Asyl,* aber der Fall hatte für mich etwas Romanhaftes, und ohne zweimal zu überlegen oder das Risiko zu bedenken, bot ich mich an, ihm zu helfen, denn zu diesem Zeitpunkt wußte noch keiner, wie der Terror arbeitet, noch richteten wir uns nach den Regeln des Normalzustandes.

Ich beschloß, ohne Umwege vorzugehen, und fuhr zur argentinischen Botschaft, parkte mein Auto so nahe dran wie möglich und ging zum Eingang, mit hämmerndem Herzen, aber festem Schritt. Durch das Gitter sah ich Wäsche in den Fenstern hängen, und Leute schauten heraus und riefen etwas, was ich nicht verstand. Die Straße war ein Hexenkessel voller Soldaten, mehrere mit Maschinengewehren, und vor der Tür war ein Panzerwagen aufgefahren. Kaum war ich herangekommen, zielten schon zwei Gewehre auf mich. »Was muß man tun, um hier Asyl zu bekommen?« fragte ich. »Ihre Dokumente!« brüllten die Soldaten wie mit einer Stimme. Ich überreichte ihnen meinen Personalausweis, sie packten mich bei den Armen und führten mich in ein Wachhäuschen neben der Tür, in dem ein Offizier saß, dem ich die Frage wiederholte, sehr bemüht, das Zittern meiner Stimme zu unterdrücken. Der

Mann sah mich dermaßen verblüfft an, daß wir beide lächeln mußten. »Ich bin genau deswegen hier, um zu verhindern, daß man Asyl bekommt«, erwiderte er, während er sich den Nachnamen in meinen Dokumenten genau ansah. Nach einer endlosen Pause befahl er den anderen abzutreten, und ich blieb mit ihm in dem kleinen Raum allein. »Ich kenne Sie aus dem Fernsehen ... dies ist sicherlich eine Reportage«, sagte er. Er war liebenswürdig, aber entschieden: solange er hier Dienst tue, werde niemand in dieser Botschaft Asyl bekommen, das sei hier nicht wie in der mexikanischen, wo die Leute reingingen, wie sie Lust hätten, sie brauchten nur mit dem Verwalter zu sprechen. Ich hatte verstanden. Er gab mir meine Papiere zurück, wir verabschiedeten uns mit einem Händedruck, er warnte mich noch, mir keine Scherereien einzuhandeln, und ich fuhr geradenwegs zur mexikanischen Botschaft, wo schon Hunderte Asyl gefunden hatten, aber die aztekische Gastfreundschaft reichte für noch einen mehr.

Bald erfuhr ich, daß einige Armenviertel vom Heer völlig eingeschlossen waren, in anderen herrschte den halben Tag Ausgangssperre; viele Menschen hungerten. Die Soldaten fuhren mit Panzern in den Ort, umzingelten die Häuser und zwangen die Einwohner, herauszukommen; die Männer von vierzehn Jahren an führten sie in den Schulhof oder auf den Fußballplatz, der im allgemeinen nur ein freies Feld mit ein paar Kreidestrichen war, und nachdem sie sie methodisch vor den Augen der Frauen und Kinder zusammengeschlagen hatten, suchten sie verschiedene aus und nahmen sie mit. Einige wenige kamen zurück, erzählten entsetzliche Dinge und zeigten Spuren von Foltern; die zerstückelten Leichen von anderen wurden nachts in die Abfallgruben geworfen, damit alle sehen konnten, was den linken Schweinen blühte. In bestimmten Gemeinden waren die meisten Männer verschwunden, die Familien waren schutzlos. Ich hatte die Aufgabe, Lebensmittel und Geld für Gemeinschaftsküchen zu sammeln, die von der Kirche organisiert wurden, um wenigstens den kleinsten Kindern eine warme Mahlzeit geben zu können. Der Anblick der größeren Geschwister, die auf der Straße mit leerem Magen warteten in der Hoffnung, es könnte ein bißchen Brot übrig sein, ist mir für immer ins Gedächtnis gebrannt. Ich legte mir eine gewisse Dreistigkeit beim Betteln zu; meine Bekannten ließen sich am Telefon verleugnen, und ich glaube, sie versteckten sich, sowie sie mich kommen sahen. Schweigend gab mein Großvater mir, soviel er konnte, aber er wollte nicht wissen, was ich mit seinem Geld machte. Angstvoll verschanzte er sich in seinen vier Wänden vor dem Fernseher mit den offiziellen Verlautbarungen, aber die schlechten Nachrichten drangen durch die Fenster, wucherten wie Schwamm in den Ecken, man konnte sie einfach nicht verleugnen. Ich weiß nicht, ob der Tata so viel Angst hatte, weil er mehr wußte, als er zugab, oder ob seine achtzigjährige Erfahrung ihn die unendlichen Möglichkeiten der menschlichen Gemeinheit gelehrt hatte. Für mich war es eine Überraschung, zu entdecken, daß die Welt gewalttätig und räuberisch ist und von dem erbarmungslosen Gesetz des Stärkeren regiert wird. Die Auswahl der Spezies hat nicht etwa dazu gedient, daß die Intelligenz blüht oder der Geist sich entwickelt, vielmehr zerfleischen wir uns bei der ersten Gelegenheit gegenseitig wie gefangene Ratten in einem zu kleinen Käfig.

Ich nahm Kontakt zu einem Zweig der katholischen Kirche auf, der mich in gewisser Weise mit der Religion versöhnte, von der ich mich seit etwa fünfzehn Jahren mehr und mehr abgewandt hatte. Bislang wußte ich von Dogmen, Riten, Schuld und Sünden, vom Vatikan, der über das Schicksal von Millionen von Gläubigen in der ganzen Welt herrscht, von der offiziellen Kirche, die immer auf seiten der Mächtigen steht, trotz ihrer Sozialenzykliken. Ich hatte vage etwas über die Theologie der Befreiung gehört und über Bewegungen von Arbeiterpriestern, aber ich kannte nicht die engagierte Kirche, die Tausende und Abertausende von Christen, die sich in Demut und Anonymität dem Dienst an den Bedürftigsten widmen. Sie stellten die einzige Organisation dar, die imstande war, den Verfolgten durch das Vikariat der Solidarität zu helfen, das der Kardinal in den ersten Tagen der Diktatur zu diesem Zweck ins Leben gerufen hatte. Eine zahlenmäßig starke Gruppe von Geistlichen und Nonnen sollte siebzehn Jahre lang ihr Leben wagen, um das anderer zu retten und die Verbrechen bekanntzumachen. Ein Priester war es, der mir die sichersten Wege zum politischen Asyl wies. Einige der Personen, denen ich half, die Mauer zu überspringen, gelangten nach Kanada, Frankreich, Deutschland, in die Schweiz und die skandinavischen Länder, wo Hunderte chilenischer Flüchtlinge aufgenommen wurden. Nachdem ich einmal in diese Richtung geraten war, konnte ich nicht mehr zurück, denn ein Fall zog den nächsten nach sich und wieder einen nächsten, und so engagierte ich mich in heimlichen Aktivitäten, versteckte und beförderte Leute, gab Informationen weiter, die andere über Gefolterte oder Verschwundene erhielten und deren Endziel Deutschland war, wo sie veröffentlicht wurden, und nahm Gespräche mit Opfern auf, um ein Verzeichnis der Dinge anzulegen, die in Chile geschahen, eine Aufgabe, der sich auch andere Journalisten in dieser Zeit stellten. Ich ahnte damals nicht, daß ich acht Jahre später dieses Material verwenden würde, um zwei Romane zu schreiben. Anfangs ermaß ich die Gefahr nicht und handelte am hellichten Tag, im Trubel der Innenstadt Santiagos, in einem heißen Sommer und einem goldenen Herbst; erst um die Mitte des Jahres 1974 wurden mir die Gefahren klar. Ich wußte so wenig über die Mechanismen des Terrors, daß ich lange brauchte, bis ich die Zeichen begriff; ich ahnte nicht, daß unterhalb der sichtbaren Wirklichkeit die dunkle Parallelwelt der Geheimdienste existierte. Ich fühlte mich unverwundbar. Meine Beweggründe waren nicht heldenhaft, keineswegs, nur Mitleid mit diesen verzweifelten Menschen und, wie ich zugeben muß, die unwiderstehliche Verlockung des Abenteuers. In den Augenblicken großer Gefahr erinnerte ich mich an den Rat Onkel Ramóns am Abend meines ersten Tanzfestes: *Denk immer daran, daß die andern mehr Angst haben als du.*

In diesen Zeiten der Unsicherheit offenbarte sich das wahre Gesicht der Menschen; die kampflustigsten Politiker waren die ersten, die sich in Schweigen hüllten oder aus dem Lande flohen, andere Leute dagegen, die ein unauffälliges Dasein geführt hatten, zeigten außerordentlichen Mut. Ich hatte einen guten Freund, einen arbeitslosen Psychologen, der sich seinen Unterhalt als Fotograf bei der Zeitschrift verdiente, er war ein sanfter und ein wenig naiver Mann, mit dem wir gemeinsame Familiensonntage mit den Kindern verbrachten und den ich nie zuvor von Politik hatte reden hören. Ich nannte ihn immer Francisco, nach dem heiligen Franziskus, und neun Jahre später diente er mir als Vorbild für die Hauptgestalt in *Von Liebe und Schatten*. Er stand in Verbindung mit religiösen Gruppen, weil sein Bruder Arbeiterpriester war, und durch ihn erfuhr er von den Grausamkeiten, die im Lande begangen wurden; mehrmals brachte er sich selbst in Gefahr, um anderen zu helfen. Bei heimlichen Spaziergängen auf dem Cerro San Cristóbal, wo wir dachten, ungestört sprechen zu können, teilte er mir seine Neuigkeiten mit. Bei einigen Gelegenheiten arbeitete ich mit ihm zusammen, bei anderen mußte ich allein handeln. Ich hatte ein ziemlich plumpes System für das erste Treffen ausgearbeitet, das im allgemeinen das einzige blieb: wir stimmten uns über die Uhrzeit ab, ich fuhr in meinem unverkennbaren Gefährt langsam um die Plaza Italia, fing ein kurzes Zeichen auf, hielt einen Augenblick an, und jemand schlüpfte rasch ins Auto. Nie erfuhr ich die Namen oder die Geschichten, die sich hinter diesen bleichen Gesichtern und den zitternden Händen verbargen, denn die Weisung lautete, ein Minimum an Worten zu wechseln, ich bekam einen Kuß auf die Wange und einen leise gemurmelten Dank und hörte nie wieder etwas von dieser Person. Wenn es um Kinder ging, war es schwieriger. Ich hörte von einem Baby, das in eine Botschaft zu seinen Eltern geschmuggelt werden mußte, es wurde mit einem Schlafmittel betäubt und auf den Boden eines Korbes mit Kopfsalat gelegt, um die Wache an der Tür zu täuschen.

Michael wußte von meinen Aktivitäten und legte mir nie etwas in den Weg, selbst wenn es darum ging, jemanden im Haus zu verstecken. Gelassen machte er mich auf die Gefahren aufmerksam, etwas verwundert, weil mir so viele Fälle in die Hände gerieten, während er selten etwas erfuhr. Ich weiß es nicht, ich nehme an, daß mein Beruf als Journalistin etwas damit zu tun hatte, ich ging auf die Straße und sprach mit den Leuten, er dagegen verkehrte mit Unternehmern, der Klasse, die aus der Diktatur den größten Nutzen zog. Ich erschien eines Tages in dem Restaurant, in dem er täglich mit den Teilhabern der Baugesellschaft zu Mittag aß, und erklärte ihnen, sie gäben bei einem einzigen Essen soviel Geld aus, daß es ausreichen würde, einen Monat lang zwanzig Kinder vom Gemeinschaftstisch der Priester satt zu machen, und forderte sie auf, an einem Tag in der Woche ein Sandwich im Büro zu essen und mir das gesparte Geld zu übergeben. Meine Worte wurden mit eisigem Befremden aufgenommen, selbst der Kellner erstarrte mit dem Tablett in der Hand, und alle Augen richteten sich auf Michael, ich vermute, sie fragten sich, was das für ein Mann war, der es offenbar nicht fertigbrachte, der Unverschämtheit seiner Frau einen Riegel vorzuschieben. Der Chef des Unternehmens nahm die Brille ab, putzte sie langsam mit dem Taschentuch und stellte mir dann einen Scheck auf eine Summe aus, die um das Zehnfache den Betrag überstieg, um den ich gebeten hatte. Michael ging nicht wieder mit ihnen essen, und mit dieser Geste machte er klar, wo er stand. Für ihn, der aufgewachsen ist in einer Familienatmosphäre, in der noble Gesinnung eine selbstverständliche Forderung war, war es schwer, die Schreckensgeschichten zu glauben, die ich ihm erzählte, oder sich vorzustellen, wir könnten alle zugrunde gehen, auch die Kinder, falls einer der Unglücklichen, die durch unser Leben gingen, festgenommen wurde und unter der Folter gestand, daß er sich unter unserem Dach versteckt hatte. Haarsträubende Gerüchte erreichten uns, aber durch einen geheimnisvollen Mechanismus des Verstandes, der sich bisweilen weigert, das Offenkundige zu sehen, schoben wir sie als Übertreibungen beiseite, bis es nicht mehr möglich war, sie abzustreiten. In den Nächten wachten wir schweißgebadet auf, weil während der Ausgangssperre ein Wagen in der Straße hielt oder weil das Telefon läutete und niemand antwortete, aber am Morgen ging die Sonne auf, die Kinder und der Hund sprangen zu uns ins Bett, wir machten Kaffee, und das Leben begann von neuem, als wäre alles ganz normal. Monate vergingen, bis die Tatsachen unwiderlegbar geworden waren und die Angst uns schließlich lähmte. Wie anders, wie verzerrt zeigte sich plötzlich die Wirklichkeit! Alle waren wir Komplizen, die ganze Gesellschaft war wahnsinnig geworden. Der Teufel im Spiegel... Manchmal, wenn ich an einem versteckten Ort auf dem Cerro San Cristóbal ein wenig Zeit zum Nachdenken hatte, sah ich wieder das schwarze Wasser in den Spiegeln meiner Kindheit vor mir, in denen Satan zur Nacht erschien, und wenn ich mich über das Glas beugte, stellte ich entsetzt fest, daß das Böse mein eigenes Gesicht trug. Ich war nicht sauber, niemand war es, in jedem von uns hockte ein Monster, alle hatten wir eine dunkle, ver-

derbte Seite. Würde auch ich unter bestimmten Vorausset-
zungen foltern und töten können? Nehmen wir zum
Beispiel an, jemand würde meinen Kindern etwas antun... zu wieviel Grausamkeit wäre ich in dem Fall imstande? Die Teufel waren aus den Spiegeln entwischt und
liefen frei auf der Welt herum.

Am Ende des folgenden Jahres, als das Land vollständig
unterworfen war, hatte man unter Gewaltanwendung ein
System des puren Kapitalismus etabliert, das allein die
Unternehmer begünstigte, denn die Arbeiter hatten ihre
Rechte verloren. Es ging nicht um das Gesetz von Angebot
und Nachfrage, wie die jungen Ideologen der Rechten behaupteten, da nun einmal die Arbeitskraft unterdrückt und
der Gnade der Besitzer ausgeliefert war. Die sozialen Er-
rungenschaften, die das Volk Jahrzehnte zuvor durchgesetzt hatte, wurden gestrichen, das Recht auf Versamm-
lung und das Streikrecht abgeschafft, die Arbeiterführer
»verschwanden« oder wurden ermordet. Die Betriebe, in
ein Wettrennen erbarmungslosen Konkurrenzkampfes gestürzt, verlangten von ihren Arbeitern ein Maximum an
Einsatz für ein Minimum an Lohn. So viele Arbeitslose
standen in der Hoffnung auf Einstellung Schlange vor den
Toren der Fabriken, daß eine Arbeitskraft auf Sklavenstufe
zu haben war. Niemand wagte zu protestieren, weil er bestenfalls seinen Posten verlor, aber er konnte auch als
Kommunist oder Umstürzler angeklagt werden und in einer Folterzelle der politischen Polizei enden. Ein trügeri-
sches Wirtschaftswunder war geschaffen worden auf Kosten der sozialen Verhältnisse, noch nie hatte man in Chile
eine solche schamlose Zurschaustellung von Reichtum gesehen, und nie hatten so viele Menschen in äußerster Armut vegetiert. Michael mußte als Verwaltungsleiter Hunderte von Arbeitern entlassen; er rief sie nach einer Liste in
sein Büro, um ihnen mitzuteilen, daß sie vom folgenden
Tag an nicht mehr zur Arbeit zu kommen brauchten, und

um ihnen zu erklären, daß sie gemäß den neuen Verordnungen das Recht auf Unterstützung verloren hätten. Er wußte, daß jeder dieser Männer Familie hatte und daß es ihm unmöglich sein würde, eine andere Anstellung zu bekommen, die Entlassung kam einer unwiderruflichen Verurteilung zum Elend gleich. Er kam mutlos und bekümmert nach Hause, in wenigen Monaten schien er geschrumpft zu sein, und auf seinem Kopf mehrten sich die weißen Haare. Eines Tages rief er die Teilhaber des Unternehmens zusammen, um ihnen zu sagen, daß die Dinge obszöne Ausmaße angenommen hätten, seine Vorarbeiter erhielten nur noch den Gegenwert von drei Litern Milch am Tag. Sie antworteten ihm lachend, das mache nichts, denn »diese Leute trinken sowieso keine Milch«.

Inzwischen hatte ich meine Arbeit bei den beiden Zeitschriften verloren, und im Studio wurde ich von einer Wache mit Maschinenpistole bewacht, wenn ich mein Programm aufnahm. Nicht nur die Zensur hinderte mich am Arbeiten, bald wurde ich mir darüber klar, daß es der Diktatur nur recht war, wenn jemand aus der Familie Allende für Humor im Fernsehen sorgte, welch großartiger Beweis für Normalität im Lande! Ich kündigte. Ich fühlte mich beobachtet, vor Angst verbrachte ich schlaflose Nächte, meine Haut überzog sich mit juckenden Quaddeln, die ich kratzte, bis sie bluteten. Viele meiner Freunde gingen ins Ausland, einige verschwanden, und niemand erwähnte sie jemals wieder, als hätten sie nie existiert. Eines Abends besuchte mich ein Graphiker, den ich seit Monaten nicht gesehen hatte, und als er allein mit mir war, zog er das Hemd aus, um mir die noch frischen Narben zu zeigen. Sie hatten ihm mit dem Messer das A von Allende in den Rücken geschnitten. Von Argentinien aus flehte meine Mutter mich an, vorsichtig zu sein und keinen Ärger zu machen, um kein Unheil heraufzubeschwören. Ich konnte die Prophezeiungen von María Teresa Juárez, der Seherin, nicht vergessen, und ich dachte, ebenso wie das von ihr angekündigte Blutbad eingetroffen war, könnte auch die Bewegungslosigkeit und Lähmung Wahrheit werden, die sie mir vorausgesagt hatte. Sollte es sich dabei vielleicht um Jahre im Gefängnis handeln? Zum erstenmal dachte ich über die Möglichkeit nach, Chile zu verlassen, aber ich wagte nicht, es laut auszusprechen, denn mir schien, wenn ich es in Worte faßte, könnte ich damit ein Räderwerk von Tod und Verderben in Gang setzen. Ich streifte oft über die Wege des Cerro San Cristóbal, dieselben Wege, die ich vor Jahren bei den Familienpicknicks entlanggelaufen war, und versteckte mich zwischen den Bäumen, um zu schreien, weil es mich in der Brust schmerzte, als hätte sie ein Lanzenstoß getroffen; ein andermal packte ich ein Vesperbrot und eine Flasche Wein in einen Korb und ging hügelan mit Francisco, der vergeblich versuchte, mir mit seinen psychologischen Kenntnissen zu helfen. Mit ihm konnte ich über meine heimlichen Aktivitäten und meine Ängste reden und über die unaussprechbaren Wünsche zu fliehen. »Du bist verrückt«, erwiderte er, »alles ist besser als das Exil. Wie willst du dein Haus, deine Freunde, dein Vaterland verlassen?«

Meine Kinder und die Granny waren die ersten, die meinen Gemützustand bemerkten. Paula, damals ein kluges kleines Mädchen von elf Jahren, und Nicolás, der drei Jahre jünger war, begriffen, daß um sie her die Angst und die Armut sich ausbreiteten wie ein Buschfeuer. Sie wurden schweigsam und vorsichtig. Sie erfuhren, daß der Mann einer Lehrerin an ihrer Schule, ein Bildhauer, der vor dem Putsch eine Büste von Salvador Allende gemacht hatte, von drei nicht identifizierten Männern abgeholt worden war, nachdem sie in seiner Werkstatt alles kurz und klein geschlagen hatten. Man wußte nicht, wo er geblieben war, und seine Frau wagte nicht, über das Unglück zu sprechen, um ihre Stelle nicht zu verlieren, es war die Zeit, als man noch glaubte, wenn ein Mensch verschwand, war er sicherlich auch in etwas Geheimes verwickelt. Ich weiß nicht, wie meine Kinder es erfahren haben, aber an dem Abend sprachen sie mit mir. Sie hatten die Lehrerin besucht, die nur wenige Häuserblocks von uns entfernt wohnte, und sie in Schals gewickelt und im Dunkeln gefunden, weil sie weder die Stromrechnung noch Paraffin für die Öfen bezahlen konnte, ihr Gehalt reichte kaum, ihre drei Kinder zu ernähren, die sie nicht länger zur Schule schicken konnte. »Wir wollen ihnen unsere Fahrräder geben, weil sie kein Geld für den Bus haben«, teilte Paula mir mit. Das taten sie, und seit dem Tag nahmen ihre geheimnisvollen Unternehmungen zu, Paula versteckte nicht mehr nur die Flaschen ihrer Großmutter und brachte den Insassen des Altenheims Geschenke, sie schleppte auch in ihrer Schulmappe Konservendosen und Päckchen mit Reis für die Lehrerin. Monate später, als der Bildhauer wieder heimkam, nachdem er Gefängnis und Folter überlebt hatte, gestaltete er aus Eisen und Bronze einen Christus am Kreuz und schenkte ihn den Kindern. Den hat Nicolás heute noch, er hängt immer an der Wand neben seinem Bett.

Meine Kinder schwatzten nie weiter, was zu Hause gesprochen wurde, sie erwähnten auch nicht die Unbekannten, die sich bisweilen bei uns aufhielten. Nicolás begann nachts das Bett naß zu machen, wachte auf und kam beschämt mit hängendem Kopf in mein Zimmer und umarmte mich zitternd. Wir hätten ihn mit mehr Liebe denn je überschütten müssen, aber Michael war voller Sorge um die Probleme seiner Arbeiter, und ich rannte von einer Aufgabe zur anderen, besuchte Armensiedlungen, versteckte Mitmenschen, und immer mit den Nerven in Hochspannung; ich glaube, keiner von uns beiden konnte den Kindern die Sicherheit und den Trost geben, die sie brauchten. Inzwischen wurde die Granny von entgegengesetzten Kräften zerrissen, auf der einen Seite blies ihr Mann in die Fanfare der Diktatur, auf der andern erzählten wir ihr von der Unterdrückung, ihre Beunruhigung verwandelte sich in Panik, ihre kleine Welt war von Sturmgewalten bedroht. »Sei vorsichtig!« sagte sie mir jedesmal, ohne selbst zu wissen, was sie eigentlich meinte, denn ihr Verstand weigerte sich, die Gefahren zu erkennen, die ihr Großmutterherz doch wahrnahm. Ihr ganzes Leben drehte sich um diese beiden Enkel. »Lügen, das sind alles Lügen, die der sowjetische Kommunismus in Umlauf gesetzt hat, weil er Chile in schlechten Ruf bringen will«, sagte mein Schwiegervater, wenn sie die finsteren Gerüchte erwähnte, die die Luft verpesteten. Genau wie meine Kinder gewöhnte sie sich an, ihre Zweifel zu verschweigen und Bemerkungen zu vermeiden, die das Unheil anziehen konnten.

Ein Jahr nach dem Putsch ließen die Militärs General Prats in Buenos Aires ermorden, weil sie glaubten, daß der ehemalige Chef der Streitkräfte einen Aufstand demokratischer Offiziere anführen könnte. Es wurde auch befürchtet, Prats werde seine Erinnerungen veröffentlichen und den Verrat der Generäle enthüllen; inzwischen hatte sich die offizielle Version der Ereignisse vom 11. September durchgesetzt, in der die Geschehnisse gerechtfertigt und das Bild Pinochets bis ins Heroische hochgejubelt wurde. Telefonanrufe und anonyme Zuschriften hatten General Prats gewarnt, sein Leben sei in Gefahr. Onkel Ramón, der verdächtigt wurde, Kopien der Erinnerungen des Generals in Verwahrung zu haben, wurde in derselben Zeit ebenfalls bedroht, aber im Grunde glaubte er an keine Gefahr. Prats dagegen kannte die Methoden seiner Gegner nur zu gut und wußte, daß in Argentinien die Todesschwadronen schon tätig geworden waren, die mit der chilenischen Diktatur einen grauenerregenden Handel mit Leichen, Gefangenen und Identitätspapieren der Verschwundenen unterhielten. Er versuchte vergeblich, einen Paß zu erhalten, um nach Europa zu gehen; Onkel Ramón sprach mit dem chilenischen Botschafter, einem alten Beamten, der jahrelang sein Freund gewesen war, und bat ihn, dem verbannten General zu helfen, aber er wurde nur mit Versprechungen abgespeist, die nie erfüllt wurden. Am 29. September 1974 kurz vor Mitternacht explodierte eine Bombe im Auto der Prats, als sie nach einem Abendessen bei meinen Eltern nach Hause fuhren. Die Gewalt der Explosion schleuderte glühende Metallstücke hundert Meter weit, zerfetzte den General und tötete seine Frau in einem höllischen Feuerofen. Minuten später, noch vor der argentinischen Polizei, kamen chilenische Journalisten an den Ort der Tragödie gelaufen, als hätten sie an der Straßenecke auf das Attentat gewartet.

Onkel Ramón rief mich um zwei Uhr früh an und bat mich, die Töchter der Prats zu verständigen, und ließ mich wissen, daß er und meine Mutter die Wohnung verlassen hätten und an einem geheimen Ort untergetaucht seien. Am folgenden Tag nahm ich ein Flugzeug nach Buenos Aires zu einer irrwitzigen Mission aufs Geratewohl, denn ich wußte ja nicht einmal, wo ich sie suchen sollte. Am Flughafen kam mir ein hochgewachsener Mann entgegen, nahm mich beim Arm und führte mich fast mit Gewalt zu einem schwarzen Wagen, der draußen wartete. »Hab keine Angst, ich bin ein Freund«, sagte er in einem Spanisch mit stark slawischem Akzent, und in seinen blauen Augen lag etwas, was mir Vertrauen gab. Er war ein Tscheche, Vertreter bei den Vereinten Nationen, der sich um einen Weg bemühte, meine Eltern auf sicheren Boden zu schaffen, wo der lange Arm des Terrors sie nicht erreichte. Er brachte mich zu ihnen in eine Wohnung im Stadtzentrum, wo ich sie dabei antraf, wie sie gelassen ihre Flucht vorbereiteten.

»Schau, wozu diese Mörder fähig sind, Tochter, du mußt fort aus Chile!« drängte meine Mutter mich wieder. Wir hatten nicht viel Zeit für unser Beisammensein, sie konnten mir nur gerade erzählen, was geschehen war, und mir erklären, was ich für sie erledigen sollte, denn noch am gleichen Tag gelang es dem tschechischen Freund, sie aus dem Lande zu bringen. Wir nahmen mit einer verzweifelten Umarmung Abschied, ohne zu wissen, ob wir uns wiedersehen würden. »Schreib mir jeden Tag und bewahr die Briefe auf, bis du eine Adresse hast, wohin du sie mir schicken kannst«, sagte meine Mutter im letzten Augenblick. Beschützt von dem großen Mann mit den mitfühlenden Augen blieb ich in dieser Stadt, um Möbel zu verpakken, Rechnungen zu bezahlen, die Wohnung aufzugeben, die meine Eltern gemietet hatten, und die Genehmigung einzuholen, daß ich die Schweizer Hündin mitnehmen konnte, die von der Bombe, die in der Botschaft explodiert war, halb verrückt geworden war. Dieses Tier blieb schließlich die einzige Gesellschaft der Granny, als wir andern alle sie verlassen mußten.

Wenige Tage später in Santiago in der Residenz des Oberkommandierenden, in der die Prats gewohnt hatten, ehe er zurücktreten mußte, sah Pinochets Frau am hellichten Tage General Prats im Eßzimmer am Tisch sitzen, mit dem Rücken zum Fenster, beleuchtet von einer schüchternen Frühlingssonne. Nach dem ersten Schreck begriff sie, daß dies eine Vision des schlechten Gewissens war, und legte ihm keine weitere Bedeutung bei, aber in den folgenden Wochen kehrte das Gespenst des verratenen Freundes viele Male zurück, erschien in voller Gestalt in den Wohnräumen, stieg mit kräftigen Schritten die Treppe hinab und blickte zu den Türen herein, bis seine hartnäckige Gegenwart unerträglich wurde. Pinochet ließ einen gigantischen Bunker bauen, von einer Festungsmauer umgeben, die ihn vor seinen lebenden wie toten Feinden schützen konnte, aber seine Sicherheitsbeauftragten entdeckten, daß dieser Bunker ein leichtes Ziel für ein Bombardement aus der Luft war. Also ließ er die Wände verstärken und die Fenster dieses verhexten Hauses panzern, verdoppelte die bewaffneten Wachen, befahl, Maschinengewehrnester rund um das Haus aufzubauen, und ließ die Straße sperren, damit sich niemand nähern konnte. Ich weiß nicht, wie General Prats es anstellen wird, soviel Wachsamkeit an der Nase herumzuführen...

Mitte 1975 war die Unterdrückung perfekt, und ich wurde Opfer meiner Angst. Ich fürchtete mich zu telefonieren, zensierte meine eigenen Briefe an meine Mutter für den Fall, daß sie auf der Post geöffnet würden, und war selbst im Schoß der Familie vorsichtig mit meinen Bemerkungen. Freunde mit Beziehungen zu den Militärs hatten mich gewarnt, daß mein Name auf den schwarzen Listen stand, und kurz darauf bekamen wir zwei telefonische Todesdrohungen. Ich wußte von Leuten, die ein Vergnügen darin fanden, auf diese Weise Panik zu säen, und vielleicht hätte ich diese anonymen Stimmen nicht beachtet, aber nach dem Attentat auf die Prats und dem knappen Entkommen meiner Eltern fühlte auch ich mich hier nicht mehr sicher.

Eines Winternachmittags fuhr ich mit Michael und den Kindern zum Flughafen, um von Freunden Abschied zu nehmen, die sich, wie so viele andere, fürs Fortgehen entschieden hatten. Sie hatten erfahren, daß in Australien Neueinwanderern Land angeboten wurde, und beschlossen, ihr Glück als Farmer zu versuchen. Wir schauten dem startenden Flugzeug nach, als eine unbekannte Frau an mich herantrat und mich fragte, ob ich die vom Fernsehen sei; als ich bejahte, forderte sie mich auf, sie zu begleiten, weil sie mir etwas unter vier Augen sagen müsse. Ohne mir

Zeit zum Überlegen zu lassen, zog sie mich am Arm zur Toilette, und als wir allein waren, nahm sie einen Umschlag aus der Handtasche und legte ihn mir in die Hände.

»Übergeben Sie das, es geht um Leben oder Tod. Ich muß mit dem nächsten Flugzeug fort, meine Kontaktperson ist nicht gekommen, und ich kann nicht länger warten«, sagte sie. Sie ließ mich zweimal die Adresse wiederholen, um sicher zu sein, daß ich sie mir eingeprägt hatte, und rannte davon.

»Wer war das?« fragte Michael, als er mich aus der Toilette kommen sah.

»Ich habe keine Ahnung, sie hat mich gebeten, dies hier zu übergeben, sie sagte, es wäre sehr wichtig.«

»Was ist es? Warum hast du's angenommen? Es kann eine Falle sein...«

Alle diese Fragen und andere, die uns danach durch den Kopf gingen, hielten uns ein gut Teil der Nacht wach; öffnen wollten wir den Umschlag nicht, weil es besser war, seinen Inhalt nicht zu kennen, wir wagten aber auch nicht, ihn zu der Adresse zu bringen, die mir die Frau angegeben hatte, und vernichten konnten wir ihn ebensowenig. Ich glaube, in diesen Stunden begriff Michael, daß nicht ich die Probleme suchte, sondern daß die Probleme mir entgegenkamen. Wir sahen so deutlich wie kaum zuvor, wie verzerrt die Wirklichkeit schon war, wenn eine so einfache Erledigung wie die Übergabe eines Briefes einen das Leben kosten konnte und wenn das Thema Folter und Tod wie selbstverständlich zum täglichen Gespräch gehörte. In der Frühe breiteten wir eine Weltkarte auf dem Eßtisch aus, um zu sehen, wohin wir gehen konnten. Inzwischen lebte die Hälfte der Bevölkerung Lateinamerikas unter einer Militärdiktatur; die Streitkräfte verschiedener Länder waren unter dem Vorwand, den Kommunismus zu bekämpfen, zu Söldnern der privilegierten Klassen geworden und für die Ärmsten zu Instrumenten der Unterdrückung. In dem folgenden Jahrzehnt führten die Militärs einen erbarmungslosen Krieg gegen das eigene Volk, Millionen Menschen starben, verschwanden oder flohen, noch nie hatte man auf dem Kontinent eine so ausgedehnte Fluchtbewegung erlebt. An diesem Morgen entdeckten Michael und ich, daß nur sehr wenige Demokratien übriggeblieben waren, in denen wir Zuflucht suchen konnten, und daß verschiedene davon, wie Mexiko, Costa Rica und Kolumbien, keine Visa für Chilenen mehr bewilligten, weil in den letzten anderthalb Jahren zu viele eingewandert waren.

Kaum war die Ausgangssperre vorbei, ließen wir die Kinder bei der Granny, gaben noch ein paar Verhaltungsmaßregeln für den Fall, daß wir nicht zurückkämen, und fuhren zu der angegebenen Adresse, um den Brief zu übergeben. Wir läuteten an einem alten Haus im Stadtzentrum, ein Mann in Blue jeans öffnete, und wir stellten tief erleichtert fest, daß er den Halskragen eines Geistlichen trug. Wir erkannten seinen belgischen Akzent, weil wir in jenem Lande gelebt hatten.

Seit meine Mutter und Onkel Ramón aus Argentinien geflohen waren, hatten sie noch keinen Ort gefunden, wo sie Fuß fassen konnten, und monatelang mußten sie in der Fremde die Gastfreundschaft von Freunden in Anspruch nehmen und hatten keinen Platz, wo sie ihre Koffer endgültig auspacken konnten. Da erinnerte meine Mutter sich an den Venezolaner, den sie in jener wundersamen Klinik in Rumänien kennengelernt hatte, und schnell entschlossen suchte sie die Karte hervor, die sie all diese Jahre aufbewahrt hatte, und rief ihn in Caracas an, um ihm in wenigen Worten zu erzählen, was ihnen zugestoßen war. »Komm her, Mädchen, hier ist Platz für alle«, antwortete Valentín Hernández sofort. Das brachte Michael und mich auf den Gedanken, uns in Venezuela niederzulassen, wir dachten uns, daß es ein grünes, großmütiges Land war, wo wir auf einen Freund rechnen und eine Weile bleiben konnten, bis die Lage in Chile sich gewandelt hatte. Wir begannen die Ausreise zu planen, wir mußten das Haus vermieten, die Möbel verkaufen und hoffen, daß wir in Venezuela Arbeit finden würden, aber in weniger als einer Woche überstürzte sich plötzlich alles. Am Mittwoch kamen die Kinder angstverstört aus der Schule, Unbekannte hatten sie auf der Straße angepöbelt und bedroht, und zuletzt hatten sie ihnen eine Botschaft für mich mitgegeben: Sagt der Hure, eurer Mutter, daß ihre Tage gezählt sind.

Am Tag darauf sah ich meinen Großvater zum letztenmal. Ich habe ihn noch heute vor Augen, wie er in dem Sessel saß, den ich ihm vor vielen Jahren auf einer Versteigerung gekauft hatte, mit seiner silbernen Mähne und mit dem Bauernkrückstock in der Hand. Als junger Mensch muß er von hohem Wuchs gewesen sein, und wenn er saß, wirkte er immer noch so, aber mit dem Alter hatten sich die Stützpfeiler des Körpers verformt, und er war in sich zusammengerutscht. Ich konnte mich nicht von ihm verabschieden, ich hatte nicht den Mut, ihm zu sagen, daß ich fortging, aber ich glaube, er ahnte es.

»Da ist etwas, was mich seit langer Zeit beunruhigt, Tata... Hast du einmal einen Mann getötet?«

»Warum stellst du mir eine so alberne Frage?«

»Weil du einen schlimmen Charakter hast«, sagte ich einschmeichelnd, während ich an den Leichnam des Fischers dachte, der mit dem Gesicht im Sand gelegen hatte in den fernen Zeiten meiner Kindheit.

»Du hast mich doch nie mit einer Waffe in der Hand gesehen, nicht wahr? Ich habe gute Gründe, ihnen zu mißtrauen«, sagte der alte Mann. »Als ich jung war, wachte ich eines Morgens von einem Schlag gegen mein Zimmerfenster auf. Ich sprang aus dem Bett, ergriff meinen Revolver, und noch halb im Schlaf riß ich das Fenster auf und drückte ab. Von dem Knall des Schusses wurde ich ganz wach, und da merkte ich entsetzt, daß ich auf ein paar Studenten geschossen hatte, die von einem Fest heimkehrten. Einer von ihnen war mit seinem Schirm gegen das Fenster gestoßen. Gott sei Dank habe ich ihn nicht getötet, aber um ein Haar hätte ich einen Unschuldigen umgebracht. Seither gibt es nur noch einige wenige Jagdwaffen, und die sind in der Garage. Ich benutze sie schon seit vielen Jahren nicht.«

Das stimmte. Aber an einem Pfosten seines Bettes hingen mehrere Boleadoras, wie sie die argentinischen Gauchos zum Einfangen des Viehs benutzen, zwei steinerne Kugeln, durch einen langen Lederriemen miteinander verbunden – er hatte sie in Reichweite, falls Diebe in sein Haus eindringen sollten.

»Hast du nie die Boleadoras oder einen Knüppel benutzt, um jemanden zu töten? Jemanden, der dich beleidigt hat oder einem Mitglied deiner Familie etwas angetan ...«

»Ich weiß nicht, wovon zum Teufel du redest, Tochter! Dieses Land ist voll von Mördern, aber ich bin keiner von ihnen.«

Das war das erstemal, daß er auf die Situation anspielte, in der wir in Chile lebten, bis jetzt hatte er sich darauf beschränkt, mit zusammengepreßten Lippen den Geschichten zuzuhören, die ich ihm erzählte. Er stand auf, mit knarrenden Gelenken und gemurmelten Verwünschungen, das Gehen kostete ihn viel Mühe, aber keiner wagte in seiner Gegenwart die Möglichkeit eines Rollstuhls auch nur zu erwähnen, und er bedeutete mir, ihm zu folgen. Nichts war in diesem Zimmer verändert worden seit der Zeit, als meine Großmutter starb, die schwarzen Möbel standen unverrückt und auch die Turmuhr, und wie immer war da der Geruch nach der englischen Seife, die er im Schrank aufbewahrte. Er öffnete den Schreibtisch mit dem kleinen Schlüssel, den er immer in der Westentasche trug, suchte in einer der Schubladen, holte eine Keksdose hervor und gab sie mir.

»Das gehörte deiner Großmutter, jetzt gehört es dir«, sagte er mit brüchiger Stimme.

»Ich muß dir etwas gestehen, Tata...«

»Du willst mir wohl sagen, daß du mir den silbernen Spiegel von der Memé gestohlen hast...«

»Woher wußtest du, daß ich es war?«

»Weil ich dich gesehen habe. Ich habe einen leichten Schlaf. Wo du nun schon den Spiegel hast, kannst du auch das übrige haben. Das ist alles, was noch da ist von der Memé, aber ich brauche diese Dinge nicht, um mich an sie zu erinnern, und mir ist es lieber, sie sind in deinen Händen, ich möchte nicht, daß sie auf den Müll geworfen werden, wenn ich sterbe.«

»Du darfst nicht an den Tod denken, Tata.«

»In meinem Alter denkt man an nichts anderes. Sicherlich werde ich allein sterben wie ein Hund.«

»Ich werde bei dir sein.«

»Hoffentlich vergißt du nicht, daß du mir einmal ein Versprechen gegeben hast. Falls du daran denkst, irgendwohin zu verschwinden, dann erinnere dich, daß du mir, wenn der Augenblick gekommen ist, helfen mußt, mit Anstand zu sterben.«

»Ich werde mich erinnern, Tata, mach dir keine Sorgen.«

Am nächsten Tag flog ich allein nach Venezuela. Ich ahnte nicht, daß ich meinen Großvater nie wiedersehen würde. Bei den Formalitäten am Flughafen hielt ich die Reliquien der Memé fest an die Brust gepreßt. Die Keksdose enthielt die Reste eines Brautkranzes aus wächsernen Orangenblüten, ein Paar Kinderhandschuhe aus Sämischleder, mit der Zeit vergilbt, und ein abgegriffenes Gebetbuch im Perlmutteinband. Ich hatte auch ein Plastiktütchen mit einer Handvoll Erde aus unserem Garten bei mir,

denn ich stellte mir vor, ich würde an einem anderen Ort
Vergißmeinnicht hineinpflanzen. Der Beamte, der meinen
Paß prüfte, sah die Stempel für die häufigen Flüge von und
nach Argentinien und meinen Journalistenausweis, und da
er, wie ich annehme, meinen Namen nicht auf seiner Liste
fand, ließ er mich ziehen. Das Flugzeug schob sich durch
ein Wolkenkissen in die Höhe, und Minuten später überflogen wir die schneebedeckten Gipfel der Andenkordillere. Diese weißen Bergspitzen, die durch winterliche
Wolken hervorstachen, waren das letzte Bild, das ich von
meinem Vaterland mitnahm. Ich komme zurück, ich
komme zurück, wiederholte ich immer wieder wie ein
Gebet.

Andrea, meine Enkelin, wurde an einem heißen Frühlingstag im Fernsehzimmer geboren. Die Wohnung von Celia und Nicolás liegt in einem dritten Stock ohne Fahrstuhl, das ist in einem Notfall nicht sehr praktisch, deshalb wählten sie unser Erdgeschoß, um das Kind zur Welt zu bringen – ein großer Raum mit Fenstertüren zur Terrasse, in dem das tägliche Leben abläuft. An klaren Tagen sieht man drei Brücken über die Bucht, und nachts flimmern die Lichter von Berkeley vom anderen Ufer über das Wasser. Celia hat sich an den kalifornischen Stil so gründlich angepaßt, daß sie beschlossen hat, die *Musik des Universums* bis in die letzten Konsequenzen durchzustehen und sich das Krankenhaus und die Ärzte zu ersparen, um in Familie niederzukommen. Die ersten Anzeichen meldeten sich um Mitternacht, in der Frühe fand Celia sich plötzlich in einer Lache Fruchtwasser, und darauf siedelten sie zu uns um. Ich sah sie kommen, die Blicke umnebelt wie bei Opfern von Naturkatastrophen, in Hausschuhen, mit einer abgeschabten schwarzen Reisetasche, die ihr Rüstzeug enthielt, und Alejandro im Pyjama, noch halb schlafend, auf Nicolás' Armen. Der Kleine ahnte nicht, daß er binnen weniger Stunden seinen Raum mit einer Schwester würde teilen müssen und daß seine totalitäre Herrschaft als einziger Sohn und Enkel zu Ende ging. Zwei Stunden später erschien die Hebamme, eine junge Frau, die bereit war, das Risiko einer Hausentbindung auf sich zu nehmen; sie fuhr einen Kombiwagen, in den sie ihr Handwerkszeug geladen hatte, und trug kurze Hosen und Turnschuhe. Sie fügte sich so gut in den Familienalltag ein, daß sie schon nach kurzer Zeit in der Küche stand und mit Willie zusammen Frühstück machte. Indessen spazierte Celia, auf Nicolás gestützt, ohne die Ruhe zu verlieren, auf und ab, atmete in

337

kurzen Stößen, wenn die Wehen sie überkamen, und erholte sich mit langen Atemzügen, wenn das kleine Wesen in ihrem Bauch eine Pause einlegte. Meine Schwiegertochter hat verborgene Musik in den Adern, die den Rhythmus ihrer Schritte bestimmt; während der Kontraktionen keuchte sie und wiegte sich, als hörte sie von innen einen unwiderstehlichen venezolanischen Trommelschlag. Als es auf das Ende zuging, schien mir, daß sie hin und wieder die Fäuste ballte, und eine Aufwallung von Angst flog ihr übers Gesicht, aber dann suchte sie den Blick ihres Mannes, er flüsterte ihr etwas zu in dem Privatcode der Eheleute, und sie entspannte sich. So verging die Zeit, sehr langsam für sie, die diese Prüfung ohne Jammern, ohne Beruhigungsmittel oder Anästhesie ertrug, während mir vom Zusehen schwindelte. Nicolás hielt sie aufrecht, mein bescheidener Anteil bestand darin, ihr zerkleinertes Eis oder Apfelsaft zu reichen, und Willie spielte mit Alejandro, während die Hebamme den Vorgängen aus vernünftiger Distanz folgte, ohne einzugreifen, und ich mich an meine eigene Erfahrung bei Nicolás' Geburt erinnerte, die sich so sehr von dieser unterschied.

Von dem Augenblick an, da ich die Schwelle des Krankenhauses überschritt, verlor ich mein Identitätsbewußtsein und wurde ein Patient ohne Namen, war nur noch eine Nummer. Sie zogen mich aus, reichten mir einen im Rükken offenen Kittel und brachten mich in einen Einzelraum, wo ich einigen zusätzlichen Bevormundungen ausgesetzt wurde, dann blieb ich allein. Von Zeit zu Zeit untersuchte mich jemand zwischen den Beinen, mein Körper hatte sich in eine einzige zuckende, schmerzende Höhle verwandelt; so verbrachte ich einen Tag, eine Nacht und einen guten Teil des folgenden Tages mit dieser mühseligen Arbeit, erschöpft und halbtot vor Angst, bis sie mir endlich verkündeten, daß die Endphase nahe bevorstand, und mich in einen Saal brachten. Rücklings auf einem Metalltisch liegend, die Glieder unsäglich gepeinigt und die Augen von den Lampen geblendet, ergab ich mich dem Leiden. Nun hing nichts mehr von mir ab, das Kind kämpfte sich hinaus, und mein Schoß weitete sich, um ihm zu helfen, ohne daß mein Wille eingegriffen hätte. Nichts, was ich aus den Handbüchern und in den Vorbereitungskursen gelernt hatte, nützte mir auch nur das geringste. Es gibt einen Augenblick, da kann die begonnene Fahrt nicht mehr aufgehalten werden, wir rollen auf eine Grenze zu, passieren eine geheimnisvolle Tür und erwachen auf der anderen Seite, in einem anderen Leben. Das Kind tritt in die Welt und die Mutter in einen anderen Bewußtseinszustand, sie wird nie wieder dieselbe sein. Durch Nicolás' Geburt wurde ich vertraut mit dem weiblichen Universum, der vorherige Kaiserschnitt hatte mich um eine einzigartige Erfahrung betrogen. Der fröhliche Vorgang, ein Kind zu zeugen, die Geduld, es auszutragen, die Kraft, es zur Welt zu bringen, und das Gefühl tiefsten Staunens, in dem alles gipfelt, das alles ähnelt für mich dem Erschaffen eines Buches. Das Kinderkriegen wie das Bücherschreiben sind Fahrten in das eigene Innere, wo der Körper, der Geist und die Seele die Richtung wechseln, zurückkehren zum Mittelpunkt des Daseins selbst.

Die Atmosphäre ruhiger Freude, die in unserem Haus herrschte, als Andrea geboren wurde, läßt sich in nichts mit meiner Angst vergleichen, die ich vor fünfundzwanzig Jahren in jenem Kreißsaal empfand. Am Nachmittag gab Celia ein Zeichen, Nicolás half ihr ins Bett, und in weniger als einer Minute materialisierten sich im Zimmer die Apparate und Instrumente, die die Hebamme in ihrem Kombi mitgebracht hatte. Dieses Mädchen in den kurzen Hosen schien plötzlich älter geworden zu sein, ihr Tonfall hatte sich geändert, und Jahrtausende weiblicher Erfahrung spiegelten sich auf ihrem sommersprossigen Gesicht. »Waschen Sie sich die Hände und bereiten Sie sich vor, jetzt kriegen Sie Arbeit«, sagte sie mit einem Zwinkern zu mir. Celia klammerte sich an ihren Mann, biß die Zähne zusammen und preßte. Und da, in einer Blutwelle, erschien ein Köpfchen, mit schwarzen Haaren bedeckt, und ein kleines plattgedrücktes, purpurrotes Gesicht. Ich hielt es wie eine Schale mit einer Hand, während ich mit der andern in einer schnellen Bewegung die bläuliche Nabelschnur löste, die sich um den Hals gewickelt hatte. Bei dem nächsten ungestümen Pressen der Mutter erschien der ganze Körper meiner Enkelin, ein blutiges, zerbrechliches Etwas, das alleraußerordentlichste Geschenk. Mit einem abgrundtiefen Schluchzen fühlte ich in meiner eigenen Mitte das überwältigende Erlebnis des Gebärens, die Anstrengung, den Schmerz, die Panik, und war voll dankbaren Staunens über den Mut meiner Schwiegertochter und das Wunder ihres tüchtigen Körpers und ihres prächtigen Geistes, die für die Mutterschaft wie geschaffen waren. Durch einen Schleier sah ich Nicolás, der das kleine Geschöpf tief bewegt aus meinen Händen nahm, um es seiner Mutter in den Schoß zu legen. Sie richtete sich von den Kissen auf, keuchend, schweißnaß und von einem inneren Leuchten verwandelt, völlig gleichgültig gegen den eigenen Körper, der weiter pulste und blutete, schloß die Arme um ihre Tochter, beugte sich über sie und begrüßte sie mit einer Flut von süßen Worten in einer soeben erfundenen Sprache, küßte und beschnupperte sie, wie es alle Weibchen tun, und legte sie an die Brust mit der ältesten Bewegung der Welt. Die Zeit begann im Zimmer und die Sonne über den Rosen der Terrasse stillzustehen. Hielt die Welt nicht den Atem an, um das Wunder dieses neuen Lebens zu feiern? Die Hebamme reichte mir eine Schere, ich durchschnitt die Nabelschnur, und Andrea begann ihr Schicksal getrennt von ihrer Mutter.

Woher kommt diese Kleine? Wo war sie, bevor sie in Celias Leib reifte? Ich muß ihr tausend Fragen stellen, aber ich fürchte, wenn sie mir antworten kann, wird sie schon vergessen haben, wie der Himmel war ...

Paula verbrachte einen Monat in der Rehabilitationsklinik, und als sie sie von innen und außen getestet und gemessen hatten, überreichten sie uns ein vernichtendes Gutachten. Michael kam aus Chile, und auch Ernesto war hier mit besonderer Erlaubnis seiner Firma. Er hat es erreicht, daß sie ihn nach New York versetzt haben, wenigstens ist er so mit uns im selben Land, sechs Stunden entfernt im Notfall und jederzeit telefonisch erreichbar, wenn die Traurigkeit übermächtig wird. Er war nicht mehr bei seiner Frau gewesen, seit wir sie auf jener Albtraumreise aus Madrid hergebracht hatten, und wenn ich ihm auch jede Einzelheit berichte, erschütterte es ihn doch, sie so schön und um so vieles abwesender zu sehen. Er kam mit Geschenken für Paula, trat eilig in ihr Zimmer, nahm sie in die Arme und küßte sie und flüsterte ihr zu, wie sehr er sie vermisse und wie hübsch sie geworden sei, während sie mit ihren großen, glanzlosen Augen geradeaus starrte wie eine Puppe. Dann legte er sich neben sie, um ihr Fotos von ihren Flitterwochen zu zeigen und sie an die glücklichen Zeiten des vergangenen Jahres zu erinnern, und schließlich schliefen sie beide ein, wie ein normales Paar zur Siestazeit. Ich bete darum, daß er eine gesunde Frau findet, mit einem gütigen Herzen wie Paula, und daß er glücklich wird weit weg von hier, er darf nicht für den Rest seines Lebens an eine Kranke gefesselt bleiben; aber noch kann ich nicht mit ihm darüber sprechen, es ist zu früh.

Ärzte und Therapeuten, die Paula behandelten, haben die Familie zusammengerufen und ihr Verdikt gesprochen: ihre Bewußtseinsstufe ist Null, es gibt keine Anzeichen von Veränderung in diesen vier Wochen, es konnte keine Verbindung mit ihr hergestellt werden, und das Realistischste ist, anzunehmen, daß ihr Zustand sich verschlimmern wird. Sie wird niemals wieder sprechen oder schlucken können, nie wird sie sich aus eigenem Antrieb bewegen können, es ist unwahrscheinlich, daß sie so weit kommen wird, jemanden zu erkennen. Sie versicherten, daß eine Rehabilitation unmöglich sei, daß aber die Übungen nötig seien, um sie beweglich zu halten. Zuletzt empfahlen sie, sie in eine Institution für Kranke dieses Typs zu bringen, denn sie brauche ständige Pflege und könne nicht eine Minute alleingelassen werden. Ein langes Schweigen folgte diesem Gutachten. Auf der anderen Seite des Tisches saßen Nicolás und Celia mit den Kindern im Arm und Ernesto, der den Kopf in die Hände gestützt hatte.

»Es ist wichtig, festzulegen, was im Falle einer Pneumonie oder einer anderen schweren Infektion geschehen soll. Würden Sie sich für aggressive Behandlung entscheiden?« fragte einer der Ärzte.

Keiner von uns hatte verstanden, was er meinte.

»Sie bekommt dann massive Dosen Antibiotika oder wird jedesmal auf die Intensivstation gelegt, wenn das eintritt, sie wird noch viele Jahre leben können. Wenn sie keine Behandlung erhält, stirbt sie früher«, erklärte er.

Ernesto hob den Kopf, und unsere Augen trafen sich. Ich sah auch Nicolás und Celia an, und ohne zu schwanken oder sich untereinander zu verständigen, machten alle drei die gleiche Kopfbewegung.

»Paula wird nicht wieder auf die Intensivstation kommen, und wir werden sie auch nicht mit neuen Bluttransfusionen, schweren Medikamenten oder schmerzhaften Untersuchungen quälen. Wenn ihr Zustand ernst ist, werden wir an ihrer Seite sein, um ihr sterben zu helfen«, sagte ich mit so fester Stimme, daß ich sie nicht wiedererkannte.

Michael verließ verstört den Raum und flog wenige Tage später wieder nach Chile. In diesem Augenblick war klar, daß meine Tochter in meinen Schoß zurückkehrte und daß ich allein es war, die die Verantwortung für ihr Leben tragen und im Augenblick ihres Todes die Entscheidungen treffen würde. Wir beide zusammen und allein, wie am Tage ihrer Geburt. Ich fühlte eine Welle von Kraft, die meinen Körper schüttelte wie ein Stromstoß, und ich begriff, daß die Wechselfälle auf meinem langen Weg eine harte Vorbereitung auf diese Prüfung gewesen waren. Ich bin nicht geschlagen, ich kann noch vieles tun, die westliche Medizin ist nicht die einzige Möglichkeit für solche Fälle, ich werde an andere Türen klopfen und auf andere Mittel zurückgreifen, auch auf die unwahrscheinlichsten, um sie zu retten. Schon vor der Überführung nach Kalifornien hatte ich den Gedanken gehabt, sie nach Hause zu holen, deshalb hatte ich mich auch in dem Monat, in dem sie in der Rehabilitationsklinik lag, weiter in der Pflege geübt, die sie brauchte, und in der Anwendung der physiotherapeutischen Geräte. In weniger als drei Tagen hatte ich die nötige Ausrüstung zusammen, von einem elektrisch verstellbaren Bett bis zu einer kleinen Winde, um sie zu bewegen, und stellte vier Frauen aus Mittelamerika ein, damit sie mir halfen und sich mit mir in Tag- und Nachtschichten abwechselten. Ich hatte mir fünfzehn Bewerberinnen angesehen und die ausgewählt, die am freundlichsten aussahen, denn die Phase der Tüchtigkeit ist vorbei, wir sind in die der Liebe eingetreten. Alle tragen an einer schweren Vergangenheit, aber sie haben sich die Frische eines mütterlichen Lächelns bewahrt. Eine von ihnen hat Arme und Beine voller Messerstichnarben; ihren Mann haben sie in El Salvador ermordet, und sie ließen sie für tot in einer Blutlache liegen, mit ihren drei kleinen Kindern. Irgendwie gelang es ihr, sich bis dorthin zu schleppen, wo sie Hilfe fand, und bald danach floh sie aus dem Land und ließ die Kinder bei der Großmutter. Eine andere kommt aus Nicaragua, sie hat ihre fünf Kinder seit Jahren nicht gesehen, aber sie will sie eines nach dem andern herüberholen und arbeitet und spart noch den letzten Cent, um eines Tages wieder mit ihnen zusammenzusein.

Das Erdgeschoß des Hauses hat sich in Paulas Reich verwandelt, aber es bleibt auch weiterhin das Familienzimmer, das es vorher war, wo der Fernseher steht und die Stereoanlage und wo die Kinder ihr Spielzeug haben. In diesem Raum ist vor knapp einer Woche Andrea geboren, und hier wird ihre Tante für die Zeit leben, die sie auf dieser Erde zu bleiben wünscht. Durch die großen Fenster schauen die Geranien des Sommers und die in Fäßchen gepflanzten Rosen, die treuen Gefährtinnen in manchen Unglückszeiten. Nicolás hat die Wände weiß gestrichen, wir haben das Bett umgeben mit Fotos aus ihren glücklichen Jahren, Fotos von Verwandten und Freunden, und haben auf ein Bord ihre Lumpenpuppe gesetzt. Es ist unmöglich, die enormen Geräte zu kaschieren, die sie benötigt, aber wenigstens ist der Raum gemütlicher als die Krankenhauszimmer, in denen sie die letzten Monate gelebt hat. An dem sonnigen Morgen, an dem sie mit einer Ambulanz gebracht wurde, schien sich das Haus fröhlich zu öffnen, um sie zu empfangen. In der ersten halben Stunde war alles Betriebsamkeit, Lärm, Geschäftigkeit, aber bald gab es keine Laufereien mehr, sie war in ihrem Bett untergebracht, und der Alltag begann wieder, die Familie ging ihren Angelegenheiten nach, wir beide blieben allein, und da wurde ich des Schweigens inne und der Stille des ruhenden Hauses.

Ich setzte mich neben sie und nahm ihre Hand. Die Zeit schleppte sich sehr langsam hin, die Stunden zogen vorbei, und ich sah, wie die Farben der Bucht sich veränderten, und dann ging die Sonne unter, und die späte Junidunkelheit senkte sich zögernd herab. Eine große, graue Katze, die ich vorher noch nie gesehen hatte, kam zum offenen Fenster herein, machte ein paar Runden durch das Zimmer, um das Gelände zu erkunden, und sprang dann mit einem Satz auf das Bett und rollte sich zu Paulas Füßen zusammen. Sie mag Katzen, vielleicht hat sie sie mit den Gedanken gerufen, damit sie ihr Gesellschaft leistet. Der hastige Wettlauf des Daseins hat für mich geendet, ich habe Paulas Rhythmus übernommen, in den Uhren ruht die Zeit. Nichts zu tun. Ich verfüge über Tage, Wochen, Jahre neben dem Bett meiner Tochter, warte ab, ohne zu wissen, worauf ich warte. Ich weiß, daß es nie wieder wie früher werden wird, ihr Verstand ist Gott weiß wohin gegangen, aber ihr Körper und ihr Geist sind hier. Die Intelligenz war ihr blendendstes Merkmal, ihre Güte entdeckte man auf den zweiten Blick, der Gedanke fällt mir schwer, daß ihr einmaliges Gehirn zu einer dunklen Wolke auf einer Rönt-genplatte geschrumpft ist, daß ihre Neigung, immer Neues zu lernen, ihr Sinn für Humor, ihr Gedächtnis für die kleinsten Einzelheiten auf immer verschwunden sind. Sie ist wie eine Pflanze, sagten die Ärzte. Die Katze kann mich dazu bringen, daß ich ihr etwas zu fressen gebe und sie auf dem Bett schlafen lasse, aber meine Tochter erkennt mich nicht und kann nicht einmal meine Hand drücken, um mir etwas anzuzeigen. Ich habe versucht, ihr das Blinzeln bei-zubringen, einmal für ja, zweimal für nein, aber es ist nutzlose Mühe. Wenigstens habe ich sie hier bei mir, sicher in diesem Haus, von uns allen behütet. Niemand wird noch einmal mit Nadeln und Sonden über sie herfallen, von nun an wird sie nur Liebkosungen, Musik und Blumen empfangen. Meine Aufgabe ist es, ihren Körper gesund zu erhalten und ihr Schmerzen zu ersparen, so wird ihr Geist Frieden haben, um den Rest seiner Mission auf dieser Erde zu erfüllen. Stille. Stunden über Stunden, um nichts zu tun. Ich werde mir meines Körpers, meines Atems be-wußt, der Form, wie mein Körper sich auf dem Stuhl verteilt, das Rückgrat hält mich aufrecht, und die Muskeln gehorchen meinen Wünschen. Ich beschließe, ich will Was-ser trinken, und mein Arm hebt sich, und meine Hand ergreift das Glas mit genau ausgewogener Kraft und Schnelligkeit; ich trinke und fühle die Bewegungen der Zunge und der Lippen, den frischen Geschmack im Mund, die kühle Flüssigkeit, wie sie die Kehle hinunterrinnt. Nichts davon kann meine arme Tochter tun oder empfinden, wenn sie trinken möchte, kann sie nicht darum bitten, sie muß warten, bis jemand ihre Bedürftigkeit errät und herbeikommt, um ihr mit einer Spritze Wasser in den bis in ihren Magen reichenden Tubus zu geben. Sie spürt nicht die Erleichterung des gestillten Durstes, ihre Lippen sind immer trocken, man darf sie nur ein wenig anfeuchten, weil die Flüssigkeit sonst in die Lungen dringen kann.

Meine Freundinnen haben mir die Ärztin Cheri Forrester empfohlen, die Erfahrung mit unheilbaren Patienten hat und für ihr Mitgefühl bekannt ist. Ich rief sie an und war überrascht, weil sie meine Bücher gelesen hatte und bereit war, Paula zu besuchen. Sie ist eine junge Frau mit dunklen Augen und lebhaftem Gesichtsausdruck, sie umarmte mich zur Begrüßung und hörte mit offenem Herzen der Schilderung des Geschehenen zu.

»Was wollen Sie von mir?« fragte sie am Schluß.

»Hilfe, um Paula am Leben zu erhalten und es ihr behaglich zu machen; Hilfe für den Augenblick ihres Todes, und Hilfe, um andere Heilmöglichkeiten zu suchen. Ich weiß, daß die Ärzte nichts für sie tun können, ich will es mit alternativer Medizin versuchen: Heilpraktiker, Heilpflanzen, Homöopathie, alles, was ich kriegen kann.«

»Das gleiche würde ich auch machen, wenn es sich um meine Tochter handelte, aber für diese Experimente muß es eine Grenze geben. Sie können nicht von Illusionen leben, und diese Dinge gibt es nicht umsonst. Paula kann viele Jahre in diesem Zustand bleiben, Sie müssen Ihre Kräfte und Ihre Mittel gut einteilen.«

»Wieviel Zeit?«

»Sagen wir drei Monate. Wenn es in dieser Frist keine

annehmbaren Erfolge gibt, lassen Sie es dabei bewenden.«

»Gut.«

Sie machte mich mit Doktor Miki Shima bekannt, einem bemerkenswerten japanischen Akupunkteur, den ich mir als Gestalt für einen Roman vorbehalten habe, falls ich denn je wieder einen schreiben werde. Meine Absicht hatte sich herumgesprochen, und bald marschierten die Heiler auf, die ihre Dienste anboten: einer, der magnetische Kopfkissen für die Energie verkauft, ein Hypnotiseur, der Geschichten verkehrt herum auf Band nimmt und sie Paula mit Kopfhörern vorspielt, eine Heilige aus Indien, die Inkarnation der Allumfassenden Mutter, ein Apache, der das Wissen seiner Urahnen mit der Kraft der Kristalle verbindet, ein Astrologe, der in die Zukunft sieht, nur sind seine Visionen so verworren, daß man sie auf verschiedene, einander widersprechende Arten deuten kann. Alle höre ich an, immer besorgt, Paulas Ruhe nicht zu stören. Ich habe auch eine Pilgerfahrt nach Oregon zu einem berühmten Seelenheiler unternommen, einem Herrn mit gefärbten Haaren und einem Büro voller Plüschtiere, der, ohne sich aus seinem Haus zu rühren, die Kranke mit seinem dritten Auge untersuchen kann. Er empfahl eine Kombination von Pulvern und Tropfen, ziemlich kompliziert zu verabreichen, aber Nicolás, der in diesen Dingen sehr skeptisch ist, verglich die Zusammensetzung mit der einer Flasche Centrum, eines sehr gebräuchlichen Multivitaminpräparates, und sie stimmten fast genau überein. Keiner dieser merkwürdigen Ärzte hat versprochen, meine Tochter wieder gesund zu machen, aber vielleicht können sie ihr das Dahinleben in irgendeiner Weise erleichtern und zu einer Form der Kommunikation gelangen. Heilerinnen bieten mir auch ihre Gebete und natürlichen Mittelchen an, eine von ihnen hat geweihtes Wasser aus einer heiligen Quelle in Mexiko und verabreicht es mit soviel Gläubigkeit, daß vielleicht ein Wunder geschieht. Doktor Shima kommt jede Woche und hebt unsere Stimmung, er untersucht sie sorgfältig, setzt ihr seine feinen Nadeln an die Ohren und die Füße und verschreibt ihr Homöopathie. Manchmal streicht er ihr übers Haar, als wäre sie seine Tochter, und seine Augen füllen sich mit Tränen, »wie hübsch sie ist«, sagt er, »wenn es uns gelingt, sie lange genug am Leben zu erhalten, vielleicht entdeckt ja die Wissenschaft inzwischen eine Möglichkeit, die geschädigten Zellen zu erneuern und sogar Gehirne zu transplantieren, warum nicht?« – »Nie und nimmer, Doktor«, antworte ich, »ich werde niemandem erlauben, Frankensteinsche Experimente mit Paula anzustellen.« Für mich hat er einige orientalische Kräutermischungen mitgebracht, deren genaue Übersetzung lautet: »für die Traurigkeit, die durch Schmerz oder den Verlust der Liebe entsteht«, und ich glaube, ich habe es ihnen zu verdanken, daß ich noch verhältnismäßig normal durchhalte. Cheri Forrester beobachtet alles, ohne sich dazu zu äußern, und zählt die Tage im Kalender, »drei Monate, nicht länger«, erinnert sie mich bei jedem Besuch. Sie scheint auch um meine Gesundheit besorgt zu sein, sie findet mich deprimiert und erschöpft und hat mir Schlaftabletten verschrieben, mich aber gewarnt, daß ich nicht mehr als eine nehme, weil sie tödlich sein können.

Es tut mir gut, zu schreiben, wenn es mir auch manchmal schwerfällt, weil jedes Wort wie eine Brandwunde ist. Diese Seiten sind eine Reise durch einen langen Tunnel, dessen Ausgang ich nicht sehe, aber ich weiß, daß er da sein muß; umkehren ist unmöglich, ich kann nur Schritt für Schritt weitergehen bis zum Ende. Ich schreibe und suche ein Zeichen, ich hoffe, daß Paula ihr unerbittliches Schweigen bricht und mir ohne Stimme auf den Seiten dieses gelben Blocks antwortet, oder vielleicht tue ich es nur, um des Grauens Herr zu werden und die flüchtigen Bilder des schlechten Gedächtnisses festzuhalten. Es tut mir auch gut, spazierenzugehen. Eine halbe Stunde vom Haus entfernt gibt es Hügel und dichte Wälder, wohin ich gehe, um tief Luft zu holen, wenn mich die Angst erstickt und die Erschöpfung mich niederdrückt. Die Landschaft, grün, feucht und ein wenig düster, gleicht der Südchiles, die gleichen vielhundertjährigen Bäume, der kräftige Geruch von Eukalyptus, Kiefer und wilder Minze, die Rinnsale, die sich im Winter in Wildbäche verwandeln, Vogelrufe und Grillenzirpen. Ich habe einen einsamen Ort entdeckt, wo die Baumkronen eine hohe Kuppel bilden wie eine gotische Kathedrale und ein Wasserlauf mit seiner eigenen Musik über die Steine rinnt. Hier setze ich mich hin, höre dem Wasser und dem Rhythmus des Blutes in meinen Adern zu, versuche ruhig zu atmen und in die Grenzen meiner eigenen Haut zurückzukehren, aber ich finde keinen Frieden, in meinem Kopf stoßen sich die Vorahnungen und die Erinnerungen. Auch in den schwierigsten Stunden der Vergangenheit suchte ich die Einsamkeit eines Waldes.

Von dem Augenblick an, als ich die Kordillere, Chiles Grenze, überflog, ging erstmal alles schief und wurde in den nächstfolgenden Jahren sogar noch schlimmer. Ich wußte es noch nicht, aber schon hatte die Prophezeiung der argentinischen Seherin begonnen, sich zu erfüllen: ich sollte mehrere Jahre Bewegungslosigkeit vor mir haben. Das würde nicht zwischen den Wänden einer Zelle oder in einem Rollstuhl sein, wie meine Mutter und ich uns vorgestellt hatten, sondern in der Abgeschiedenheit des Exils. Die Wurzeln verdorrten durch einen einzigen Axthieb, und sechs Jahre sollte es dauern, bis sich neue gebildet hatten, in der Erinnerung und in den Büchern, die ich schreiben würde. In der ersten Nacht in Caracas saß ich auf einem fremden Bett in einem öden Zimmer, während

349

durch ein elendes kleines Fenster der nie ermüdende Straßenlärm hereindrang, schaute zurück auf das Verlorene und ahnte, daß ich einen langen Weg voller Hindernisse vor mir hatte. Der Schock der Ankunft war, als wäre ich auf einen anderen Planeten gefallen; ich kam aus dem Winter, der schreckenverbreitenden Ordnung der Diktatur und der allgemein gewordenen Armut und geriet in ein heißes, anarchisches Land in vollem Erdölboom, in eine gierige Gesellschaft, wo die Verschwendung die Grenzen zum Absurden überschritten hatte: man ließ sich aus Miami sogar das Brot und die Eier schicken, weil es so bequem war. In der ersten Zeitung, die mir in die Hände fiel, las ich von der Geburtstagsfeier mit Orchester und Champagner für das Schoßhündchen einer Dame der besten Gesellschaft, zu der andere Hunde geladen waren nebst ihren fracktragenden Herrchen. Für mich, die ich aufgewachsen war in der Genügsamkeit, die in Tatas Haus herrschte, war es schwer, soviel Zurschaustellung für möglich zu halten, aber mit der Zeit gewöhnte ich mich nicht nur daran, sondern konnte ihr sogar etwas abgewinnen. Die Neigung zum Feiern, das Gegenwartsdenken und die optimistische Zukunftsschau der Venezolaner, die mich anfangs entsetzten, waren für mich später die besten Lektionen aus dieser Zeit. Ich brauchte einige Jahre, um die Regeln dieser Gesellschaft zu verstehen und die Form zu entdecken, wie ich mich, ohne allzusehr anzustoßen, auf dem unsicheren Boden des Exils bewegen mußte, aber als ich es endlich geschafft hatte, fühlte ich mich befreit von dem Korsett, das mich in meinem Land eingeschnürt hatte. Ich verlor die Angst vor dem Lächerlichsein, vor der Billigung der Gesellschaft, vor dem »im Niveau Absteigen«, wie mein Großvater die Armut nannte und mein eigenes heißes Blut. Die Sinnlichkeit war nicht länger ein Makel, den man um des Ansehens willen verbergen mußte, und ich nahm sie an als wesentlichen Bestandteil meines Temperaments und später meines Schreibens. In Venezuela kurierte ich mich von einigen alten Wunden und von neuem Groll, ich ließ die Haut, und mein Fleisch lag bloß, bis mir eine neue, widerstandsfähigere wuchs, hier zog ich meine Kinder auf, bekam eine Schwiegertochter und einen Schwiegersohn, schrieb drei Bücher und beendete meine Ehe. Wenn ich an die dreizehn Jahre denke, die ich in Venezuela verbrachte, fühle ich eine Mischung aus Ungläubigkeit und Freude.

Fünf Wochen nach meiner Ankunft, als offenkundig war, daß an eine Rückkehr nach Chile in nächster Zeit nicht zu denken war, bestieg Michael mit den Kindern das Flugzeug nach Caracas, nachdem er das Haus mit all unserer Habe darin abgeschlossen hatte, denn er hatte es nicht vermieten können. So viele Menschen verließen zu jener Zeit das Land, daß es zweckmäßiger war, ein Haus zu einem Spottpreis zu kaufen, als Miete zu zahlen; zudem war das unsere eine Bauernkate ohne großen Wert, abgesehen vom Gemütswert. Während es unbewohnt war, schlugen Einbrecher die Fenster ein und raubten, was zu rauben war, aber das erfuhren wir erst ein Jahr später, und da machte es uns nichts mehr aus. Diese fünf Wochen, die ich von meinen Kindern getrennt war, waren eine Qual, ich erinnere mich noch ganz genau an die Gesichter von Paula und Nicolás, als sie an der Hand ihres Vaters aus dem Flugzeug stiegen und der heiße, feuchte Dunst dieses ewigen Sommers sie aufnahm. Sie waren in Wolle gekleidet, Paula trug ihre Lumpenpuppe unter dem Arm und Nicolás den schweren eisernen Christus, den der Mann seiner Lehrerin ihm geschenkt hatte, er kam mir viel kleiner und schmaler vor, und später hörte ich, daß er sich geweigert hatte zu essen, als ich fort war. Wenige Monate später war die ganze Familie wieder vereint dank der mit Hilfe von Valentín Hernández erlangten Visa. Meine Eltern zogen zwei Stock höher in dasselbe Haus, in dem wir wohnten, und nach endlosen unerfreulichen Behördenlaufereien konnte mein

Bruder Pancho mit den Seinen aus Moskau nach Venezuela ausreisen. Auch Juan kam mit der Absicht zu bleiben, aber er konnte die Hitze und den ständigen Trubel nicht ertragen und schaffte es, mit einem Stipendium in die Vereinigten Staaten zu gelangen.

In Chile war die Granny zurückgeblieben, von Einsamkeit und Kummer gebeugt; gleichsam über Nacht hatte sie die Enkel verloren, die sie aufgezogen hatte, und sah vor sich die Leere eines Lebens, in dem sie einen Greis pflegte, der den Tag im Bett vor dem Fernseher verbrachte, und die neurotische Schweizer Hündin, die sie von meiner Mutter geerbt hatte. Sie begann immer mehr zu trinken, und da die Kinder fort waren, vor denen sie wenigstens den Anschein gewahrt hatte, bemühte sie sich nicht länger, es zu verbergen. Die Flaschen häuften sich in den Ecken, während ihr Mann tat, als sähe er sie nicht, sie hörte praktisch auf, zu essen und zu schlafen, verbrachte die Nacht wachend mit einem Glas in der Hand und wiegte sich in trostlosem Leid in dem Schaukelstuhl, wo jahrelang die Enkel in ihren Armen geschlafen hatten. Die Würmer der Traurigkeit fraßen sie von innen her auf, ihre Augen verloren das Aquamarin, und das Haar fiel ihr in Büscheln aus, ihre Haut wurde grob und schrundig wie die einer Schildkröte, sie hörte auf, sich zu baden und anzukleiden, sie ging herum in Morgenrock und Pantoffeln und trocknete sich die Tränen mit den Ärmeln. Zwei Jahre später holte Michaels Schwester, die in Uruguay lebte, ihre Eltern zu sich, aber es war zu spät, um die Granny zu retten.

Caracas im Jahre 1975 war fröhlich und chaotisch und eine der teuersten Städte der Welt. Überall schossen neue Gebäude in die Höhe, entstanden breite Autobahnen, der Handel stellte einen Überfluß an Luxus zur Schau, allenthalben gab es Bars, Banken und Restaurants und Hotels für die verschwiegene Liebe, und die Straßen waren ständig verstopft von Tausenden von Wagen des letzten Modells, die nicht vor und nicht zurück konnten in dem ungeordneten Verkehr, keiner beachtete die Ampeln, aber sie hielten auf der Autobahn an, wenn ein zerstreuter Fußgänger sie kreuzte. Das Geld schien auf den Bäumen zu wachsen, die Banknoten wechselten in solcher Geschwindigkeit von Hand zu Hand, daß man kaum Zeit hatte, sie zu zählen; die Männer hielten sich mehrere Geliebte, die Frauen flogen an den Wochenenden zum Einkaufen nach Miami, und die Kinder betrachteten eine alljährliche Reise nach Disneyworld als ein Naturrecht. Ohne Geld konnte man gar nichts machen, wie ich schon nach wenigen Tagen herausfand, als ich auf der Bank die Dollars wechseln wollte, die ich in Chile auf dem schwarzen Markt gekauft hatte, und entsetzt entdecken mußte, daß die Hälfte falsch war. Es gab große Randbezirke, wo die Leute im Elend lebten, und Gegenden, wo das verseuchte Wasser noch immer genauso viele Opfer unter der Bevölkerung verursachte wie zu Kolonialzeiten, aber in der Euphorie des leichten Reichtums kümmerte sich niemand darum. Die politische Macht wurde freundschaftlich unter den beiden stärksten Parteien aufgeteilt, die Linke war zur Bedeutungslosigkeit verurteilt, und die Guerrilla der sechziger Jahre, eine der bestorganisierten des Kontinents, war vernichtend geschlagen worden. Wenn man aus Chile kam, war es erfrischend, daß niemand über Politik oder Krankheiten sprach. Die Männer, mit ihrer Kraft und Virilität protzend, trugen auffallende Ketten und Ringe aus Gold, redeten mit dröhnender Stimme und rissen Witze, das Auge immer auf die Frauen gerichtet. Neben ihnen wirkten die zurückhaltenden Chilenen mit ihren hohen Stimmen und der mit Diminutiven gespickten Sprache wie Schwächlinge. Die schönsten Frauen des Planeten, die prachtvollen Produkte der Verbindung vieler Rassen, bewegten sich mit Salsarhythmus in den Hüften, ihre üppigen Körper vorführend, und gewannen jeden internationalen Schönheitswettbewerb. Die Luft vibrierte, jeder Vorwand zum Singen wurde wahrgenommen, die Radios dröhnten in der Nachbarschaft, in den Autos, an allen Ecken und Enden. Trommeln, Cuatros, Gitarren, Gesang und Tanz, das Land amüsierte sich in der großen Erdöllustbarkeit. Einwanderer aus allen vier Himmelsrichtungen kamen, um hier ihr Glück zu machen, die meisten waren Kolumbianer, die zu Millionen die Grenze überschritten, um sich mit Arbeiten, die sonst keiner mehr haben wollte, ihr Brot zu verdienen. Die Ausländer wurden anfangs ziemlich unwillig aufgenommen, aber bald öffnete die natürliche Großzügigkeit dieses Volkes ihnen die Türen. Am unbeliebtesten waren die Scheißer aus dem Süden, wie sie die Argentinier, Uruguayos und Chilenen nannten, denn das waren in der Mehrheit politische Flüchtlinge, Intellektuelle, Fachleute und Freiberufler, die den mittleren venezolanischen Führungskräften Konkurrenz machten. Ich lernte bald, daß man beim Emigrieren die Krücken verliert, die einem bislang als Stützen gedient haben, man muß bei Null wieder anfangen, denn die Vergangenheit ist mit einem Federstrich ausgelöscht, und niemandem liegt etwas daran, zu erfahren, woher man kommt und was man früher gemacht hat. Ich weiß von Menschen, die in ihrem Land hervorragende Persönlichkeiten gewesen waren und deren berufliche Titel und Würden hier keine Anerkennung fanden und die schließlich von Tür zu Tür Versicherungen anboten; andererseits gab es aber auch Schwindler ohne jedes Verdienst, die Diplome und Rangstufen erfanden und es irgendwie schafften, sich in hohe Stellungen zu mogeln, alles hing von der Frechheit und den guten Beziehungen ab. Mit einem einflußreichen Freund konnte man alles erreichen oder auch, wenn man die Bestechungsgebühr bezahlte. Ein ausländischer Freiberufler konnte einen Vertrag nur durch einen venezolanischen Teilhaber bekommen, der seinen Namen hergab und ihn unter die Fittiche nahm, sonst hatte er nicht die geringste Chance. Der Preis war fünfzig Prozent, der eine machte die Arbeit, der andere unterschrieb und zog gleich am Anfang seine Prozente ein, wenn kaum die ersten Zahlungen eingegangen waren.

In der Woche, in der Michael angekommen war, ergab sich für ihn eine Stellung im Osten des Landes, in einer heißen Zone, die gerade anfing, sich zu entwickeln dank dem unerschöpflichen Schatz in ihrem Boden. Venezuela ruht auf einem Meer von schwarzem Gold, wo man mit der Spitzhacke zuschlägt, bricht gleich ein dicker Strahl Erdöl hervor, der Reichtum der Natur ist paradiesisch, es gibt Gegenden, da liegen Goldklümpchen und Diamanten wie gesät auf der Erde. Alles wächst in diesem Klima, entlang der Autobahnen sieht man wilde Bananensträucher und Ananas, es genügt, einen Mangokern auf die Erde zu werfen, und in wenigen Tagen wächst daraus ein Baum; um unsere Fernsehantenne rankte sich eine Pflanze mit Blüten. Die Natur hat sich hier noch das Alter der Unschuld bewahrt, Strände mit weißem Sand, lauem Wasser und zottigen Palmen, Berge mit schneebedeckten Gipfeln, über die noch die Geister der Konquistadoren irren, ausgedehnte mondöde Savannen, hier und da jäh unterbrochen von wunderlichen *Tepuys* – hochragenden zylinderförmigen Naturfelsen, die aussehen, als hätten Riesen von anderen Planeten sie hier hingepackt –, und undurchdringliche Wälder, in denen Indianerstämme leben, die den Gebrauch des Metalls noch nicht kennen. Alles gibt diese verzauberte Region mit vollen Händen. Michael fiel es zu, an dem gigantischen Projekt einer der größten Unternehmen der Welt beteiligt zu sein in einem grünen, zugewachsenen Dschungelgebiet voller Schlangen, Schweiß und Verbrechen. Die Männer waren in behelfsmäßigen Camps untergebracht und ließen ihre Familien in den nahen Städten, aber ich fand keine Möglichkeit, in derselben Gegend Arbeit zu bekommen und die Kinder auf gute Schulen zu schicken, also blieben wir in der Hauptstadt, und Michael besuchte uns alle sechs, sieben Wochen.

Wir wohnten im lärmendsten und am dichtesten bevölkerten Viertel, für die Kinder, die daran gewöhnt waren, zu Fuß in die Schule zu gehen, mit dem Fahrrad umherzufahren, in ihrem Garten zu spielen und die Granny zu besuchen, war es die Hölle, allein konnten sie wegen des Verkehrs und der Gewalt auf der Straße nicht hinaus, zwischen vier Wänden eingeschlossen, langweilten sie sich vor dem Fernseher und drängten mich täglich, wir sollten doch bitte nach Chile zurückkehren. Ich half ihnen nicht, mit dem Kummer und der Freudlosigkeit dieser ersten Jahre fertig zu werden, im Gegenteil, meine schlechte Laune verdarb die Luft, die wir atmeten. Für keine der Arbeiten, von denen ich etwas verstand, konnte ich eine Stelle bekommen, die schon gewonnene Erfahrung war mir zu nichts nütze, die Türen blieben verschlossen. Ich verschickte Hunderte von Bewerbungen, stellte mich auf unzählige Zeitungsannoncen hin vor und füllte einen Berg von Formularen aus, aber niemand antwortete, alles blieb in der Luft hängen, und ich wartete auf einen Bescheid, der niemals kam. Ich begriff nicht, daß hier das Wort »nein« als ungezogen gilt. Wenn sie mir andeuteten, ich solle morgen wiederkommen, wurden meine Hoffnungen wieder wach, nur leider erkannte ich nicht, daß die Verschiebung nur eine freundliche Art der Abschiebung war. Von der kleinen Berühmtheit, die ich in Chile durch das Fernsehen und meine feministischen Reportagen genossen hatte, war ich übergewechselt in die Anonymität und die tägliche Demütigung der Stellungsuchenden. Einem chilenischen Freund hatte ich es zu verdanken, daß ich in einer Zeitung wöchentlich eine humorvolle Kolumne veröffentlichen konnte, und an der hielt ich viele Jahre hindurch fest, um einen Platz bei der Presse zu haben, aber ich tat es mehr aus

Liebe zur Kunst, die Bezahlung ging für die Taxifahrten zur Redaktion drauf. Ich machte ein paar Übersetzungen, Drehbücher fürs Fernsehen und sogar ein Theaterstück; einige dieser Arbeiten bezahlten sie mir zum Goldpreis, und sie erblickten nie das Licht der Welt, andere wurden verwendet, aber mir nie bezahlt.

Zwei Stockwerke über uns warf Onkel Ramón sich jeden Morgen in seine Ex-Botschaftergewandung und ging ebenfalls auf Arbeitssuche, aber im Gegensatz zu mir jammerte er nie. Sein Sturz war beklagenswerter als meiner, denn er geschah aus größerer Höhe, er hatte viel verloren, war fünfundzwanzig Jahre älter, und die Würde muß doppelt auf ihm gelastet haben, dennoch sah ich ihn niemals niedergedrückt. An den Wochenenden unternahm er mit uns Fahrten zum Strand, richtige Safaris, die er entschlossen am Lenkrad des Wagens anging, das Radio spielte karibische Musik, er schwitzte, scherzte, kratzte sich die Mückenstiche und erinnerte uns daran, daß wir *ungeheuer reich* seien, bis wir endlich, endlich in dieses laue, türkisfarbene Meer eintauchen konnten, Ellbogen an Ellbogen mit Hunderten anderer Geschöpfe, die den gleichen Gedanken gehabt hatten. Manchmal an einem gesegneten Wochentag entwischte ich an die Küste und konnte den sauberen, leeren Strand genießen, aber diese einsamen Ausflüge waren voller Gefahren. In jener Zeit der Verlassenheit und Ohnmacht brauchte ich die Berührung mit der Natur mehr denn je, den Frieden eines Waldes, das Schweigen eines Berges oder das Rauschen des Meeres, aber Frauen durften nicht einmal allein ins Kino gehen, geschweige denn hinaus in die offene Landschaft, wo ihnen alles mögliche Unheil zustoßen konnte. Ich fühlte mich als Gefangene in der Wohnung und in meiner eigenen Haut, genauso wie auch meine Kinder sich fühlten, aber wir waren wenigstens in Sicherheit vor der Gewalt der Diktatur, aufgenommen in den Schutz der weiten Räume Venezuelas. Ich hatte einen sicheren Ort gefunden, wo ich ein Vergißmeinnicht in die Erde aus meinem Garten hätte pflanzen können, aber das wußte ich noch nicht.

Michaels seltene Besuche erwartete ich mit Ungeduld, aber wenn ich ihn endlich in meiner Reichweite hatte, empfand ich eine unerklärliche Enttäuschung. Er kam erschöpft von der Arbeit und dem Leben im Camp, er war nicht der Mann, den ich in den erstickend heißen Nächten von Caracas erfunden hatte. In den folgenden Monaten und Jahren gingen uns die Worte aus, wir konnten nur noch neutrale Gespräche führen, die mit Gemeinplätzen und höflichen Phrasen durchsetzt waren. Ich hätte große Lust gehabt, ihn beim Hemd zu packen und zu schütteln und anzuschreien, aber mich hielt der strenge Gerechtigkeitssinn zurück, den ich auf englischen Schulen gelernt hatte, und wenn er kam, begrüßte ich ihn mit einer Zärtlichkeit, die bei seinem Anblick spontan in mir aufstieg, die aber schon nach wenigen Minuten hinschwand. Dieser Mann hatte wieder Wochen im Urwald zugebracht, um das Brot für seine Familie zu verdienen, hatte Chile, seine Freunde und die Sicherheit seiner Arbeit verlassen, um mir in ein ungewisses Abenteuer zu folgen, ich hatte nicht das Recht, ihn mit der Ungeduld meines Herzens zu belästigen. »Es wäre viel gesünder, wenn ihr euch richtig in die Haare kriegen würdet wie wir«, rieten mir meine Mutter und Onkel Ramón, meine einzigen Vertrauten zu jener Zeit, aber es war unmöglich, mit diesem Ehemann Streit anzufangen, der einem keinen Widerstand entgegensetzte; jede Angriffslust fiel in sich zusammen und verkehrte sich in Verdruß in dem stockigen Gewebe unserer Beziehung. Ich versuchte mich zu überzeugen, daß sich trotz der schwierigen Umstände zwischen uns im Grunde nichts geändert habe. Ich schaffte es nicht, aber mit dem Versuch belog ich Michael. Wenn ich offen mit ihm geredet hätte, vielleicht hätten wir dann den endgültigen Zusammenbruch vermeiden können, aber ich hatte nicht den Mut dazu. Ich glühte vor unbefriedigten Wünschen und verzehrender Unruhe, es war eine Zeit verschiedener Liebesaffären, um vom Alleinsein abzulenken. Niemand kannte mich, niemandem brauchte ich Erklärungen abzugeben. Ich suchte Erleichterung, wo ich sie am wenigsten finden konnte, denn in Wirklichkeit tauge ich nicht für die Heimlichkeit, ich bin sehr ungeschickt in den verwickelten Strategien der Lüge, ich hinterließ überall Spuren, aber Michaels Anständigkeit hinderte ihn, sich fremde Falschheit vorzustellen. Insgeheim stritt ich mit mir und verzehrte mich in Schuldgefühlen, hin und her gerissen zwischen dem Widerwillen und der Wut auf mich selbst und dem Groll auf diesen fernen Ehemann, der unerschütterlich in der Wolke der Ahnungslosigkeit schwebte, immer liebenswürdig und zurückhaltend in seiner gleichbleibenden Gelassenheit, nie um etwas bat und sich mit abwesender und unbestimmt dankbarer Miene bedienen ließ. Ich brauchte einen Vorwand, um ein für allemal mit dieser Ehe zu brechen, aber er lieferte ihn mir nie, im Gegenteil, in diesen Jahren wuchs in den Augen der anderen noch sein Nimbus als Heiliger. Ich nehme an, er ging so auf in seiner Arbeit und brauchte so nötig ein Heim, daß er lieber nicht nach meinen Gefühlen oder meinen Aktivitäten forschte; ein Abgrund öffnete sich vor unseren Füßen, aber er wollte das Offensichtliche nicht sehen und klammerte sich weiter an seine Illusionen bis zum letzten Augenblick, als alles mit Getöse abwärts ging. Wenn er etwas vermutete, dann schrieb er es vielleicht einem Anfall von Existenzangst zu und entschied, daß sie von allein vergehen würde wie Eintagsfieber. Ich verstand erst viele Jahre später, daß dieses Ausblenden von Teilen der Wirklichkeit einer seiner charakteristischsten Züge war. Immer nahm ich die ganze Schuld am Scheitern der Liebe auf mich: ich war nicht fähig, ihn so zu lieben, wie anscheinend er mich liebte. Ich fragte mich nicht, ob dieser Mann mehr Hingabe verdiente, ich fragte mich nur, warum ich sie ihm nicht geben konnte. Unsere Wege strebten auseinander, ich veränderte mich und entfernte mich, ohne es vermeiden zu können. Während er im wuchernden grünen Dickicht und der feuchten Hitze eines wilden Landstrichs arbeitete, rannte ich mir wie eine durchgedrehte Ratte den Kopf an den Zementwänden der Wohnung in Caracas ein, immer mit dem Blick nach Süden und die Tage bis zur Rückkehr zählend. Nie hätte ich mir vorgestellt, daß die Diktatur siebzehn Jahre dauern würde.

Der Mann, in den ich mich 1978 verliebte, war Musiker, ein politischer Flüchtling, einer mehr unter den Tausenden, die in den siebziger Jahren aus dem Süden nach Caracas kamen. Er war den Todesschwadronen entkommen und hatte in Buenos Aires seine Frau und zwei Kinder zurückgelassen, während er Unterkunft und Arbeit suchte mit einer Flöte und einer Gitarre als einzigen Visitenkarten. Ich nehme an, diese Liebe zwischen uns passierte ihm durch Zufall, als er es am wenigsten wünschte und es ihm am wenigsten paßte, so wie es auch mir ging. Ein chilenischer Theaterproduzent, der in Caracas auf der Suche nach dem Glück gelandet war, wie viele andere von dem Erdölboom angelockt, setzte sich mit mir in Verbindung und bat mich, ein Lustspiel mit einem lokalen Thema zu schreiben. Das war eine Gelegenheit, die ich mir nicht entgehen lassen durfte, ich war ohne Arbeit und ziemlich verzweifelt, weil meine kümmerlichen Ersparnisse sich in Luft aufgelöst hatten. Ein Komponist wurde gebraucht, der Erfahrung auf diesem Gebiet des Theaters hatte, um die Songs zu schreiben, der chilenische Produzent zog einen aus dem Süden vor, statt einen der ausgezeichneten venezolanischen Musiker zu engagieren. So lernte ich neben einem verstaubten Flügel den Mann kennen, der mein Geliebter werden sollte. An diesen ersten Tag erinnere ich mich nur schwach, ich fühlte mich nicht wohl neben diesem arroganten, unausstehlichen Argentinier, aber seine Begabung beeindruckte mich, er konnte ohne die geringste Anstrengung meine vagen Vorstellungen in präzise musikalische Tonfolgen umsetzen und alle möglichen Instrumente nach dem Gehör spielen. Für mich, die ich nicht einmal imstande bin, »Happy birthday to you« zu singen, war der Mann ein Genie. Er war schlank und straff wie ein Torero, trug einen gutgestutzten Magierbart und war im übrigen ein ironischer und aggressiver Typ. Er war genauso allein und verloren in Caracas wie ich, vermutlich war es das, was uns zusammenbrachte. Nach ein paar Tagen gingen wir in einen Park, um fern von neugierigen Ohren seine Songs durchzugehen, er trug seine Gitarre und ich ein Schreibheft und einen Picknickkorb. Diese und andere ausgedehnte musikalische Sitzungen erwiesen sich später als überflüssig, weil der Produzent sich von heute auf morgen aus dem Staub machte, das Theater mit dem Vertrag sitzenließ und mit neun Leuten, die engagiert waren und die nun keiner bezahlte. Einige wie auch ich hatten Zeit und Mühe vergeudet, andere hatten Geld hineingesteckt, das ebenfalls spurlos verschwunden war, aber mir war wenigstens ein denkwürdiges Abenteuer geblieben.

Bei diesem ersten Picknick in freier Natur erzählten wir uns unsere Vergangenheit, ich berichtete ihm vom Militärputsch, und er klärte mich über die Greuel des *Schmutzigen Krieges* auf und über die Gründe, weshalb er sein Land hatte verlassen müssen, und zum Schluß ertappte ich mich dabei, wie ich Venezuela gegen seine Angriffe verteidigte, die im übrigen aufs Haar denen glichen, die ich am Tag zuvor geäußert hatte. »Wenn dir dieses Land nicht gefällt, warum gehst du nicht wieder, ich bin dankbar, mit meiner Familie in dieser Demokratie leben zu können, hier werden die Menschen wenigstens nicht umgebracht wie in Chile oder Argentinien«, ereiferte ich mich. Er fing an zu lachen, nahm die Gitarre und stimmte einen Tango an, dessen spöttischen Text ich gut kannte; ich kam mir vor wie eine Provinzlerin, was mir in unserer Beziehung immer wieder passierte. Er war einer dieser intellektuellen Nachtschwärmer von Buenos Aires, Stammkunde in Cafés und altertümlichen Gasthäusern, Freund von Theaterleuten, Musikern und Schriftstellern, unersättlicher Leser, ein streitbarer und schlagfertiger Mann, als Gegner fürchterlich, er hatte sich in der Welt umgesehen und berühmte Leute kennengelernt und verführte mich mit seinen Geschichten und seiner Intelligenz, wohingegen ich zweifle, daß ich ihn sonderlich beeindruckte, in seinen Augen war ich eine chilenische Einwanderin von fünfunddreißig Jahren mit Hippiekleidern und bürgerlichen Gewohnheiten. Ein einziges Mal konnte ich ihn blenden, das war, als ich ihm erzählte, daß Che Guevara im Haus meiner Eltern in Genf zu Abend gegessen hatte, an dem Tag sah ich tatsächlich seine Augenbraue einmal hochgehen. Mein Leben lang habe ich festgestellt, daß dieses Abendessen mit dem heldenhaften Guerrillero der kubanischen Revolution für die meisten Männer ein unwiderstehliches Aphrodisiakum ist. Die Sommerregen begannen, und die bukolischen Treffen im Park wurden in Arbeitssitzungen in meiner Wohnung umgewandelt, wo wir kaum allein sein konnten. Eines Tages lud er mich in seine Wohnung ein, eines dieser ärmlichen, von Lärm umgebenen Zimmer, die man von Woche zu Woche mietet. Wir tranken Kaffee, er zeigte mir die Fotos von seiner Familie, dann führte ein Song zum andern, bis wir schließlich im Bett die Flöte spielten. Dies ist nicht eine der plumpen Metaphern, vor denen meine Mutter ein solches Grausen hat, er bot mir wirklich ein Konzert auf diesem Instrument.

Ich verliebte mich wie eine Halbwüchsige. Nach einem Monat war die Lage unhaltbar geworden, er verkündete mir, er werde sich von seiner Frau scheiden lassen, und drängte mich, alles hier aufzugeben und mit ihm nach Spanien zu gehen, wo schon andere argentinische Künstler Zuflucht gefunden und Erfolg gehabt hätten, dort könnten wir Freunde und Arbeit finden. Die Schnelligkeit, mit der er diese Entschlüsse faßte, schienen mir ein unwiderlegbarer Beweis für seine Liebe zu mir, später entdeckte ich allerdings, daß er ein etwas unbeständiger Zwilling war und daß er mit derselben Geschwindigkeit, mit der er beschloß, mit mir zu einem anderen Kontinent auszureißen, auch seine Meinung ändern und zum Ausgangspunkt zurückkehren konnte. Wäre ich ein bißchen schlauer gewesen oder hätte ich mich wenigstens ernsthaft mit Astrologie beschäftigt, als ich für die Zeitschrift in Chile Horoskope verfaßte, dann hätte ich seinen Charakter beobachtet und mich vernünftiger benommen, aber so wie die Dinge liefen, geriet ich kopfüber in ein triviales Melodram, das mich beinahe meine Kinder und sogar das Leben gekostet hätte. Wenn ich im Auto saß, fuhr ich so nervös, daß ich alle nasenlang irgendwo anstieß, und einmal überfuhr ich eine rote Ampel, rammte drei fahrende Wagen und wurde dabei so durchgeschüttelt, daß ich ein paar Minuten betäubt war; ich kam ziemlich bös zugerichtet zu mir und war von Särgen umgeben: barmherzige Hände hatten mich in das nächste Geschäft getragen, und das war ein Beerdigungsinstitut. In Caracas gibt es einen ungeschriebenen Kodex, der die Verkehrsregeln ersetzt: wenn zwei Fahrer von verschiedenen Seiten an eine Straßenkreuzung kommen, sehen sie sich an, und im Bruchteil einer Sekunde wird entschieden, wer als erster fährt. Ich weiß nicht, ob sich das geändert hat, aber ich nehme an, es ist immer noch so, das System ist gerecht und funktioniert besser als die Ampeln, man mußte allerdings aufpassen und den Gesichtsausdruck des andern zu deuten verstehen. In dem Gefühlszustand, in dem ich mich damals befand, gerieten mir diese und andere Zeichen, mit denen man sich auf der Welt bewegt, bisweilen gründlich durcheinander.

Inzwischen hatte sich die Atmosphäre bei mir zu Hause elektrisch aufgeladen, die Kinder spürten, daß der Boden unter ihren Füßen schwankte, und bereiteten mir zum ersten Mal Probleme. Paula, die immer für ihr Alter ein fast zu bedachtsames Kind gewesen war, erlitt die einzigen Anfälle von Wutgetrampel in ihrem Leben, knallte mit den Türen und schloß sich stundenlang ein, um zu weinen. Nicolás benahm sich in der Schule wie ein Rüpel, seine Noten waren niederschmetternd, und im übrigen lebte er von Verbänden umwickelt, er fiel hin, er schnitt sich, er schlug sich den Kopf auf und brach sich den einen oder anderen Knochen mit bestürzender Häufigkeit. In dieser Zeit entdeckte er auch das Vergnügen, mit einer Schleuder Eier auf die benachbarten Wohnungen und auf die Leute auf der Straße abzuschießen. Ich weigerte mich, die Beschuldigungen der Nachbarn anzuerkennen, obwohl wir einen Wochenverbrauch von neunzig Eiern hatten und die Wand des Gebäudes gegenüber mit einer riesigen Tortilla verziert war, von der tropischen Sonne gebacken, aber dann kam der Tag, an dem eines der Geschosse auf dem Kopf eines Senators der Republik landete, der gerade unter unserem Fenster vorbeiging. Hätte Onkel Ramón nicht mit seinem diplomatischen Geschick eingegriffen, wer weiß, ob sie uns nicht die Visa entzogen und aus dem Lande gejagt hätten. Meine Eltern, die den Grund für meine nächtlichen Ausgänge und meine verlängerten Abwesenheiten ahnten, befragten mich so lange, bis ich meine außereheliche Liebschaft gestand. Meine Mutter nahm mich beiseite, um mich daran zu erinnern, daß ich über zwei Kinder zu wachen hätte, sie warnte mich vor den Gefahren, die ich heraufbeschwor, sagte mir aber auch, daß ich trotz allem im Notfall mit ihrer Hilfe rechnen könne. Onkel Ramón nahm mich ebenfalls beiseite, um mir zu raten, diskreter zu sein – »Liebhaber muß man nicht gleich heiraten« –, und was auch immer mein Entschluß sei, er werde zu mir stehen. »Du kommst jetzt mit mir nach Spanien, oder wir sehen uns nie wieder«, drohte mein Flötenspieler zwischen zwei leidenschaftlichen musikalischen Akkorden, und da ich mich nicht entschließen konnte, packte er seine Instrumente ein und ging. Vierundzwanzig Stunden später begannen seine dringenden Telefonanrufe aus Madrid, die mich tagsüber auf die Folter spannten und ein gut Teil der Nacht wachhielten.

Zwischen den Problemen mit den Kindern, der Reparatur des Autos und den drängenden Forderungen der Liebe verlor ich den Überblick über die Tage, und als Michael aus seinem Urwald kam, war ich völlig überrascht. In dieser Nacht wollte ich mit meinem Mann reden, um ihm zu erklären, was vor sich ging, aber bevor ich dazu kam, erzählte er mir, daß er in geschäftlichen Angelegenheiten nach Europa müsse, und lud mich ein, ihn zu begleiten, meine Eltern würden ihre Enkel sicherlich gern eine Woche hüten. »Du mußt die Familie bewahren, die Liebhaber kommen und gehen, ohne Narben zu hinterlassen, flieg mit Michael nach Europa, es wird euch sehr gut tun, miteinander allein zu sein«, riet mir meine Mutter. »Niemals eine Untreue zugeben, selbst wenn sie dich im selben Bett mit dem andern erwischen, denn sie verzeihen es dir nie«, warnte mich Onkel Ramón. Wir flogen also nach Paris, und während Michael seine Arbeit machte, setzte ich mich in eins der kleinen Cafés an den Champs Élysées und dachte über die Telenovela nach, in die ich geraten war, mich peinigten die Erinnerungen an jene heißen Abende, wenn der Tropenregen rauschte und ich der Flöte zuhörte, und auf der anderen Seite plagten mich die natürlichen Nadelstiche der Schuld, und ich wünschte, ein Blitz möge vom Himmel herabfahren und meinen Zweifeln ein drastisches Ende machen. Die Gesichter von Paula und Nicolás tauchten vor mir auf bei jedem Jugendlichen, den ich auf der Straße sah, und das eine wußte ich sicher: ich konnte mich nicht von meinen Kindern trennen. »Das mußt du auch nicht, bring sie mit«, sagte die überredende Stimme des Liebhabers, der mich aus Madrid im Hotel anrief. Ich entschied, daß ich mir nie verzeihen würde, wenn ich der Liebe keine Gelegenheit gäbe, vielleicht die letzte in meinem Leben, denn damals schien mir, mit sechsunddreißig Jahren stünde ich am Rande des Verfalls. Michael kehrte nach Venezuela zurück, ich blieb unter dem Vorwand, ein paar Tage allein sein zu müssen, und fuhr mit dem Zug nach Madrid.

Diese heimlichen Flitterwochen, in denen wir Arm in Arm durch kopfsteingepflasterte Straßen spazierten, bei Kerzenlicht in alten Gasthäusern zu Abend aßen, eng umschlungen beieinander schliefen und das unglaubliche Glück priesen, daß wir auf diese im Universum einzig dastehende Liebe gestoßen waren – sie hielten nur drei Tage an, bis Michael mich abholte. Ich sah ihn kommen, bleich und verstört, er umarmte mich, und die vielen Jahre gemeinsamen Lebens sanken unausweichlich auf mich herab und hüllten mich ein wie ein Mantel. Mir wurde bewußt, daß ich eine große Zärtlichkeit für diesen zurückhaltenden Mann hegte, der mir treue Liebe anbot und Beständigkeit und Heim verkörperte. Unserer Beziehung fehlte die Leidenschaft, aber sie war harmonisch und sicher, ich hatte nicht die Kraft, einer Scheidung ins Gesicht zu sehen und meinen Kindern noch mehr Probleme aufzubürden, die es als Emigrantenkinder ohnehin schwer hatten. Ich nahm Abschied von der verbotenen Liebe unter den Bäumen des Retiro-Parks, der nach einem langen Winter erwachte, und bestieg das Flugzeug nach Caracas. »Was vorgefallen ist, hat keine Bedeutung, alles wird gut werden, wir werden nicht mehr davon sprechen«, sagte Michael, und er hielt Wort. In den folgenden Monaten wollte ich mehrmals mit ihm reden, aber das war nicht möglich, jedesmal wichen wir dem Thema letztlich doch aus. Meine Untreue blieb ungelöst, ein unnennbarer Traum, der wie eine Wolke über unseren Köpfen hing, und wären nicht die beharrlichen Anrufe aus Madrid gewesen, hätte ich sie als eine weitere Erfindung meiner überspannten Einbildungskraft angesehen. Michael suchte Erholung und Frieden bei seinen Besuchen zu Hause, er brauchte verzweifelt den Glauben, daß sich in seinem ruhigen Dasein nichts ändern werde und daß seine Frau diese verrückte Episode völlig überwunden hatte. In seiner Denkweise hatte der Verrat keinen Platz, er verstand die Nuancen des Geschehenen nicht, er nahm an, ich sei zu ihm zurückgekehrt, weil ich den anderen Mann nicht liebte, er glaubte, wir könnten wieder das Paar von einst sein, und im Schweigen würden die Wunden vernarben. Aber nichts wurde wieder, wie es gewesen war, etwas war zerbrochen, und wir würden es niemals zusammenflicken können. Ich schloß mich im Bad ein und heulte laut, und er tat im Schlafzimmer so, als läse er die Zeitung, um nicht nach dem Grund für die Tränen fragen zu müssen. Ich hatte einen weiteren ernsten Autounfall, aber diesmal merkte ich einen Sekundenbruchteil vor dem Zusammenstoß, daß ich statt der Bremse das Gaspedal bis zum Anschlag getreten hatte.

Die Granny begann an dem Tag zu sterben, an dem sie von ihren Enkeln Abschied genommen hatte, und ihre Agonie dauerte drei lange Jahre. Die Ärzte gaben dem Alkohol die Schuld und sagten, er hätte die Leber zerstört, sie sah verquollen aus, und ihre Haut hatte eine lehmige Farbe, aber in Wirklichkeit starb sie vor Kummer. Der Augenblick kam, in dem sie den Sinn für Zeit und Raum verlor, und ihr schien, daß die Tage zwei Stunden dauerten und es keine Nächte gab, sie stand an der Tür und wartete auf ihre Enkel und schlief nicht, weil sie ihre Stimmen hörte, die nach ihr riefen. Sie vernachlässigte das Haus, ließ ihren Herd verwaisen, daß der Duft nach Zimtkuchen nicht länger die Straße durchzog, hörte auf, die Zimmer zu säubern und den Garten zu gießen, daß die Dahlien verschmachteten und an den Pflaumenbäumen die Früchte verdarben, die niemand mehr erntete. Die Schweizer Hündin meiner Mutter legte sich in einen Winkel, um auch langsam zu sterben wie ihre neue Herrin. Mein Schwiegervater verbrachte diesen Winter im Bett und pflegte eine eingebildete

Erkältung, weil er sich der Angst nicht stellen konnte, seine Frau zu verlieren, und weil er glaubte, wenn er die augenscheinlichen Tatsachen nicht beachtete, vermöchte er die Wirklichkeit zu ändern. Die Nachbarn, die die Granny als die Feenmutter der Gemeinde ansahen, lösten sich anfangs ab, um ihr Gesellschaft zu leisten und ihr zu tun zu geben, aber allmählich blieb einer nach dem andern weg. Diese Dame mit den himmelblauen Augen, einst untadelig in ihrem geblümten Baumwollkleid, immer mit den Köstlichkeiten aus ihrer Küche beschäftigt, deren Tür für die Kinder der Umgebung stets offen gestanden hatte, verwandelte sich schnell in eine kahlköpfige Greisin, die unzusammenhängendes Zeug redete und die halbe Welt fragte, ob jemand ihre Enkel gesehen habe. Als sie sich in ihrem eigenen Haus nicht mehr zurechtfand und ihren Mann ansah, als kenne sie ihn nicht, beschloß Michaels Schwester, einzugreifen. Sie besuchte ihre Eltern und stellte fest, daß sie wie in einem Schweinestall lebten, seit Monaten hatte niemand mehr saubergemacht, Unrat und leere Flaschen lagen zuhauf, die Verwüstung war endgültig in das Haus und in die Seelen seiner Bewohner eingezogen. Sie begriff entsetzt, daß die Situation die Grenzen des Erträglichen erreicht hatte, hier ging es nicht darum, die Fußböden zu scheuern, Ordnung zu schaffen und jemanden anzustellen, der sich um die alten Leute kümmerte, wie sie anfangs geglaubt hatte – sie konnte weiter nichts tun, als sie mitzunehmen. Sie verkaufte einige Möbel, brachte die anderen auf einen Speicher, verschloß das Haus und flog mit ihren Eltern nach Montevideo. Im Trubel der letzten Stunden verschwand die Hündin still und leise, und niemand sah sie wieder. Ehe eine Woche vergangen war, erhielten wir in Caracas die Nachricht, daß die Granny ihre letzten Kräfte verausgabt hatte, nicht mehr aufstehen konnte und im Krankenhaus lag. Michael war gerade an einem kritischen Zeitpunkt seiner Arbeit, der Urwald drohte das im Bau befindliche Werk zu verschlingen, Regen und Flüsse hatten die Dämme fortgerissen, und Krokodile schwammen in den Hohlräumen, die für die Fundamente gegraben worden waren. Ich ließ die Kinder wieder bei meinen Eltern und flog nach Montevideo, um mich von der Granny zu verabschieden.

Uruguay war zu der Zeit ein Land, das zum Verkauf stand. Unter dem Vorwand, die Guerrilla zu vernichten, hatte die Militärdiktatur den Kerker, die Folter und die Massenerschießungen als Regierungsstil eingeführt; Tausende von Menschen verschwanden und starben, fast ein Drittel der Bevölkerung emigrierte, flüchtete vor den Greueln dieser Zeit, während die Militärs und eine Handvoll ihrer Kollaborateure sich an der zurückgelassenen Habe bereicherten. Die Auswanderer nahmen nicht viel mit und waren gezwungen, ihr Eigentum zu verkaufen, an jeder Straßenecke tauchten Schilder auf, die Verkäufe und Versteigerungen anzeigten. In diesen Jahren konnte man Häuser, Möbel, Wagen und Kunstwerke zu Spottpreisen kaufen, die Sammler aus dem übrigen Kontinent strömten wie die Piranhas in dieses Land auf der Suche nach Antiquitäten.

Das Taxi brachte mich in trister Augustfrühe, wir hatten Winter im Süden der Erde, durch leere Straßen, in denen die Hälfte der Häuser unbewohnt waren, vom Flughafen zum Krankenhaus. Ich ließ meinen Koffer in der Pförtnerloge, stieg zwei Treppen hoch und traf auf einen übernächtigten Pfleger, der mich zu dem Zimmer führte, in dem die Granny lag. Ich erkannte sie nicht wieder, in diesen drei Jahren hatte sie sich in eine kleine Eidechse verwandelt, aber dann öffnete sie die Augen, und durch die wolkige Trübung sah ich einen Funken Aquamarin blitzen und fiel neben dem Bett auf die Knie. »Hallo, Töchterchen, wie geht's meinen Kindern?« murmelte sie, aber meine Antwort konnte sie nicht mehr hören, denn eine Blutwelle tauchte sie in Bewußtlosigkeit, aus der sie nicht wieder erwachte. Ich blieb bei ihr und wartete auf den Tag und hörte dem Gurgeln der Schläuche zu, die ihr den Magen absaugten und Luft in die Lungen bliesen, und dabei gedachte ich der glücklichen Jahre und der tragischen Jahre, die wir zusammen erlebt hatten, und dankte ihr für ihre bedingungslose Liebe. »Laß dich gehen, Granny, hör auf zu kämpfen und zu leiden, bitte geh schnell«, bat ich sie, während ich ihr die Hände streichelte und die fiebrige Stirn küßte. Als die Sonne aufging, fiel mir Michael ein, und ich rief ihn an und sagte, er solle das erste Flugzeug nehmen und kommen, um seinem Vater und seiner Schwester beizustehen, denn er durfte in dieser Stunde nicht fehlen.

Die liebe Granny wartete geduldig bis zum nächsten Tag, damit ihr Sohn sie noch ein paar Minuten lebend sehen konnte. Wir waren beide an ihrem Bett, als sie zu atmen aufhörte. Michael ging, um seine Schwester zu trösten, und ich blieb und half der Krankenschwester beim Waschen und Herrichten, um so meiner Schwiegermutter die unendlich vielen Liebesdienste zurückzugeben, die sie im Leben an meine Kinder verschwendet hatte, und während ich einen nassen Schwamm über ihren Körper führte und ihr die wenigen Haare kämmte, die sie noch auf dem Kopf hatte, und sie mit Eau de Cologne einrieb und ihr ein Nachthemd ihrer Tochter überzog, erzählte ich ihr von Paula und Nicolás, von unserem Leben in Caracas, erzählte ihr, wie sehr ich sie vermißte und wie sehr ich sie brauchte in dieser unglückseligen Etappe meines Lebens, in der unser Heim so gefährdet und von widrigen Winden geschüttelt war. Am Tag darauf begruben wir die Granny auf dem englischen Friedhof unter einem Jasminstrauch, genau an dem Platz, den sie sich zum Ruhen ausgesucht hätte. Ich nahm zum letztenmal von ihr Abschied, zusammen mit Michaels Familie, und es erstaunte mich, sie so still und ohne Tränen zu sehen, aber sie wurden zurückgehalten durch das nüchterne Taktgefühl, mit dem die Angelsachsen ihre Toten zu beerdigen gelernt haben. Jemand verlas die rituellen Worte, aber ich hörte sie nicht, ich lauschte nur der Stimme der Granny, wie sie ihre Großmutterlieder sang. Jeder warf eine Blume und eine Handvoll Erde auf den Sarg, wir umarmten uns schweigend und zogen uns langsam zurück. Sie blieb allein in ihrem Schlaf in diesem Garten. Wenn ich seither Jasmin rieche, kommt die Granny mich grüßen.

Als wir nach Hause kamen, ging mein Schwiegervater sich die Hände waschen, während seine Tochter den Tee bereitete. Bald darauf betrat er das Eßzimmer in seinem dunklen Anzug, Pomade im Haar und eine Rosenknospe im Revers, gutaussehend und immer noch jung, zog den Stuhl mit den Ellbogen zurück, um ihn nicht mit den Händen zu berühren, und setzte sich.

»Wo ist meine *young lady*?« fragte er, verwundert, seine Frau nicht zu sehen.

»Sie ist nicht mehr bei uns, Papa«, sagte seine Tochter, während wir alle uns erschrocken anblickten.

»Sag ihr, daß der Tee fertig ist, wir warten auf sie.«

Da wurde uns klar, daß für ihn die Zeit stehengeblieben war und daß er noch nicht wußte, daß seine Frau gestorben war. Er wußte es auch bis zum Ende seines Lebens nicht mehr. Er hatte dem Begräbnis zerstreut zugesehen, als handelte es sich um das eines entfernten Verwandten, und sich in seine Erinnerungen zurückgezogen, vor seine Augen hatte sich der Vorhang des Altersschwachsinns gesenkt, und er betrat nie wieder den Boden der Wirklichkeit. Die einzige Frau, die er geliebt hatte, blieb für immer jung und fröhlich an seiner Seite, er hatte vergessen, daß er Chile verlassen und alles verloren hatte, was er besaß. Während der folgenden zehn Jahre, bis er, zur Größe eines Kindes zusammengeschrumpft, in einem Heim für geistesgestörte alte Leute starb, blieb er überzeugt, daß er in seinem Haus neben dem Golfplatz lebte, daß die Granny gerade in der Küche Pflaumenkompott kochte und daß sie die Nacht zusammen schlafen würden wie jede Nacht siebenundvierzig Jahre lang.

Der Augenblick war gekommen, mit Michael über die so lange totgeschwiegenen Dinge zu sprechen, er konnte nicht weiter bequem in einer eingebildeten Welt leben wie sein Vater. An einem regnerischen Nachmittag machten wir uns, in Ponchos und wollene Schals eingepackt, zu einem Spaziergang am Strand des Rio de la Plata auf. Ich weiß nicht mehr, in welchem Augenblick ich endlich den Gedanken guthieß, daß ich mich von ihm trennen mußte, vielleicht am Bett der Granny, als wir sie beide sterben sahen, oder als wir sie auf dem Friedhof unter Jasmin alleinließen, oder vielleicht hatte ich es auch schon mehrere Wochen früher beschlossen; ich erinnere mich auch nicht, wie ich ihm ankündigte, daß ich nicht mit ihm nach Caracas zurückfliegen würde, daß ich nach Spanien ginge, mein Glück zu versuchen, und vorhätte, die Kinder später nachzuholen. Ich sagte ihm, ich wüßte, wie schwierig es für sie sein werde, und es täte mir sehr leid, ihnen diese erneute Prüfung nicht ersparen zu können, aber die Kinder müßten dem Schicksal der Mutter folgen. Ich sprach behutsam, wog meine Worte ab, um ihn so wenig wie möglich zu verletzen, mich drückte das Schuldgefühl nieder und das Mitleid, das er mir einflößte, in wenigen Stunden hatte dieser Mann seine Mutter, seinen Vater und seine Frau verloren. Er antwortete, ich sei nicht recht bei Sinnen und gänzlich unfähig, Entscheidungen zu treffen, deshalb würde er sie für mich übernehmen, um mich zu schützen und die Kinder zu schützen; ich könne nach Spanien gehen, wenn ich das wolle, dieses Mal werde er mich nicht zurückholen, aber er werde mir niemals die Kinder ausliefern; ich könne mir auch nicht einen Teil unserer Ersparnisse mitnehmen, denn wenn ich die Familie verließe, verlöre ich alle meine Rechte darauf. Er bat mich, alles noch einmal zu überdenken, und versprach mir, wenn ich auf diese verrückte Idee verzichtete, würde er mir alles verzeihen, wir würden einen Schlußstrich darunter ziehen und könnten noch einmal von vorn anfangen. Da begriff ich, daß ich zwanzig Jahre umsonst gearbeitet hatte und letztlich doch nichts besaß, der Lohn für meine Mühen war in den täglichen Ausgaben aufgegangen, Michael dagegen hatte seinen Teil klug angelegt, und das bißchen Vermögen, das wir hatten, lief unter seinem Namen. Ohne Geld, um die Kinder zu unterhalten, konnte ich sie nicht mitnehmen, selbst wenn ihr Vater sie gehen ließe. Es war ein ruhiges Gespräch, ohne erhobene Stimmen, das knapp zwanzig Minuten dauerte und in einer ehrlichen Abschiedsumarmung endete.

»Sprich zu Paula und Nicolás nicht schlecht über mich«, bat ich ihn.

»Niemals werde ich zu den Kindern schlecht über dich sprechen. Denk immer daran, daß wir drei dich sehr lieben und auf dich warten werden.«

»Ich werde sie holen, sowie ich Arbeit habe.«

»Ich werde sie dir nicht geben. Du kannst sie sehen, so oft du möchtest, aber wenn du jetzt gehst, verlierst du sie für immer.«

»Das werden wir noch sehen . . .«

Im Grunde war ich nicht beunruhigt, ich nahm an, daß Michael bald nachgeben würde, er hatte keine Ahnung, was es bedeutete, Kinder aufzuziehen, bisher hatte er sein Amt als Vater aus bequemer Entfernung ausgeübt. Seine Arbeit erleichterte die Dinge nicht, er konnte die Kinder nicht in die halbwilde Umgebung mitnehmen, in der er den größten Teil seiner Zeit verbrachte, und er konnte sie auch nicht in Caracas alleinlassen; ich war sicher, noch ehe ein Monat vergangen war, würde er mich verzweifelt bitten, sie zu mir zu nehmen.

Ich flog fort aus dem finsteren Winter von Montevideo und landete am nächsten Tag im glühendheißen August von Madrid, entschlossen, die Liebe auszuleben bis ins letzte. Aus der romantischen Illusion, die ich mir bei heimlichen Treffen und drängenden Briefen erdichtet hatte, fiel ich in die schäbige Realität der Armut, die auch durch Tage und Nächte unersättlicher Umarmungen nicht gemildert wurde. Wir mieteten eine kleine, lichtlose Wohnung in einem Arbeitervorort der Stadt, in einem von Dutzenden völlig gleich aussehender Backsteingebäude. Es gab nichts Grünes, nicht ein einziger Baum wuchs hier, man sah nur kahle Hinterhöfe, Sportplätze, Zement, Asphalt und Ziegelstein. Mich traf diese Häßlichkeit wie eine Ohrfeige. »Du bist eine sehr verwöhnte Bürgerliche«, verspottete der Liebhaber mich zwischen zwei Küssen, aber im Grunde war sein Vorwurf ernst gemeint. Auf dem Flohmarkt erstanden wir ein Bett, einen Tisch, drei Stühle, ein paar Teller und Töpfe, die uns ein schlecht gelaunter Bursche in seinem klapprigen Lieferwagen nach Hause fuhr. Aus einer Laune heraus, der ich nicht widerstehen konnte, kaufte ich auch eine Blumenvase, aber ich hatte nie genug Geld, um Blumen hineinzustellen. Morgens zogen wir aus auf Arbeitssuche, abends kamen wir zermürbt und mit leeren Händen wieder heim. Seine Freunde schienen uns zu meiden, die Versprechungen lösten sich in nichts auf, die Türen schlossen sich vor uns, niemand antwortete auf unsere Bewerbungen, und das Geld nahm rapide ab. In jedem Kind, das auf der Straße spielte, glaubte ich die meinen zu erkennen, die Trennung von den beiden tat mir körperlich weh, ich dachte schließlich sogar, das ständige Brennen in der Magengegend rühre von Geschwüren oder gar Krebs her. Es gab Zeiten, in denen ich wählen mußte, ob ich Brot oder Marken für einen Brief an meine Mutter kaufen sollte, und ich verbrachte ganze Tage, ohne zu essen. Ich versuchte, mit ihm ein Musical zu schreiben, aber die freundliche Komplizenschaft der Picknicks im Park und der Abende am verstaubten Flügel des Theaters in Caracas hatte sich erschöpft, meine Beklemmung trennte uns, die Unterschiede wurden immer deutlicher, die jeweiligen Mängel offenkundig. Über die Kinder sprachen wir nicht, denn jedesmal, wenn wir sie nur erwähnten, riß ein Abgrund zwischen uns auf, ich wurde traurig und er mürrisch. Aus unwichtigsten Anlässen entwickelten sich wütende Auseinandersetzungen, die Versöhnungen waren wahre Wettkämpfe der Leidenschaft, die uns halb betäubt zurückließen.

So vergingen drei Monate. In dieser Zeit fand ich weder Arbeit noch Freunde, meine letzten Ersparnisse gingen dahin, und nach und nach versiegte meine glühende Liebe zu einem Mann, der sicherlich mehr Glück verdient hätte. Es muß die Hölle für ihn gewesen sein, meine Angst um die fernen Kinder zu ertragen, meine Laufereien zur Post und meine nächtlichen Fahrten zum Flughafen, wo ein einfallsreicher Chilene irgendwelche Telefonkabel verknüpft hatte, um kostenlos internationale Verbindungen herzustellen. Hier trafen wir uns hinter dem Rücken der Polizei, wir, die armen Flüchtlinge aus Südamerika – die *sudacas*, wie sie uns verächtlich nannten –, um mit unseren Familien am anderen Ende der Welt zu sprechen. So erfuhr ich, daß Michael zu seiner Arbeit zurückgekehrt war und die Kinder allein waren, überwacht durch meine Eltern von ihrer Wohnung aus zwei Stock darüber, daß Paula die Hausarbeiten und die Betreuung ihres Bruders mit der Strenge eines Sergeanten übernommen hatte, daß Nicolás sich einen Arm gebrochen hatte und sichtlich immer dünner wurde, aber nicht essen wollte. Inzwischen ging meine Liebe in Fetzen, die Not und die Sehnsucht hatten sie zer-

stört. Bald entdeckte ich, daß mein Liebhaber vor Alltags-
problemen sehr leicht den Mut verlor und entweder in
Depression verfiel oder in Anwandlungen eines aberwitzi-
gen Humors; ich konnte mir meine Kinder nicht mit einem
solchen Stiefvater vorstellen, und als nun Michael endgültig einsah, daß er sich nicht genügend um sie kümmern
konnte, und bereit war, sie zu mir zu schicken, da wußte
ich, daß ich auf dem Grund angelangt war und mich nicht
länger mit Feenmärchen selbst betrügen konnte. Ich war
dem Flötenspieler in hypnotischer Trance gefolgt wie die
Ratten von Hameln, aber ich konnte meine Familie nicht in
das gleiche Schicksal hineinreißen. In dieser Nacht überprüfte ich rückhaltlos meine unzähligen Fehler der vergangenen Jahre, von den Risiken, denen ich mich mitten in der
Diktatur ausgesetzt hatte und die mich gezwungen hatten,
Chile zu verlassen, bis zu dem anerzogenen Schweigen,
das mich von Michael trennte, und der Unvernunft, mit
der ich durchgebrannt war, ohne eine Erklärung abzugeben und ohne den grundlegenden Aspekten einer Scheidung ins Gesicht zu sehen. In dieser Nacht endete meine
Jugend, und ich trat in einen neuen Lebensabschnitt ein.
Schluß, sagte ich.

Um fünf Uhr früh fuhr ich zum Flughafen, konnte einen
kostenlosen Anruf zu Onkel Ramón durchbringen und bat
ihn, mir Geld für eine Flugkarte zu schicken. Als es ankam, verabschiedete ich mich von meinem Liebhaber in
der Gewißheit, daß ich ihn nie wiedersehen würde, und elf
Stunden später landete ich in Venezuela, geschlagen, ohne
Gepäck und ohne andere Pläne, als meine Kinder zu umarmen und nie wieder loszulassen. Michael erwartete mich
am Flughafen, begrüßte mich mit einem keuschen Kuß auf
die Stirn, die Augen voller Tränen, sagte bewegt, für das
Geschehene sei er verantwortlich, weil er sich nicht besser
um mich gekümmert habe, und bat mich, mit Rücksicht
auf die gemeinsamen Jahre und aus Liebe zur Familie ihm

noch einmal eine Gelegenheit zu geben, damit wir ganz neu anfangen könnten. »Ich brauche Zeit«, antwortete ich, von seinem Edelmut erdrückt und gleichzeitig wütend, ohne zu wissen weshalb. Schweigend fuhr er hügelaufwärts nach Caracas, und als wir zu Hause ankamen, sagte er, er werde mir soviel Zeit geben, wie ich wünschte, er würde zu seiner Arbeit im Urwald fahren, und wir würden wenig Gelegenheit haben, uns zu sehen.

Heute ist mein Geburtstag, ich werde ein halbes Jahrhundert alt. Vielleicht werden uns heute nachmittag Freunde besuchen, hier kommen die Leute ohne vorherige Ankündigung, es ist ein offenes Haus, wo die Lebenden und die Toten Hand in Hand gehen. Willie und ich haben es vor ein paar Jahren gekauft, als wir erkannt hatten, daß die Liebe auf den ersten Blick kein Zeichen von Ermüdung gab und daß wir ein größeres Haus als seines brauchten. Als wir es sahen, schien es uns zu erwarten, besser gesagt, es rief uns. Es sah müde aus, das Holz schälte sich, vieles mußte repariert werden, und innen war es dunkel, aber es hatte eine überwältigende Aussicht auf die Bucht und eine wohlwollende Seele. Uns wurde gesagt, die alte Besitzerin sei hier vor ein paar Monaten gestorben, und wir dachten, wie glücklich sie in diesen Räumen gewesen sein mußte, in denen die Erinnerung an sie noch lebendig war. Wir kauften es binnen einer halben Stunde, ohne zu feilschen, und in den folgenden Jahren wurde es die Zuflucht eines regelrechten Anglo-latino-Stammes, wo spanische und englische Worte durcheinanderklingen, in der Küche pikant gewürzte Gerichte in den Töpfen sieden und der Tisch manchmal nicht ausreicht für die Gäste. Die Räume dehnen und vervielfältigen sich, um alle unterzubringen, die da kommen: Großeltern, Enkel, Willies Kinder und nun Paula, dieses Mädchen, das sich langsam in einen Engel verwandelt. Zwischen den Grundmauern haust eine Kolonie Stinktiere, und jeden Nachmittag erscheint die geheimnisvolle graue Katze, die uns offensichtlich adoptiert hat. Vor ein paar Tagen legte sie einen frisch erlegten, noch blutigen Vogel mit blauen Flügeln auf das Bett meiner Tochter, ich denke mir, es ist ihre feinsinnige Art, empfangene Aufmerksamkeiten zu vergelten. In den letzten vier Jahren hat sich das Haus verändert, es hat große Oberlichtfenster bekommen, damit die Sonne und die Sterne hereinschauen können, dazu Teppiche und weiße Wände, mexikanische Fliesen und einen kleinen Garten. Wir stellten ein Team Chinesen ein, die einen Schuppen anbauen sollten, aber sie verstanden kein Englisch, brachten die Anweisungen durcheinander, und als wir es endlich merkten, hatten sie dem Erdgeschoß zwei Räume hinzugefügt, eine Toilette und ein merkwürdiges Gelaß, das schließlich Willies Tischlerwerkstatt geworden ist. Im Keller habe ich greuliche Überraschungen für die Enkel versteckt: ein Skelett aus Gips, Karten von Schatzinseln, Koffer mit Piratenkostümen und Phantasieschmuck. Ich hege die Hoffnung, daß ein unheimlicher Keller ein guter Anreiz für die Einbildungskraft ist, für mich war es der vom Tata auf jeden Fall. In den Nächten schüttert das Haus, ächzt und gähnt, und mir geht dann durch den Sinn, daß durch die Zimmer die Erinnerungen seiner Bewohner wandeln und die Gestalten, die aus den Büchern und den Träumen entfliehen, das sanfte Gespenst der alten Besitzerin und Paulas Seele, die sich von Zeit zu Zeit aus den schmerzenden Fesseln ihres Körpers befreit. Die Häuser brauchen Geburten und Tode, um wirkliche Heimstätten zu werden. Heute ist ein Tag zum Feiern, wir werden eine Geburtstagstorte haben, und Willie wird aus dem Büro heimkommen, mit Tüten vom Markt beladen, und entschlossen sein, den Nachmittag dem Verpflanzen seiner Rosenstöcke in feste Erde zu widmen. Das ist sein Geschenk für mich. Diese armen

Sträuchlein in ihren Fäßchen sind ein Sinnbild für die Wandertätigkeit ihres Herrn, der sich immer eine Tür offenließ, um verschwinden zu können, wenn die Dinge brenzlig wurden. So war das früher mit all seinen Beziehungen, es kam ein Punkt, da packte er schnell seine Wäsche ein und verschwand und karrte seine Fäßchen zu einem anderen Ziel. »Ich glaube, hier werden wir lange bleiben, es ist an der Zeit, meine Rosen in den Garten zu pflanzen«, verkündete er mir gestern. Ich mag diesen Mann eines so anderen Schlages, der mit langen Schritten geht, kräftig lacht, mit dröhnender Stimme spricht, die Hähnchen zum Abendessen mit dem Hackebeil zerkleinert und das Kochen ohne viel Gewese erledigt, und der sich so sehr von anderen unterscheidet, die ich geliebt habe. Ich freue mich über seine Zurschaustellungen maskuliner Energie, denn er gleicht sie durch einen unerschöpflichen Vorrat an Freundlichkeit aus, auf den ich jederzeit zurückgreifen kann. Er hat große Schicksalsschläge überlebt, ohne sich mit Zynismus zu wappnen, und heute kann er sich ohne Einschränkungen dieser späten Liebe hingeben und dieser Latinosippe, in der er inzwischen einen wichtigen Rang einnimmt. Der Rest der Familie wird später kommen, Celia und Nicolás werden sich vor dem Fernseher einrichten, während Paula in ihrem Rollstuhl schläft, wir werden das Plastikbecken auf der Terrasse mit Wasser füllen, damit Alejandro planschen kann, der sich schon an seine schweigende Tante gewöhnt hat. Ich glaube, heute wird wieder ein friedlicher Sonntag werden.

Ich bin fünfzig Jahre alt, bin in die letzte Hälfte meines Lebens getreten, aber ich fühle die gleiche Kraft wie in meinen Zwanzigern, der Körper versagt mir noch nicht den Dienst. Altes Mütterchen... so nannte mich Paula aus Zärtlichkeit. Jetzt erschreckt mich das Wort ein bißchen, es erinnert an eine Matrone mit Runzeln und Warzen. In anderen Kulturen kleiden die alten Frauen sich schwarz, binden sich ein Tuch um den Kopf, lassen den Schnurrbart sichtbar stehen und ziehen sich aus dem Trubel der Welt zurück, um sich frommen Riten zu widmen, ihre Toten zu beklagen und ihre Enkel zu hüten, aber in Nordamerika unternehmen sie groteske Anstrengungen, um sich immer gesund und glücklich vorzukommen. Ich habe einen Fächer von feinen Fältchen um die Augen, wie zarte Narben vom Lachen und Weinen der Vergangenheit; ich ähnele dem Foto meiner hellsichtigen Großmutter, der gleiche Ausdruck von Eindringlichkeit, gefärbt von Trauer. Ich verliere Haarbüschel an den Schläfen; in der Woche, in der Paula krank wurde, erschienen ein paar kahle Stellen, rund wie Münzen, man sagte mir, das käme vom Kummer, später würde da wieder Haar wachsen, aber in Wirklichkeit macht mir das nichts aus. Ich mußte Paula ihre lange Mähne abschneiden, und jetzt hat sie einen Knabenkopf, sie sieht viel jünger aus, sie ist in die Kindheit zurückgekehrt. Ich frage mich, wie lange ich noch leben werde und wofür. Das Alter und die Umstände haben mich neben diesen Rollstuhl gesetzt, damit ich über meine Tochter wache. Ich bin ihr Wächter und der meiner Familie ... Ich lerne in Windeseile die Vorzüge des Entsagens. Werde ich wieder schreiben? Jeder Wegabschnitt unterscheidet sich vom andern, und vielleicht ist der des Schreibens schon vollendet. Ich werde es in einigen Monaten wissen, am nächsten 8. Januar, wenn ich mich vor die Maschine setze, um einen neuen Roman zu beginnen und die Gegenwart oder aber die Abwesenheit der Geister spüre. In diesen Monaten bin ich leer geblieben, die Eingebung war versiegt, aber es ist auch möglich, daß die Geschichten Wesen mit eigenem Leben sind, die im Dunkel einer geheimnisvollen Dimension existieren, und in dem Fall ginge es nur darum, mich erneut zu öffnen, damit sie in mich einziehen, sich nach ihrem Gutdünken zusammenfügen und in Worte verwandelt wieder hervortreten. Sie gehören mir nicht, sie sind nicht meine Schöpfungen, aber wenn es mir gelingt, die Mauern der Angst niederzureißen, in die ich eingesperrt bin, kann ich ihnen wieder als Medium dienen. Wenn das nicht geschieht, werde ich den Beruf wechseln müssen. Seit Paula krank geworden ist, verbirgt ein Vorhang aus Finsternis die phantastische Welt, in der ich früher frei umherspazierte; die Wirklichkeit ist unbarmherzig geworden. Die Erfahrungen von heute sind die Erinnerungen von morgen; früher fehlte es mir nicht an außergewöhnlichen Begebenheiten, die ich mir ins Gedächtnis grub, und daraus sind alle meine Geschichten geboren. Eva Luna sagt gegen Schluß meines dritten Buches: »*Wenn ich schreibe, erzähle ich das Leben so, wie ich es gern haben würde.*« Ich weiß nicht, ob mein Weg ungewöhnlich war oder ob ich diese Bücher von einer banalen Existenz aus geschrieben habe, aber mein Gedächtnis ist nur aus Abenteuern, Lieben, Freuden und Leiden gemacht; die bedeutungslosen Vorfälle im täglichen Einerlei sind daraus verschwunden. Wenn ich zurückblicke, ist mir, als wäre ich die Hauptdarstellerin in einem Melodram gewesen, heute dagegen ist alles zum Stillstand gekommen, es gibt nichts zu erzählen, die Gegenwart hat die harte Gewißheit der Unausweichlichkeit. Ich schließe die Augen, und vor mir steigt das unsagbar traurige Bild meiner Tochter in ihrem Rollstuhl auf, der Blick ist auf das Meer gerichtet, sie schaut über den Horizont hinaus, dorthin, wo der Tod beginnt.

Was wird mit dem großen, leeren Raum geschehen, der ich jetzt bin? Womit soll ich mich füllen, wenn nicht eine Faser Ehrgeiz, kein Vorhaben, nichts von mir geblieben ist? Die Saugkraft des schwarzen Lochs wird mich in sich hineinziehen, und ich werde verschwinden. Sterben... Den Körper verlassen ist eine faszinierende Vorstellung. Ich will nicht länger am Leben bleiben und innen sterben, wenn ich weiter auf dieser Erde leben soll, muß ich die

Jahre planen, die noch vor mir liegen. Vielleicht ist das Alter ein neuer Anfang, vielleicht kann man in die magische Zeit der Kindheit zurückkehren, diese Zeit vor dem linearen Denken und den Vorurteilen, als ich das Universum mit den überspannten Sinnen eines Geistesgestörten wahrnahm und frei war, das Unglaubliche zu glauben und Welten zu erforschen, die später, in der Epoche der Vernunft, verschwanden. Was habe ich groß zu verlieren, was mit Klauen festzuhalten? Sollte dies die Freiheit sein? Mir geht durch den Sinn, daß uns Großmüttern die Rolle der schützenden Hexen zufällt, wir müssen über die jüngeren Frauen, die Kinder, die Gemeinschaft wachen und auch, warum nicht, über diesen mißhandelten Planeten, das Opfer so vieler Schändungen. Ich würde gern auf einem Besen fliegen und mit anderen heidnischen Hexen im Wald beim Schein des Mondes tanzen, die Kräfte der Erde anrufen und Dämonen anheulen, ich möchte mich in eine weise Alte verwandeln, uralte Zaubersprüche und Geheimnisse von Heilern lernen. Es ist nicht wenig, was ich verlange. Die Hexen sind wie die Heiligen einsame Sterne, die mit eigenem Licht leuchten, sie hängen von nichts und niemandem ab, deshalb haben sie auch keine Furcht und können sich blind in den Abgrund stürzen und sicher sein, daß sie nicht zerschmettert werden, sondern wieder herausfliegen. Sie können sich in Vögel verwandeln, um die Welt von oben, und in Würmer, um sie von unten zu sehen, sie können in anderen Dimensionen leben und zu anderen Galaxien reisen, sie sind Segler in einem unendlichen Ozean von Bewußtsein und Wissen.

Als ich endgültig auf die fleischliche Leidenschaft für einen unzuverlässigen argentinischen Musiker verzichtete, dehnte sich vor meinen Augen eine unendliche Wüste von Ödnis und Einsamkeit. Ich war siebenunddreißig Jahre alt und hatte beschlossen, weil ich die Liebe im allgemeinen mit dem Liebhaber im besonderen verwechselte, mich für immer von dem Laster der Verliebtheit zu kurieren, das mir letztlich nur ein heilloses Durcheinander eingebracht hatte. Zum Glück schaffte ich das denn doch nicht ganz, die Neigung blieb latent wie ein unter dickem Polareis gequetschter Same, der bei der ersten lauen Brise eigensinnig zu sprießen beginnt. Nachdem ich zu meinem Mann nach Caracas zurückgekehrt war, bedrängte mich der Liebhaber noch eine Zeitlang, aber wohl mehr der Form halber als aus einem anderen Grund. Das Telefon läutete, ich hörte das charakteristische Klicken der internationalen Anrufe und legte auf, ohne zu antworten; mit der gleichen Entschlossenheit zerriß ich seine Briefe, ohne sie zu öffnen, bis der Flötenspieler seine Verständigungsversuche aufgab. Seither sind fast fünfzehn Jahre vergangen, und wenn mir damals einer gesagt hätte, ich würde ihn schließlich vergessen, hätte ich es niemals geglaubt, denn ich war sicher, einer dieser heroischen Lieben begegnet zu sein, die ihres tragischen Endes wegen den Stoff für Opern hergeben. Heute habe ich eine bescheidenere Vorstellung und hoffe nur, daß ich ihn wenigstens erkennen würde, wenn ich ihn in einer Kurve des Weges wiederträfe.

Über mehr als zwei Jahre war diese gescheiterte Beziehung eine offene Wunde, ich war buchstäblich krank vor Liebe, aber das erfuhr niemand, nicht einmal meine Mutter, die mich genau beobachtete. An manchen Morgen hatte ich nicht die Kraft, aus dem Bett aufzustehen, so elend machte mich diese Trennung, und in manchen Nächten erdrückten mich die Erinnerungen und das brennende Verlangen, das ich mit eiskalten Duschen bekämpfte, wie sie mein Großvater liebte. In dem fieberhaften Wunsch, mit der Vergangenheit aufzuräumen, zerriß ich auch die Noten seiner Songs und mein Stück, was ich schon mehrmals bereut habe, denn vielleicht waren sie ja gar nicht so schlecht. Ich kurierte mich mit dem Mittel, das ich Michael abgeguckt hatte: ich begrub die Liebe im Sand des Schweigens. Mehrere Jahre sprach ich nicht über das Geschehene, bis es nicht mehr wehtat, und so drastisch ging ich vor beim Ausmerzen der Erinnerung an selbst die schönsten Liebkosungen, daß ich es übertrieb und nun eine beunruhigende Lücke im Gedächtnis habe, in der nicht nur die Kümmernisse jener Zeit untergegangen sind, sondern auch ein gut Teil der Freuden.

Bei diesem Abenteuer entsann ich mich der ersten Lektion, die ich in meiner Kindheit lernte, und ich kann mir gar nicht erklären, wie ich sie vergessen konnte: es gibt keine Freiheit ohne ökonomische Unabhängigkeit. Während meiner Ehejahre befand ich mich, ohne es zu merken, in derselben verwundbaren Lage wie seinerzeit meine Mutter, als sie von der Barmherzigkeit meines Großvaters abhing. Als Kind hatte ich mir gelobt, daß mir so etwas nicht passieren würde, ich war entschlossen, stark und produktiv zu sein wie der Patriarch der Familie, damit ich nie jemanden um etwas bitten müßte, und produktiv war ich in der Tat, aber statt mit dem Gewinn aus meiner Arbeit gut zu wirtschaften, vertraute ich ihn aus Trägheit den Händen eines Ehemannes an, dessen Ruf als Heiliger ich als ausreichende Garantie ansah. Dieser besonnene und praktische Mann, der seine Gefühle vollendet beherrschte und augenscheinlich außerstande war, etwas Ungerechtes oder wenig Ehrenhaftes zu begehen, schien mir mehr geeignet als ich, über meine Interessen zu wachen. Ich weiß auch nicht, wo ich die Vorstellung hergeholt hatte. Im Getümmel des Lebens im allgemeinen und bei meiner Neigung zum Verschwenden im besonderen verlor ich alles. Als ich zu ihm zurückkehrte, beschloß ich, der erste Schritt in der nun beginnenden Etappe sei, eine sichere Arbeit zu finden, soviel wie möglich zu sparen und die Regeln der häuslichen Ökonomie umzudrehen, daß also seine Einnahmen für die täglichen Ausgaben bestimmt wurden und meine für die hohe Kante. Ich hatte nicht die Absicht, Geld anzusammeln, um mich scheiden zu lassen, es bestand keine Notwendigkeit für zynische Strategien, denn als der Troubadour hinter dem Horizont verschwunden war, beruhigte sich der Ehemann, und zweifellos hätte ich eine Trennung zu gerechteren Bedingungen aushandeln können, als es jene waren, die mir an dem winterlichen Strand von Montevideo genannt worden waren. Ich blieb neun weitere Jahre in den besten Absichten mit ihm zusammen und dachte, mit ein wenig Glück und viel Bemühen könnten wir das vorm Altar gemachte Ewigkeitsgelöbnis einhalten, jedoch das innerste Band unserer Ehe war gerissen. Was bei unserem erneuten Zusammenleben ins Gewicht fiel, das waren die beiden Kinder, das halbe Leben, das wir gemeinsam verbracht hatten, die stille Zärtlichkeit und die gemeinsamen Interessen, die uns vereinten. Ich bedachte dabei meine Neigung zur Leidenschaft nicht, die letztlich doch stärker war als die vernünftigen Vorsätze. Viele Jahre hindurch empfand ich aufrichtige Zuneigung für diesen Mann; nur sind durch die traurigen Ereignisse der letzten Zeit die guten Jugenderinnerungen in den Hintergrund getreten.

Michael flog wieder in die ferne Provinz, wo es sich die Krokodile im Bauuntergrund gemütlich gemacht hatten, er war entschlossen, das Werk zu Ende zu führen und sich dann eine Arbeit zu suchen, die weniger Opfer verlangte, und ich blieb bei meinen Kindern, die sich in meiner Abwesenheit sehr verändert hatten, sie schienen in diesem Land endlich heimisch geworden zu sein und sprachen nicht mehr davon, nach Chile zurückzugehen. In diesen drei Monaten hatte Paula die Kindheit hinter sich gelassen und war ein schönes junges Mädchen geworden, das aufs Lernen versessen war: sie holte sich die besten Noten der Klasse, lernte Gitarre ohne die geringste Begabung, und als sie das Englische beherrschte, begann sie mit Hilfe von Schallplatten und Wörterbüchern Französisch und Italienisch zu sprechen. Inzwischen war Nicolás eine Handbreit gewachsen und erschien eines Tages mit halblangen Hosen und halblangen Ärmeln und der gleichen Haltung wie sein Vater und sein Großvater; er hatte eine Schmarre auf dem Kopf, mehrere Narben und den heimlichen Ehrgeiz, ohne Seil den höchsten Wolkenkratzer der Stadt zu ersteigen. Ich sah ihn große Metallkästen anschleppen, um fleißig Exkremente von Menschen- und Tierwesen zu sammeln, als Hausaufgabe für den Chemieunterricht. Er wollte beweisen, daß die Fäulnisgase als Brennstoff dienen konnten und daß es durch einen Wiederaufbereitungsprozeß möglich sein würde, Fäkalien zum Kochen zu verwenden, statt sie durch die Kanalisation in den Ozean zu leiten. Paula, die Fahren gelernt hatte, brachte ihn mit dem Auto zu allen möglichen Pferde-, Hühner-, Schweineställen und Plumpsklos, wo er den Rohstoff für das Experiment einsammeln konnte, den er dann im Haus aufbewahrte, was allerdings die Gefahr einschloß, daß in der Hitze die Gase explodierten und das gesamte Viertel mit Kot zudeckten. Die Kameradschaft der Kindheit hatte sich bei den beiden zu einer verschworenen Freundschaft ausgewachsen, die sie bis zu Paulas letztem bewußt erlebtem Tag verband. Diese beiden hochaufgeschossenen Halbwüchsigen verstanden stillschweigend meine Absicht, jene peinliche Episode in unserem Leben zu begraben, ich vermute, sie hat in ihnen schlimme Narben hinterlassen; keiner von beiden erwähnte das Geschehen, bis wir drei uns viele Jahre später endlich zusammensetzen und darüber reden konnten, und dabei entdeckten wir zu unserem Vergnügen, daß keiner sich an die Einzelheiten erinnerte und wir alle den Namen jenes Liebhabers vergessen hatten, der beinahe ihr Stiefvater geworden wäre.

Wie es fast immer geschieht, wenn man den Weg einschlägt, der einem im Buch des Schicksals vorgezeichnet ist, half mir eine Reihe von gleichzeitig zusammentreffenden Ereignissen, meine Pläne in die Tat umzusetzen. Drei Jahre lang war es mir in Venezuela nicht gelungen, Freunde zu finden oder eine Arbeit zu ergattern, aber kaum hatte ich all meine Energie auf die Aufgabe gerichtet, mich anzupassen und zu überleben, da schaffte ich es in weniger als einer Woche. Die Tarotkarten meiner Mutter, die mir das klassische Dazwischentreten eines dunkelhaarigen Mannes mit Schnurrbart vorausgesagt hatten – ich nehme an, sie bezogen sich auf den Flötenspieler –, äußerten sich erneut und kündigten diesmal eine blonde Frau an. Und tatsächlich, wenige Tage nach meiner Rückkehr nach Caracas erschien Marilena in meinem Leben, eine Lehrerin mit goldfarbener Mähne, die mir Arbeit anbot. Sie leitete ein Institut, in dem sie Kunst lehrte und Kinder mit Lernschwierigkeiten unterrichtete. Während ihre Mutter, eine energische spanische Dame, als Sekretärin das private Institut verwaltete, unterrichtete sie selber vormittags und nachmittags und wandte weitere lange Stunden an die Prüfung einiger ambitiöser Methoden, mit denen sie die Erziehungsformen in Venezuela und, warum nicht, in der ganzen Welt verändern wollte. Meine Arbeit bestand darin, ihr beim Beaufsichtigen der Lehrer und beim Gestalten des Unterrichts zu helfen, mit einem Werbefeldzug Schüler anzuziehen und ein gutes Verhältnis zu den Eltern zu pflegen. Wir wurden enge Freundinnen. Sie war eine Frau mit klarem Verstand, pragmatisch und direkt, die mich zwang, die rauhe Wirklichkeit anzuerkennen, wenn ich wieder mal in sentimentalen Wirrnissen oder patriotischen Nostalgien badete, und die mir jeden Ansatz von Selbstmitleid mit der Wurzel ausriß. Mit ihr teilte ich Geheimnisse, lernte von ihr eine neue Aufgabenstellung und schüttelte die Depression ab, die mich lange Zeit gelähmt hatte. Sie brachte mir die Verhaltensnormen und den subtilen Code der Gesellschaft von Caracas bei, die ich bislang zu begreifen nicht imstande gewesen war, weil ich meinen chilenischen Maßstab anlegte, und zwei Jahre später hatte ich mich so gut angepaßt, daß mir nur noch der karibische Akzent beim Sprechen fehlte. Eines Tages fand ich in den Tiefen eines Koffers eine kleine Plastiktüte mit einer Handvoll Erde und erinnerte mich, daß ich sie aus Chile mitgebracht hatte mit dem Gedanken, die besten Samen der Erinnerung hineinzupflanzen, aber ich hatte es nie getan, weil ich nicht die Absicht gehabt hatte, mich hier niederzulassen, ich war völlig abhängig von den Nachrichten aus dem Süden gewesen und hatte immer gehofft, daß die Diktatur gestürzt würde, damit ich zurückkehren konnte. Ich entschied nun, daß ich lange genug gewartet hatte, und in einer heimlichen, intimen Zeremonie vermischte ich die Erde aus meinem alten Garten mit venezolanischer, tat sie in einen Blumentopf und pflanzte ein Vergißmeinnicht hinein. Daraus sproß ein rachitisches Blümchen, das dem Klima nicht gewachsen war und bald einging; ich ersetzte es später durch eine üppige tropische Pflanze, die in kurzer Zeit so beängstigend wucherte, daß sie fast den Topf sprengte.

Auch meine Kinder paßten sich an. Paula verliebte sich in einen Jungen sizilianischer Herkunft, Einwanderer in der ersten Generation wie sie selbst und den Traditionen seiner Heimat noch treu. Sein Vater, der sein Vermögen mit Baumaterial gemacht hatte, erwartete von Paula, daß sie –

da sie es so wünschte – die Schule beendete und dann zur Hochzeitsfeier Pasta kochen lernte. Ich widersetzte mich mit erbarmungslosem Grimm, obwohl ich im Grunde eine nicht zu unterdrückende Zuneigung zu diesem gutartigen Jungen und seiner zauberhaften Verwandschaft hegte, einer zahlreichen fröhlichen Familie ohne metaphysische oder intellektuelle Komplikationen, die sich täglich zusammenfand, um in nahrhaften Gastmählern der besten italienischen Küche das Leben zu preisen. Der Bräutigam war ältester Sohn und Enkel, ein hochgewachsener, kräftiger blonder Bursche mit polynesischem Temperament, der seine Zeit mit angenehmen Vergnügungen auf seiner Jacht, im Strandhaus, mit seiner Autosammlung und unschuldigen Festen vergeudete. Mein einziger Einwand war, daß dieser potentielle Schwiegersohn weder eine Arbeit hatte noch studierte, sein Vater ließ ihm eine großzügige Rente zukommen und hatte ihm ein völlig eingerichtetes Haus versprochen, wenn er Paula heiratete. Eines Tages kam er zu mir, bleich und zitternd, aber mit fester Stimme, um mir zu sagen, wir sollten doch mit den Anspielungen aufhören und Klartext reden, er habe meine verfänglichen Fragen satt. Er erklärte mir, in seinen Augen sei die Arbeit nicht eine Tugend, sondern eine Notwendigkeit, wenn man essen könnte, ohne zu arbeiten, würde nur ein Dummkopf schuften. Er verstand nicht unseren zwanghaften Drang zu Opfer und Mühen, er glaubte, selbst wenn wir »ungeheuer reich« wären, wie Onkel Ramón immer sagte, würden wir immer noch in aller Frühe aufstehen und zwölf Stunden täglich ackern, weil das in unseren Augen das einzige Maß für Rechtschaffenheit sei. Ich gestehe, er brachte die von meinem Großvater geerbte stoische Werteskala ein wenig ins Wanken, und seitdem stehe ich der Arbeit etwas unbekümmerter gegenüber.

Die Heirat wurde verschoben, weil Paula nach dem Schulabschluß verkündete, sie sei noch nicht bereit für die

Pastatöpfe und wolle statt dessen Psychologie studieren. Der Bräutigam willigte schließlich ein, da sie ihn ohnedies nicht fragte, außerdem konnte dieser Beruf nützlich sein, das halbe Dutzend Kinder besser zu erziehen, die er in die Welt zu setzen gedachte. Dennoch hatte er schwer an der Vorstellung zu schlucken, daß sie sich für ein Seminar über Sexualität eingeschrieben hatte und mit einem Koffer voll genierlicher Gegenstände herumfuhr, mit denen man Penisse und Orgasmen maß. Mir schien das auch keine gute Idee, schließlich waren wir nicht in Schweden, und die Leute würden dieses Fachgebiet sicherlich nicht billigen, aber ich hütete mich, meine Meinung zu äußern, denn Paula hätte sie mit ebenden feministischen Argumenten verrissen, die ich ihr von frühester Kindheit an eingetrichtert hatte. Ich wagte nur, ihr anzuraten, doch ja diskret zu sein, denn wenn sie erst einen Ruf als Sexologin habe, würde keiner mehr den Mut aufbringen, ihr den Hof zu machen, die Männer fürchten Vergleiche, aber sie schmetterte mich mit einem einzigen Blick nieder, und damit endete das Gespräch. Kurz bevor ihr Seminar zu Ende ging, mußte ich eine Reise nach Holland machen, und sie beauftragte mich, ihr bestimmtes Lehrmaterial zu besorgen, das in Venezuela schwer zu bekommen war. Und so wanderte ich eines Abends durch jenes schillernde Viertel Amsterdams und suchte in gutsortierten Läden die Artefakte von ihrer Liste zusammen, dehnbare Gummikerlchen, Puppen mit Öffnungen und Videos mit einfallsreichen Paarungen von Frauen mit wackeren Greisen oder libidinösen Hunden. Die Schamröte, mit der ich das Zeug kaufte, war nichts, verglichen mit der, die mir auf dem Flughafen von Caracas ins Gesicht stieg, als sie beim Zoll den Koffer öffneten und jene seltsamen Gegenstände unter den belustigten Blicken der übrigen Passagiere durch die Hände der Beamten gingen und ich erklären mußte, daß sie nicht für meinen persönlichen Gebrauch bestimmt waren, sondern für meine lernbegierige Tochter. Das bezeichnet das Ende des Verlöbnisses von Paula und dem Sizilianer mit dem freundlichen Herzen. Im übrigen nahm er mit der Zeit Vernunft an, beendete die Schule, begann in der Firma seines Vaters zu arbeiten, heiratete und bekam einen Sohn, aber niemals vergaß er seine erste Liebe. Seit er erfahren hat, daß Paula krank ist, ruft er mich häufig an, um mir seine Hilfe anzubieten, wie das auch ein halbes Dutzend andere Männer tun, die weinen, wenn sie von mir die schlechten Nachrichten hören. Ich weiß nicht, wer diese Unbekannten sind, welche Rolle sie im Schicksal meiner Tochter gespielt haben oder wie tief die Spuren sind, die sie in ihre Seelen geprägt hat. Paula pflanzte kräftige Samen in das Leben derer, die sie kannte, ich habe in diesen endlosen Monaten der Agonie die Früchte gesehen. An jedem Ort hat sie Freunde und Lieben hinterlassen, Menschen aller Altersstufen und Lebensumstände setzen sich mit mir in Verbindung, um nach ihr zu fragen, sie können nicht glauben, daß so ein Unglück über sie gekommen ist.

Inzwischen erkletterte Nicolás die schroffsten Gipfel der Anden, erforschte unterseeische Höhlen, um irgendwelches Ungetier zu fotografieren, und brach sich die Knochen mit solcher Regelmäßigkeit, daß ich jedesmal zu zittern anfing, wenn das Telefon läutete. Wenn sich sonst keine Anlässe boten, die mich beunruhigen konnten, nahm er es auf sich, welche zu erfinden mit demselben Einfallsreichtum, den er an sein Experiment mit natürlichen Gasen gewandt hatte. Eines Tages kam ich abends aus der Schule und fand das Haus dunkel und anscheinend leer vor. Am Ende des Korridors sah ich ein schwaches Licht, dorthin ging ich, ziemlich zerstreut, und stieß unvermutet in der Badezimmertür gegen meinen Sohn, der dort hing, einen Strick um den Hals. Ich konnte gerade noch sein Gesicht erkennen, diesen Ausdruck eines Gehenkten mit herausragender Zunge und verdrehten Augen, bevor ich wie ein Stein umkippte. Ich verlor nicht das Bewußtsein, aber ich konnte mich nicht bewegen, ich war zu Eis erstarrt. Als Nicolás sah, was er angerichtet hatte, riß er sich das Zaumzeug ab, in das er sich geschickt hineingehängt hatte, kam schleunigst, mir beizustehen, gab mir viele Reueküsse und schwor, er werde mir niemals wieder einen solchen Schrecken einjagen. Die guten Vorsätze hielten gerade zwei Wochen, bis er entdeckte, wie er in der Badewanne untertauchen und durch ein feines Glasröhrchen Luft holen konnte, damit ich ihn finden und für ertrunken halten sollte, oder er erschien mit einem Arm in der Binde und einem Pflaster über dem Auge. Nach Paulas Psychologiebüchern enthüllten die Unfälle eine unbewußte Neigung zum Selbstmord, und sein Drang, mich mit gräßlichen Scherzen zu quälen, lag in einem uneingestandenen Groll begründet, aber um der Seelenruhe aller willen entschieden wir, daß diese Bücher sich irren mußten. Nicolás war ein halber Wilder, aber gewiß kein verrückter Selbstmörder, und seine Liebe zu mir war so offenkundig, daß meine Mutter einen stinknormalen Ödipuskomplex diagnostizierte. Die Zeit bewies die Richtigkeit unserer Theorie, als mein Sohn siebzehn Jahre alt war, erwachte er eines Morgens als Mann, packte seine Experimentierkästen, Galgen, Bergsteigerseile, Harpunen zum Haietöten und sein Erste-Hilfe-Köfferchen in eine Kiste ganz hinten in der Garage und teilte uns mit, er gedenke sich dem Computerstudium zu widmen. Wenn ich ihn heute kommen sehe mit seinem gelassenen Intellektuellengesicht, ein Kind in jedem Arm, dann frage ich mich, ob ich den entsetzlichen Anblick, Nicolás an einem selbstgemachten Galgen baumelnd, nicht nur geträumt habe.

In diesen Jahren beendete Michael das Werk im Urwald und ließ sich in die Hauptstadt versetzen mit dem Gedanken, sein eigenes Bauunternehmen aufzumachen. Behutsam flickten wir das zerrissene Gewebe unserer Beziehung, bis sie so freundlich und harmonisch wurde, daß fremde Augen uns für Liebende hielten. Meine Anstellung erlaubte uns, eine Zeitlang durchzuhalten, während er auf die Jagd nach Verträgen ging in diesem Caracas, wo jeden Tag Bäume gefällt, Hügel eingeebnet und Häuser gesprengt wurden, damit an ihrer Stelle im Handumdrehen neue Hochhäuser und Autobahnen entstanden. Das Institut meiner blonden Freundin stand geschäftlich auf so schwachen Füßen, daß wir bisweilen auf die Pension ihrer Mutter oder auf unsere eigenen Ersparnisse zurückgreifen mußten, um am Monatsende die Kosten decken zu können. Die Schüler kamen kurz vor den Jahresabschlußexamen in Rudeln, wenn ihre Eltern argwöhnten, daß sie womöglich nicht versetzt würden, sie schafften es dann auch mit Hilfe von Sonderklassen, aber statt weiterzulernen, um die Ursachen des Problems zu beseitigen, verschwanden sie, sobald sie die Prüfungen hinter sich gebracht hatten. Mehrere Monate waren die Einkünfte schwankend, und das Institut kam gerade so über die Runden; angstvoll sahen wir dem Januar entgegen, ob sich wohl genügend Kinder anmelden würden, damit wir das zerbrechliche Boot am Schwimmen halten konnten. Im Dezember war die Lage besonders kritisch, Marilenas Mutter und ich, die wir mit dem administrativen Teil betraut waren, gingen ein übers andere Mal das Rechnungsbuch durch und versuchten erfolglos, die negativen Zahlen auszugleichen. Damit waren wir gerade beschäftigt, als die Putzfrau an unserem Schreibtisch vorbeiging, eine liebenswerte Kolumbianerin, die uns gern mit köstlichem selbstgemachtem Kompott bewirtete. Als sie uns so verzweifelt rechnen sah, fragte sie mit ehrlichem Interesse, was das Problem sei, und wir erzählten ihr von unseren Schwierigkeiten.

»Nachmittags arbeite ich in einem Beerdigungsinstitut, und wenn uns die Kundschaft ausgeht, waschen wir den Laden mit *Unheilraus*«, sagte sie.

»Was soll denn das sein?«

»Zur Beschwörung natürlich. Man muß gründlich saubermachen. Zuerst scheuert man die Fußböden vom hintersten Winkel bis zur Tür, um das Unglück hinauszujagen, und dann von der Tür bis ganz nach innen, um die Geister des Lichts und der Einwilligung zu rufen.«

»Und dann?«

»Dann kommen die Toten.«

»Hier brauchen wir keine Toten, wir brauchen Kinder.«

»Das ist das gleiche, *Unheilraus* verbessert jedes Geschäft.«

Wir gaben ihr ein wenig Geld, und am nächsten Tag kam sie mit einem Kanister an, in dem sich eine übelriechende, verdächtig aussehende Flüssigkeit befand: zuunterst hatte sich eine gelbliche Milch gesetzt, darüber lagerte eine Schicht Brühe mit Bläschen und darüber wieder ein grünliches Öl. Wir mußten das Ganze schlagen, ehe wir es verwendeten, und uns ein Tuch vor die Nase binden, weil der Geruch dazu angetan war, uns zu betäuben. »Daß ja meine Tochter nichts von dieser Barbarei erfährt«, seufzte Marilenas Mutter, die auf die Siebzig zuging, aber nichts von der Vitalität und dem Humor eingebüßt hatte, die sie dreißig Jahre zuvor dazu verleitet hatten, ihr heimatliches Valencia zu verlassen und einem untreuen Ehemann in die Neue Welt zu folgen, ihn zu stellen, als er mit einer Geliebten lebte, die Scheidung zu verlangen und durchzusetzen und ihn darauf schleunigst zu vergessen. Sie verliebte sich in dieses üppige Land, wo sie sich zum erstenmal in ihrem Leben frei fühlte, blieb mit ihrer Tochter hier, und beide kamen mit Zähigkeit und Einfallsreichtum gut voran. Diese gute Dame und ich, wir wischten mit Scheuerlappen auf allen vieren den Fußboden, murmelten die rituellen Worte und verbissen uns das Lachen, denn wenn wir uns offen lustig gemacht hätten, wäre alles zum Teufel gegan gen, Hexerei funktioniert nur mit Ernst und Glauben. Wir wandten zwei Tage an diese Plackerei, unsere Rücken waren krumm und die Knie aufgescheuert, und soviel wir auch lüfteten, konnten wir doch den Geruch nicht aus den Räumen vertreiben, aber es hatte sich gelohnt, in der ersten Januarwoche stand eine lange Schlange Eltern mit ihren Kindern an der Hand vor der Tür.

Angesichts dieses spektakulären Ergebnisses fiel mir ein, ich könnte doch die Reste aus dem Kanister dazu benutzen, Michaels Glück zu verbessern, also stahl ich mich nachts heimlich in sein Arbeitszimmer und wischte es von oben bis unten, wie wir es im Institut gemacht hatten. Mehrere Tage gab es nichts Neues außer einigen Bemerkungen über den sonderbaren Geruch in seinem Arbeitszimmer. Ich konsultierte die Putzfrau, die mir versicherte, der vom Unheil Verfolgte sei mein Mann, alles würde sich klären, wenn ich ihn zum Heiligen Berg brächte, um einen berufsmäßigen Gesundbeter zu befragen, aber diesen Rat zu befolgen lag doch weit außerhalb meiner Möglichkeiten. Ein Mann wie er, das vollendete Produkt der englischen Erziehung, mit Ingenieurstudium und Schachlaster, würde sich niemals zu Zauberzeremonien hergeben, aber ich dachte über die Logik der Hexenkunst nach und kam zu dem Schluß, wenn diese Wunderbrühe auf Fußböden wirkte, gab es keinen Grund, weshalb sie nicht auch wirken sollte, wenn man menschliche Wesen damit begoß. Am nächsten Morgen, als Michael gerade unter die Dusche stieg, näherte ich mich ihm von hinten und kippte ihm den Rest aus dem Kanister über. Er schrie erschrocken auf, seine Haut wurde krebsrot, und in den folgenden Tagen fielen ihm ein paar Haarsträhnen aus, aber genau zwei Wochen später hatte er einen venezolanischen Teilhaber und einen sagenhaften Vertrag.

Meine Freundin Marilena erfuhr nie den Grund für den außerordentlichen Glücksfall dieses Jahres, aber sie glaubte nicht, daß er andauern würde; sie war es müde, mit dem Budget zu kämpfen, und faßte die Möglichkeit eines Kurswechsels ins Auge. Während wir die Angelegenheit durchsprachen, tauchte die Idee auf – inspiriert zweifellos von den Ausdünstungen der Glücksbrühe, die sich noch in den Fußbodenritzen hielt –, das Institut in eine Privatschule mit vollem Lehrplan zu verwandeln, wo es möglich sein würde, ihre Erfahrungen mit dem Problem der Lernschwierigkeit in langwährende Erfolge umzumünzen und nebenbei die Bocksprünge in unserem Rechnungsbuch zu beseitigen. Dies war der Anfang eines soliden Unternehmens, das sich in wenigen Jahren zu einer der achtbarsten Privatschulen dieser Stadt entwickelte.

Ich habe viel Zeit zum Nachdenken in diesem kalifornischen Herbst. Ich muß mich an meine Tochter gewöhnen und darf mich nicht an die anmutige, fröhliche junge Frau von früher erinnern, mich auch nicht in pessimistischen Zukunftsvisionen verlieren, sondern jeden Tag nehmen, wie er kommt, ohne Wunder zu erwarten. Paulas Überleben hängt von mir ab, sie gehört mir wieder, liegt wieder in meinen Armen wie ein Neugeborenes, für sie sind die Feiern und die Mühen des Lebens vorbei. Ich setze sie in Schals gehüllt auf die Terrasse, vor ihr die Bucht von San Francisco und Willies Rosensträucher, die voller Blüten sind, seit sie aus den Fäßchen herausdurften und in der Erde Wurzeln geschlagen haben. Manchmal öffnet meine Tochter die Augen und sieht fest auf die schillernde Wasserfläche, ich stelle mich in die Richtung ihres Blickes, aber sie sieht mich nicht, ihre Augen sind wie bodenlose Brunnen. Nur nachts kann ich mich mit ihr verständigen, wenn sie mich im Traum besuchen kommt. Ich schlafe sehr unruhig, und oft wache ich mit der Gewißheit auf, daß sie mich ruft, dann springe ich aus dem Bett und laufe in ihr Zimmer, wo fast immer etwas nicht in Ordnung ist: ihre Temperatur oder ihr Blutdruck sind gestiegen, sie schwitzt oder ist eiskalt, sie liegt schlecht und hat Krämpfe. Die Frau, die sie nachts bewacht, schläft gewöhnlich ein, wenn die spanischsprachigen Fernsehprogramme zu Ende sind. Dann lege ich mich zu Paula ins Bett, halte sie an meiner Brust, mache es ihr so bequem, wie ich kann, denn sie ist größer als ich, und bete um Frieden für sie, bete, daß sie ruhen möge in der Heiterkeit der Mystiker, daß sie in einem Paradies voll Harmonie und Stille wohnen möge, daß sie dem Gott begegnen möge, den sie auf ihrem kurzen Lebensweg so sehr gesucht hat. Ich bete um Eingebung, damit ich ihre Bedürfnisse errate, und um Hilfe, damit ich es ihr behaglich mache und ihr Geist ohne Störungen zum Ort der Begegnungen reisen kann. Was mag sie fühlen? Oft ist sie verängstigt, zittert, die Augen weit aufgerissen, als sähe sie Visionen der Hölle, ein andermal dagegen bleibt sie abwesend und bewegungslos, als hätte sie sich schon von allem entfernt. Das Leben ist ein Wunder, und für sie hat es so plötzlich geendet, daß ihr keine Zeit blieb, sich zu verabschieden oder ihre Schlüsse zu ziehen, als sie noch mit der Schwungkraft der Jugend nach vorn stürmte. Ihr wurde jäh Halt geboten, als sie sich gerade nach dem Sinn hinter den Dingen zu fragen begann und mir die Aufgabe auflud, die Antwort zu finden.

Manchmal wandere ich nachts durch das Haus, wie die Stinktiere im Keller, die regelmäßig heraufkommen, um das Futter für die Katze zu fressen, oder das Gespenst meiner Großmutter, die aus ihrem Spiegel entwischt, um mit mir zu schwatzen. Wenn Paula schläft, gehe ich zurück in mein Bett und klammere mich an Willies Rücken, die Augen auf die grünen Ziffern der Uhr geheftet, die Stunden ziehen unerbittlich vorbei, schöpfen die Gegenwart aus, schon ist Zukunft. Ich sollte die Tabletten von Cheri Forrester nehmen, ich weiß nicht, warum ich sie wie einen

Schatz sammle und in dem Korb mit den Briefen meiner Mutter verstecke. Manchmal bei Tagesanbruch sehe ich die Sonne in den großen Fenstern in Paulas Zimmer aufgehen; jeden Morgen schafft die Welt sich neu, färbt sich der Himmel in Orangetönen, hebt sich über dem Wasser der Dunst der Nacht und hüllt die Landschaft in neblige Spitzen wie auf einer zarten japanischen Malerei. Ich bin ein Floß ohne Ziel, das in einem Meer von Leid treibt. In diesen langen Monaten habe ich mich gehäutet, wie Schalen einer Zwiebel ist Haut um Haut von mir abgefallen, ich bin nicht mehr dieselbe Frau, meine Tochter hat mir die Möglichkeit gegeben, in mich hineinzuschauen und die inneren Räume zu entdecken, die leeren, dunklen und seltsam ruhigen, die ich nie zuvor erforscht habe. Es sind geheiligte Orte, und um zu ihnen zu gelangen, muß ich einen schmalen Pfad voller Hindernisse gehen, die Bestien der Einbildungskraft besiegen, die mir in den Weg treten. Wenn das Entsetzen mich lähmt, schließe ich die Augen und überliefere mich dem Gefühl, in aufgewühlten Wassern zwischen wütenden Wellenschlägen zu versinken. Ein paar Augenblicke lang, die in Wirklichkeit ewig währen, glaube ich zu sterben, aber nach und nach begreife ich, daß ich trotz allem weiterlebe, denn in dem wilden Gestrudel gibt es eine barmherzige Lücke, in der ich Atem schöpfen kann. Ich lasse mich widerstandslos fortreißen, und allmählich weicht die Furcht. Ich treibe in eine unterseeische Höhle, und hier bleibe ich eine Weile in Ruhe, in Sicherheit vor den Drachen des Unheils. Ich weine, ohne zu schluchzen, innerlich zerrissen, vielleicht weinen Tiere so, aber dann geht endlich die Sonne auf, und die Katze kommt herein und wünscht ihr Frühstück, und ich höre Willies Schritte in der Küche, und der Geruch des Kaffees zieht durch das Haus. Ein neuer Tag beginnt, wie jeden Tag.

Neujahr 1981! An diesem Tag überlegte ich, daß ich im kommenden August neununddreißig Jahre alt würde und noch nichts wirklich Bedeutendes getan hatte. Neununddreißig! Das war der Anfang des Verfalls, und ich brauchte nicht viel, um mir vorzustellen, wie ich in einem Schaukelstuhl saß und Strümpfe strickte. Als ich ein einsames und zorniges Kind im Hause meines Großvaters war, träumte ich von heroischen Großtaten: ich würde eine berühmte Schauspielerin werden, aber statt mir Pelze und Juwelen zu kaufen, würde ich mein ganzes Geld einem Waisenhaus schenken, ich würde einen Impfstoff gegen gebrochene Knochen entdecken, ich würde das Loch im Deich mit einem Finger zustopfen und noch ein holländisches Dorf retten. Ich wollte Tom Sawyer, der Schwarze Pirat oder Sandokan sein, und nachdem ich Shakespeare gelesen und die Tragödie meinem Repertoire einverleibt hatte, wollte ich wie diese schillernden Gestalten sein, die nach einem Leben im Übermaß im letzten Akt starben. Der Gedanke, als namenlose Nonne ins Kloster zu gehen, kam mir erst sehr viel später. Zu jener Zeit fühlte ich mich verschieden von meinen Brüdern und anderen Kindern, ich konnte die Welt nicht sehen wie die übrigen, mir schien, die Dinge und Personen wurden durchsichtig und die Geschichten aus den Büchern und den Träumen waren wirklicher als die Wirklichkeit. Bisweilen überfielen mich Augenblicke von erschreckender Klarheit, und ich glaubte die Zukunft zu erahnen oder die ferne Vergangenheit, die weit vor meiner Geburt lag, als träfen alle Zeiten gleichzeitig im selben Raum zusammen und als ob ich plötzlich, durch ein Fensterchen, das sich nur augenblickslang öffnete, in andere Dimensionen überging. Als Halbwüchsige hätte ich alles, was ich besaß, dafür hingegeben, zu der Bande von lärmenden Jungen zu gehören, die Rock'n'Roll tanzten und heimlich rauchten, aber ich versuchte es gar nicht erst, weil ich sicher war, nicht einer der ihren zu sein. Das seit der Kindheit mitgeschleppte Gefühl der Einsamkeit verschärfte sich noch mehr, aber mich tröstete die unklare Hoffnung, für ein besonderes Schicksal bestimmt zu sein, das sich mir eines Tages enthüllen würde. Später geriet ich dann ganz in die Gleise der Ehe und der Mutterschaft, in denen das Unglücklichsein und die Einsamkeit der ersten Jugend verwischt wurden und ich die Pläne von Größe schlicht vergaß. Die Arbeit als Journalistin, das Theater und das Fernsehen hielten mich in Atem, ich dachte nicht mehr in Schicksalsbegriffen, bis der Militärputsch mich brutal in die Wirklichkeit stieß und mich zwang, meinen Kurs zu ändern. Die Jahre der Selbst-Exilierung in Venezuela könnte man in einem einzigen Wort zusammenfassen, das für mich das Gewicht einer Verurteilung hat: Mittelmäßigkeit. Mit fast vierzig Jahren war es schon reichlich spät für Überraschungen, meine Frist verkürzte sich schnell, das einzig Sichere waren die Durchschnittlichkeit meines Lebens und der Überdruß, aber der Hochmut hinderte mich, es einzusehen. Meiner Mutter – sie war als einzige daran interessiert, nachzuforschen – versicherte ich, daß alles zum besten stand in meinem neuen, tadellosen Leben, ich hatte mich von der gescheiterten Liebe mit stoischer Disziplin geheilt, hatte eine sichere Arbeit, sparte zum erstenmal Geld, mein Mann schien noch in mich verliebt zu sein, und meine Familie war in die normalen Bahnen zurückgekehrt, ich kleidete mich jetzt sogar wie eine harmlose Lehrerin, was konnte man mehr verlangen? Von den Fransenschals, den langen Röcken und den Blumen im Haar war nichts geblieben, allerdings holte ich sie manchmal heimlich aus den Tiefen eines Koffers hervor, um sie ein paar Minuten vor dem Spiegel zu tragen. Ich erstickte in meiner Rolle als verständige Angehörige der Mittelklasse, und mich verzehrten wieder die gleichen Wünsche wie in der Jugend, aber ich hatte nicht das geringste Recht, mich zu beklagen, ich hatte einmal alles riskiert, hatte verloren, und das Leben gab mir eine zweite Chance, ich hatte nur noch für mein Glück dankbar zu sein. »Es ist ein Wunder, was du geschafft hast, Tochter, ich hätte nie gedacht, daß du die Scherben deiner Ehe und deiner Existenz kitten könntest«, sagte meine Mutter mit einem Seufzer, der nicht nach Erleichterung klang, und in einem Ton, der mir recht ironisch vorkam. Vielleicht schwante ihr einiges, aber sie hielt lieber den Mund.

In dieser Silvesternacht, während die anderen mit Champagner feierten und draußen Feuerwerkskörper knallten und zischten und das neugeborene Jahr 1981 verkündeten, faßte ich den Vorsatz, den Überdruß zu besiegen und mich demütig in ein Leben ohne Glanz zu schicken, wie es das fast aller andern war. Ich entschied, daß es nicht so schwierig war, auf die Liebe zu verzichten, wenn ich als Ersatz eine edle Kameradschaft mit meinem Ehemann unterhielt, daß meine feste Anstellung in der Schule den unsicheren Abenteuern in der Welt der Presse oder des Theaters vorzuziehen war und daß ich mich endgültig in Venezuela niederlassen wollte, statt nach einem idealisierten Vaterland fern am Horizont zu seufzen. Das waren vernünftige Gedanken, jedenfalls würde ich mich in einigen zwanzig, dreißig Jahren, wenn meine Leidenschaften eingetrocknet waren und ich mich nicht einmal mehr an den Geschmack der gescheiterten Liebe oder des Mißmuts erinnerte, mich mit dem Verkauf der Anteile, die ich an Marilenas Unternehmen erwerben würde, ruhig zurückziehen können.

Dieser vernünftige Plan überdauerte gerade eine Woche. Am 8. Januar erhielt ich einen Anruf aus Santiago und erfuhr, daß mein Großvater sehr krank sei, und diese Nachricht stieß mein Versprechen für künftiges Wohlverhalten um und schob mich in eine unerwartete Richtung. Der Tata ging schon auf die Hundert zu, er war zu einem Vogel-skelett eingeschrumpft, er war ein trauriger halber Inva-lide, war aber noch völlig klar. Als er die letzte Zeile in der Encyclopaedia Britannica gelesen und das Lexikon der Königlichen Akademie zu Madrid auswendig gelernt hatte und als er jegliches Interesse an den Heimsuchungen der Telenovelafiguren verloren hatte, begriff er, daß es an der Zeit war, zu sterben, und wollte das mit Würde tun. Er setzte sich in seinem abgetragenen schwarzen Anzug in seinen Sessel, den Stock zwischen den Knien, und rief das Gespenst meiner Großmutter an, damit sie ihm beistand in dieser schweren Stunde, da ja seine Enkelin ihn so häßlich im Stich gelassen hatte. In diesen Jahren waren wir durch meine hartnäckigen Briefe und seine sporadischen Ant-worten in Verbindung geblieben. Ich beschloß, ihm ein letztes Mal zu schreiben und ihm zu sagen, daß er in Frie-den gehen könne, denn ich würde ihn niemals vergessen und würde die Erinnerung an ihn meinen Kindern und den Kindern meiner Kinder weitergeben. Zum Beweis begann ich den Brief mit einer Anekdote über meine Großtante Rosa, seine erste Braut, ein junges Mädchen von fast über-natürlicher Schönheit, die unter geheimnisvollen Umstän-den kurz vor der Hochzeit starb, irrtümlich oder absicht-lich vergiftet, und deren Foto in sanftem Sepia immer auf dem Klavier stand, lächelnd in ihrer unwandelbaren Schönheit. Jahre später heiratete der Tata Rosas jüngere Schwester, meine Großmutter, die Memé.

Von den ersten Zeilen an bemächtigten sich andere Kräfte des Briefes und führten mich weit fort von der unge-wissen Geschichte der Familie, damit ich die sichere Welt der Fiktion erkundete. Unterwegs machten sich einzelne Motive selbständig und verwischten sich die Grenzen zwi-schen Wahrheit und Erfindung, die Gestalten gewannen Leben und wurden anspruchsvoller als meine eigenen Kinder. Völlig geistesabwesend absolvierte ich in der Schule meine doppelte Schicht, von sieben Uhr morgens bis sieben Uhr abends, und beging katastrophale Fehler in der Verwaltung; ich weiß wirklich nicht, wieso ich uns in diesem Jahr nicht ruinierte, ich überwachte die Rechnungsbücher, die Lehrer, die Schüler und den Unterricht aus dem Augenwinkel, während meine ganze Aufmerksamkeit auf eine Leinentasche gerichtet war, in der ich die Seiten aufbewahrte, die ich nachts getippt hatte. Mein Körper funktionierte wie ein Automat, und mein Geist war an die Welt verloren, die Wort um Wort entstand. Ich kam nach Hause, wenn es dunkelte, aß mit der Familie zu Abend, duschte und setzte mich dann in der Küche oder im Eßzimmer vor eine kleine Reiseschreibmaschine, bis die Müdigkeit mich zwang, ins Bett zu gehen. Ich schrieb ohne jede Anstrengung, ohne zu denken, es war, als ob meine hellseherische Großmutter diktierte. Um sechs Uhr früh mußte ich aufstehen, um zur Arbeit zu gehen, aber diese wenigen Stunden Schlaf reichten mir aus; ich war in Trance, ich hatte soviel überschüssige Energie, als trüge ich eine brennende Lampe im Innern.

Die Familie hörte das Klappern der Tasten und sah mich in den Wolken verloren, aber keiner stellte Fragen, vielleicht ahnten sie, daß ich keine Antwort hatte, tatsächlich wußte ich nicht mit Sicherheit, was ich da machte, denn die Absicht, einen Brief an meinen Großvater zu schreiben, hatte sich schnell verflüchtigt, und ich wollte nicht zugeben, daß ich mich auf einen Roman eingelassen hatte, dieser Gedanke erschien mir anmaßend. Ich hatte über zwanzig Jahre in der Peripherie der Literatur zugebracht – Journalismus, Erzählungen, Theater, Drehbücher fürs Fernsehen und Hunderte von Briefen – und hatte doch nie gewagt, meine wahre Berufung einzugestehen; ich sollte erst drei Romane veröffentlichen, die in verschiedene Sprachen übersetzt wurden, bevor ich beim Ausfüllen eines Formulars »Schriftstellerin« als Beruf hinschrieb. Ich schleppte meine Papiere überall mit aus Angst, sie könnten mir abhanden kommen oder das Haus könnte abbrennen; dieser Blätterstapel, von einem Band zusammengehalten, war für mich wie ein neugeborenes Kind. Eines Tages, als die Tasche schon sehr schwer geworden war, zählte ich fünfhundert Seiten, die mit einer weißen Flüssigkeit so oft korrigiert und wieder korrigiert worden waren, daß sie die Konsistenz von Pappe angenommen hatten, auf anderen waren Suppenflecke oder ihnen waren Zusätze angeklebt, womit sie sich wie Landkarten auseinanderfalten ließen – gesegnet sei der Computer, der mir heute gestattet, sauber zu korrigieren. Ich hatte niemanden, dem ich diesen ausgedehnten Brief schicken konnte, mein Großvater war nicht mehr von dieser Welt. Als wir die Nachricht von seinem Tode erhielten, fühlte ich etwas wie Freude, dies war es ja, was er seit vielen Jahren gewünscht hatte, und ich schrieb mit wachsendem Vertrauen weiter, denn der prächtige Alte hatte endlich die Memé gefunden, und beide schauten mir über die Schulter und lasen mit. Die gespensterlichen Bemerkungen meiner Großmutter und das verschmitzte Lachen vom Tata leisteten mir jede Nacht Gesellschaft. Der Epilog war das Schwierigste, ich schrieb ihn viele Male, ohne den Ton zu treffen, er blieb sentimental oder wie eine Predigt oder wie ein politisches Pamphlet, ich wußte, was ich erzählen wollte, aber ich wußte nicht, wie ich es ausdrücken sollte, bis mir noch einmal die Geister zu Hilfe kamen. Eines Nachts träumte ich, mein Großvater liege im Bett, auf dem Rücken, die Augen geschlossen, so, wie ich ihn in meiner Kindheit in jener Nacht gesehen hatte, als ich sein Zimmer betrat, um den silbernen Spiegel zu stehlen. Im Traum hob ich die Bettdecke und sah ihn in Trauerkleidung liegen, mit Krawatte und Schuhen, und begriff, daß er tot war, und da setzte ich mich neben ihn zwischen den schwarzen Möbeln seines Zimmers und las ihm das Buch

vor, das ich geschrieben hatte, und während meine Stimme
die Geschichte erzählte, wurden die Möbel immer heller
und heller, über das Bett legten sich blaue Schleier, und
schließlich schien die Sonne in das Fenster. Ich fuhr aus
dem Schlaf auf, es war drei Uhr früh, und hatte die Lösung:
Alba, die Enkelin, schreibt die Geschichte der Familie neben dem Leichnam ihres Großvaters, Esteban Trueba,
während sie auf den Morgen wartet, um ihn zu beerdigen.
Ich ging in die Küche, setzte mich vor die Schreibmaschine, und in weniger als zwei Stunden schrieb ich ohne
zu zögern die zehn Seiten des Epilogs herunter. Es heißt ja,
ein Buch geht nie zu Ende, der Schriftsteller ist es, der sich
geschlagen gibt; in diesem Fall waren es meine Großeltern,
die vielleicht darüber verärgert waren, ihre Erinnerungen
so verraten zu sehen, und mich deshalb nötigten, das Wort
Ende unter das Manuskript zu setzen. Ich hatte mein erstes
Buch geschrieben. Ich wußte nicht, daß diese Seiten mein
Leben verändern würden, aber ich fühlte, daß eine lange
Zeit der Lähmung und Stummheit vorbei war.

Ich verschnürte den Blätterstapel mit demselben Band,
das ich schon ein Jahr benutzt hatte, und überreichte ihn
schüchtern meiner Mutter, die schon nach wenigen Tagen
mit entsetztem Gesicht ankam und mich fragte, wie ich es
wagen konnte, Familiengeheimnisse ans Licht zu zerren
und meinen Vater als degeneriert zu beschreiben, noch
dazu unter seinem eigenen Namen. Ich hatte nämlich einen
französischen Grafen eingeführt und ihm einen aufs Geratewohl gewählten Namen gegeben: Bilbaire. Ich nehme
an, ich hatte ihn irgendwann gehört, ihn in einem vergessenen Gedächtnisfach aufbewahrt, und als ich die Gestalt
erfand, benannte ich sie so, ohne auch nur zu ahnen, daß
ich den Familiennamen mütterlicherseits meines Erzeu-
gers benutzt hatte. Durch die Reaktion meiner Mutter
wurden gewisse Vermutungen über meinen Vater wieder
wach, die meine Kindheit verdüstert hatten. Ihr zu Gefal-

len beschloß ich, den Namen zu ändern, und nach langem Suchen fand ich einen französischen mit fast derselben Buchstabenzahl, der bequem in den Raum paßte, so konnte ich Bilbaire im Original mit Korrekturflüssigkeit löschen und Satigny darüberschreiben, eine Arbeit, die mich mehrere Tage kostete, weil ich Seite für Seite durchging, jedes Blatt in die Maschine spannte und mich bei dieser Handwerkelei mit dem Gedanken tröstete, Cervantes schrieb den Don Quijote mit einer Vogelfeder beim Schein einer Kerze im Kerker und mit der einzigen Hand, die ihm verblieben war.

Von diesem Namenwechsel an machte meine Mutter das Spiel der Fiktion begeistert mit, nahm an der Wahl des Titels *Das Geisterhaus* teil und trug einige großartige Ideen bei, darunter auch einige für den strittigen Grafen. Ihrer skurrilen Phantasie entstammte der Einfall, es sollte zwischen den anstößigen Fotos, die er sammelte, *ein ausgestopftes Lama rittlings auf dem hinkenden Stubenmädchen* geben. Seither ist meine Mutter meine erste Leserin und die einzige Person, die meine Manuskripte korrigiert, denn jemand, der fähig ist, sich etwas so Verdrehtes auszudenken, verdient mein ganzes Vertrauen. Sie war es auch, die darauf bestand, den Roman zu veröffentlichen, sie schrieb argentinische, chilenische und venezolanische Verleger an, schickte Briefe nach links und rechts und verlor nicht die Hoffnung, obwohl niemand sich die Mühe machte, das Manuskript zu lesen oder uns auch nur zu antworten. Eines Tages erhielten wir den Namen einer Frau, die uns in Spanien helfen konnte. Ich wußte nicht, daß es so etwas wie literarische Agenten gibt, und tatsächlich hatte ich auch, wie der größte Teil aller Normalleser, noch auf keine Kritiken geachtet und ahnte nicht, daß sie auf Universitäten Bücher mit dem gleichen Ernst analysieren, wie sie die Sterne am Himmel studieren. Hätte ich es gewußt, würde ich es nicht gewagt haben, diesen Berg mit Suppe und Korrekturflüssigkeit bekleckerter Seiten zu veröffentlichen, den die Post auf den Schreibtisch von Carmen Balcells in Barcelona beförderte. Die wunderbare Katalanin, liebevolle Mutter fast aller großen lateinamerikanischen Schriftsteller der letzten dreißig Jahre, machte sich die Mühe, mein Manuskript zu lesen, und nach wenigen Wochen rief sie mich an und teilte mir mit, daß sie bereit sei, meine Agentin zu werden, warnte mich aber auch, mein Roman sei zwar nicht schlecht, aber das bedeute noch gar nichts, jeder könne mit dem ersten Buch Glück haben, erst das zweite würde beweisen, ob ich eine Schriftstellerin bin.

Sechs Monate später wurde ich zur Veröffentlichung des Romans nach Spanien eingeladen. Am Tag vor dem Abflug gab meine Mutter der Familie ein Essen, um das Ereignis zu feiern. Als wir beim Nachtisch angelangt waren, überreichte Onkel Ramón mir ein Päckchen, und als ich es öffnete, lag da vor meinen staunenden Augen das erste frisch aus der Druckerei gekommene Exemplar, das er mit der Gewitztheit eines alten Händlers herbeigezaubert hatte, indem er den Verleger anflehte, die Botschafter zweier Kontinente mobilisierte und diplomatisches Kuriergepäck ausnutzte, damit ich es rechtzeitig erhielt. Es ist mir unmöglich, die Gefühle zu beschreiben, die mich in diesem Augenblick bewegten, ich kann nur sagen, daß ich sie nie wieder in diesem Maße bei anderen Büchern empfunden habe, bei Übersetzungen in die verblüffendsten Idiome oder bei den Bearbeitungen für Film oder Theater – dieses Exemplar des *Geisterhauses* mit einem rosa Streifen und einer Frau mit grünem Haar darauf rührte tief an mein Herz. Ich flog nach Madrid mit dem Buch auf dem Schoß, gut sichtbar für jeden, der hinschauen wollte, begleitet von Michael, der genauso stolz auf meine Heldentat war wie meine Mutter. Die beiden gingen in die Buchhandlungen und fragten, ob sie mein Buch hätten, und machten eine

Szene, wenn die Antwort nein lautete, entrüsteten sich aber ebenso lautstark, wenn das Buch da war, weil es nicht verkauft worden war.

Carmen Balcells erwartete uns am Flughafen in einem Mantel aus violettem Pelz und mit einem malvenfarbenen Seidenschal, der über den Boden nachschleppte wie der schlappe Schwanz eines Kometen, sie breitete die Arme aus, und von diesem Augenblick an war sie mein Schutzengel. Sie veranstaltete ein Festessen, um mich der spanischen Buchwelt vorzustellen, aber ich war so verschreckt, daß ich ein gut Teil des Abends auf der Toilette zubrachte. An diesem Tag in ihrem Haus sah ich zum ersten und einzigen Mal ein Kilo Kaviar aus dem Iran und Suppenlöffel zum Gebrauch für die Gäste, eine pharaonische Extravaganz, die völlig ungerechtfertigt war, denn immerhin war ich nur ein Floh, und sie konnte damals nicht ahnen, welchen vom Glück begünstigten Weg dieser Roman nehmen würde, aber sicherlich hatten mein berühmter Nachname und meine provinzielle Erscheinung sie gerührt. Ich erinnere mich heute noch an die erste Frage in dem Interview, das der seinerzeit berühmteste Literaturkritiker mit mir machte: »Können Sie mir die zyklische Struktur Ihres Romans erklären?« Ich muß ihn schafsdämlich angesehen haben, ich wußte wirklich nicht, wovon zum Teufel er redete, ich hatte immer geglaubt, nur Gebäude hätten eine Struktur, und das einzig Zyklische in meinem Repertoire waren der Mond und die Menstruation. Schon bald kauften die besten europäischen Verlage von Finnland bis Griechenland die Übersetzungsrechte, und so verbreitete sich das Buch in kometenhaftem Aufstieg. Eines dieser seltenen Wunder war geschehen, von denen jeder Autor träumt, aber ich konnte mir über den unglaublichen Erfolg nicht eher klarwerden, als bis ich eineinhalb Jahre später vor dem Abschluß eines zweiten Romans stand, nur um Carmen Balcells zu beweisen, daß ich eine Schriftstellerin war und

daß sie ihr Kilo Kaviar nicht als Fehlinvestition abschrei-
ben mußte.

Ich arbeitete weiterhin zwölf Stunden täglich in der Schule
und wagte nicht aufzuhören, denn Michaels Millionenver-
trag, der teilweise mit Hilfe der flüssigen Beschwörung der
Putzfrau erzielt worden war, hatte sich in Rauch aufgelöst.
Durch eines dieser Zusammentreffen, die aufgrund ihrer
Präzision gleichnishaft wirken, wurde seine Arbeit zunichte am selben Tag, an dem ich in Madrid mein Buch
vorstellte. Als wir in Caracas aus dem Flugzeug stiegen,
kam uns sein Teilhaber mit der schlechten Nachricht entgegen; die Freude über meinen Triumph starb dahin und
wurde durch die dunklen Wolken seines Unglücks ersetzt.
Anzeigen wegen Korruption und Bestechung in der Bank,
die das Bauwerk vorfinanzierte, hatten die Justiz genötigt
einzugreifen, die Zahlungen wurden eingefroren, und die
Arbeit am Bau stockte. Die Vernunft gebot, das Büro sofort zu schließen und zu versuchen, soviel wie möglich
sicherzustellen, aber Michael glaubte, die Bank sei zu
mächtig und es spielten zu viele politische Interessen mit,
als daß der Konflikt ewig dauern könnte, und er schloß
daraus, wenn es ihm gelang, sich eine Zeitlang über Wasser
zu halten, würde alles in Ordnung kommen und der Auftrag in seine Hände zurückkehren. Sein Teilhaber jedoch,
in den Spielregeln besser bewandert, verschwand mit seinem Teil des Geldes und ließ ihn vor einem wachsenden
Berg von Schulden allein. Die Sorgen zehrten an Michael
bis zur Erschöpfung, aber er weigerte sich, seinen Mißer-
folg und seine Mutlosigkeit zuzugeben, bis er eines Tages
ohnmächtig zusammenbrach. Paula und Nicolás trugen
ihn ins Bett, und ich versuchte ihn mit Wasser und kräftigen Ohrfeigen wiederzubeleben, wie ich es in Filmen gesehen hatte. Später kam der Arzt und stellte Zucker im Blut

fest und merkte belustigt an, Diabetes lasse sich mit Eimern voll kaltem Wasser nicht heilen. Michael wurde mit einiger Häufigkeit immer wieder ohnmächtig, und wir alle gewöhnten uns schließlich daran. Das Wort Porphyrie hatten wir noch nie gehört, und keiner schrieb seine Symptome dieser seltenen Unordnung im Stoffwechsel zu, drei Jahre sollten vergehen, bis eine Nichte schwerkrank wurde, und nach Monaten erschöpfender Analysen diagnostizierten die Ärzte einer nordamerikanischen Klinik die Krankheit, die ganze Familie mußte sich untersuchen lassen, und so entdeckten wir, daß Michael, Paula und Nicolás die Veranlagung in sich trugen.

Unsere Ehe hatte sich inzwischen in eine Kristallkugel verwandelt, die wir mit größter Vorsicht behandeln mußten, damit sie nicht in Scherben ging; wir kamen dem nach allen Regeln förmlicher Höflichkeit nach und machten verbissene Anstrengungen zusammenzubleiben, obwohl unsere Wege jeden Tag mehr auseinanderliefen. Wir hatten Achtung und Sympathie füreinander, aber diese Art Beziehung lastete mir auf den Schultern wie ein Sack Zement; in meinen Albträumen zog ich einen Karren durch eine Wüste, und bei jedem Schritt versanken die Räder und meine Füße im Sand. In dieser Zeit ohne Liebe fand ich im Schreiben Ablenkung. Während in Europa mein erstes Buch seinen Weg machte, schrieb ich weiter in der Küche unserer Wohnung in Caracas, aber ich hatte mich modernisiert, jetzt schrieb ich auf einer elektrischen Schreibmaschine.

Ich begann *Von Liebe und Schatten* am 8. Januar 1983, denn dieser Tag hatte mir mit dem *Geisterhaus* Glück gebracht, und damit führte ich eine Tradition ein, die ich immer noch aufrechterhalte und nicht zu ändern wage, immer schreibe ich die erste Zeile meiner Bücher an diesem Datum. Ich versuche dann, für lange Stunden allein zu sein und völlige Stille um mich zu haben, ich brauche viel Zeit, um den Straßenlärm aus dem Kopf zu treiben und mein

Gedächtnis von der Unordnung des Lebens zu reinigen. Ich zünde Kerzen an, um die Musen und die Schutzgeister zu rufen, stelle Blumen auf meinen Schreibtisch, um den Überdruß abzuschrecken, und lege Pablo Nerudas gesammelte Werke unter den Computer in der Hoffnung, daß sie mich per Osmose inspirieren; wenn diese Geräte sich an einem Virus infizieren können, gibt es keinen Grund, weshalb ein Hauch Poesie sie nicht erfrischen sollte. Durch eine geheime Zeremonie mache ich Geist und Seele bereit, den ersten Satz in Trance zu empfangen, dadurch öffnet sich eine Tür einen Spaltbreit, und ich kann hindurchspähen und die verschwommenen Umrisse der Geschichte erblicken, die auf mich wartet. In den folgenden Monaten werde ich die Schwelle überschreiten, um diese Räume zu erkunden, und nach und nach werden, wenn ich Glück habe, die Gestalten Leben gewinnen, werden immer deutlicher und wirklicher werden, und die Geschichte wird sich mir offenbaren. Ich weiß nicht, wie ich schreibe und weshalb ich schreibe, meine Bücher werden nicht im Kopf geboren, sie werden im Bauch ausgetragen, es sind launische Geschöpfe, die ihr Eigenleben haben und immer bereit sind, mich zu verraten. Nicht ich entscheide über das Thema, das Thema wählt mich aus, meine Arbeit besteht lediglich darin, ihm genügend Zeit, Einsamkeit und Disziplin zu widmen, damit es sich von allein schreibt.

So geschah es mit meinem zweiten Roman. Im Jahre 1978 wurden in Chile in dem Ort Lonquén wenige Kilometer vor Santiago die Leichen von fünfzehn Bauern entdeckt, die von der Diktatur ermordet und in verlassenen Kalköfen versteckt worden waren. Die katholische Kirche machte den Fund bekannt, es gab einen erheblichen Aufruhr, ehe die Behörden ihn unterdrücken konnten, es war das erste Mal, daß die Überreste von Verschwundenen wiederauftauchten, und der zitternde Finger der chilenischen Justiz konnte nicht umhin, auf die Streitkräfte zu zeigen.

Mehrere Carabineros wurden angeklagt, vor Gericht gebracht, in erster Instanz wegen Mord verurteilt und anschließend von General Pinochet durch eine Amnestie in Freiheit gesetzt. Die Nachricht ging durch die Weltpresse, und so erfuhr auch ich in Caracas davon. Damals verschwanden Tausende von Menschen in vielen Teilen des Subkontinents, Chile war kein Einzelfall. In Argentinien zogen die Mütter über die Plaza de Mayo mit den Fotos ihrer verschwundenen Söhne und Enkel, in Uruguay gab es mehr Namen von Festgenommenen als Gefangene, aber die Leichen tauchten nie auf.

Was in Lonquén geschehen war, war wie ein Faustschlag in den Magen, der Schmerz ließ mich jahrelang nicht los. Fünf Männer derselben Familie, der Maureiras, waren von den Carabineros ermordet worden. Manchmal überfiel mich unvermittelt die erschütternde Vorstellung der Maureira-Frauen, wie sie jahrelang nach ihren Männern suchten, nutzlos in Gefängnissen, Konzentrationslagern, Krankenhäusern und Kasernen nachfragten wie Tausende und Tausende anderer Menschen, die an anderen Orten ebenfalls nach den Ihren forschten. Sie hatten mehr Glück als die andern, zumindest erfuhren sie, daß ihre Männer tot waren, und konnten sie beweinen und für sie beten, wenn sie sie auch nicht begraben konnten, denn die Militärs enthielten ihnen die sterblichen Überreste vor und sprengten die Kalköfen in die Luft, um zu verhindern, daß sie zu Pilgerstätten und Orten der Andacht wurden. Diese Frauen gingen dann eines Tages an ein paar rohen Brettertischen entlang und untersuchten die Überbleibsel, ein paar Schlüssel, ein Kamm, ein blauer Fetzen von einem Pullover, ein paar Haare, einige wenige Zähne, und sie sagten: dies ist mein Mann, dies ist mein Bruder, dies ist mein Sohn. Immer wenn ich an sie dachte, kam mir mit erbarmungsloser Klarheit die Erinnerung an jene Zeit zurück, die ich in Chile unter der schweren Decke des Terrors lebte – Zensur und Selbstzensur, die Denunziationen, die Ausgangssperre, die Soldaten mit den geschwärzten Gesichtern, weil sie nicht erkannt werden wollten, die Autos mit den dunkel getönten Fenstern der politischen Polizei, die Verhaftungen auf der Straße, in den Häusern, in den Büros, meine Fahrten, um Verfolgte in den Botschaften unterzubringen, die durchwachten Nächte, wenn wir jemanden unter unserem Dach versteckt hatten, die ungeschickten Strategien, um heimlich Informationen nach draußen zu schleusen und Geld hereinzuschmuggeln, mit dem man den Familien der Gefangenen helfen konnte. Für meinen zweiten Roman brauchte ich nicht über das Thema nachzudenken, die Frauen der Familie Maureira, die Mütter von der Plaza de Mayo und Millionen von anderen, die so oder so zu Opfern geworden waren, verfolgten mich, drängten mich, zu schreiben. Die Geschichte der Toten von Lonquén wurzelte seit 1978 in meinem Herzen, seither hatte ich alle Zeitungsausschnitte gesammelt, die mir in die Hände fielen, ohne genau zu wissen, wozu, immerhin ahnte ich ja noch nicht, daß mein Weg mich zur Literatur führen würde.

1983 verfügte ich über eine dicke Mappe voller Informationen und wußte, wo ich noch mehr Angaben herbekommen konnte, meine Arbeit bestand nur noch darin, diese Fäden zu einem einzigen Strang zu verflechten. Da war mein Freund Francisco in Chile, den ich als Vorbild für meinen Haupthelden zu nehmen gedachte, da war eine Familie republikanischer spanischer Flüchtlinge für die Leals, und da waren zwei Kolleginnen von der Frauenzeitschrift, für die ich früher gearbeitet hatte, die mich zu der Gestalt der Irene anregten. Für Gustavo Morante, den Verlobten Irenes, nahm ich einen Offizier des chilenischen Heeres, der mir an einem Mittag im Herbst 1974 auf den Cerro San Cristóbal folgte. Ich hatte die Schweizer Hündin meiner Mutter ausgeführt und saß nun unter einem

Baum und blickte hinab auf Santiago, als wenige Meter vor mir ein Auto hielt; ein Mann in Uniform stieg aus und kam auf mich zu. Panik erfaßte mich, im ersten Augenblick wollte ich fortlaufen, aber gleich darauf begriff ich die Sinnlosigkeit jeden Fluchtversuches und sah ihm zitternd und stumm entgegen. Zu meiner Überraschung bellte der Offizier mir keinen Befehl zu, sondern nahm die Mütze ab, entschuldigte sich, daß er mich belästige, und fragte, ob er sich zu mir setzen dürfe. Ich konnte noch immer kein Wort herausbringen, aber es beruhigte mich, daß er allein war, die Verhaftungen wurden immer von mehreren durchgeführt. Er war ein Mann um die Dreißig, hochgewachsen, stattlich, mit einem etwas naiven Gesicht ohne ausdrucksvolle Linien. Gleich als er zu sprechen anfing, merkte ich, daß er Kummer hatte. Er sagte mir, er wisse, wer ich bin, er habe einige meiner Artikel gelesen, und die hätten ihm nicht gefallen, aber er habe Spaß an meinen Fernsehprogrammen gehabt, er habe mich oft den Hügel hinaufgehen sehen, und heute sei er mir gefolgt, weil er mir etwas erzählen wolle. Wie er sagte, stammte er aus einer sehr religiösen Familie, er war strenger Katholik und hatte als junger Mensch mit dem Gedanken gespielt, ins Priesterseminar einzutreten, hatte aber dann seinem Vater zuliebe die Militärschule gewählt. Bald entdeckte er, daß ihm dieser Beruf gefiel, und mit der Zeit wurde das Heer sein wirkliches Zuhause. »Ich bin bereit, für mein Vaterland zu sterben«, sagte er, »aber ich wußte nicht, wie schwer es ist, für das Vaterland zu töten.« Und dann, nach einer langen Pause, beschrieb er mir seine erste Hinrichtung, wie er einen politischen Gefangenen exekutieren mußte, der so gefoltert worden war, daß er sich nicht auf den Füßen halten konnte und sie ihn auf einem Stuhl festbinden mußten, wie er um fünf Uhr morgens auf dem von Rauhreif glitzernden Hof den Befehl zum Feuern geben mußte und wie er, als das Krachen der Schüsse verstummt war, feststellte, daß der Mann noch lebte und ihm ruhig in die Augen sah, denn er war schon jenseits aller Furcht.

»Ich mußte auf den Gefangenen zugehen, ihm die Pistole an die Schläfe setzen und abdrücken. Das Blut spritzte mir auf die Uniform ... Ich kann meine Seele nicht davon befreien, ich kann nicht schlafen, die Erinnerung verfolgt mich.«

»Warum erzählen Sie das mir?«

»Weil es mir nicht genügt, daß ich es meinem Beichtvater gesagt habe, ich möchte es jemandem mitteilen, der vielleicht in irgendeiner Form darüber berichten kann. Wir Soldaten sind nicht alle Mörder, wie immer gesagt wird, viele von uns haben ein Gewissen.« Er stand auf, verbeugte sich leicht, setzte sich die Mütze auf, ging zu seinem Auto und fuhr davon.

Monate später erzählte mir ein anderer Mann, diesmal einer in Zivil, etwas Ähnliches. Die Soldaten schießen auf die Beine, um die Offiziere zu zwingen, den Gnadenschuß zu geben und sich auch mit Blut zu beflecken, sagte er mir. Ich behielt diese Geschichten neun Jahre in einem Karton, auf Papierbögen festgehalten, bis ich sie für mein zweites Buch, *Von Liebe und Schatten*, verwendete. Einige Kritiker haben es für sentimental und allzu politisch befunden, für mich ist es voller Magie, weil es mir die seltsame Macht der Fiktion offenbart hat. In dem langsamen, schweigenden Prozeß des Schreibens gerate ich in einen Zustand der Klarsichtigkeit, in dem ich bisweilen ein paar Schleier beiseite schieben und das Unsichtbare sehen kann, wie es meine Großmutter mit ihrem dreibeinigen Tisch konnte. Ich will hier nicht alle Vorahnungen und wunderbaren Übereinstimmungen erwähnen, die sich auf jenen Seiten ergaben, eine genügt. Wenn ich auch über reichlich Informationen verfügte, klafften doch große Lücken in der Geschichte, denn ein gut Teil der Verhandlungen vor den Militärgerichten war geheim, und was veröffentlicht wurde, war von der Zensur verstümmelt. Außerdem war ich weit fort von Chile und konnte nicht zurückgehen und die betroffenen Personen befragen, wie ich es unter anderen Umständen gemacht hätte. Meine Jahre als Journalistin hatten mich gelehrt, daß man bei diesen persönlichen Interviews die Schlüssel, die Beweggründe und die Gemütsregungen der Geschichte geliefert bekommt, keine auf Bibliotheken beschränkte Nachforschung kann die Angaben aus erster Hand ersetzen, die ein Gespräch von Angesicht zu Angesicht hergibt. Ich schrieb den Roman in den heißen Nächten von Caracas mit dem Material aus meiner Zeitungsausschnittsammlung, ein paar Büchern, einigen Tonaufnahmen von Amnesty International und den unermüdlich fragenden Stimmen der Frauen der Verschwundenen, die Zeiten und Entfernungen überwanden, um mich zu unterstützen. Dennoch mußte ich die Phantasie zur Hilfe nehmen, um die Lücken zu füllen. Als meine Mutter dann das Original las, beanstandete sie eine Stelle, die ihr gänzlich unwahrscheinlich vorkam: die Hauptpersonen fahren nachts während der Ausgangssperre mit dem Motorrad zu einem von den Militärs geschlossenen Bergwerk, durchqueren unbemerkt die Postenkette, gelangen in ein Sperrgebiet, brechen mit Hacke und Schaufel den verbarrikadierten Eingang des Bergwerks auf, finden die Überreste der Ermordeten, fotografieren sie, kehren mit den Beweisen zurück und übergeben sie dem Kardinal, der schließlich Anweisung gibt, das Grab zu öffnen. »Das ist unmöglich«, sagte sie, »niemand würde es wagen, mitten in einer Diktatur ein solches Risiko einzugehen.« – »Mir fällt kein anderer Weg ein, wie ich die Handlung an diesem Punkt klären soll, betrachte es als literarische Freiheit«, antwortete ich.

Das Buch wurde 1984 veröffentlicht. Vier Jahre später wurde die Liste der Emigranten, die nicht nach Chile zurück durften, aufgehoben, und ich fühlte mich frei, zum ersten Mal in mein Land zurückzukehren, um in einem Volksentscheid mitzustimmen, durch den Pinochet letztlich gestürzt wurde. Eines Abends läutete es am Haus meiner Mutter in Santiago, ein Unbekannter stand davor und wünschte mich unbedingt unter vier Augen zu sprechen. Wir setzten uns in einen Winkel der Terrasse, und er erzählte. Er war Geistlicher, hatte unterm Beichtgeheimnis von den Leichen von Lonquén erfahren, war während der Ausgangssperre mit dem Motorrad zu den Kalköfen gefahren, hatte sie mit Hacke und Schaufel aufgebrochen, hatte die sterblichen Überreste fotografiert und die Beweise dem Kardinal gebracht, der eine Gruppe von Priestern, Journalisten und Diplomaten zu dem geheimen Grab geschickt hatte, um es zu öffnen.

»Niemand außer dem Kardinal wußte von meinem nächtlichen Unternehmen. Wenn meine Teilnahme bei dieser Sache bekannt geworden wäre, würde ich mit Sicherheit jetzt nicht mit Ihnen sprechen, auch ich wäre verschwunden. Wie haben Sie es erfahren?«

»Die Toten haben es mir eingegeben«, erwiderte ich, aber er glaubte mir nicht.

Dieses Buch brachte auch Willie in mein Dasein, dafür bin ich ihm dankbar.

Es dauerte eine Weile, bis meine beiden ersten Romane den Atlantik überquert hatten, aber endlich gelangten sie doch in die Buchhandlungen von Caracas, einige Leute lasen sie, zwei wohlwollende Kritiken erschienen, und das veränderte mein Leben. Kreise öffneten sich mir, zu denen ich bislang keinen Zutritt gehabt hatte, ich lernte interessante Leute kennen, einige Zeitungen baten mich um meine Mitarbeit, und Fernsehproduzenten riefen mich an und waren bereit, mir einen roten Teppich auszurollen, aber inzwischen wußte ich, wie zweifelhaft solche Versprechungen sind, und hatte keine Lust, meine sichere Arbeit in der Schule aufzugeben. Eines Tages trat im Theater ein Mann mit einer sanften Stimme und sorgfältiger Aussprache an mich heran, um mich zu meinem ersten Roman zu beglückwünschen, der ihn tief berührt habe, unter anderem auch deshalb, weil er mit seiner Familie während der Regierungszeit von Salvador Allende in Chile gelebt habe und Zeuge des Militärputsches gewesen sei. Später erfuhr ich, daß auch er in den ersten Tagen der wahllos wütenden Brutalität verhaftet worden war, weil die Nachbarn, die sein Akzent unsicher machte, ihn für einen kubanischen Agenten hielten und anzeigten.

So begann meine Freundschaft mit Ildemaro, die bedeutungsvollste meines Lebens, in der sich Humor und heitere Laune mit strengen Lehren mischten. An seiner Seite lernte ich viel, er überwachte meine Lektüre, ging das eine oder andere von dem durch, was ich schrieb, und diskutierte mit mir über Politik. Wenn ich an ihn denke, meine ich ihn vor mir zu sehen, mit dem Zeigefinger auf mich deutend, während er mich über das Werk Mario Benedettis unterrichtet oder mit einer gelehrten sozialistischen Predigt den Nebel aus meinem Gehirn räumt, aber das ist nicht das einzige Bild, ich erinnere mich auch, wie er sich schier totlachen wollte oder auch schamrot wurde, wenn wir sein feierliches Gebaren mit einem Scherz ins Stolpern brachten. Er verleibte uns seiner Familie ein, und zum erstenmal nach vielen Jahren spürten wir wieder die Wärme einer Sippe, die sonntäglichen Mittagessen wurden wieder eingeführt, unsere Kinder betrachteten sich als Cousins und Cousinen, und alle hatten Schlüssel zu beiden Wohnungen. Ildemaro ist Arzt, hat aber daneben eine starke Neigung zu allem, was Kultur heißt, er versah uns mit Eintrittskarten zu einer Unmenge von Veranstaltungen, die wir auch besuchten, um ihn nicht zu kränken. Anfangs war Paula die einzige, die genügend Mut hatte, in seiner

Gegenwart über die heiligen Kühe der Kunst zu lachen, aber bald folgten wir andern ihrem Beispiel und bildeten schließlich eine häusliche Theatertruppe mit der Absicht, die kulturellen Akte und intellektuellen Predigten unseres Freundes zu parodieren, aber er fand sehr schnell eine List, unsere Pläne zunichte zu machen: er wurde das aktivste Mitglied der Gesellschaft. Unter seiner Leitung brachten wir ein paar Aufführungen zustande, die über die Grenzen des nachsichtigen Freundeskreises hinausreichten, wie etwa eine Konferenz über die Eifersucht, bei der wir eine Maschine unserer Erfindung vorstellten, um den Eifersuchtskoeffizienten bei den Opfern der schrecklichen Geißel zu messen. Eine Gesellschaft von Psychiatern – ich weiß nicht mehr, ob Anhänger von Jung oder von Lacan – nahm uns ernst und lud uns zu einer Demonstration ein, und so traten wir eines Abends mit unserem krausen Geplauder im Institut auf. Die Eifersuchtsmeßmaschine bestand aus einem schwarzen Kasten mit launischen Lämpchen, die abwechselnd aufleuchteten und erloschen, und wandernden Nadeln, die auf Zahlen zeigten, das Ganze lief mit Batterie und war durch Kabel mit einem Helm auf Paulas Kopf verbunden, die tapfer die Rolle des Versuchskaninchens spielte, während Nicolás eine Kurbel drehte. Die Psychiater lauschten aufmerksam und machten sich Notizen, einige blickten ein wenig verdutzt, aber im allgemeinen waren alle zufrieden, und am folgenden Tag erschien in der Zeitung ein fremdwortgespickter Artikel über die Vorführung.

Paula überlebte die Eifersuchtsmaschine und freundete sich so sehr mit Ildemaro an, daß sie ihn zum Bewahrer ihrer vertraulichsten Bekenntnisse machte und ihm zu Gefallen die Rolle des Stars in allen Aufführungen der Gesellschaft übernahm. Heute ruft Ildemaro mich oft an, um nach ihr zu fragen, hört sich schweigend die Einzelheiten an und versucht mir Mut zu machen, aber keine Hoffnung, denn er hat keine. Zu jener Zeit deutete nichts darauf hin, daß das Schicksal meiner Tochter von solchem Unglück geprägt werden sollte, sie war damals eine schöne junge Studentin Anfang Zwanzig, strahlend und fröhlich, der es nichts ausmachte, auf der Bühne den Hanswurst zu spielen, wenn Ildemaro sie darum bat. Die unermüdliche Großmutter Hilda, die Chile verlassen hatte und der Familie ins Exil gefolgt war und ihr halbes Leben in unserer Wohnung verbrachte, hatte ständig ein Nähtischchen im Eßzimmer stehen, wo wir Kostüme und Bühnenzubehör fabrizierten. Michael machte gutgelaunt mit, wenn auch seine Begeisterung so schwankend war wie seine Gesundheit. Nicolás, der an unüberwindbarem Lampenfieber und Scheu vor Fremden litt, übernahm die technischen Dinge: Licht, Ton und Spezialeffekte, so konnte er hinter den Vorhängen versteckt bleiben. Nach und nach schlossen sich die meisten unserer Freunde der Theatertruppe an, und es blieb kaum einer übrig, um das Publikum zu stellen, aber schon allein das Proben der Stücke war für Darsteller und Musiker so vergnüglich, daß es uns nichts ausmachte, wenn die Aufführungen vor einem leeren Saal liefen. Unsere Wohnung füllte sich mit Menschen, Lärm und Gelächter, endlich hatten wir eine weitverzweigte Familie und fühlten uns in dem neuen Vaterland wohl.

Für meine Eltern allerdings lagen die Dinge anders. Onkel Ramón sah sein siebzigstes Jahr heraufziehen und wollte zurück, um in Chile zu sterben, wie er mit einer gewissen Dramatik erklärte, was uns zu schallendem Gelächter reizte, denn wir wußten doch, daß er unsterblich war. Zwei Monate später sahen wir ihn seine Koffer packen, und dann kehrte er mit meiner Mutter zurück in ein Land, in das er viele Jahre keinen Fuß gesetzt hatte und das immer noch von demselben General regiert wurde. Ich fühlte mich verwaist, machte mir Sorgen um sie, ich ahnte, daß wir nie wieder in derselben Stadt leben würden, und machte mich bereit, die alte Gewohnheit der täglichen Briefe wieder aufzunehmen. Zum Abschied gaben wir ihnen ein zünftiges Fest mit chilenischen Gerichten und Weinen und dem letzten Werk der Theatertruppe. Mit Liedern und Tänzen, mit Darstellern und Marionetten erzählten wir die Geschichte des stürmischen Lebens und illegalen Liebens meiner Mutter und Onkel Ramóns, verkörpert durch Paula und Ildemaro, den wir mit dämonischen falschen Augenbrauen versehen hatten. Diesmal hatten wir Publikum, denn fast alle guten Freunde waren da, die uns in diesem heißen Land aufgenommen hatten. Auf einem Ehrenplatz saß Valentín Hernández, dessen großzügige Visa uns die Türen geöffnet hatten. Es war das letzte Mal, daß wir ihn sahen, kurz darauf starb er an einer plötzlichen schweren Krankheit und ließ die Seinen in tiefer Trauer zurück. Er war einer jener liebevollen, wachsamen Patriarchen, die alle die Ihren unter ihrem schützenden Mantel bergen. Ihm fiel das Sterben schwer, er wollte nicht gehen und seine Familie im Sturmwind dieser schrecklichen modernen Zeiten allein lassen, und im Grunde seines Herzens träumte er vielleicht davon, sie mitzunehmen. Nach einem Jahr rief seine Witwe ihre Töchter, Schwiegersöhne und Enkel zusammen, um mit ihnen auf heitere Art seines Todes zu gedenken, wie er es gern gehabt hätte, und nahm sie mit nach Florida. Das Flugzeug explodierte in der Luft, und von dieser Familie blieb keiner zurück, um die Dahingegangenen zu beweinen.

Im September 1987 erschien in Spanien mein dritter Roman, *Eva Luna*, geschrieben am hellichten Tag auf einem Computer in dem geräumigen Studio eines neuen Hauses. Die beiden vorangegangenen Bücher hatten meine Agentin überzeugt, daß ich die Literatur ernstzunehmen gedachte, und mich, daß es der Mühe wert war, auf Gedeih und Verderb meine Arbeit aufzugeben und mich dem Schreiben zu widmen, obwohl mein Mann nach wie vor bankrott war und wir noch nicht alle Schulden bezahlt hatten. Ich verkaufte die Anteile an der Privatschule, und wir kauften einen Riesenkasten von Haus, das an einem Hügel lag, ein bißchen heruntergekommen freilich, aber Michael baute einiges um und machte daraus ein sonnenbeschienenes Refugium, in dem es viel Platz für Besucher gab, Verwandte wie Freunde, und wo Großmutter Hilda bequem ihre Schneiderei unterbringen konnte und ich mein Arbeitszimmer. Auf halber Hügelhöhe hatte das Haus zwischen seinen Fundamenten ein offenes Souterrain mit Licht und frischer Luft, so groß, daß wir in den tropischen Garten in seiner Mitte den Strauch pflanzten, der das Vergißmeinnicht meines Heimwehs ersetzt hatte. An den Wänden standen Regale voller Bücher, und das einzige Möbelstück war ein riesiger Tisch mitten im Raum.

Dies war eine Zeit großer Veränderungen. Paula und Nicolás, nun unabhängige, ehrgeizige junge Leute, gingen zur Universität, machten Reisen, und es war offensichtlich, daß sie mich nicht mehr brauchten, aber die verschworene Kameradschaft zwischen uns dreien war unerschüttert. Seit Paulas Liebelei mit dem jungen Sizilianer zu Ende gegangen war, hatte sie ihre Studien der Psychologie und der Sexualität vertieft. Ihr kastanienbraunes Haar fiel ihr bis zum Gürtel, sie gebrauchte kein Make-up und unterstrich ihr jungfräuliches Aussehen mit langen Röcken aus weißer Baumwolle und weißen Sandalen. Sie machte freiwillige Sozialarbeit in den wildesten Vororten der Stadt, wo selbst die Polizei sich nach Sonnenuntergang nicht hintraute. Inzwischen hatten Gewalt und Verbrechen sich in Caracas ausgebreitet, in unser Haus war mehrmals eingebrochen worden, und es gingen schreckliche Gerüchte um über Kinder, die in Einkaufszentren entführt worden waren und denen man die Hornhaut herausgerissen hatte, um sie an Augenbanken zu verkaufen, über Frauen, die auf Parkplätzen vergewaltigt, über Menschen, die um einer Uhr willen ermordet wurden. Paula fuhr los in ihrem kleinen Auto, eine Tasche mit Büchern neben sich, und ich blieb vor Angst um sie zitternd zurück. Ich bat sie tausendmal, nicht in diese abgelegenen Gegenden zu fahren, aber sie hörte nicht auf mich, sie fühlte sich durch ihre guten Absichten geschützt und meinte, dort sei sie doch rundherum allen bekannt. Sie besaß einen klaren Verstand, aber ihre Gefühlsebene war immer noch die eines kleinen Mädchens; die Frau, die sich im Flugzeug den Plan einer Stadt einprägte, in die sie noch nie den Fuß gesetzt hatte, dann am Flughafen ein Auto mietete und ohne zu schwanken geradenwegs zum Hotel fuhr, oder die es fertigbrachte, in vier Stunden eine Rede über Literatur vorzubereiten, damit ich in einem Universitätshörsaal damit glänzen konnte – dieselbe Frau wurde ohnmächtig, wenn sie eine Spritze bekam, und zitterte vor Entsetzen in einem Vampirfilm. Sie machte ihre psychologischen Standardtests an Nicolás und mir und stellte so fest, daß ihr Bruder einen Intelligenzgrad nahe der Genialität besitzt, ihre Mutter dagegen an tiefgehender Retardation leidet. Sie machte die Tests mit mir ein ums andere Mal, aber die Ergebnisse waren immer die gleichen, stets ergab sich ein beschämender geistiger Koeffizient. Immerhin versuchte sie wenigstens nie, ihre Hilfsmittel aus dem Sexualitätsseminar an uns auszuprobieren.

Mit *Eva Luna* nahm ich es endlich in mein Bewußtsein auf, daß mein Weg die Literatur ist, und zum erstenmal wagte ich zu sagen: ich bin Schriftstellerin. Als ich mich vor den Computer setzte, um das Buch zu beginnen, tat ich das nicht wie bei den beiden vorangegangenen voller Entschuldigungen und Zweifel, sondern im vollen Einsatz meines Willens und sogar mit einer gewissen Dosis Stolz. Ich werde einen Roman schreiben, sagte ich laut. Dann

schaltete ich das Gerät ein, und ohne zweimal zu überlegen, stürzte ich mich in den ersten Satz: *Ich heiße Eva, das
bedeutet Leben...*

Meine Mutter ist nach Kalifornien zu Besuch gekommen. Ich erkannte sie auf dem Flughafen fast nicht wieder, sie sah aus wie eine Urgroßmutter aus Porzellan, ein Altchen ganz in Schwarz mit zittriger Stimme, das Gesicht von Kummer verheert und von Müdigkeit nach dem Zwanzigstundenflug von Santiago hierher. Sie fing an zu weinen, als sie mich umarmte, und weinte weiter auf dem ganzen Weg, aber als wir zu Hause ankamen, verschwand sie stracks im Bad, nahm eine Dusche, zog sich ein Kleid in fröhlichen Farben an und ging lächelnd hinunter, um Paula zu begrüßen. Als sie sie sah, war sie erschüttert, obwohl sie erwartet hatte, sie in schlechterem Zustand vorzufinden, aber in ihr lebt noch die Erinnerung an ihre Lieblingsenkelin, wie sie vorher war. »Die Kleine ist im Vorhimmel, Doñita, zusammen mit den Babys, die ohne Taufe gestorben sind, und anderen aus dem Fegefeuer geretteten Seelen«, versuchte eine der Krankenwärterinnen sie zu trösten. – »Welch ein Verlust, Gott im Himmel, welch ein Verlust!« murmelt meine Mutter immer wieder, aber niemals in Paulas Nähe, denn sie denkt, daß die sie vielleicht hören kann. »Übertragen Sie Ihre Ängste und Wünsche nicht auf sie, Señora«, hat Doktor Shima sie gemahnt, »das vorherige Leben Ihrer Enkelin ist beendet, sie lebt nun in einem anderen Bewußtseinszustand.«

Wie vorherzusehen war, hat sich meine Mutter in Doktor Shima verliebt. Er ist ein Mann ohne Alter, der Körper ist verbraucht, Gesicht und Hände sind jung wie der dunkle Haarbusch, er trägt Hosenträger aus Gummi, und die Hosen reichen ihm bis unter die Achseln, er hinkt ein wenig und lacht so verschmitzt wie ein Junge, den man bei einem Streich erwischt. Beide beten für Paula, sie mit ihrem christlichen Glauben und er mit seinem buddhistischen. Bei meiner Mutter ist es der Triumph der Hoffnung über die Erfahrung, denn sie hat siebzehn Jahre, solange General Pinochet an der Macht war, gebetet, daß er ins bessere Leben dahinscheiden möge, und dabei erfreut er sich heute, nach seinem Abgang als Präsident, nicht nur bester Gesundheit, sondern hat militärisch nach wie vor in Chile das Heft in der Hand. »Gottes Mühlen mahlen langsam, mahlen aber trefflich fein«, sagt sie, wenn sie an ihn denkt, »ich sage dir, Pinochet ist auf dem Weg ins Grab.« Nachmittags setzt sich diese boshafte Großmutter mit einem Strickzeug neben ihre Enkelin und spricht zu ihr, ohne sich an dem sternenfernen Schweigen zu stoßen, in das ihre Worte fallen, sie erzählt ihr von vergangenen Dingen, hechelt die neuesten Klatschgeschichten durch, redet über ihr eigenes Leben, und manchmal singt sie ihr mit vielen falschen Tönen eine Hymne auf die Jungfrau Maria vor, das einzige Lied, das sie vollständig in Erinnerung hat. Sie glaubt, daß Paula von ihrem Bett aus milde Wunder wirkt, uns zwingt, seelisch zu wachsen, und uns die Wege des Mitgefühls und der Weisheit lehrt. Sie leidet um Paula und leidet um mich, zwei Schmerzen, denen sie nicht ausweichen kann.

»Wo war Paula, bevor sie durch mich in die Welt trat? Wohin geht sie, wenn sie stirbt?«

»Paula ist schon bei Gott. Gott ist *das, was eint*, das, was das Gewebe des Lebens zusammenhält, dasselbe, was du Liebe nennst«, antwortet meine Mutter.

Ernesto nutzte eine Woche Urlaub, um hier aufzutauchen. Er hielt immer noch die Illusion aufrecht, daß seine Frau sich so weit wieder erholen werde, daß er mit ihr leben kann, wenn auch in sehr begrenztem Maße. Er stellte sich vor, ein Wunder würde geschehen und sie würde plötzlich mit einem langen Gähnen aufwachen, würde tastend nach seiner Hand suchen und fragen, was denn passiert sei, mit rauher Stimme, die ganz aus der Übung war. »Die Ärzte haben sich schon oft geirrt, und von dem, was im Kopf vor sich geht, weiß man ohnedies nicht viel«, sagte er zu mir. Doch er trat nicht ungestüm zu ihr ins Zimmer, sondern sehr behutsam, wie voller Furcht. Wir hatten sie schön gekämmt und ihr das Kleid angezogen, das er ihr bei einem früheren Besuch mitgebracht hatte. Er umarmte sie mit unendlicher Zärtlichkeit, während sich die Wärterinnen gerührt in die Küche verzogen und meine Mutter und ich auf der Terrasse Zuflucht suchten. An den ersten Tagen verbrachte er Stunden damit, Paulas Reaktionen zu beobachten in der Hoffnung auf einen Funken Leben in ihrem Gehirn, aber nach und nach ließ er davon ab, ich sah ihn in sich zusammenfallen, schrumpfen, bis die optimistische Ausstrahlung, mit der er angekommen war, sich in dem Halbdunkel verloren hatte, das uns alle einhüllt. Ich versuchte ihm einzureden, daß Paula nicht mehr seine Frau ist, sondern seine geistige Schwester, daß er sich nicht an sie gebunden fühlen soll, aber er sah mich an, als hätte ich mich eines Frevels schuldig gemacht. In der letzten Nacht brach er zusammen, er war sich endlich darüber klar geworden, daß es kein Wunder geben wird, das ihm seine ewige Braut zurückgeben könnte, und so sehr er auch sucht, wird er doch nichts finden in dem furchtbaren Abgrund ihrer leeren Augen. Er schreckte verstört aus einem schlimmen Traum hoch und kam im Dunkeln in mein Zimmer, zitternd und weinend und in Schweiß gebadet, um ihn mir zu erzählen.

»Ich träumte, Paula stieg eine lange ausziehbare Leiter hoch, und als sie oben ankam, warf sie sich ins Leere, ehe ich sie festhalten konnte, und ließ mich in Verzweiflung zurück. Dann sah ich sie tot auf einem Tisch liegen, und hier lag sie lange Zeit unversehrt, während das Leben für mich weiterlief. Nach und nach verlor sie an Gewicht, und das Haar ging ihr aus, bis sie sich plötzlich aufrichtete und etwas zu mir sagen wollte, aber ich unterbrach sie und warf ihr vor, daß sie mich verlassen hatte. Sie legte sich wieder zum Schlafen auf den Tisch; sie verfiel immer mehr, ohne jedoch ganz zu sterben. Endlich machte ich mir klar, daß ich ihr nur helfen konnte, wenn ich ihren Körper zerstörte, ich nahm sie in die Arme und legte sie auf das Feuer. Sie zerfiel zu Asche, die ich mit vollen Händen in einem Garten verstreute. Danach erschien ihr Geist, um von der Familie Abschied zu nehmen, zuletzt wandte sie sich an mich und sagte mir, daß sie mich liebte, und dann begann sie sich aufzulösen . . .«

»Laß sie gehen, Ernesto!« bat ich ihn.

»Wenn du von ihr Abschied nehmen kannst, kann ich es auch«, erwiderte er.

Da dachte ich daran, daß seit unvordenklichen Zeiten die Frauen Kinder verloren haben, es ist der älteste Schmerz der Menschheit und ganz unvermeidbar. Ich bin nicht die einzige, fast alle Mütter überall in der Welt gehen durch diese Prüfung, ihnen bricht das Herz, aber sie leben weiter, denn sie müssen die, die bleiben, lieben und beschützen. Erst in unserer Zeit und in fortgeschrittenen Ländern, wo die Gesundheit denen erreichbar ist, die sie bezahlen können, dürfen Frauen darauf vertrauen, daß alle ihre Kinder das Erwachsenenalter erreichen werden. Der Tod liegt immer auf der Lauer. Ich ging mit Ernesto in Paulas Zimmer, wir schlossen die Tür und improvisierten für uns allein einen kurzen Abschiedsritus. Wir sagten ihr, wie sehr wir sie liebten, gedachten der herrlichen gelebten Jahre und versicherten ihr, daß sie immer in unserer Erinnerung fortdauern werde. Wir versprachen ihr, daß wir sie bis zu ihrem letzten Augenblick in dieser Welt begleiten würden und daß wir uns in der anderen wiedertreffen würden, denn in Wirklichkeit gibt es keine Trennung. »Stirb, Geliebte«, flehte Ernesto auf den Knien neben ihrem Bett. Stirb, Tochter, fügte ich schweigend hinzu, weil mir die Stimme versagte.

Willie behauptet, ich rede und wandre im Schlaf, aber das stimmt nicht. Nachts streiche ich durch das Haus, barfuß und stumm, um die Geister nicht zu erschrecken und auch die Stinktiere nicht, die heimlich heraufkommen, um das Futter für die Katze zu verschlingen. Manchmal treffen wir aufeinander, dann heben sie ihre schönen gestreiften Schwänze wie pelztragende Pfauen und sehen mich mit schnuppernden Schnauzen an, aber sie müssen sich an meine Gegenwart gewöhnt haben, denn bis jetzt haben sie ihren fürchterlichen Strahl im Haus noch nicht abgeschossen, nur der Keller riecht etwas streng. Ich wandre nicht im Schlaf herum, ich wandre in Traurigkeit. »Nimm eine Tablette und versuch ein paar Stunden zu schlafen«, bittet mich Willie müde, »du solltest zu einem Psychiater gehen, du bist besessen, und weil du dauernd an Paula denkst, fängst du schließlich an, Visionen zu haben.« Er sagt mir zum soundsovielten Mal, daß meine Tochter nicht des Nachts in unser Zimmer kommt, das ist unmöglich, sie kann sich nicht rühren, das sind nur meine Albträume wie so viele andere, die mir wahrer vorkommen als die Wirklichkeit. Wer weiß... vielleicht gibt es noch andere Wege geistiger Verständigung, nicht nur die Träume, und Paula hat in ihrer schrecklichen Bewegungsunfähigkeit die Form entdeckt, wie sie mit mir sprechen kann. Meine Sinne haben sich geschärft, damit ich das Unsichtbare wahrnehmen kann, aber ich bin nicht verrückt. Doktor Shima kommt fast täglich, er versichert, Paula habe sich unter seiner Führung verändert. Die Dreimonatefrist ist abgelaufen, und alle sind verschwunden, die Seelenheiler, die Hypnotiseure, die Seher und die Medialen, nur Doktor Forrester und Doktor Shima betreuen sie jetzt. An manchen Tagen meditiert er allein ein paar Minuten neben ihr, an anderen untersucht er sie peinlich genau, setzt ihr Nadeln, um ihre Glieder zu erleichtern, verabreicht ihr chinesische Medikamente, dann trinkt er mit mir eine Tasse Tee, und wir können ungeniert sprechen, denn niemand hört uns. Ich fasse mir ein Herz und erzähle ihm, daß Paula mich nachts besuchen kommt, und er findet das gar nicht merkwürdig, er sagt, zu ihm spricht sie auch.

»Wie spricht sie zu Ihnen, Doktor?«

»In der Frühe werde ich von ihrer Stimme wach.«

»Woher wissen Sie, daß es ihre Stimme ist? Sie haben sie doch nie gehört...«

»Manchmal sehe ich sie ganz deutlich. Sie zeigt mir die schmerzenden Stellen, gibt mir Änderungen der Medikamente an, bittet mich, ihrer Mutter in dieser Prüfung beizustehen, weiß, wie sehr Sie leiden. Paula ist sehr müde und möchte gehen, aber sie hat eine starke Natur und kann noch sehr viel länger leben.«

»Wieviel länger, Doktor Shima?«

Er entnahm seiner umfangreichen Tasche einen Samtbeutel mit I-ching-Stäbchen, konzentrierte sich in einem stummen Gebet, schüttelte sie einen Augenblick und warf sie dann auf den Tisch.

»Sieben...«

»Sieben Jahre?«

»Oder Monate oder Wochen, ich weiß es nicht, das I-ching läßt das offen...«

Ehe er ging, gab er mir einige Tütchen mit getrockneten Kräutern, er glaubt, daß die Angst die Widerstandskraft des Körpers und des Geistes zerstört und daß es eine direkte Beziehung zwischen dem Krebs und der Traurigkeit gibt. Auch Cheri Forrester hat mir etwas gegen die Depression verschrieben, ich bewahre das verschlossene Fläschchen in dem Korb mit den Briefen meiner Mutter auf, versteckt neben den Schlaftabletten, denn ich habe beschlossen, mir nicht mit Drogen Erleichterung zu verschaffen; dies ist ein Weg, den ich blutend gehen muß. Ich sehe oft die Bilder von Celias Niederkunft vor mir, sehe, wie sie schwitzt, wie die Anstrengung sie schier zerreißt, wie sie sich auf die Lippen beißt – Schritt für Schritt geht sie durch diese lange Prüfung ohne die Hilfe von schmerzstillenden Mitteln, bewußt und mit innerer Heiterkeit hilft sie ihrer Tochter ans Licht. Ich sehe sie in ihrer letzten Anstrengung, offen wie eine Wunde, als Andreas Kopf hervorkommt, ich höre ihren triumphierenden Schrei und Nicolás' Schluchzen und spüre wieder unser aller Freude in der heiligen Ruhe dieses Zimmers, in dem jetzt Paula schläft. Vielleicht ist ja die seltsame Krankheit meiner Tochter wie diese Geburt; ich muß die Zähne zusammenbeißen und tapfer standhalten, denn ich weiß, daß diese Qual nicht ewig dauern wird, eines Tages wird sie enden. Wie? Das kann nur mit dem Tod geschehen . . .

Wenn nur Willies Geduld ausreicht, um auf mich zu warten, der Weg kann sehr lang sein, vielleicht dauert er die sieben Jahre des I-ching; es ist schwer, die Liebe unter diesen Bedingungen unversehrt zu erhalten, alles verschwört sich gegen unsere innige Verbundenheit, mein Körper ist müde und meine Seele abwesend, Willie weiß nicht, wie er es mir erleichtern kann, und ich weiß nicht, worum ich ihn bitten soll, er wagt nicht mehr, mir nahezukommen, aus Angst, mir lästig zu fallen, aber gleichzeitig möchte er mich auch nicht allein lassen; für sein pragmatisches Denken wäre es das Zweckmäßigste, Paula in ein Krankenhaus zu bringen und zu versuchen, unser gemeinsames Leben weiterzuführen, aber er erwähnt diese Alternative nicht vor mir, weil er weiß, daß er uns damit unwiderruflich trennen würde. »Ich möchte dir diese Last abnehmen und sie mir aufladen, ich habe die breiteren Schultern«, sagt er verzweifelt, aber er hat schon genügend an seinem eigenen Unglück zu tragen. Meine Tochter verfällt sanft in meinen Armen, aber seine vergiftet sich mit Drogen in den schmutzigsten Vierteln auf der anderen Seite der Bucht, vielleicht stirbt sie früher als meine an einer Überdosis, an einem Messerstich oder an Aids. Sein ältester Sohn treibt sich wie ein Bettler auf den Straßen herum und lebt von Diebstahl oder schäbigen Deals. Wenn nachts das Telefon klingelt, springt Willie aus dem Bett mit der tiefsitzenden Ahnung, daß man die Leiche seiner Tochter aus einem Abzugskanal im Hafen gefischt hat oder daß die Stimme eines Polizisten ihm von einer neuen Straftat seines Sohnes berichtet. Die Schatten der Vergangenheit lauern ihm ständig auf, und so häufig packen sie zu, daß auch die schlimmsten Nachrichten ihn nicht mehr zerbrechen können, er geht in die Knie, aber am folgenden Tag steht er wieder auf. Oft frage ich mich, wie ich in dieses Melodram geraten bin. Meine Mutter schreibt es meiner Vorliebe für Schauergeschichten zu, sie glaubt, das sei der Hauptbestandteil der Anziehungskraft, die Willie auf mich ausübt, eine andere Frau mit mehr gesundem Menschenverstand wäre schleunigst auf Nimmerwiedersehen geflüchtet, wenn sie solch einen Scherbenhaufen gesehen hätte. Als ich ihn kennenlernte, versuchte er nicht zu verbergen, daß sein Leben ein Chaos ist, von Anfang an wußte ich von seinen kriminellen Kindern, seinen Schulden und den Verwicklungen seiner Vergangenheit, aber mit der ungestümen Anmaßung der eben entdeckten Liebe entschied ich, das seien keine Hindernisse, an denen wir scheitern könnten.

Es dürfte schwerfallen, sich zwei gegensätzlichere Männer vorzustellen als Michael und Willie. Um die Mitte des Jahres 1987 gab unsere Ehe nichts mehr her, der Überdruß hatte sich endgültig zwischen uns breitgemacht, und um nicht zur selben Zeit unter demselben Bettzeug wie er zu erwachen, war ich zu meiner alten Gewohnheit zurückgekehrt, nachts zu schreiben. Michael, deprimiert, ohne Arbeit und im Haus eingesperrt, machte eine schlimme Zeit durch. Um seiner ständigen Gegenwart zu entgehen, wich ich bisweilen auf die Straße aus und irrte durch das Dickicht der Autostraßen von Caracas. Im Kampf mit dem Verkehr klärte ich viele Szenen von *Eva Luna*, und oft fielen mir weitere Geschichten ein. In einem denkwürdigen Stau, bei dem ich zwei Stunden unter einer Hitzeglocke wie flüssiges Blei gefangen im Auto saß, schrieb ich in einem Zuge auf die Rückseiten meiner Schecks *Zwei Worte*, eine Schlüsselerzählung über die hypnotische Macht der Erzählung und der Sprache, die mir bald danach als Ausgangspunkt für eine Sammlung von Geschichten diente, die *Geschichten der Eva Luna*. Wenn ich mich auch zum erstenmal in dem seltsamen Handwerk des Schreibens sicher fühlte – bei den beiden vorhergehenden Büchern hatte ich den Eindruck gehabt, in einem schlüpfrigen Morast gelandet zu sein –, schrieb doch *Eva Luna* sich von allein, fast ohne mein Zutun. Ich hatte keine Kontrolle über diese verworrene Geschichte, ich ahnte nicht, worauf sie hinausging oder wie ich sie beenden sollte, ich war drauf und dran, alle Personen in einer Schießerei umzubringen, damit ich aus dem Wirrwarr herauskam und sie loswurde. Zu alledem stand ich auf halber Höhe ohne männliche Hauptperson da. Ich hatte alles daraufhin angelegt, daß Eva und Huberto Naranjo, zwei verwaiste und arme Kinder, die auf der Straße überleben und auf parallelen Wegen aufwachsen, sich ineinander verlieben. In der Mitte des Buches erfolgte die erwartete Begegnung, aber als sie sich endlich umarmten, stellte sich heraus, daß ihn nur seine revolutionären Aktivitäten interessierten und daß er ein höchst ungeschickter Liebhaber war; Eva verdiente Besseres, ließ sie mich wissen, und es gab keine Möglichkeit, sie vom Gegenteil zu überzeugen. Ich saß in einer Sackgasse, mit einer Heldin, die gelangweilt wartete, während der Held am Fußende des Bettes saß und sein Gewehr reinigte.

In jenen Tagen traf es sich, daß ich zu einer Lesereise nach Deutschland mußte. Ich landete in Frankfurt, und von hier aus fuhr ich im Auto durch das Land mit einem ungeduldigen Fahrer, der mit selbstmörderischer Geschwindigkeit über die Autobahnen raste. Eines Abends in einer Stadt in Norddeutschland trat am Schluß meiner Lesung ein Mann auf mich zu und lud mich ein, mit ihm ein Bier zu trinken, er habe eine Geschichte für mich, wie er sagte. Wir saßen in einem kleinen Café, wo wir im Halbdunkel und durch den Zigarettenrauch kaum unsere Gesichter sehen konnten, draußen rauschte der Regen, und der Unbekannte enthüllte mir seine Vergangenheit. Sein Vater war Offizier im Naziheer gewesen, ein grausamer Mensch, der seine Frau und seine Kinder quälte und dem der Krieg die Gelegenheit gab, seine barbarischsten Instinkte zu befriedigen. Er erzählte mir von seiner geistig zurückgebliebenen kleinen Schwester und wie sein Vater auf Grund seines Rassenwahns sie niemals akzeptierte und sie zwang, stumm und auf allen vieren unter einem Tisch zu leben, über den eine lang herabhängende weiße Decke gebreitet war, damit er sie nicht sah. Auf einer Papierserviette notierte ich mir dies und vieles mehr, das er mir an diesem Abend zum Geschenk machte. Bevor wir uns verabschiedeten, fragte ich ihn, ob ich seine Geschichte verwenden dürfe, und er antwortete, deshalb habe er sie mir erzählt. Als ich wieder in Caracas war, fütterte ich den Computer mit den Notizen auf der Papierserviette, und vor meinen Augen erschien leibhaftig Rolf Carlé, ein österreichischer Fotograf, der zu einer Hauptgestalt des Romans wurde und Huberto Naranjo im Herzen Eva Lunas ablöste.

An einem dieser heißen Junimorgen in Caracas, wenn sich schon vom frühen Morgen an das Unwetter über den Bergen zusammenbraut, kam Michael in mein Studio im Keller herunter, um mir die Post zu bringen, während ich im Urwald des Amazonas mit Eva Luna, Rolf Carlé und Gefährten im Abenteuer herumwanderte. Als ich die Tür gehen hörte, hob ich den Kopf und sah eine unbekannte Gestalt durch die kahle Weite des Raumes herankommen, ein hochgewachsener, schlanker Mann mit Brille und grauem Bart, mit hängenden Schultern und einer düsteren

Ausstrahlung von Zerbrechlichkeit und Schwermut. Ich brauchte ein paar Sekunden, um meinen Mann zu erkennen, und da begriff ich, wie fremd wir einander geworden waren, ich suchte in der Erinnerung nach der bezaubernden Liebe unserer jungen Jahre und konnte nicht einmal mehr ein Fünkchen finden, nur die kalte Asche von Unbefriedigtsein und Überdruß. Vor mir stand das Bild einer dürren Zukunft, in der ich Tag um Tag älter wurde neben diesem Mann, den ich inzwischen weder bewunderte noch begehrte, und ich fühlte, wie sich mein innerstes Wesen wütend aufbäumte. In diesem Augenblick sprach ich die jahrelang mit grimmiger Disziplin zurückgehaltenen Worte aus, mit einer Stimme, die ich nicht als meine erkannte.

»Ich kann nicht mehr, ich möchte, daß wir uns trennen«, sagte ich, wagte aber nicht, ihm in die Augen zu sehen, doch noch während ich es sagte, verschwand der unbestimmte Schmerz, der jahrelang auf meine Schultern gedrückt hatte wie das Joch auf einen müden Ochsen.

»Ich merke schon seit einiger Zeit, daß du dich von mir entfernt hast. Ich nehme an, du liebst mich nicht mehr und wir müssen an eine Trennung denken«, stammelte er.

»Da ist nicht mehr viel zu denken, Michael. Es ist nun ausgesprochen, und das beste ist, es heute noch zu tun.«

Und so geschah es. Wir riefen die Kinder, erklärten ihnen, daß wir uns nicht mehr als Ehepaar liebten, wenn auch die Freundschaft uneingeschränkt bestehen blieb, und baten sie, uns bei den praktischen Einzelheiten zur Auflösung des gemeinsamen Haushalts zu helfen. Nicolás wurde rot wie immer, wenn er eine sehr starke Gemütsbewegung beherrschen will, und Paula weinte aus Mitleid mit ihrem Vater, den sie stets beschützt hatte. Später erfuhr ich, daß sie nicht überrascht gewesen waren, sie hatten es seit langem erwartet. Michael war wie gelähmt, aber mich packte eine fieberhafte Aktivität, ich fing an, Tassen und

Teller aus der Küche zu nehmen, Kleidung aus den Schränken, Bücher aus den Regalen, und dann ging ich einkaufen, Töpfe, Kaffeekanne, Duschvorhang, Lampen, Lebensmittel und sogar Pflanzen, um Michael zu helfen, sich anderswo einzurichten; mit meiner überschüssigen Energie machte ich mich daran, in meiner Nähstube Tuchreste für eine Tagesdecke aneinanderzuflicken, die ich heute noch besitze zur Erinnerung an diese stürmischen Stunden, die für den zweiten Teil meines Lebens entscheidend waren. Die Kinder teilten unsere Habe auf, verfaßten auf einem Bogen Papier eine einfache Vereinbarung, wir vier unterschrieben ohne Zeremonie und ohne Zeugen, und in kürzester Zeit hatte Paula eine Wohnung für ihren Vater besorgt, und Nicolás bestellte einen Möbelwagen, um die Hälfte unserer Besitztümer zu verladen. In wenigen Stunden lösten wir neunundzwanzig Jahre Liebe und fünfundzwanzig Jahre Ehe auf, ohne Türenknallen, gegenseitige Beschuldigungen oder Anwälte, es gab nur ein paar unvermeidliche Tränen, denn trotz allem hatten wir uns ja gern, und ich glaube, das tun wir in gewisser Weise heute noch.

Am Abend brach das Unwetter aus, das den ganzen Tag gebrütet hatte, einer dieser ungeheuerlichen tropischen Wolkenbrüche mit Donnern und Blitzen, die Caracas immer in ein Chaos verwandeln – die Abwasserkanäle verstopfen, die Straßen sind überschwemmt, der Verkehr besteht nur noch aus gigantischen gestauten Autoschlangen, während die Schlammassen die Hütten des Armenviertels in den Hügeln wegreißen. Als sich endlich der Möbelwagen mit der aufgeteilten Habe entfernte, gefolgt von dem Auto meiner Kinder, die ihrem Vater helfen wollten, sich in seinem neuen Zuhause einzurichten, und ich allein im Haus war, öffnete ich Türen und Fenster, damit der Wind und der Regen herein konnten und die Vergangenheit wegfegten und wegwuschen, und ich begann zu tanzen und mich zu drehen wie ein Derwisch in Trance, weinend vor Trauer um all das Verlorene und lachend vor Erleichterung über all das Gewonnene, während der Regenschwall über den Fußboden fegte und der Sturm tote Blätter und Vogelfedern hereintrieb in einem Wirbel von Abschied und Freiheit. Als der Regen dann aufhörte, quakte und summte und zirpte es draußen im Garten, wo Frösche und Grillen und alles mögliche Kleingetier wieder munter wurden.

Ich war vierundvierzig Jahre alt und hielt es für ausgemacht, daß es künftig mein Schicksal war, allein alt zu werden, und ich hoffte, das mit Anstand zu tun. Ich rief Onkel Ramón an und bat ihn, die Annullierung meiner Ehe in Chile zu betreiben, ein einfaches Verfahren, wenn das Paar einverstanden ist, man einen Anwalt bezahlt und auf zwei Freunde zählen kann, die bereit sind, einen Meineid zu schwören. Um Erklärungen zu entgehen und mein Schuldgefühl zu beschwichtigen, begab ich mich auf eine Vortragsreise, die mich von Island bis Puerto Rico führte, wobei ich auch in zwölf nordamerikanischen Städten las. Bei diesen Klimaunterschieden brauchte ich alles an Kleidung, was ich hatte, aber ich entschied mich, nur das unumgänglich Nötige mitzunehmen, ich hatte schließlich nicht vor, zu flirten, ich fühlte mich ohne Berufung in ein leidenschaftsloses reifes Alter versetzt, und so war es denn eine große Überraschung, als ich feststellte, daß es nicht an Verehrern fehlt, wenn eine Frau verfügbar ist. Ich setzte ein Dokument mit drei Durchschlägen auf, mit dem ich das andere widerrief, das ich in Bolivien unterschrieben hatte und in dem ich Onkel Ramón bescheinigte, daß ich durch seine Schuld keine Männer kennenlernen würde, und schickte es eingeschrieben nach Chile. Manchmal ist es schon richtig, nachzugeben, wenn auch nicht gleich... In diesen zwei Monaten genoß ich die Polarbärenumarmung eines Dichters in Reykjavik, die Gesellschaft eines jungen Mulatten in den heißen Nächten von San Juan und andere denkwürdige Begegnungen. Es würde mich reizen, wilde erotische Rituale zu erfinden, um meine Erinnerungen auszuschmücken, wie es bestimmt auch andere tun, aber auf diesen Seiten versuche ich ehrlich zu sein. In einigen Augenblicken glaubte ich, an die Seele des Liebhabers zu rühren, und ging sogar so weit, von der Möglichkeit einer tieferen Beziehung zu träumen, aber am folgenden Tag bestieg ich das nächste Flugzeug, und die Begeisterung löste sich in den Wolken auf. Als ich der flüchtigen Küsse müde war, beschloß ich in der letzten Woche, mich auf meine Arbeit zu konzentrieren. Ich ahnte ja nicht, daß mich am Ende dieser leichtsinnigen Reise Willie erwartete und mein Leben umkrempeln würde, meine Vorwarnungen ließen mich diesmal gründlich im Stich.

In einer Stadt im Norden Kaliforniens, wo ich für meinen vorletzten Auftritt haltmachte, sollte ich eine dieser ganz und gar albernen Romanzen erleben, die das Material für die Kitschromane abgeben, die ich in meiner Jugend übersetzte. Willie hatte *Von Liebe und Schatten* gelesen, das Schicksal der Gestalten ging ihm nahe, und er glaubte in diesem Buch die Art Liebe entdeckt zu haben, die er sich wünschte, aber bislang war sie ihm noch nicht über den Weg gelaufen. Ich vermute, er wußte nicht, wo er sie suchen sollte, zu jener Zeit sammelte er Zeitungsanzeigen, um etwas Passendes zu finden, wie er mir bei unserer ersten Verabredung arglos erzählte. Noch heute treiben sich in den Schubladen ein paar Antwortbriefe herum, darunter das umwerfende Abbild einer nackten Dame, von einer Boa constrictor umwunden, dazu kein weiterer Kommentar außer einer Telefonnummer am unteren Rand des Fotos. Trotz der Schlange – oder vielleicht wegen ihr – machte es Willie nichts aus, zwei Stunden mit dem Wagen zu fahren, um mich kennenzulernen. Eine der Professorinnen an der Universität, die mich eingeladen hatte, stellte ihn mir als den letzten heterosexuellen Junggesellen von San Francisco vor. Zum Schluß landeten wir in einem italienischen Restaurant, wir saßen in einer Gruppe um einen runden Tisch, er saß mir gegenüber mit einem Glas Weißwein in der Hand und schwieg. Ich gebe zu, daß ich neugierig war auf diesen nordamerikanischen Anwalt mit dem aristokratischen Aussehen und der Seidenkrawatte, der wie ein mexikanischer Bandit Spanisch sprach und eine Tätowierung auf der linken Hand sehen ließ.

Es war eine Vollmondnacht, und Frank Sinatras Samtstimme sang *Strangers in the Night*, während uns Ravioli serviert wurden; das ist die Art Detail, die in der hohen Literatur verboten ist, niemand würde es dort wagen, eine von Frank Sinatras Stimme begleitete Begegnung bei Vollmond zu schildern. Das ist das Problem mit der Fiktion – sie darf nicht übertrieben wirken, die Wirklichkeit dagegen tut es oft. Ich habe keine Ahnung, was Willie an mir anzog, dessen Vergangenheit voll von großen, blonden Frauen ist, mich zog seine Geschichte an und auch, warum es nicht aussprechen, seine Mischung von Verfeinerung und Derbheit, seine Charakterstärke und eine innerliche Sanftmut, die ich erkannte dank meiner Manie, die Leute zu beobachten, um sie später beim Schreiben zu verwerten. Anfangs sprach er nicht viel, er beschränkte sich darauf, mich mit einem undeutbaren Ausdruck über den Tisch hinweg anzusehen. Nach dem Salat bat ich ihn, mir seine Lebensgeschichte zu erzählen, ein Trick, den ich manchmal anwende, um mir die Anstrengung einer Konversation zu ersparen, der Gesprächspartner schüttet sein Herz aus, während meine Gedanken geruhsam andere Wege gehen. In diesem Fall jedoch war ich bereits neugierig, und kaum fing er an zu reden, erkannte ich, daß ich auf einen jener raren Edelsteine gestoßen war, die von den Erzählern so hoch geschätzt werden: das Leben dieses Mannes war ein

Roman. Die Beispiele, die er mir während der folgenden zwei Stunden gab, weckten meine Gier, nachts im Hotel konnte ich nicht schlafen, ich mußte mehr wissen.

Das Glück war mit mir, denn am folgenden Tag spürte Willie mich in San Francisco auf, der letzten Etappe meiner Rundreise, und lud mich ein, von einem Berg aus auf die Bucht zu sehen und in seinem Haus zu essen. Ich stellte mir ein romantisches Beisammensein vor in einer modernen Wohnung mit Blick auf die Golden Gate Bridge, einem Kaktus vor der Tür, Champagner und Räucherlachs, aber nichts dergleichen, sein Haus und sein Leben wirkten wie Überreste nach einem Schiffbruch. Er packte mich in einen dieser Sportwagen, in denen zwei Personen kaum Platz haben und wo die Knie sich gegen die Ohren pressen und das Hinterteil Bodenkontakt hält, außerdem wimmelt es von Hundehaaren, plattgedrückten Limonadedosen, versteinerten Pommes frites und Spielzeugwaffen. Die Fahrt zum Gipfel des Berges und der majestätische Anblick der Bucht beeindruckten mich, aber ich dachte, binnen kurzem würde ich mich an nichts mehr erinnern, ich hatte zu viele Landschaften gesehen und beabsichtigte nicht, in den Westen der Vereinigten Staaten zurückzukehren. Wir fuhren unter hohen Bäumen eine kurvenreiche Straße hinunter und hörten einem Konzert im Radio zu, und plötzlich hatte ich das Gefühl, ich hätte diesen Augenblick vorher schon einmal erlebt, ich wäre viele Male an diesem Ort gewesen, ich gehörte hierher. Später verstand ich, warum: der Norden Kaliforniens hat Ähnlichkeit mit Chile, die gleichen schroffen Küsten, die Hügel, die Pflanzenwelt, die Vögel, die Formation der Wolken am Himmel.

Sein einstöckiges Haus, von einem verwaschenen Grau und mit flachem Dach, stand nah am Wasser. Der einzige Reiz war ein eingestürzter Landungssteg, an dem ein Boot schwamm, in dem jetzt Möwen nisteten. Sein Sohn Harleigh kam uns entgegen, ein Kind von zehn Jahren und so hyperaktiv, daß man hätte denken können, er wäre verrückt; mir streckte er die Zunge heraus, während er gegen die Türen trat und aus einer Spielzeugkanone mit Gummikugeln schoß. Auf einer Konsole sah ich häßliche Ziergegenstände aus Glas und Porzellan, aber es gab kaum Möbel außer im Eßzimmer. Sie erklärten mir, daß der Weihnachtsbaum in Brand geraten war und die Möbel angesengt hatte, und da sah ich, daß noch immer Weihnachtskugeln von der Decke hingen, an denen die Spinnen zehn Monate lang ihre Netze gewebt hatten. Ich bot mich an, meinem Gastgeber bei der Zubereitung des Essens zu helfen, aber ich fühlte mich verloren in dieser mit überflüssigen Gerätschaften und Spielzeug vollgestopften Küche.

Willie machte mich mit den übrigen Hausgenossen bekannt: seinem ältesten Sohn, durch einen seltenen Zufall am selben Tag im selben Jahr geboren wie Paula und so mit Drogen abgefüllt, daß er kaum den Kopf hob, seine Begleiterin war ein Mädchen in demselben Zustand; einem exilierten Bulgaren mit seiner kleinen Tochter, die gekommen waren, um für eine Nacht um Unterkunft zu bitten, und die sich inzwischen hier häuslich niedergelassen hatten; und mit Jason, dem Stiefsohn, den Willie bei sich aufgenommen hatte, nachdem er sich von dessen Mutter hatte scheiden lassen, er war der einzige, zu dem man eine menschliche Beziehung herstellen konnte. Später erfuhr ich von der Existenz einer an Heroin und Prostitution verlorenen Tochter, die ich immer nur im Gefängnis oder im Krankenhaus gesehen habe, wo sie mit schöner Regelmäßigkeit landet. Drei graue Ratten mit angekauten, blutigen Schwänzen kümmerten in einem Käfig dahin, und mehrere müde Fische schwammen kraftlos in einem Aquarium mit schmutzigtrübem Wasser; es gab auch einen riesigen Hund, der in das Wohnzimmer pinkelte und danach fröhlich ins Wasser galoppierte, um zum Nachtisch zurückzu-

kommen und den angefaulten Kadaver eines großen Vogel-
viechs hereinzuschleppen. Ich war drauf und dran, zurück
ins Hotel zu fliehen, aber die Neugier war stärker als die
Panik, und so blieb ich.

Während der Bulgare, seine schlafende kleine Tochter
auf den Knien, sich im Fernsehen ein Footballspiel ansah
und die Drogensüchtigen in ihrem persönlichen Paradies
schnarchten, machte Willie die ganze Arbeit: er kochte,
stopfte Arme voll Wäsche in die Waschmaschine, fütterte
das zahlreiche Viehzeug, hörte sich geduldig eine surrealistische Geschichte an, die Jason gerade geschrieben hatte
und uns laut vorlas, und bereitete das Bad für seinen Jüngsten, der mit zehn Jahren noch nicht imstande war, es selbst
zu tun. Mir war es bisher nicht beschieden gewesen, einen
Vater mit den Arbeiten einer Mutter beschäftigt zu sehen,
und es rührte mich viel mehr, als ich zugeben mochte; ich
fühlte mich gespalten zwischen einem gesunden Widerwillen gegen diese aus dem Leim geratene Familie und einer
gefährlichen Faszination durch diesen Mann mit dem
Hang zum Mütterlichen. Vielleicht begann ich in dieser
Nacht im Geiste schon den *Unendlichen Plan* zu schreiben.

Am Tag darauf rief er mich wieder an, die gegenseitige
Anziehung war offensichtlich, aber wir begriffen, daß dieses Gefühl keine Zukunft hatte, denn neben all den augen-
fälligen Hindernissen – Kinder, Hausgetier, Sprache, Unterschiede im Kulturellen und im Lebensstil – trennten uns
auch noch zehn Flugstunden. Auf jeden Fall beschloß ich,
meine Keuschheitsvorsätze aufzuschieben und eine einzige Nacht mit ihm zu verbringen, wenn wir auch am
Morgen darauf für immer Abschied nehmen mußten wie in
traurigen Filmen. Dieser Plan konnte nicht in der Zurück-
gezogenheit meines Hotelzimmers durchgeführt werden,
sondern nur in seinem Haus, weil er es nicht wagte, seinen
Jüngsten in den Händen des Bulgaren, der Süchtigen oder

443

des jungen Intellektuellen zu lassen. Ich kam mit meinem schon recht mitgenommenen Koffer in diese sonderbare Wohnstätte, wo der Tiergeruch sich mit der salzigen Luft des Meeres und dem Duft von siebzehn in Fäßchen gepflanzten Rosenstöcken mischte, und dachte, ich würde eben eine unvergeßliche Nacht erleben und hätte jedenfalls nichts zu verlieren. »Wundere dich nicht, wenn Harleigh aus Eifersucht einen Strampelanfall kriegt, ich lade nie Freundinnen in dieses Haus ein«, warnte Willie mich, und ich seufzte erleichtert, weil ich wenigstens die Boa constrictor nicht zwischen den Handtüchern im Bad finden würde, aber der Junge nahm mich hin, ohne mir einen zweiten Blick zu gönnen. Er hatte meinen Akzent gehört und verwechselte mich mit einem der zahllosen mexikanischen Dienstmädchen, die nach dem ersten Großreinemachen entsetzt für immer verschwanden. Als er mitbekam, daß ich mit seinem Vater das Bett teilte, war es zu spät, ich war gekommen, um zu bleiben.

In dieser Nacht liebten wir uns trotz Harleighs erbitterter Fußtritte gegen die Tür, trotz des Hundegeheuls und der Streitereien der anderen Jungen. Sein Zimmer war das einzige Refugium in diesem Haus; durch das Fenster sahen die Sterne und die Reste des Bootes am Steg und schufen eine Illusion von Frieden. Neben einem mächtigen Bett sah ich eine große Truhe, eine Lampe und eine Uhr, weiter hinten eine Stereoanlage. Im Schrank hingen Hemden und Anzüge von guter Machart, im Bad – tadellos – fand ich dieselbe englische Seife, die auch mein Großvater gebraucht hatte. Ungläubig hob ich sie an die Nase, ich hatte diese Mischung aus Lavendel und Desinfektionsmittel seit zwanzig Jahren nicht mehr gerochen, und das verschmitzte Gesicht des unvergeßlichen alten Mannes lächelte mich aus dem Spiegel an. Es ist aufregend, die Gegenstände des Mannes zu betrachten, den man zu lieben beginnt, sie geben Aufschluß über seine Gewohnheiten und seine Geheimnisse. Ich schlug das Bett auf und strich über die Laken und das dünne Deckbett, sah mir die Titel der auf dem Boden gestapelten Bücher an, stöberte in seiner Hausapotheke, aber außer einem Antiallergikum und Pillen gegen Hundewürmer fand ich keine Medikamente, ich roch an seiner Wäsche, an der keine Spuren von Tabak oder Parfum waren, und in wenigen Minuten wußte ich viel über ihn. Ich fühlte mich als Eindringling in seiner Welt, in der es keine weiblichen Spuren gab, alles war einfach, praktisch und männlich. Ich fühlte mich auch sicher. Dieses strenge Zimmer lud mich ein, neu anzufangen, fern von Michael, Venezuela und der Vergangenheit. Für mich verkörperte Willie ein anderes Schicksal in einer anderen Sprache und in einem anderen Land, es war, als würde ich wiedergeboren, ich konnte eine neue Version von mir nur für diesen Mann erfinden. Ich setzte mich sehr still auf das Fußende des Bettes, wie ein wachsames Tier, die Fühler aufgestellt, und prüfte mit allen Sinnen und mit Intuition die Signale dieses fremden Raumes, registrierte die kaum wahrnehmbaren Zeichen, die zarte Meldung der Wände, der Möbel, der Dinge. Mir schien, dieses saubere Zimmer hob den schrecklichen Eindruck wieder auf, den man von dem übrigen Haus hatte, und ich begriff, daß es eine Stelle in Willies Seele gab, die sich nach Ordnung und Verfeinerung sehnte. Heute, da wir schon mehrere Jahre zusammenleben, trägt alles meinen Stempel, aber ich habe nicht vergessen, wer er damals war. Manchmal schließe ich die Augen, konzentriere mich und befinde mich wieder in jenem Zimmer und sehe wieder Willie, wie er war, bevor ich kam. Ich erinnere mich gern an den Geruch seines Körpers, bevor ich ihn berührte, bevor wir uns vermischten und denselben Geruch teilten. Diese kurze Zeit allein in seinem Zimmer, während er sich mit Harleigh herumstritt, war entscheidend; in diesen Minuten bereitete ich mich darauf vor, mich ohne Vorbehalte der Erfahrung einer neuen Liebe zu überlassen. Etwas Wesentliches wandelte sich in mir, wenn ich es auch noch nicht wußte. Seit neun Jahren, seit den verworrenen Zeiten in Madrid, hatte ich mich vor der Leidenschaft gehütet. Der Fehlschlag mit jenem flötenspielenden Liebhaber hatte mich Elementarlektionen in Vernunft gelehrt. Es stimmt schon, daß es mir an Liebesaffären nicht gefehlt hatte, aber bis zu dieser Nacht in Willies Haus hatte ich mich nicht geöffnet, um ohne Reserve zu geben und zu empfangen; ein Teil von mir war immer auf der Hut, und noch in den intimsten und eigentümlichsten Begegnungen, jenen, die für die erotischen Szenen in meinen Romanen verantwortlich sind, bewahrte ich mein Herz. Doch als Willie die Tür geschlossen hatte und wir allein waren und uns umarmten, zuerst mit Vorsicht und dann mit einer Leidenschaft, die uns durchfuhr wie ein Blitz, ahnte ich schon, daß dies kein belangloses Abenteuer war.

In dieser Nacht liebten wir uns langsam und gelassen, erlernten die Landschaften und die Wege, als verfügten wir über alle Zeit der Welt für diese Erkundungsreise, sprachen leise in diesem unmöglichen Gemisch aus Englisch und Spanisch, das seither unser eigenes Esperanto wurde, erzählten uns kleine Geschichten aus unserer Vergangenheit in den Pausen zwischen den Liebkosungen und waren weit fort von dem Hundegebell und den Schlägen gegen die Tür. Irgendwann trat Stille ein, denn ich erinnere mich mit völliger Klarheit an das verliebte Flüstern, an jedes Wort, jeden Seufzer. Durch das Fenster fiel ein schwacher Schimmer von den fernen Lichtern der Bucht. An die Hitze Venezuelas gewöhnt, fröstelte ich in dem ungeheizten Zimmer, obwohl ich mir einen Kaschmirpullover von Willie übergezogen hatte, der mich bis zu den Knien einhüllte wie seine Umarmung und wie der Duft der englischen Seife. Im Lauf unseres Lebens hatten wir Erfahrungen angesammelt, die uns vielleicht dienlich waren, uns kennenzulernen und den notwendigen Instinkt zu entwickeln, mit dem der eine die Wünsche des andern erriet, aber selbst wenn wir tolpatschig wie junge Hunde miteinander umgegangen wären, glaube ich doch, daß diese Nacht für beide entscheidend war. Was war neu für ihn und für mich? Ich weiß es nicht, aber ich bilde mir gern ein, daß wir dafür bestimmt waren, uns zu begegnen, zu erkennen und zu lieben. Oder vielleicht lag es daran, daß wir beide von zwei gleich mächtigen Strömungen erfaßt waren – Leidenschaft und Zärtlichkeit. Ich dachte nicht an mein eigenes Verlangen, mein Körper bewegte sich ohne Furcht, ohne den Orgasmus zu suchen, mit dem ruhigen Vertrauen, daß alles gut ging. Ich ertappte mich mit den Augen voller Tränen, ganz weich von der plötzlich aufwallenden Zuneigung, und streichelte ihn dankbar und still. Ich wünschte nur, bei ihm zu bleiben, mich schreckten seine Kinder nicht und auch nicht der Gedanke, meine Welt zu verlassen und in ein anderes Land zu ziehen; ich fühlte, daß diese Liebe fähig sein würde, uns zu erneuern, uns eine gewisse Unschuld wiederzugeben, das Vergangene fortzuwaschen, die dunklen Seiten unseres Lebens zu erhellen. Später schliefen wir in einem Knäuel von Armen und Beinen, schliefen tief, als wären wir immer beieinander gewesen, und so, wie wir es seither jede Nacht tun.

Mein Flugzeug nach Caracas ging sehr früh, es war noch dunkel, als der Wecker schrillte. Während ich duschte, von Müdigkeit benommen und den Eindrücken der vergangenen Stunden nachhängend, bereitete Willie einen tiefschwarzen Kaffee, der es schaffte, mich der Wirklichkeit zurückzugeben. Ich nahm Abschied von diesem Zimmer, das für eine Nacht ein Paradiesgarten gewesen war, mit dem unabweislichen Vorgefühl, daß ich es bald wiedersehen würde. Auf dem Weg zum Flughafen, während es langsam hell wurde, gab Willie mir mit unbegreiflicher Schüchternheit zu verstehen, daß ich *ihm gefiel*.

»Das bedeutet gar nichts. Ich muß wissen, ob das, was heute nacht geschehen ist, eine Erfindung meines umnebelten Gehirns ist, oder ob du mich wirklich liebst und wir so etwas wie eine Verlobung haben.«

Er war derartig überrascht, daß er von der Autobahn hinunterfuhr und anhielt; ich hatte nicht gewußt, daß man das Wort »Verlobung« vor einem nordamerikanischen Junggesellen niemals ausspricht.

»Wir haben uns doch gerade erst kennengelernt, und du lebst auf einem anderen Erdteil!«

»Ist es die Entfernung, die dir Sorgen macht?«

»Ich werde dich im Dezember in Venezuela besuchen, und dann reden wir darüber.«

»Wir haben Oktober, von heute bis Dezember kann ich tot sein.«

»Bist du krank?«

»Nein, aber man kann nie wissen... Schau, Willie, ich bin nicht mehr in dem Alter, in dem man noch warten kann. Sag mir jetzt und hier, ob wir dieser Liebe eine Chance geben können, oder ob es besser ist, die ganze Sache zu vergessen.«

Er war sehr blaß, als er den Motor wieder anließ, und den Rest des Weges brachten wir schweigend hinter uns. Beim Abschied küßte er mich reichlich vernünftig und wiederholte, er werde mich in den Weihnachtsferien besuchen. Das Flugzeug hatte gerade abgehoben, da nahm ich mir ernsthaft vor, ihn zu vergessen, aber offensichtlich gelang es mir nicht, denn als ich in Caracas ausstieg, bemerkte Nicolás es sofort.

»Was ist mit dir, Mama? Du siehst so komisch aus.«

»Ich bin erschöpft, Junge, ich bin zwei Monate rumgereist, ich muß mich ausruhen, mich umziehen und mir das Haar schneiden.«

»Ich glaube, da ist noch was anderes.«

»Vielleicht habe ich mich ja verliebt...«

»In deinem Alter? In wen denn?« fragte er und wollte sich totlachen.

Ich war mir über Willies Nachnamen nicht sicher, aber ich hatte seine Telefonnummer und seine Adresse, und auf Anregung meines Sohnes, der fand, ich sollte eine Woche in Kalifornien verbringen, um diesen Gringo danach satt zu haben, schickte ich ihm per Kurier einen in zwei Spalten geteilten Vertrag, in der einen standen genau aufgeführt meine Forderungen und in der anderen das, was ich bereit war, im Verhältnis dazu anzubieten. Die erste war ein Endchen länger als die zweite und enthielt einige Schlüsselpunkte wie etwa Treue – denn die Erfahrung hat mich gelehrt, daß das Gegenteil die Liebe zerstört und sehr ermüdend ist – und andere eher anekdotische wie zum Beispiel, mir das Recht einzuräumen, unser Haus nach meinem Geschmack einzurichten. Der Vertrag gründete sich auf Treu und Glauben: keiner würde absichtlich etwas tun, was den andern verletzte, und wenn es doch geschähe, dann niemals aus bösem Willen, höchstens durch Irrtum oder Unwissenheit. Der Vertrag amüsierte Willie so sehr, daß er seine Anwaltsvorsicht vergaß, das Papier unterzeichnete, um den Spaß weiterzutreiben, und an mich zurückschickte. Da packte ich ein wenig Wäsche in eine Tasche nebst den Fetischen, die mich immer begleiten, und bat meinen Sohn, mich zum Flughafen zu fahren. »Ich sehe dich bald wieder, Mama, in ein paar Tagen kommst du mit eingeklemmtem Schwanz zurück«, verabschiedete er sich mit freundlichem Spott. Von ihrer Universität in Virginia hatte vorher Paula schon telefonisch ihre Zweifel an diesem Abenteuer bekundet.

»Ich kenne dich, Mütterchen, du wirst dir da einen fürchterlichen Schlamassel einhandeln. Dir wird die Illusion nicht in einer Woche vergehen, wie Nicolás glaubt; wenn du zu diesem Mann fährst, dann bist du auch entschlossen, bei ihm zu bleiben; denk dran, wenn du das tust, bist du geliefert, denn du wirst dir all seine Probleme aufladen müssen«, sagte sie, aber es war bereits zu spät für die Warnungen der Vernunft.

Die erste Zeit war ein Albtraum. Bislang hatte ich die Vereinigten Staaten wegen ihrer für Lateinamerika unheilvollen Politik und der Beteiligung am Militärputsch in Chile als meinen persönlichen Feind betrachtet. Jetzt mußte ich in diesem Imperium leben, mußte es nach und nach in seiner ganzen Vielfältigkeit erforschen, mußte es kennen und lieben lernen. Ich hatte mein Englisch über zwanzig Jahre lang nicht mehr gebraucht, konnte in einem Restaurant kaum die Speisekarte entziffern, verstand weder die Nachrichten im Fernsehen noch die Witze und schon gar nicht die Sprechweise von Willies Söhnen. Als wir zum erstenmal im Kino waren und ich mich im Dunkeln neben einem Liebhaber in kariertem Hemd und Cowboystiefeln fand, der einen großen Plastikbehälter mit Popcorn und eine Literflasche Sprudel auf den Knien hielt, während auf der Leinwand ein Wahnsinniger die Brüste eines Mädchens mit einem Eispickel zerfetzte, glaubte ich an der Grenze meiner Fassungskraft angelangt zu sein. An diesem Abend sprach ich wie so oft mit Paula. Statt mir ihre Warnung zu wiederholen, erinnerte sie mich an die tiefen Gefühle, die mich von Anfang an zu Willie gezogen hatten, und riet mir, meine Energie nicht mit Kleinigkeiten zu vergeuden, sondern mich auf die wirklichen Probleme zu konzentrieren.

Tatsächlich gab es wesentlich schwerwiegende Dinge als ein Paar Cowboystiefel oder Popcorn in Plastikeimern, vom Herumärgern mit den sonderlichen Figuren, die uns heimsuchten, bis zu der Schwierigkeit, mich an Willies Lebensstil und seine Eigenarten anzupassen, denn er hatte acht Junggesellenjahre hinter sich und wünschte sich bestimmt nichts weniger als eine herrschsüchtige Frau in seinem Dasein. Ich begann damit, neue Bettwäsche zu kaufen, und verbrannte seine alte in einem Freudenfeuer im Patio, eine symbolische Handlung, die den Gedanken der Monogamie in seinem Kopf festigen sollte. »Was macht diese Frau?« fragte Jason, halb erstickt vom Rauch. »Kümmre dich nicht drum, das ist wahrscheinlich so Sitte bei den Eingeborenen in ihrem Land«, beruhigte ihn Harleigh. Dann stürzte ich mich darauf, das Haus zu putzen und in Ordnung zu bringen, und das mit solchem Eifer, daß mir aus Unachtsamkeit seine schönen Hobbygerätschaften kaputtgingen. Willie war drauf und dran, in einen kleinen vulkanischen Wutanfall auszubrechen, aber er erinnerte sich an den Hauptpunkt in unserem Vertrag: es war kein böser Wille von mir gewesen, nur Unwissenheit. Der Besen räumte mit den überalterten Weihnachtskugeln auf, mit den Sammlungen von Glasfiguren und Fotos langbeiniger Gespielinnen und mit vier Kästen voller Pistolen, Maschinenpistolen, Bazookas und Kanonen, die Harleigh gehörten und die durch Bücher und lehrreiche Spiele ersetzt wurden. Die dahinsiechenden Fische gingen den Abfluß hinunter, die Ratten ließ ich aus dem Käfig. Ohnedies führten diese Tiere ein elendes Leben ohne ein anderes Ziel, als sich gegenseitig die Schwänze abzukauen. Ich erklärte dem Kind, daß die unglücklichen Nager in den Gärten der Nachbarschaft ein würdigeres Betätigungsfeld finden würden, aber drei Tage später hörten wir ein leises Kratzen an der Tür, und als wir öffneten, hockte eine von ihnen mit heraustretenden Eingeweiden da, sah uns mit fiebrigen Augen an und flehte, röchelnd wie ein Sterbender, hereinkommen zu dürfen. Willie hob die Ratte auf, und während der nächsten Wochen schlief sie bei uns im Zimmer, und wir behandelten sie mit Wundpflastern und Antibiotika, bis sie wieder gesund war.

Als der Bulgare all die Veränderungen sah, verzog er sich und suchte sich ein beständigeres Zuhause, und Willies Ältester verschwand mit seiner Drogenbraut ebenfalls, nachdem er sich das Auto seines Vaters angeeignet hatte. Dem armen Jason, der das letzte Jahr damit zugebracht hatte, tagsüber zu ruhen und sich nachts zu amüsieren, blieb nichts weiter übrig, als früh aufzustehen, zu duschen, sein Zimmer in Ordnung zu bringen und zähneknirschend seine Schule aufzusuchen. Harleigh war der einzige, der meine Anwesenheit bejahte und die neuen Regeln vergnügt hinnahm, weil er sich zum erstenmal sicher und beschützt fühlte; er war so froh, daß er mir mit der Zeit sogar das geheimnisvolle Verschwinden der Fische und seines Kriegsarsenals verzieh. Bis jetzt hatte er keinerlei Grenzen gekannt, er hatte sich aufgeführt wie ein kleiner Wilder, der imstande war, in einem Anfall von Aufsässigkeit die Fensterscheiben mit den Fäusten zu zerschlagen. So schmerzhaft leer war es in seinem Herzen, daß er, im Austausch gegen genügend Zärtlichkeit und fröhlichen Trubel, um die Lücke zu füllen, bereit war, diese ausländische Stiefmutter anzunehmen, die gekommen war, um sein Haus auf den Kopf zu stellen und ihm ein gut Teil der Aufmerksamkeit seines Vaters zu entziehen. Über vier Jahre Erfahrung in der Schule in Caracas, in der ich mit schwierigen Kindern zu tun gehabt hatte, nützten mir bei Harleigh nicht viel, seine Probleme überstiegen das Fassungsvermögen noch des Erfahrensten, und sein Drang, andere zu plagen, das des Geduldigsten, aber zum Glück verband uns eine spaßhafte Zuneigung, die der Zärtlichkeit sehr nahe kam und uns half, uns gegenseitig zu ertragen.

»Ich bin nicht verpflichtet, dich liebzuhaben«, sagte er mit einer trotzigen Grimasse, als wir uns eine Woche kannten und ihm schon klargeworden war, daß es nicht leicht sein würde, mich loszuwerden.

»Ich auch nicht. Wir können uns anstrengen und versuchen, uns liebzuhaben, oder wir leben einfach zusammen und benehmen uns anständig, was ziehst du vor?«

»Versuchen, uns liebzuhaben.«

»Gut, und wenn das nicht klappt, bleibt uns immer noch die Achtung.«

Der Junge hielt sein Wort. Jahrelang stellte er mit unerschütterlicher Zähigkeit meine Nerven auf die Probe, aber er kam auch in mein Bett, um Geschichten zu lesen, widmete mir seine schönsten Zeichnungen und vergaß selbst in den schlimmsten Trampelanfällen nicht unseren Pakt der gegenseitigen Achtung. Er trat als ein weiterer Sohn in mein Leben, ebenso wie Jason. Heute sind sie zwei kräftige Burschen, deren seelische Wunden vernarbt sind, einer ist auf dem College und der andere im letzten Schuljahr, aber ich muß immer noch mit ihnen kämpfen, damit sie den Müll hinausbringen und ihre Betten machen; trotzdem sind wir gute Freunde und können über die fürchterlichen Scharmützel der Vergangenheit lachen. Es kam vor, daß mich die Angst vor dem Zusammenstoß niederdrückte, oder ich war so müde, daß ich Vorwände erfand, um nicht nach Hause zu müssen. In diesen Augenblicken erinnerte ich mich an Onkel Ramóns Wort: *Denk immer daran, daß die andern mehr Angst haben als du*, und machte hartnäckig weiter. Ich verlor alle Schlachten mit ihnen, aber wunderbarerweise gewann ich den Krieg.

Ich hatte mich noch gar nicht ganz eingerichtet, da hatte ich schon einen Auftrag der Universität von Kalifornien in der Tasche, ich sollte eine Gruppe von jungen Schriftstelleraspiranten das Erzählen lehren. Wie kann man lehren, eine Geschichte zu erzählen? Paula gab mir die Lösung durchs Telefon: »Sag ihnen, sie sollen ein schlechtes Buch schreiben, das ist leicht, das kann jeder«, riet sie mir spöttisch. Und so machten wir es auch, jeder einzelne der Studenten vergaß seinen heimlichen bohrenden Ehrgeiz, den Großen Amerikanischen Roman hervorbringen zu wollen, und machte sich begeistert daran, ohne Furcht zu schreiben. In der Entstehungsphase waren wir damit beschäftigt, zu ordnen, zu korrigieren, zu kürzen und zu glätten, und unter viel Gerede und Gelächter kamen sie mit ihren Entwürfen voran, von denen einer bald darauf mit beträchtlicher Reklame von einem großen New Yorker Verlag herausgebracht wurde. Wenn ich seither in eine Periode des Zweifelns gerate, sage ich mir immer: werde ich eben ein schlechtes Buch schreiben, und dann vergeht die Panik. Ich schleppte einen Tisch in Willies Zimmer, stellte ihn vors Fenster, und hier schrieb ich meine Geschichten auf einen Block liniertes gelbes Papier ähnlich dem, den ich jetzt benutze, um diese Erinnerungen festzuhalten. In der freien Zeit, die mir der Unterricht, die Arbeiten der Studenten, die Fahrten nach Berkeley zur Universität, die häuslichen Pflichten und Harleighs Probleme ließen – in diesem an Erschütterungen reichen Jahr entstanden, ohne daß es mir recht zu Bewußtsein kam, mehrere Geschichten mit karibischem Anhauch, die wenig später als *Geschichten der Eva Luna* veröffentlicht wurden. Sie waren aus einer anderen Dimension gesandte Geschenke, jedenfalls kamen sie mir vollständig abgerundet in den Sinn, vom ersten bis zum letzten Satz, genauso wie mir *Zwei Worte* in einem Stau auf der Autobahn von Caracas eingefallen war.

Der Roman ist ein langatmiges Vorhaben, in dem vor allem Durchhaltekraft und Disziplin zählen, es ist, als bestickte man einen riesigen Wandteppich mit vielfarbigen Fäden, man arbeitet auf der Rückseite, geduldig, Stich um Stich, gibt sorgfältig acht, daß keine Knoten sichtbar bleiben, folgt einem verwickelten Entwurf, dessen Ziel man erst am Schluß erkennen kann, wenn man den letzten Faden befestigt hat und den Teppich umdreht, um das vollendete Muster anzusehen. Mit ein bißchen Glück verbirgt der Zauber des Gesamtbildes die Fehler und Ungeschicklichkeiten der Arbeit. Bei einer Geschichte dagegen, ist alles sichtbar, nichts darf zu dick oder zu karg sein, man verfügt nur über knappen Raum und wenig Zeit, wenn man zuviel korrigiert, geht diese Brise frischer Luft verloren, die der Leser braucht, um mitgerissen zu werden. Es ist wie Pfeilschießen, man braucht Instinkt, Erfahrung und Genauigkeit des guten Bogenschützen, Kraft zum Spannen der Sehne, ein Auge, um die Distanz und die Geschwindigkeit zu messen, und Glück, um ins Schwarze zu treffen. Der Roman wird mit Arbeit gemacht, die Geschichte mit Inspiration; für mich ist sie ein so schwieriges Genre wie die Dichtkunst, ich glaube nicht, daß ich mich noch einmal darin versuchen werde, es sei denn, sie fallen mir vom Himmel wie die *Geschichten der Eva Luna*. Einmal mehr habe ich erfahren, daß die Zeit, in der ich mit dem Schreiben allein bin, meine magische Zeit ist, die Stunde der Hexenkünste, das einzige, was mich rettet, wenn rings um mich her alles zusammenzubrechen droht.

Die letzte Geschichte dieser Sammlung, *Aus Erde sind wir gemacht*, beruht auf einer Tragödie, die sich 1985 in Kolumbien zutrug, als der Ausbruch des Vulkans Nevado Ruiz eine Lawine aus Erde, Steinen und geschmolzenem Schnee auslöste, die an der Flanke des Berges hinabglitt und eine ganze Ortschaft unter sich begrub. Tausende Menschen kamen um, aber die Welt erinnert sich an die Katastrophe vor allem um Omaira Sánchez' willen, eines Mädchens von dreizehn Jahren, das zwischen Trümmern und Schlamm steckenblieb. Drei Tage starb sie mit entsetzlicher Langsamkeit vor Fotografen, Journalisten und Fernsehkameraleuten, die in Hubschraubern herbeieilten. Ihre Augen auf dem Bildschirm haben mich seither verfolgt. Ihr Foto steht noch auf meinem Schreibtisch, immer wieder habe ich es lange betrachtet und versucht, den Sinn ihres Martyriums zu verstehen. Drei Jahre nach der Katastrophe habe ich in Kalifornien diesen Albtraum auszutreiben versucht, indem ich die Geschichte erzählte, ich wollte die Leiden dieses armen, lebendig begrabenen Kindes schildern, aber je länger ich schrieb, um so klarer wurde mir, daß dies nicht das Wesentliche der Geschichte war. Ich gab ihr eine andere Wendung, vielleicht konnte ich die Geschehnisse von den Gefühlen des Mannes ausgehend erzählen, der während dieser drei Tage bei dem Mädchen wacht, aber als ich diese Fassung beendet hatte, begriff ich, daß es auch darum nicht ging. Die wirkliche Geschichte ist die einer Frau – und diese Frau bin ich –, die auf dem Bildschirm den Mann beobachtet, der dem Mädchen beisteht. Die Geschichte handelt von meinen Gefühlen und den unvermeidbaren Veränderungen, die ich durchmachte, während ich die Agonie dieses Geschöpfes miterlebte. Sie wurde innerhalb einer Sammlung von Geschichten veröffentlicht, und ich glaubte, damit Omaira gegenüber mein inneres Versprechen erfüllt zu haben, aber bald wurde ich gewahr, daß dem nicht so ist, sie ist ein hartnäckiger Engel, der nicht zulassen wird, daß ich sie vergesse. Als Paula ins Koma fiel und ich sie im Bett gefangen sah, leblos, allmählich sterbend vor unser aller machtlosen Blicken, kam mir das Gesicht von Omaira Sánchez in den Sinn. Meine Tochter ist gefangen in ihrem eigenen Körper, wie dieses Mädchen es im Schlamm war. In jüngster Zeit erst verstand ich, weshalb ich so viele Jahre immer an sie gedacht habe, und konnte endlich die Botschaft ihrer durchdringenden schwarzen Augen entziffern: Geduld, Mut, Ergebung, Würde angesichts des Todes.

Da es der zerstörerischen Wut meines Besens nicht gelungen war, in das Chaos dieser Wohnstatt wirklich tief genug einzudringen, überzeugte ich Willie, daß es viel einfacher war, umzuziehen statt sauberzumachen, und so kam es, daß wir jetzt in diesem Haus der Geister leben. In jenem Jahr lernte Paula Ernesto kennen, und sie richteten sich für einige Zeit gemeinsam in Virginia ein, während Nicolás, allein in dem großen Haus in Caracas, sich beschwerte, daß wir ihn verlassen hätten. Aber nach kurzer Zeit erschien Celia in seinem Leben, um ihn über gewisse Geheimnisse aufzuklären, und in der Hochstimmung der frisch entdeckten Liebe gerieten seine Mutter und seine Schwester in den Hintergrund. Wir telefonierten miteinander in komplizierten Dreiecksverbindungen, um uns unsere letzten Abenteuer zu erzählen und entzückt den ungeheuerlichen Zufall zu bereden, daß wir uns alle drei zur gleichen Zeit verliebt hatten. Paula gedachte ihr Studium zu beenden, um mit Ernesto nach Spanien zu gehen, wo sie die zweite Etappe ihres Zusammenlebens beginnen würden. Nicolás erklärte uns, daß seine Verlobte dem reaktionärsten Flügel der katholischen Kirche angehöre und es deshalb gar nicht in Frage komme, miteinander unter demselben Dach zu schlafen, solange sie nicht verheiratet waren, weshalb sie planten, das so schnell wie möglich zu tun. Es war ziemlich schwer zu verstehen, was er wohl mit einem Mädchen gemeinsam hatte, deren Ideenwelt von der seinen so verschieden war, und er erwiderte sehr bedachtsam, daß Celia in allem übrigen sensationell sei, und wenn wir sie nicht drängten, werde sie sicherlich ihren religiösen Fanatismus über Bord werfen. Die Zeit gab ihm recht.

Die unschlagbare Strategie meines Sohnes liegt darin, fest auf seiner Position zu beharren, die Zügel lockerzulassen und abzuwarten, so vermeidet er unnütze Zusammenstöße. Als er vier Jahre alt war und ich von ihm verlangte, er solle sein Bett machen, antwortete er mir in seiner Kindersprache, er wolle jede Arbeit im Haus machen, bloß nicht diese. Jeder Versuch, ihn zu zwingen, war sinnlos, zuerst beschwatzte er Paula, und dann flehte er die Granny an, die heimlich durch ein Fenster kletterte, um ihm zu helfen, bis ich sie erwischte und wir den einzigen Streit in unserem Leben hatten. Ich dachte, Nicolás' Eigensinn würde nicht lange vorhalten, aber er schlief zweiundzwanzig Jahre auf dem Fußboden mit den Hunden, wie ein Bettler. Nun, wo er ein Mädchen hatte, war mir das Problem mit seinem Bett aus den Händen genommen. Während er sich mit Celia und der Liebe vertraut machte und an der Universität Computertechnik studierte, lernte er Karate und Kung-Fu, um sich im Notfall verteidigen zu können, denn die Ganoven von Caracas hatten sein Haus gekennzeichnet und drangen am hellichten Tage ein, um zu stehlen, womöglich mit Billigung der Polizei.

Durch unseren unermüdlichen Briefwechsel war meine Mutter über die Einzelheiten meines Abenteuers in den Vereinigten Staaten unterrichtet, dennoch erlebte sie einige Überraschungen, als sie mich in meinem neuen Heim besuchen kam. Um einen guten Eindruck auf sie zu machen, stärkte ich die Tischtücher, versteckte die Hundespuren im Teppich unter großen Blumenschalen und ließ Harleigh schwören, sich wie ein menschliches Wesen zu benehmen, und Willie, sich in ihrer Gegenwart alle groben spanischen Schimpfworte zu verkneifen. Willie polierte nicht nur sein Vokabular auf, er trennte sich auch von seinen Cowboystiefeln und ging zu einem Dermatologen, der ihm mit Laserstrahl die Tätowierung an der Hand wegzauberte, aber den Totenkopf am Arm behielt er, den sah ja nur ich. Meine Mutter war die erste, die das Wort »Ehe« aussprach, wie sie es vor vielen Jahren auch bei Michael gemacht hatte. »Wie lange willst du seine Geliebte spielen? Wenn du schon vorhast, in diesem Desaster zu leben, dann heirate wenigstens, damit die Leute nichts zu reden haben und du ein anständiges Visum kriegst, oder willst du ewig illegal bleiben?« fragte sie in dem Ton, den ich so gut kenne. Der Vorschlag erzeugte wilde Begeisterung bei Harleigh, der inzwischen an meine Anwesenheit gewöhnt war, und eine Panikkrise bei Willie, der zwei Scheidungen und einen Rosenkranz gescheiterter Liebesverhältnisse hinter sich hatte. Er bat mich um Zeit, damit er darüber nachdenken könne,

was mir vernünftig erschien, und ich gewährte ihm vierundzwanzig Stunden, andernfalls würde ich nach Venezuela zurückkehren. Wir heirateten.

Inzwischen stand in Chile die Volksabstimmung bevor,
die über das Schicksal der Diktatur entscheiden sollte. Eine
Klausel der Verfassung, die Pinochet in der Absicht geschaffen hatte, als legalisierter Präsident dazustehen, legte
fest, daß 1988 das Volk befragt werden sollte, um über die
weitere Dauer seiner Regierung zu bestimmen, und daß im
Falle einer Ablehnung für das folgende Jahr zu demokrati-
schen Wahlen aufgerufen werden mußte; der General
konnte sich nicht vorstellen, daß er in seinem eigenen Spiel
geschlagen werden würde. Die Militärs, die entschlossen
waren, ewig an der Macht zu bleiben, hatten nicht in ihre
Rechnung einbezogen, daß in den letzten Jahren trotz aller
Modernisierung und wirtschaftlichen Fortschritts die Unzufriedenheit gewachsen war, die Bevölkerung hatte einige
harte Lektionen gelernt und hatte sich organisiert. Pinochet inszenierte eine massive Wahlkampfpropaganda, die
Opposition dagegen bekam im Fernsehen täglich nur fünfzehn Minuten zugewiesen, und das um elf Uhr abends,
wenn man erwarten konnte, daß alles schlief. Kurz vor elf
klingelten drei Millionen Wecker, und die Chilenen schüt-
telten den Schlaf ab, um diese großartige Viertelstunde zu
sehen, in der Volkswitz und Erfindungsgabe sich zur
Hochform steigerten. Der Feldzug der NEIN-Sager war
von Humor, Jugendfrische, Versöhnungsgeist und Hoffnung gekennzeichnet. Der Feldzug der JA-Sager war ein
Machwerk aus Militärmärschen, Drohungen, Reden des
Generals, umgeben von patriotischen Emblemen, und Teilen alter Dokumentarfilme, auf denen man die Leute in den
Zeiten der Unidad Popular vor den Läden Schlange stehen
sah. Wenn es auch noch Unentschlossene gab, der geistrei-

che Witz des NEIN schlug den schwerfälligen Dumpfsinn des JA, und Pinochet verlor den Volksentscheid.

In diesem Jahr landete ich an einem strahlenden Frühlingstag mit Willie in Santiago – nach dreizehn Jahren Abwesenheit. Ich kann die Ergriffenheit nicht beschreiben, die ich empfand, als wir die majestätischen Gipfel der Kordillere überflogen und als ich wieder den Fuß auf heimatlichen Boden setzte, die laue Luft der Ebene atmete, unseren Akzent hörte und am Einreiseschalter in dem feierlichen Ton empfangen wurde, der fast wie eine Warnung klingt und für unsere Beamten so typisch ist. Mir wurden die Knie weich, und Willie stützte mich, während wir die Kontrolle passierten, und dann sah ich meine Eltern und Großmutter Hilda, die uns mit ausgestreckten Armen erwarteten. Sofort umringten mich ein paar Polizisten, und ich glaubte erneut den Zangengriff des Terrors zu spüren, aber dann begriff ich verdutzt, daß sie nicht hier waren, um mich ins Gefängnis zu bringen, sondern um mich vor dem Ansturm eines Häufleins von Leuten zu schützen, die meinen Namen riefen und mich begrüßen wollten. Ich dachte, sie verwechselten mich mit meiner Cousine Isabel, einer Tochter von Salvador Allende, aber mehrere von ihnen kamen mit meinen Büchern heran, damit ich sie signierte. Mein erster Roman hatte der Zensur getrotzt, indem er in Fotokopien von Hand zu Hand ging, ehe er durch die Vordertür in die Buchhandlungen einziehen durfte, und hatte so das Interesse wohlmeinender Leser geweckt, die ihn vielleicht aus purem Widerstandsgeist lasen. Später erfuhr ich, daß ein befreundeter Journalist meine Ankunft über den Rundfunk angekündigt hatte, und der diskrete Besuch, den ich geplant hatte, wurde damit öffentlich. Um mir einen Streich zu spielen, hatte er noch gemeldet, ich hätte einen texanischen Ölmillionär geheiratet, wodurch ich ein Ansehen gewann, das mit Literatur nie zu erreichen wäre.

Auf dieser ersten Reise wurde ich liebevoll, aber scheu empfangen, denn noch drückte die Faust des Diktators. Ich fuhr nach Isla Negra, um Pablo Nerudas Haus zu besuchen, das seit vielen Jahren verlassen steht und wo das Gespenst des alten Dichters noch hoch über dem Meer sitzt, um unsterbliche Verse zu schreiben, und wo der Wind die große Schiffsglocke anschlägt, um die Möwen zu rufen. Auf dem Bretterzaun, der das Anwesen umgibt, sind Hunderte von Botschaften zu lesen, viele mit Bleistift auf die Schatten älterer geschrieben, die Wind und Wetter verwaschen haben, andere mit dem Messer in das vom Meersalz zerfressene Holz geschnitzt. Sie sind Nachrichten an den Dichter, der noch im Herzen seines Volkes lebt.

Ich traf mich mit meinen Freundinnen und sah Francisco wieder, der sich in diesen dreizehn Jahren wenig verändert hatte. Wir stiegen zusammen auf den Cerro San Cristóbal, sahen uns die Welt von oben an und gedachten der Zeit, in der wir uns hierher flüchteten, um der täglichen Brutalität zu entgehen und um einer Liebe Raum zu geben, die so keusch war, daß wir nie gewagt haben, sie in Worte zu fassen.

Ich besuchte Michael, der eine Frau mit erwachsenen Kindern geheiratet hatte, nun in dem Haus wohnte, das sein Vater gebaut hatte, und genau das Leben lebte, das er sich in der Jugend vorgenommen hatte, als wären die Verluste, die Treulosigkeiten, das Exil und andere Schicksalsschläge nur ein Zwischenspiel in der perfekten Organisation seines Daseins. Er empfing mich liebenswürdig, wir gingen durch die Straßen unseres alten Viertels und drückten auf die Klingel des Hauses, in dem Paula und Nicolás aufgewachsen waren, das so nichtssagend aussah mit seiner Strohperücke und dem Kirschbaum am Fenster. Eine Frau öffnete uns lächelnd die Tür, hörte sich freundlich unsere sentimentalen Erklärungen an und ließ uns ohne weiteres eintreten und durch die Räume gehen. Auf dem Fußboden lagen die Spielsachen anderer Kinder, und an den Wänden hingen die Fotos anderer Gesichter. Alles schien verkleinert und so, als trüge es die sanfte sepiafarbene Tönung der fast vergessenen Erinnerungen. Auf der Straße verabschiedete ich mich von Michael, und als ich ihn aus den Augen verloren hatte, fing ich an, untröstlich zu weinen. Ich weinte um die vollkommenen Zeiten der ersten Jugend, als wir uns aufrichtig liebten und dachten, es wäre für immer, als die Kinder klein waren und wir glaubten, wir wären fähig, sie gegen alles Schlimme zu beschützen. Was ist mit uns geschehen? Vielleicht sind wir auf der Welt, um die Liebe zu suchen, zu finden und zu verlieren, immer und immer wieder. Bei jeder Liebe werden wir neu geboren, und bei jeder Liebe, die endet, wird uns eine neue Wunde geschlagen. Ich bin voller stolzer Narben.

Ein Jahr später kehrte ich wieder nach Santiago zurück, um bei den ersten Wahlen nach dem Militärputsch meine Stimme abzugeben. Da Pinochet den Volksentscheid verloren und sich im Netz seiner eigenen Verfassung verfangen hatte, mußte er die Wahlen durchführen lassen. Er trat mit der Anmaßung des Machthabers auf, ohne auch nur entfernt auf den Gedanken zu verfallen, daß die Opposition ihn schlagen könnte, denn er zählte auf die monolithische Einigkeit der Streitkräfte, die Unterstützung durch die mächtigsten Wirtschaftszweige, eine Wahlpropaganda, die Millionen gekostet hatte, und auf die Angst, die viele vor der Freiheit hatten. Zu seinen Gunsten arbeitete auch die endlose Kette unversöhnlicher Streitereien zwischen den politischen Parteien, eine Vergangenheit so voller Groll und offener Rechnungen, daß es fast unmöglich war, zu einer Übereinkunft zu gelangen; doch die Ablehnung der Diktatur wog schwerer als die ideologischen Differenzen, die gegen die Regierung opponierenden Parteien schlossen sich zusammen, und 1989 gewann ihr Kandidat

Aylwin die Wahl und wurde der erste rechtmäßige Präsident nach Salvador Allende. Pinochet mußte Schärpe und Sessel des Präsidenten abgeben und einen Schritt zurück machen, aber er zog sich nicht völlig zurück, sein Damoklesschwert hing nach wie vor über den Köpfen der Chilenen. Das Land erwachte aus einer siebzehnjährigen Lethargie und machte seine ersten Schritte in einer Demokratie des Übergangs, in der General Pinochet für weitere acht Jahre Oberkommandierender der Streitkräfte blieb, ein Teil des Kongresses und der ganze Oberste Gerichtshof waren von ihm ernannt worden, und die militärischen und ökonomischen Strukturen wurden nicht angetastet. Es würde kein Gericht über die begangenen Verbrechen gehalten werden, die Täter waren geschützt durch ein Amnestiegesetz, das sie selber zu ihren Gunsten erlassen hatten. »Ich werde nicht zulassen, daß meinen Soldaten auch nur ein Haar gekrümmt wird«, drohte Pinochet, und das Land nahm seine Bedingungen schweigend hin aus Angst vor einem neuen Putsch. Die Opfer der Unterdrückung, die Maureiras und Tausende anderer, mußten ihr Leid hintansetzen und weiter hoffen. Vielleicht hätten Gerechtigkeit und Wahrheit dazu beigetragen, daß Chiles tiefe Wunden vernarben konnten, aber der Hochmut der Militärs verhinderte es. Die Demokratie würde sich im langsamen, krummen Krebsgang vorwärtsbewegen müssen.

Paula kam wieder heute nacht, ich fühlte, daß sie mit ihrem leichten Schritt ins Schlafzimmer trat, in Nachthemd und Pantoffeln und so rührend anmutig, wie sie gewesen war, bevor die Krankheit ihr Gewalt antat. Sie setzte sich mir zu Füßen aufs Bett und sprach zu mir in dem Ton unserer vertraulichen Gespräche von einst. Hör zu, Mama, wach auf, ich möchte nicht, daß du denkst, du träumst. Ich komme dich um Hilfe bitten... ich will sterben und kann nicht. Ich sehe einen hell strahlenden Weg vor mir, aber ich kann den letzten Schritt nicht tun, ich bin gefangen. In meinem Bett ist nur noch mein leidender Körper, der sich Tag um Tag mehr auflöst, ich verdorre vor Durst und flehe um Frieden, aber niemand hört mich. Ich bin sehr müde. Warum das alles? Du, die du immer von deinen *Geisterfreunden* sprichst, frag sie, welches meine Sendung ist, was ich tun muß. Ich glaube, ich brauche nichts zu fürchten, der Tod ist nur eine Schwelle, wie die Geburt; ich bedaure nur, daß ich die Erinnerungen nicht bewahren kann, aber schon entziehen sie sich mir mehr und mehr, und wenn ich gehe, werde ich nackt und bloß sein. Die einzige Erinnerung, die ich mitnehme, ist die an die geliebten Menschen, die ich zurücklasse, immer werde ich so oder so mit dir verbunden sein. Erinnerst du dich an die letzten Worte, die ich noch flüstern konnte, ehe ich in diese lange Nacht fiel? Ich liebe dich, Mama, das sagte ich zu dir. Ich wiederhole es jetzt und werde es dir jede Nacht deines Lebens in deinen Träumen sagen. Das einzige, was mich ein wenig zurückhält, ist, daß ich allein gehen muß, mit dir an der Hand würde es leichter sein, auf die andere Seite hinüberzuwechseln, das Alleinsein beim Sterben macht mir angst. Hilf mir noch einmal, Mama. Du hast gekämpft wie eine Löwin, um mich zu retten, aber die

Wirklichkeit wird dich besiegen, schon ist alles nutzlos, gib dich drein, laß die Ärzte und Zauberer und Gebete, nichts wird mir die Gesundheit wiederbringen, kein Wunder wird geschehen, nichts kann den Lauf meines Schicksals ändern, und ich will das auch gar nicht, ich habe meine Tage erfüllt, und es ist Zeit, Abschied zu nehmen. Alle in der Familie verstehen es, nur du nicht, sie erwarten sehnsüchtig die Stunde, in der sie mich frei sehen werden, du bist die einzige, die es nicht hinnehmen will, daß ich nie wieder die alte sein werde. Sieh meinen geschundenen Körper an, denk an meine Seele, die sich danach sehnt, zu entfliehen, und an die schrecklichen Bande, die sie zurückhalten. Ach, altes Mütterchen, dies ist sehr schwer für mich, und ich weiß, daß es das auch für dich ist... was können wir tun? In Chile beten meine Großeltern für mich, und mein Vater klammert sich an das Gespenst einer nur noch erinnerten Tochter, während am andern Ende dieses Landes Ernesto in einem Meer von Unsicherheiten schwimmt, ohne zu begreifen, daß er mich für immer verloren hat. Im Grunde ist er schon Witwer, aber er kann nicht um mich weinen oder eine andere Frau lieben, solange mein Körper in deinem Hause atmet. In der kurzen Zeit unseres Zusammenseins waren wir sehr glücklich, ich hinterlasse ihm so gute Erinnerungen, daß ihm die Jahre nicht reichen werden, sie auszuschöpfen, sag ihm, ich werde ihn nie verlassen, niemals wird er allein sein, ich werde sein Schutzengel sein, wie ich es für dich sein werde. Auch die achtundzwanzig Jahre, die du und ich miteinander teilten, waren sehr glücklich, quäl dich nicht mit dem Gedanken an das, was hätte sein können und doch nicht war, an das, was du hättest anders machen müssen, an die Unterlassungen und Irrtümer... vergiß das alles! Nach meinem Tod werden wir so in Verbindung bleiben, wie du es mit deinen Großeltern und der Granny bist, du wirst mich in dir tragen als eine ständige Gegenwart, ich werde kommen, wenn du mich rufst, die Verständigung wird besser sein, wenn du nicht das Elend meines kranken Körpers vor dir hast und mich wieder wie in den besten Augenblicken sehen kannst. Erinnerst du dich, wie wir in den Straßen von Toledo einen Paso doble tanzten, über die Pfützen sprangen und uns im Regen unter einem schwarzen Schirm bogen vor Lachen? Und die verblüfften Gesichter der japanischen Touristen, die uns fotografierten? So sollst du mich von jetzt an sehen: vertraute Freundinnen, zwei fröhliche Frauen, die dem Regen trotzen. Ja... ich hatte ein gutes Leben... Wie schwer es fällt, sich von der Welt zu lösen! Aber ich bin nicht imstande, dieses jämmerliche Dasein noch länger zu führen – noch sieben Jahre, wie dein Doktor Shima glaubt; mein Bruder weiß das, und er ist der einzige, der Mut genug hat, mich zu befreien, und ich würde für ihn dasselbe tun. Nicolás hat unsere alte verschworene Freundschaft nicht vergessen, er hat klare Gedanken und ein gelassenes Herz. Erinnerst du dich, wie er mich gegen den Schatten des Drachens vor dem Fenster verteidigte? Du hast ja keine Ahnung, wieviel Untaten wir vertuschten oder wie oft wir dich beschwindelten, um uns gegenseitig zu decken, oder wie oft du den einen für etwas bestraftest, was der andere angestellt hatte, ohne daß wir uns jemals verpetzt hätten. Ich erwarte nicht, daß du mir hilfst zu sterben, niemand kann das von dir verlangen, ich möchte nur, daß du mich nicht länger zurückhältst. Gib Nicolás eine Chance. Wie kann er mir helfen, wenn du mich nie allein läßt? Bitte gräm dich nicht, Mama...

»Wach auf, du weinst im Schlaf!« Ich höre Willies Stimme, die von weither zu mir dringt, und suche, ohne die Augen zu öffnen, tiefer in die Dunkelheit einzutauchen, damit Paula nicht verschwindet, denn vielleicht ist dies ihr letzter Besuch, vielleicht werde ich ihre Stimme nie wieder hören. »Wach auf, wach auf, du hast einen Albtraum!« Mein Mann schüttelt mich. »Wart auf mich! Ich will mit dir gehen!« schreie ich, und da knipst er das Licht an und will mich in die Arme nehmen, aber ich stoße ihn schroff zurück, denn von der Tür her lächelt Paula mir zu und winkt mir zum Abschied, bevor sie sich über den Flur entfernt in ihrem weißen Hemd, das sie wie Flügel umschwebt, während ihre nackten Füße kaum den Teppich streifen. Ihre Pantoffeln aus Kaninchenfell bleiben neben meinem Bett liegen.

Juan ist gekommen, der zwei Wochen an einem theologischen Seminar teilnehmen wird. Er ist sehr damit beschäftigt, die Beweggründe Gottes zu analysieren, aber er kann es mit einigem Geschick einrichten, daß er viele Stunden mit mir und Paula verbringt. Seit er seine marxistischen Überzeugungen aufgegeben hat, um sich dem Studium Gottes zu widmen, hat sich in seinem Äußeren etwas verändert, was ich nicht genau bestimmen kann, der Kopf ist leicht geneigt, die Bewegungen sind langsamer, der Blick mitfühlender, das Vokabular sorgfältiger gewählt, er beendet nicht mehr jeden Satz mit einer Unflätigkeit wie früher. In diesen Tagen gedenke ich ihm die feierliche Miene auszutreiben, es wäre doch die Höhe, wenn die Religion seinen Sinn für Humor getötet hätte. Mein Bruder beschreibt sich in seiner Pastorenrolle als *Manager des Leides,* seine Stunden vergehen damit, die Hoffnungslosen zu trösten und sich um Hilfe für sie umzusehen, das heißt, die spärlich verfügbaren Mittel zu verwalten für Sterbende, Süchtige, Prostituierte, verlassene Kinder und andere Unglückliche aus dem riesigen Hof der Wunder, den die Menschheit darstellt, das Herz reicht ihm nicht aus für all den Jammer. Da er in der konservativsten Gegend der Vereinigten Staaten lebt, kommt Kalifornien ihm vor wie ein Land der Irren. Er durfte einen Umzug von Homosexuellen und einen überschäumenden dionysischen Karneval erleben, und in Berkeley war er Augenzeuge frenetischer Märsche pro und kontra Abtreibung, politischer Auseinandersetzungen auf dem Campus der Universität und einer Tagung von Straßenpredigern, die ihre Lehren lautstark unter Bettlern und alten Hippies verbreiteten, diesen Überbleibseln aus den sechziger Jahren mit Glasperlenketten und gemalten Blumen auf den Wangen. Schaudernd vor Entsetzen mußte er feststellen, daß im Seminargebäude Kurse angeboten wurden wie *Theologie des Personal Computers* und *Wie man sich mit Bibelwitzen sein Brot verdienen kann*.

Jedesmal, wenn dieser so geliebte Bruder kommt, beklagen wir Paulas Schicksal, wir verstecken uns im letzten Winkel des Hauses, damit niemand uns sieht, aber wir lachen auch viel wie in unserer Jugend, als wir die Welt entdeckten und uns für unbesiegbar hielten. Mit ihm kann ich selbst über die geheimsten Dinge sprechen. Ich nehme seine Ratschläge entgegen, während ich in der Küche in Töpfen rühre, um ihm neue vegetarische Gerichte vorzusetzen, was unnütze Arbeit ist, denn er pickt immer nur Krumen heraus, er ernährt sich von Ideen und Büchern. Er verbringt immer lange Zeit mit Paula, ich glaube, er betet neben ihr. Er setzt nicht mehr darauf, daß sie gesund wird, er sagt, ihr Geist ist im Haus sehr stark gegenwärtig und öffnet uns geistige Wege, fegt die Geringfügigkeiten unseres Lebens fort und läßt nur das Wesentliche bestehen. In ihrem Rollstuhl, mit leeren Augen, bleich und regungslos, ist sie ein Engel, der uns die himmlischen Pforten öffnet, damit wir in Seine Unermeßlichkeit blicken können.

»Paula verabschiedet sich von der Welt. Sie ist erschöpft, Juan.«

»Was gedenkst du zu tun?«

»Ich würde ihr sterben helfen, wenn ich wüßte, wie.«

»Das laß dir ja nicht einfallen! Du würdest für den Rest deiner Tage an der Schuld zu schleppen haben.«

»Ich fühle mich viel schuldiger, daß ich sie in diesem Martyrium lasse... Was ist, wenn ich vor ihr sterbe? Stell dir vor, ich falle aus – wer würde sich um sie kümmern können?«

»Dieser Augenblick ist noch nicht gekommen, es bringt nichts, wenn du den Dingen vorgreifst. Leben und Tod haben einen langen Schritt. Gott schickt uns keine Leiden, wenn wir nicht die Kraft haben, sie zu ertragen.«

»Du predigst mir wie ein Priester, Juan...«

»Paula gehört dir nicht. Du mußt ihr Leben nicht künstlich verlängern, aber du darfst es auch nicht verkürzen.«

»Wo ist die Grenze des Künstlichen? Hast du das Hospital gesehen, das ich unten eingerichtet habe? Ich kontrolliere jede Funktion ihres Körpers, messe sogar das Wasser, das ich ihr eingebe, mit einem Tropfenzähler, auf ihrem Tisch findest du ein Dutzend Flaschen und Spritzen. Wenn ich sie nicht durch den Tubus ernähre, den sie im Magen hat, verhungert sie in einer Woche, weil sie nicht einmal schlucken kann.«

»Fühlst du dich imstande, ihr das Essen zu streichen?«

»Nein, niemals. Aber wenn ich wüßte, wie ich ihren Tod beschleunigen könnte, ohne ihr Schmerzen zuzufügen, ich glaube, ich würde es tun. Wenn ich es nicht tue, wird früher oder später Nicolás es tun müssen, und es ist nicht gerecht, daß er sich die Verantwortung auflädt. Ich habe eine Handvoll Schlaftabletten, die ich seit Monaten gehortet habe, aber ich weiß nicht, ob es reicht.«

»Ach, ach, Schwester, mußt du so sehr leiden?«

»Ich weiß nicht. Wenn ich nur mein Leben hingeben und an ihrer Stelle sterben könnte! Ich bin verloren, ich weiß nicht, wer ich bin, ich versuche mich zu erinnern, wer ich früher war, aber ich finde nur Verkleidungen, Masken, Umrisse, unscharfe Bilder von einer Frau, die ich nicht wiedererkenne. Bin ich die Feministin, die ich zu sein glaubte, oder das junge Revuegirl, das im Fernsehen auftrat, mit Pfauenfedern auf dem Kopf? Die besorgte Mutter, die untreue Gattin? Bin ich die, die verfolgten Politikern Unterschlupf bot, oder die, die floh, weil sie die Angst nicht aushalten konnte? Zu viele Widersprüche ...«

»Du bist all das und auch der Samurai, der jetzt gegen den Tod kämpft.«

»Kämpfte, Juan. Ich bin bereits besiegt.«

Sehr harte Zeiten; Wochen sind vergangen, so voller Kummer und Angst, daß ich niemanden sehen mag, ich kann kaum sprechen noch essen, noch schlafen, ich schreibe nur, endlose Stunden lang. Ich verliere immer mehr Gewicht. Bis jetzt war ich so damit beschäftigt, gegen die Krankheit zu kämpfen, daß es mir sogar gelang, mich selbst zu betrügen und mir vorzustellen, ich könnte dieses Ringen gewinnen, aber nun weiß ich, daß Paula geht, meine Bemühungen sind unsinnig, sie ist erschöpft, so sagt sie es mir immer wieder, nachts im Traum und morgens, wenn ich erwache, und wenn ich im Wald spazierengehe, trägt mir der Wind ihre Worte zu. Nach außen hin scheint alles gleichförmig weiterzugehen, wären da nicht diese drängenden Botschaften – ihre Stimme, die um Hilfe bittet und von Mal zu Mal schwächer wird. Ich bin nicht die einzige, die sie hört, auch die Personen, die sie pflegen, beginnen sich von ihr zu verabschieden. Die Masseuse hat festgestellt, es sei nicht der Mühe wert, die Behandlung fortzusetzen, denn das Kind antwortet ja nicht, wie sie sagt; der Physiotherapeut rief an und verhedderte sich stotternd in Entschuldigungen, bis er endlich gestand, daß diese unheilbare Krankheit seine Energie angreife. Die Dentistin ist eine junge Frau in Paulas Alter, mit dem gleichen langen Haar und den dichten Brauen, beide sind sich so ähnlich, daß sie als Schwestern gelten könnten. Alle vierzehn Tage reinigt sie ihr die Zähne, mit großer Zartheit, um ihr keine Schmerzen zuzufügen, dann verschwindet sie eilig, mit abgewandtem Gesicht, damit ich ihre Erschütterung nicht sehe. Sie weigert sich, Geld anzunehmen, bis heute habe ich sie nicht überreden können, mir eine Rechnung zu schicken. Wir arbeiten zusammen, weil Paula sich steif macht, wenn man ihr Gesicht berühren will, nur ich kann ihr den Mund öffnen und die Zähne bürsten. Diesmal ist die Dentistin beunruhigt, denn so sehr ich mir auch bei Paulas täglicher Pflege Mühe gebe, hat sie jetzt doch Probleme mit dem Zahnfleisch. Doktor Shima kommt oft vorbei auf dem Rückweg von seiner Arbeit und bringt mir Nachrichten von seinen I-ching-Stäbchen. Wir sitzen neben dem Bett und reden über die Seele und das Annehmen des Todes. »Wenn sie von uns geht, werde ich eine große Leere fühlen, ich habe mich an Paula gewöhnt, sie ist etwas sehr Wichtiges in meinem Leben«, sagt er. Auch die Ärztin scheint unruhig, nach der letzten Untersuchung schwieg sie lange, während sie über ihre Diagnose nachdachte, und schließlich sagte sie: »Vom klinischen Gesichtspunkt aus hat sich wenig geändert, dennoch kommt mir Paula jedesmal abwesender vor, sie schläft zuviel, hat einen glasigen Blick, schreckt bei Geräuschen nicht mehr zusammen, ihre Gehirnfunktionen haben abgenommen.« Dennoch ist sie schöner geworden, die Hände und Knöchel sind feiner, der Hals länger, von den bleichen Wangen heben sich rührend die langen schwarzen Wimpern ab, ihr Gesicht hat einen engelhaften Ausdruck, als wäre sie endlich von allen Zweifeln gereinigt und hätte die göttliche Quelle gefunden, nach der sie so lange gesucht hatte. Wie anders sie ist als ich! Ich erkenne nichts von mir in ihr wieder. Sie hat auch nichts von meiner Mutter oder meiner Großmutter, ausgenommen die großen, ein wenig schwermütigen Augen. Wer ist diese meine Tochter?

Nicolás und Celia leisten uns Gesellschaft, wir verbringen einen guten Teil des Tages zusammen in Paulas Zimmer, dessen Tür jetzt geschlossen ist. Im Sommer badeten wir die Kinder auf der Terrasse in einem Plastikbecken, in dem tote Stechmücken und aufgeweichte Kekse schwammen, während die Kranke unter einem Sonnenschirm ruhte, aber nun, wo der Herbst vorbei ist und der Winter kommt, hat sich das Haus in sich zurückgezogen, und wir haben uns in Paulas Zimmer eingerichtet. Celia ist eine bedingungslos treue, großzügige und zuverlässige Verbündete, seit Monaten dient sie mir schon als Sekretärin; ich habe gar keine Neigung, meine sonstige Arbeit weiterzumachen, und ohne Celia würde ich unter einem Berg Papier begraben werden. Sie hat stets die Kinder im Arm und am Rockzipfel, und ihre Bluse ist aufgeknöpft, damit sie Andrea jederzeit nähren kann. Diese meine Enkelin ist immer zufrieden, spielt allein und schläft auf dem Teppich, am Zipfel einer Windel lutschend und so still; wir vergessen oft, wo wir sie hingepackt haben, und müssen achtgeben, daß wir sie nicht versehentlich treten. Wenn ich mich erst an die Traurigkeit gewöhnt habe, werde ich meine Großmutterämter übernehmen, ich werde Geschichten für die Kinder erfinden, Kuchen backen, Gliederpuppen basteln und prächtige Kostüme nähen, um den Theaterkoffer zu füllen. Mir fehlt die Granny, wenn sie noch lebte, wäre sie jetzt um die Achtzig und eine wunderliche Greisin mit vier Haaren auf dem Schädel und halb schwachsinnig, aber ihre Gabe, Kinder aufzuziehen, wäre ungebrochen.

Dieses Jahr ist mit ungeheurer Langsamkeit vergangen, trotzdem weiß ich nicht, wo meine Stunden und Tage geblieben sind. Ich brauche Zeit. Zeit, um Wirrnisse zu klären, Wunden vernarben zu lassen und mich zu erneuern. Wie werde ich mit sechzig sein? Die Frau, die ich heute bin, hat nicht eine Zelle mehr von dem Kind, das ich war, nur die Erinnerung, die bleibt und überdauert. Wieviel

Zeit braucht man, um diesen dunklen Tunnel zu durchwandern? Wieviel Zeit, bis ich mich wieder aufrichte?

Ich bewahre den Brief, den Paula versiegelt hinterlegte,
in derselben Blechschachtel auf, die die Reliquien der
Memé enthält. Ich habe ihn schon oft herausgenommen,
wende ihn ehrfürchtig hin und her, ich bilde mir ein, er
enthält die Erklärung, die ich ersehne, ich bin versucht, ihn
zu lesen, aber gleichzeitig lähmt mich eine abergläubische
Scheu. Ich frage mich, warum eine junge, gesunde und
verliebte Frau mitten in den Flitterwochen einen Brief
schreibt, der nach ihrem Tode zu öffnen sei. Welche Geheimnisse verbergen sich im Leben meiner Tochter? Beim
Ordnen alter Fotos finde ich sie frisch und lebensfroh wieder, fast immer Arm in Arm mit ihrem Mann, ihrem
Bruder oder ihren Freunden, auf allen außer auf den Hoch-
zeitsfotos ist sie in Blue jeans und einer einfachen Bluse,
das Haar mit einem Tuch zurückgebunden, kein Schmuck;
so muß ich sie im Gedächtnis behalten, auch wenn dieses
lachende Mädchen durch eine melancholische, in Einsamkeit und Schweigen versunkene Gestalt ersetzt worden ist.
Machen wir doch den Brief auf, hat Celia mich zum hun-
dertsten Mal gedrängt. In den letzten Tagen konnte ich
mich nicht mit Paula in Verbindung setzen, sie besucht
mich nicht mehr; früher brauchte ich nur in ihr Zimmer zu
treten und erriet schon in der Tür ihren Durst, ihre
Krämpfe oder das Auf und Ab des Blutdrucks und der
Temperatur, aber nun kann ich ihren Bedürfnissen nicht
mehr zuvorkommen. Nun gut, machen wir den Brief auf,
stimmte ich endlich zu. Ich suchte die Schachtel, hob zitternd den Deckel, zog zwei mit ihrer exakten Schönschrift
beschriebene Seiten heraus und las sie laut. Ihre klaren
Worte erreichten uns aus einer anderen Zeit:

Ich möchte nicht in meinem Körper gefangen bleiben.
Wenn ich von ihm befreit bin, kann ich näher bei denen sein,
die ich liebe, selbst wenn sie an allen vier Enden der Welt

sind. Es ist schwierig, die Liebe zu erklären, die ich zurück-
lasse, die Tiefe der Gefühle, die mich an Ernesto, an meine
Eltern, an meinen Bruder, an meine Großeltern binden.
Ich weiß, Ihr werdet mich im Gedächtnis behalten, und
während Ihr an mich denkt, werde ich bei Euch sein. Ich
möchte verbrannt werden und wünsche, daß meine Asche
in der Natur verstreut wird, ich will nicht, daß Steine mit
meinem Namen irgendwo stehen, mir ist es wichtiger, in
den Herzen der Meinen zu leben und zur Erde zurückzu-
kehren. Ich habe ein paar Ersparnisse, verwendet sie, um
Kinder zu unterstützen, die Schulgeld oder Essen benöti-
gen. Verteilt meine Habe unter denen, die ein Andenken
haben möchten, viel ist es ja allerdings nicht. Bitte seid nicht
traurig. Ich bleibe bei Euch allen, aber näher als vorher.
Noch eine Weile, dann werden wir uns im Geiste vereinen,
aber so lange bleiben wir zusammen, während Ihr Euch an
mich erinnert. Ernesto… ich habe Dich tief geliebt und
werde Dich weiter lieben; Du bist ein außergewöhnlicher
Mann, und ich bin sicher, Du wirst auch glücklich sein kön-
nen, wenn ich gehe. Mama, Papa, Nico, Großeltern: Ihr
seid das Beste, was mir als Familie zufallen konnte. Vergeßt
mich nicht, und heitere Gesichter bitte ich mir aus! Denkt
dran, wir Geister können besser denen helfen, sie begleiten
und beschützen, die fröhlich sind. Ich liebe Euch sehr!
Paula.

Wieder ist es Winter, es ist kalt und hört nicht auf zu regnen, und Tag für Tag verfällst du mehr. Verzeih mir, daß ich
dich so lange habe warten lassen, Tochter… Ich habe gezögert, aber nun habe ich keine Zweifel mehr, dein Brief
spricht deutlich zu mir. Verlaß dich auf mich, ich verspreche, daß ich dir helfen werde, nur gib mir noch ein bißchen
mehr Zeit. Ich setze mich neben dich in der Stille deines
Zimmers, in diesem Winter, der mir ewig erscheinen wird,

wir beide sind allein, wie wir es in den letzten Monaten so oft gewesen sind, und ich öffne mich dem Schmerz, ohne ihm Widerstand zu bieten. Ich lege den Kopf in deinen Schoß und höre das unregelmäßige Schlagen deines Herzens und spüre die Wärme deiner Haut und das langsame Gleichmaß deines Atmens, ich schließe die Augen und bilde mir ein paar Sekunden ein, daß du einfach nur schläfst. Aber die Traurigkeit bricht in meinem Innern auf wie ein Ungewitter, und dein Nachthemd wird von meinen Tränen naß, während ein urtümliches Heulen, das in der Tiefe der Erde geboren ist, meinen Mund füllt. Sie versichern mir, daß du nicht leidest. Woher wissen sie das? Vielleicht hast du dich schließlich an das Eisengerüst der Lähmung gewöhnt und erinnerst dich nicht mehr an den Geschmack eines Pfirsichs oder an das einfache Vergnügen, sich mit den Fingern durchs Haar zu fahren, aber deine Seele ist gefesselt und will sich befreien. Diese Zwangsvorstellung läßt mir keine Ruhe, ich erkenne, daß ich in der wichtigsten Herausforderung meines Lebens versagt habe. Schluß! Schau dir den Rest an, der von dir übrig ist, Tochter, um Gottes willen... Das war es, was du während deiner Flitterwochen als Vorahnung gesehen hast, deshalb hast du den Brief geschrieben. »Paula ist schon eine Heilige, sie ist schon im Himmel, ihr Leiden hat sie von allen Sünden gereinigt«, sagt Inés zu mir, die Pflegerin aus El Salvador, die mit den vielen Narben, die dich hätschelt wie ein Baby. Wie wir dich umsorgen! Du bist weder Tag noch Nacht allein, alle halbe Stunde bewegen wir dich, um dir das bißchen Biegsamkeit, das du noch hast, zu erhalten, wir überwachen jeden Tropfen Wasser und jedes Gramm Nahrung, deine Medizin bekommst du genau zur festgesetzten Zeit, bevor wir dich anziehen, baden wir dich und massieren dich mit balsamischen Ölen, um die Haut zu kräftigen. Es sei unglaublich, was wir erreicht haben, in keinem Krankenhaus wärst du so gut aufgehoben, sagt Doktor Forrester. Es wird sieben Jahre dauern, sagt Doktor Shima voraus. Du bist wie die schlafende Schöne im Märchen in ihrem Glassarg, nur daß dich kein Kuß eines Prinzen retten wird, niemand kann dich aus diesem endgültigen Schlaf wecken. Dein einziger Weg ist der Tod, Tochter, jetzt wage ich es zu denken, es dir zu sagen und es in mein gelbes Heft zu schreiben. Ich rufe meinen starken Großvater und meine hellseherische Großmutter an, damit sie dir helfen, die Schwelle zu überschreiten und auf der anderen Seite neu geboren zu werden, vor allem rufe ich die Granny an, deine Großmutter mit den durchsichtigen Augen, die vor Leid starb, als sie sich von dir trennen mußte, ich rufe sie, damit sie mit ihrer goldenen Schere den festen Faden durchschneidet, der dich mit dem Körper verbindet. Ihr Bild – eine noch junge Frau mit kaum angedeutetem Lächeln und Nixenblick – hängt neben deinem Bett wie auch die der anderen Schutzgeister. Komm, Granny, komm deine Enkelin holen, flehe ich sie an, aber wird sie kommen, um mir diesen Kelch voll Kummer abzunehmen? Ich hätte Angst, allein bei dir zu sein, um dich an der Hand bis an die Schwelle des Todes zu führen, und wenn es möglich ist, werde ich sie mit dir überschreiten.

Kann ich für dich leben? Dich in meinem Körper tragen, damit du die fünfzig oder sechzig Jahre lebst, die dir geraubt wurden? Nicht mich an dich zu erinnern verlange ich, sondern dein Leben zu leben, du zu sein, daß du in mir liebst, fühlst, dich regst, daß jede meiner Bewegungen deine Bewegung sei und meine Stimme deine Stimme. Mich auszulöschen, zu verschwinden, damit du von mir Besitz ergreifst, Tochter, damit deine unermüdliche, fröhliche Güte meine überholten Ängste, meine armseligen Ambitionen, meine ausgelaugte Eitelkeit völlig ersetzt. Schreien bis zum letzten Atemzug, mir die Kleider zerfetzen, die Haare in Büscheln ausreißen, Asche über mich

476

streuen, so will ich diese Trauer erleiden, aber ich habe ein halbes Jahrhundert die Regeln guten Benehmens befolgt, ich bin erfahren im Leugnen der tiefen Empörung und im Ertragen des Schmerzes, ich habe keine Stimme zum Schreien. Vielleicht irren sich die Ärzte, lügen die Apparate, vielleicht bist du nicht ganz bewußtlos und nimmst meine Stimmung wahr, ich darf dich mit meinem Weinen nicht verstören. Ich ersticke am unterdrückten Jammer, ich gehe hinaus auf die Terrasse, und die Luft reicht mir nicht aus für all mein Schluchzen, und der Regen reicht mir nicht aus für all meine Tränen. Da setze ich mich ins Auto und fahre fort, auf die Hügel zu, und fast blind erreiche ich den Wald meiner Wanderungen, in den ich mich so oft geflüchtet habe, um allein nachzudenken. Ich suche mir zu Fuß die Wege, die der Winter fast unbegehbar gemacht hatte, ich stolpere über Äste und Steine und dringe ein in die grüne Feuchtigkeit dieses weitläufigen pflanzlichen Raums, der den Wäldern meiner Kindheit gleicht, den Wäldern der Kordillere, die ich hinter meinem Großvater auf einem Maultier durchquerte. Ich gehe und gehe, an meinen Schuhen klebt der Schlamm, mein Kleid ist durchnäßt und meine Seele blutet, und als es dämmert und ich nicht mehr kann und am Ende bin vom vielen Gehen und Stolpern und Ausrutschen und Wiederaufstehen und Weitertaumeln, da falle ich schließlich auf die Knie, zerre an meiner Bluse, daß die Knöpfe abspringen, und mit zum Kreuz ausgebreiteten Armen und nackter Brust schreie ich deinen Namen, Tochter. Der Regen ist ein Mantel aus dunklem Glas, und die düsteren Wolken blicken durch die Wipfel der schwarzen Bäume, und der Wind beißt mir in die Brüste und kriecht mir in die Glieder und reinigt mich von innen mit seinen eisigen Bürstenstrichen. Ich wühle die Hände in den Morast, packe Fäuste voll Erde und hebe sie ans Gesicht, an den Mund, kaue salzige Klumpen Schlamm, atme in großen Zügen den sauren Geruch des

Humus und das Arzneiaroma des Eukalyptus ein. Erde, empfange meine Tochter, nimm sie auf, hülle sie ein, Göttin Mutter Erde, hilf uns, bitte ich sie und klage in der Nacht, die sich auf mich herabsenkt, und rufe dich und rufe dich. Hoch über mir fliegt ein Schwarm Wildenten und trägt deinen Namen nach Süden. Paula, Paula...

EPILOG

Weihnachten 1992

Am Sonntag, den 6. Dezember, in einer Nacht ohngleichen, in der die Vorhänge aufgezogen wurden, die die Wirklichkeit verbergen, starb Paula. Es war vier Uhr früh. Ihr Leben endete ohne Kampf, ohne Angst und ohne Schmerz, in ihrem Hingang gab es nur Frieden und die unumschränkte Liebe derer, die bei ihr wachten. Sie starb auf meinem Schoß, umgeben von der Familie, von den Gedanken der Abwesenden und von den Geistern ihrer Vorfahren, die zu ihrer Hilfe herbeigeeilt waren. Sie starb mit derselben vollendeten Anmut, die ihr in allen Handlungen ihres Daseins eigen gewesen war.

Seit einiger Zeit schon fühlte ich das Ende nahen; ich wußte es mit derselben unanfechtbaren Gewißheit, mit der ich an einem Tag des Jahres 1963 erwachte und sicher war, daß ich seit ein paar Stunden eine Tochter in meinem Leib trug. Der Tod kam mit leisem Schritt. Paulas Sinne waren in den vergangenen Wochen einer nach dem andern ausgefallen, ich glaube, sie hörte nichts mehr, lag mit ständig geschlossenen Augen, reagierte nicht, wenn wir sie berührten oder bewegten. Sie entfernte sich unaufhaltsam. Ich schrieb einen Brief an meinen Bruder und schilderte ihm diese für die andern nicht erkennbaren, für mich offenkundigen Symptome, wobei ich eine seltsame Mischung aus Angst und Erleichterung empfand. Juan antwortete mit einem einzigen Satz: Ich bete für sie und für dich. Mich von Paula zu trennen war eine unerträgliche Qual, aber schlimmer noch war es, sie langsam dahinsterben zu sehen.

An jenem Samstag kam Inés sehr früh, und wir bereiteten die Wanne vor, um sie zu baden und ihr die Haare zu waschen, und legten ihre Kleidung für den Tag und saubere Bettwäsche bereit, wie wir es jeden Morgen taten. Als wir sie ausziehen wollten, merkten wir, daß sie in einen anor-

mal tiefen Schlaf, eher eine Ohnmacht gesunken war, sie
war völlig schlaff und hatte einen kindlichen Ausdruck im
Gesicht, als wäre sie in das unschuldige Alter zurückgekehrt, in dem sie im Garten der Granny Blumen pflückte.
Da sah ich, daß sie für ihr letztes Abenteuer bereit war, und
in einem gesegneten Augenblick verschwanden Wirrsal
und Schrecken dieses kummervollen Jahres und machten
einer klaren Ruhe Platz. »Geh, Inés, ich möchte mit ihr
allein sein«, bat ich sie. Die Frau beugte sich über Paula
und küßte sie. »Nimm meine Sünden mit dir und schau,
daß sie da oben mir verzeihen«, bat sie und wollte nicht
eher gehen, als bis ich ihr versicherte, daß Paula sie gehört
habe und bereit sei, ihr als Bote zu dienen. Ich ging meiner
Mutter Bescheid sagen, die sich hastig anzog und herunter-
kam. Wir drei waren allein, nur die Katze saß in einer
Zimmerecke, die unergründlichen Bernsteinaugen starr
auf das Bett gerichtet, wartend. Willie war zum Super-
markt gefahren, um einzukaufen, und Celia und Nicolás
kamen samstags nicht, an dem Tag putzen sie ihre Wohnung, daher rechnete ich damit, daß wir viele Stunden für
uns hatten, um ohne Unterbrechungen Abschied nehmen
zu können. Meine Schwiegertochter jedoch war an diesem
Morgen mit einer Vorahnung aufgewacht, und ohne ein
Wort zu sagen, überließ sie ihrem Mann die häuslichen Arbeiten, nahm ihre beiden Kinder und kam zu uns. Sie fand
meine Mutter auf der einen Seite des Bettes und mich auf
der anderen, wie wir Paula schweigend streichelten. Sie
sagt, als sie ins Zimmer trat, habe sie sofort die unbewegte
Luft und das schwache Leuchten bemerkt, das uns umgab,
und begriffen, daß der gefürchtete und zugleich ersehnte
Augenblick gekommen sei. Sie setzte sich zu uns, während
Alejandro sich in Paulas Rollstuhl mit seinen Spielzeugau-
tos vergnügte und Andrea auf dem Teppich lag und schläf-
rig an ihrer Windel nuckelte.

Zwei Stunden später kamen Willie und Nicolás, und

auch sie brauchten keine Erklärungen. Sie machten Feuer im Kamin und legten Paulas Lieblingsplatten auf, Violinkonzerte von Mozart und Vivaldi und Nocturnes von Chopin. »Wir müssen Ernesto anrufen«, entschieden sie, aber sein Telefon in New York antwortete nicht, und wir nahmen an, daß er noch auf dem Rückflug von China war, und niemand konnte sagen, wo er gerade Station machte. Willies letzte Rosen verloren ihre Blütenblätter zwischen Medizinflaschen und Spritzen auf dem Nachttisch. Nicolás ging fort, um neue Blumen zu kaufen, und kam bald darauf zurück, die Arme voller bunter Sträuße wie die, die Paula zu ihrer Hochzeit gewählt hatte; der Duft von Tuberosen und Lilien verbreitete sich sanft durch das ganze Haus, während die Stunden in den Uhren sich langsamer und langsamer ineinander flochten.

Am Nachmittag erschien Cheri Forrester und bestätigte, daß sich in dem Zustand der Kranken etwas verändert habe. Sie konnte weder Fieber noch Anzeichen von Schmerzen feststellen, die Lungen waren frei, es handelte sich auch nicht um einen neuen Anfall von Porphyrie, aber die komplizierte Maschinerie ihres Organismus arbeitete kaum. Es sehe aus wie eine Gehirnblutung, sagte sie und schlug vor, eine Krankenschwester kommen zu lassen und Sauerstoff zu besorgen, da wir ja von Anfang an übereingekommen waren, Paula nicht wieder in ein Krankenhaus zu bringen, aber ich weigerte mich. Wir brauchten uns deswegen nicht zu besprechen, die ganze Familie war sich einig, daß wir ihre Agonie nicht verlängern, nur erleichtern wollten. Die Ärztin setzte sich rücksichtsvoll neben den Kamin, um zu warten, auch sie war in der Magie dieses Tages gefangen. Wie einfach das Leben letztlich ist ... In diesem Jahr der Qualen habe ich nach und nach auf alles verzichtet, zuerst verabschiedete ich mich von Paulas Intelligenz, dann von ihrer Vitalität und von ihrer Gesellschaft, zum Schluß muß ich mich von ihrem Körper trennen. All das habe ich verloren, und meine Tochter ging von mir, aber in Wirklichkeit ist mir das Wesentliche geblieben: die Liebe. In letzter Instanz ist das einzige, was ich habe, die Liebe, die ich ihr gebe.

Durch die großen Fenster sah ich, wie der Himmel sich verdunkelte. Um diese Stunde haben wir von unserem Hügel aus einen großartigen Blick über die Bucht, das Wasser verfärbt sich zu phosphoreszierendem Stahl, und die Landschaft wird ein Relief aus Lichtern und Schatten. Der Abend brach herein, die Kinder waren müde geworden und schliefen, mit einer Decke zugedeckt, auf dem Teppich ein, und Willie kümmerte sich in der Küche darum, uns etwas zum Essen zuzubereiten, und da erst fiel uns ein, daß wir den ganzen Tag noch nichts zu uns genommen hatten. Schließlich kam er mit einem vollen Tablett und mit der Flasche Champagner herein, den wir seit einem Jahr aufgespart hatten für den Augenblick, wenn Paula in dieser Welt wieder erwachen würde. Ich konnte keinen Bissen hinunterbringen, aber ich stieß darauf an, daß meine Tochter im anderen Leben froh erwachen möge. Wir zündeten Kerzen an, und Celia nahm die Gitarre und sang Paulas Lieder, sie hat eine tiefe, warme Stimme, die ihre Schwägerin immer sehr angerührt hat. Sing für mich allein, bat sie sie manchmal, sing ganz leise für mich. Eine segensreiche Klarheit erlaubte mir, diese Stunden voll zu erleben, mit reger Intuition und alle Sinne hellwach. Der warme Schein der Kerzen beleuchtete mein für immer schlafendes Kind, seine seidige Haut, die glaszarten Glieder, die Schatten ihrer Wimpern. Überwältigt von der Zärtlichkeit, die wir für sie empfanden, und mit der sanften Kameradschaft der Frauen bei den grundlegenden Riten des Daseins nahmen meine Mutter, Celia und ich die letzten feierlichen Handlungen vor, wir wuschen ihren Körper mit einem Schwamm, rieben sie mit Kölnisch Wasser ein, zogen ihr warme Kleidung an, damit sie nicht fror, streiften ihr die Kaninchenfellpantoffeln über und kämmten sie. Celia steckte ihr Fotos von Alejandro und Andrea in die Hände, auf daß sie sie beschütze. Ich schrieb die Namen von uns allen auf einen Bogen Papier, holte die Wachsperlen von der Brautkrone meiner Großmutter und ein silbernes Löffelchen von der Granny und legte sie ihr auf die Brust, damit sie sie als Erinnerung mitnahm zusammen mit dem silbernen Spiegel der Memé, denn ich dachte, wenn die mich fünfzig Jahre lang beschützt hatte, würde sie sich auch ihrer auf dieser letzten Reise annehmen. Paula war schimmernd bleich, weiß, durchsichtig... und so kalt! Die Todeskälte kommt aus dem Innern, als brennte dort ein Feuer aus Schnee; ich küßte sie, und das Eis sengte mir die Lippen.

Als wir alle wieder um das Bett versammelt waren, ließen wir alte Fotos herumgehen und tauschten Erinnerungen an die fröhlichere Vergangenheit, von dem ersten Traum, in dem Paula mir lange vor ihrer Geburt erschienen war, bis zu ihrem komischen Eifersuchtsanfall, als Celia und Nicolás heirateten; wir redeten dankbar über die Gaben, die sie uns ihr Leben lang geschenkt hatte, und jeder von uns nahm von ihr Abschied und betete auf seine Weise. Während die Stunden verstrichen, erfüllte nach und nach etwas Feierliches, Weihevolles den Raum, wie es auch an dem Tag gewesen war, als Andrea in diesem selben Zimmer geboren wurde; beide Geschehnisse ähneln einander sehr, Geburt und Tod sind aus dem gleichen Stoff gemacht. Die Atmosphäre wurde stiller und stiller, wir bewegten uns sehr langsam, um unsere Herzen nicht aus ihrer Ruhe aufzustören, wir fühlten uns von Paulas Geist erfüllt, als wären wir alle eins, es gab keine Trennung zwischen uns, Leben und Tod hatten sich vereint. Einige Stunden lang erlebten wir die zeit- und raumlose Wirklichkeit der Seele.

Ich legte mich in das Bett zu meiner Tochter und hielt sie an der Brust wie einst, als sie klein war. Celia packte die beiden schlafenden Kinder dazu, damit sie ihrer Tante die Füße wärmten, und ließ die Katze hinaus. Nicolás nahm die Hand seiner Schwester, Willie und meine Mutter saßen zu beiden Seiten, und rings umgaben uns ätherische Wesen, Murmeln und feine Wohlgerüche aus der Vergangenheit, gute Geister und Erscheinungen, Freunde und Verwandte, lebende und tote. Die ganze Nacht wachten wir geruhsam, erinnerten uns an harte Zeiten, vor allem aber an die glücklichen, erzählten uns Geschichten, weinten ein wenig und lächelten viel, ehrten Paulas Licht, das uns leuchtete, während sie tiefer und tiefer in den letzten Schlaf sank, ihre Brust hob sich kaum noch in immer langsameren Atemzügen. Ihre letzte Aufgabe in dieser Welt war es, die zu vereinen, die durch ihr Leben gegangen waren, und in dieser Nacht fühlten wir uns alle unter ihre Sternenflügel aufgenommen, in das reine Schweigen getaucht, wo vielleicht die Engel walten. Die Stimmen flüsterten nur noch, die Formen der Gegenstände und die Gesichter der Familie begannen zu verschwimmen, die Umrisse mischten sich und verschmolzen, und plötzlich merkte ich, daß wir nicht länger allein waren, die Granny war da in ihrem Kleid aus Perkal, mit ihrer marmeladebekleckerten Schürze, dem frischen Geruch nach Pflaumen und ihren großen aquamarinfarbenen Augen; der Tata mit seiner Baskenmütze und seinem klobigen Krückstock hatte sich auf einen Stuhl neben dem Bett gesetzt; neben ihm erkannte ich eine kleine, schmale Frau mit zigeunerhaften Zügen, die mir zulächelte, als unsere Blicke sich begegneten, die Memé!, aber ich wagte nicht, sie anzusprechen, damit sie nicht verschwand wie ein scheues Blendwerk. In den Zimmerecken glaubte ich die Großmutter Hilda zu sehen mit ihrem Strickzeug in den Händen, meinen Bruder Juan, der mit den Nonnen und den Kindern aus der Schule in Madrid betete, meinen Schwiegervater, noch jung, und eine Abordnung von freundlichen Greisen aus dem Altenheim, die

Paula in ihrer Kindheit besucht hatte. Dann legte sich die unverwechselbare Hand Onkel Ramóns auf meine Schulter, ich hörte deutlich Michaels Stimme und sah zu meiner Rechten Ildemaro, der Paula mit der Zärtlichkeit betrachtete, die er für sie reserviert hat. Ich spüre Ernestos Gegenwart, der sich durch die Fensterscheibe materialisiert, barfuß, in seinem Aikido-Kittel, eine solide weiße Gestalt, die hereinschwebt und sich über das Bett beugt, um seine Frau auf die Lippen zu küssen. Bis bald, mein schönes Mädchen, wart auf mich auf der anderen Seite, sagt er und nimmt die Kette mit dem Kreuz ab, die er immer trägt, und legt sie ihr um den Hals. Da halte ich ihm den Ehering hin, den ich genau ein Jahr bei mir gehabt hatte, und er schiebt ihn ihr über den Finger wie am Tag ihrer Hochzeit. Ich befand mich wieder in dem von Tauben bevölkerten siloähnlichen Turm jenes warnenden Traumes, den ich in Spanien hatte, aber meine Tochter war nicht mehr zwölf Jahre, sondern achtundzwanzig, trug nicht ihren karierten Mantel, sondern eine weiße Tunika, hatte das Haar nicht zum Pferdeschwanz hochgebunden, sondern ließ es offen auf die Schulter fallen. Sie begann aufzusteigen, und ich stieg mit ihr, am Stoff ihres Kleides hängend. Von neuem hörte ich die Stimme der Memé: *du kannst nicht mit ihr gehen, sie hat die Arznei des Todes getrunken* ... Aber ich strengte meine letzten Kräfte an, und es gelang mir, ihre Hand zu umklammern, ich war entschlossen, sie nicht loszulassen, und als wir höher und höher stiegen, sah ich, wie das Dach sich öffnete, und wir schwangen uns gemeinsam hindurch. Draußen graute der Morgen, der Himmel war von goldenen Pinselstrichen gefärbt, und die Landschaft, die sich unter uns erstreckte, glänzte vom Regen frisch gewaschen. Wir flogen über Täler und Hügel und ließen uns endlich in den Wald der uralten Mammutbäume hinab, wo der sanfte Wind die Zweige bewegte und ein wagemutiger Vogel mit seinem einsamen Gesang dem Winter spottete. Paula deutete auf den Bach, ich sah frische Rosen an seinem Ufer liegen und ein weißes Pulver von kalzinierten Knochen auf seinem Grund, und ich hörte die Musik von Tausenden von Stimmen, ein leises Summen zwischen den Bäumen. Ich fühlte, daß ich in das kühle Wasser tauchte, und wußte, daß die Reise durch den Schmerz in einer absoluten Leere endete. Als ich mich auflöste, wurde mir die Offenbarung zuteil, daß diese Leere voll ist von allem, was das Universum enthält. Es ist nichts und ist gleichzeitig alles. Feierliches Licht und undurchdringliches Dunkel. Ich bin die Leere, ich bin alles, was existiert, ich bin in jedem Blatt des Waldes, in jedem Tautropfen, in jedem Aschestäubchen, das der Bach fortträgt, ich bin Paula und ich bin auch ich selbst, ich bin nichts und alles übrige in diesem Leben und in anderen Leben, unsterblich.

Leb wohl, Paula, meine Tochter.

Sei gegrüßt, Paula, Geist.

»*Ein weites Feld*«
Dreizehn Frauenleben

»Ich bin kein Vogel, und kein Netz umgarnt mich, ich bin ein freier Mensch mit einem freien Willen – das werde ich zeigen, indem ich Sie verlasse«, sagt Jane Eyre selbstbewußt zu dem Mann, den sie liebt. Emma Bovary, die Frau eines biederen Landarzts, versucht der ehelichen Langeweile zu entfliehen und zahlt ihren Ehebruch mit dem Leben. Zwei Frauenleben des 19. Jahrhunderts.

Die Portugiesin Sibylle kann den Mann, den sie liebt, nicht heiraten, weil das vom Vater vererbte Stück Land zur Mitgift nicht reicht. Sonja scheitert an ihrer Liebesbeziehung mit Judith, sie bringt sich ums Leben. Zwei Frauenleben des 20. Jahrhunderts.

Und wie erging es Eva, Vera, Emma oder Emily L.?

Dreizehn Bücher, das sind dreizehn Stimmen, die verführerisch von Lebensträumen und Lebenswirklichkeit von Frauen erzählen – ein weites Feld, Luise.

Frauenleben
Ein Lesebuch
Herausgegeben von Susanne Gretter
st 2904. 288 Seiten

Die in diesem Band versammelten Texte von Isabel Allende, Ingeborg Bachmann, Kim Chernin, Angeles Mastret-
ta, Sylvia Plath, Luise F. Pusch, Lisa St Aubin de Terán,
Alissa Walser u.a. zeigen Facetten eines Frauenlebens und
erzählen von Liebe und Haß, Glück und Unglück, Erfolg
und Scheitern, Eigensinn, Übermut und Selbstbehaup-
tung.

Tschingis Aitmatow
Dshamilja
Mit einem Vorwort von Louis Aragon
st 2888. 123 Seiten

Während ihr Mann im Krieg ist, verliebt sich Dshamilja
in Said, seinen fünfzehnjährigen Bruder. In Kirgisien,
einem Land, wo Männer und Frauen noch eng an die
patriarchalischen Traditionen der Nomaden gebunden
sind, entwickelt sich das Drama dieses ungleichen Paares,
»die schönste Liebesgeschichte der Welt«. *Louis Aragon*

Isabel Allende
Eva Luna
Roman
st 2889. 393 Seiten

Ihre Mutter: ein Findelkind, ihr Vater: ein Indio mit gelben Augen, sie selbst mit sieben Jahren ein Waisenkind
und bereits als Dienstmädchen bei einer strengen Patro-
nin. Aber trotz all den turbulenten Ereignissen und politischen Wirren findet die lebensfrohe Eva Luna, die sich,
außer zur Liebe, nur zum Erzählen berufen fühlt, ihr
Glück.

Elizabeth von Arnim
Vera
Roman
st 2890. 335 Seiten

Wenige Tage nachdem er seine erste Frau durch einen rätselhaften Unfall verloren hat, macht Everard Wemyss der
zweiundzwanzigjährigen Lucy Entwhistle einen Heirats-
antrag. Irritiert willigt sie ein. Aber schon während der
Flitterwochen stellt sie fest, daß es mit ihrer Selbständigkeit vorbei ist. Auch läßt sie der Gedanke an ihre tra-
gisch ums Leben gekommene Vorgängerin nicht los: Vera.

Jane Austen
Emma
Roman
st 2891. 549 Seiten

Die 21jährige Emma Woodhouse ist eine äußerst energische Person. Sie führt souverän den Haushalt ihres Vaters
und weiß stets, was für andere gut zu sein scheint. Als sie
in das Leben ihres Schützlings, der 17jährigen Harriet
Smith, eingreift, löst sie eine Komödie der Irrungen und
Wirrungen um Liebe und Ehe aus.

Jurek Becker
Amanda herzlos
Roman
st 2892. 384 Seiten

Drei Männer, eine Frau: Der Sport-Journalist Ludwig, der
dissidente Schriftsteller Fritz und der westdeutsche Hör-
funk-Korrespondent Stanislaus erzählen jeweils aus ihrer
Sicht vom Leben mit der »herzlosen« Amanda im letzten
Jahrzehnt der DDR. Ein Buch vom (Frauen-)Alltag in der
DDR, erzählt am Schicksal einer begehrenswerten und
widerspenstigen Frau.

Agustina Bessa-Luís
Die Sibylle
Roman
st 2893. 301 Seiten

Nach dem Tod des verschwenderischen Vaters verlassen die Brüder das Dorf, die Schwester heiratet. Joaquina aber kann den Mann, den sie liebt, nicht heiraten, da das vom Vater vererbte Stück Land zur Mitgift nicht reicht. Den Menschen ihrer ländlichen Umgebung, Bauern wie Adelsfrauen, wird sie zur »Sibylle«, deren Rat gesucht wird, die aber undurchschaubar und für menschliche Regungen unerreichbar zu bleiben scheint.

Charlotte Brontë
Jane Eyre
Eine Autobiographie
st 2894. 646 Seiten

Jane Eyre ist die fiktive Autobiographie einer Frau, die sich zwischen ihrer Leidenschaft zu einem Mann und ihrem Wunsch nach Selbständigkeit entscheiden muß: »Ich bin kein Vogel, und kein Netz umgarnt mich, ich bin ein freier Mensch mit einem freien Willen – das werde ich zeigen, indem ich Sie verlasse«, sagt Jane Eyre zu dem Mann, den sie liebt.

Marguerite Duras
Emily L.
Roman
st 2895. 160 Seiten

»Liebe wie Verzweiflung leben«: Die Frau, die erzählt, und ihr Begleiter befinden sich am Ende ihrer Liebes-Geschichte. Sie wird sie aufschreiben – sie verweben mit anderen Geschichten, vor allem mit der Geschichte zwischen ihr und dem jungen Verwalter, der ihr den Namen Emily L. gegeben hat, um ihre wahre Existenz nicht zu verraten, wenn er sie sehnsüchtig anruft.

Gustave Flaubert
Madame Bovary
st 2896. 415 Seiten

Emma Bovary, die Frau eines biederen Landarztes, sucht der häuslichen Enge und ehelichen Langeweile zu entfliehen. Sie begeht Ehebruch und stürzt sich in Schulden. Am Ende bleibt ihr nur ausweglose Verzweiflung, der Freitod.

Theodor Fontane
Effie Briest
st 2897. 354 Seiten

Effie Briest ist die wahre Geschichte einer Ehe, eines Ehebruchs und einer Duellaffäre mit tödlichem Ausgang.

Luise F. Pusch
Sonja
Eine Melancholie für Fortgeschrittene
st 2898. 392 Seiten

Sonja, 1981 unter dem Pseudonym Judith Offenbach erstmals erschienen, erzählt die Geschichte der Liebe zwischen Sonja und Judith 1965-1976. Sie probieren ein »normales« Leben zu zweit, das doch von vornherein ausgeschlossen ist.
Die »Melancholie für Fortgeschrittene« ist das Protokoll einer Trauer. Der nicht spektakuläre, sehr detaillierte Bericht über den verborgenen Alltag lesbischer Paare.

Emile Zola
Nana
st 2899. 512 Seiten

Nana, Tochter der Wäscherin Gervaise Macquart und des Trinkers Coupeau, arbeitet sich von einem armseligen Straßendirnendasein empor in die Pariser Gesellschaft des Zweiten Kaiserreiches. Sie ist so verführerisch, daß sie Macht über alle Repräsentanten der Regierung und der Presse gewinnt.

»Ein weites Feld«
Dreizehn und
drei Frauenleben

»Ich bin kein Vogel, und kein Netz umgarnt mich, ich bin ein freier Mensch mit einem freien Willen – das werde ich zeigen, indem ich Sie verlasse«, sagt Jane Eyre zu dem Mann, den sie liebt. Emma Bovary zahlt ihren Ehebruch mit dem Leben. Zwei Frauenleben des 19. Jahrhunderts. Sibylle kann den Mann, den sie liebt nicht heiraten, weil das ererbte Stück Land zur Mitgift nicht reicht. Sonja scheitert an ihrer Liebesbeziehung mit Judith, sie bringt sich ums Leben. Zwei Frauenleben des 20. Jahrhunderts. Und wie erging es Eva, Vera, Emma oder Emily L.? Sechzehn Bücher, die von Liebe und Leidenschaft, Eigensinn und Übermut, Erfolg und Scheitern, Sehnsüchten und Glücksverlangen erzählen. – »... ein weites Feld, Luise«.

suhrkamp taschenbuch

**Frauenleben
Ein Lesebuch**
Herausgegeben von
Susanne Gretter
st 2904. 288 Seiten
DM 10,-

**Tschingis
Aitmatow
Dshamilja**
Erzählung
Ü. Gisela Drohla
Mit einem Vorwort
von Louis Aragon
st 2888. 128 Seiten
DM 10,-

**Isabel Allende
Eva Luna**
Roman
Ü. Lieselotte Kolanoske
st 2889. 400 Seiten
DM 15,-

**Elizabeth von Arnim
Vera**
Roman
Ü. Angelika Beck
st 2890. 336 Seiten
DM 15,-

**Jane Austen
Emma**
Roman
Ü. Charlotte Gräfin
von Klinckowstroem
st 2891. 560 Seiten
DM 19,-

**Jurek Becker
Amanda herzlos**
Roman
st 2892. 400 Seiten
DM 15,-

Marguerite Duras
Emily L.
Roman
Ü. Maria Dessauer
st 2895. 176 Seiten
DM 10,-

Luise F. Pusch
Sonja
Eine Melancholie für
Fortgeschrittene
st 2898. 400 Seiten
DM 15,-

Gustave Flaubert
Madame Bovary
Ü. Maria Dessauer
st 2896. 416 Seiten
DM 15,-

Emile Zola
Nana
Ü. Erich Marx
st 2899. 544 Seiten
DM 19,-

Theodor Fontane
Effi Briest
st 2897. 368 Seiten
DM 15,-

Agustina
Bessa-Luís
Die Sibylle
Roman
Ü. Georg R. Lind
st 2893. 304 Seiten
DM 15,-

Charlotte Brontë
Jane Eyre
Eine Autobiographie
Ü. Helmut Kossodo
st 2894. 656 Seiten
DM 15,-

3 Frauenleben
Erstmals im Taschenbuch!

Isabel Allende
Paula
Ü. L. Kolanoske
st 2840. 488 Seiten
DM 19,80/
öS 145,-/ sFr. 19.-
Mai 1998

»Mit *Paula* ist Isabel Allende zweifellos – und in doppelter Hinsicht – das Buch ihres Lebens gelungen.«
Bayrischer Rundfunk

»Eine Hymne auf das Leben.« *stern*

Tomás Eloy Martínez
Santa Evita
Ü. Peter Schwaar
st 2849. 432 Seiten
ca. DM 19,80/
öS 145,-/ sFr. 19.-
Juni 1998

»Hier ist er endlich, der Roman, den ich immer lesen wollte.«
Gabriel García Márquez

Elena Poniatowska
Tinissima
Der Lebensroman der Tina Modotti
Ü. Ch. Barckhausen-Canale
st 2856. 464 Seiten
ca. DM 22,80/
öS 166,-/ sFr. 21.-
Juli 1998

Brillante Photographie, erotische Stummfilmschönheit, Aktmodell, leidenschaftlich Liebende, kommunistische Kämpferin – das kurze Leben der Tina Modotti hatte viele Facetten.

DM 10,-	DM 15,-	DM 19,-
öS 73,-	öS 110,-	öS 139,-
sFr 10.-	sFr 14.-	sFr 18.-